Über den Autor und dieses Buch

Tennessee Williams, der berühmte amerikanische Dramatiker, hat einige der erfolgreichsten Theaterstücke geschrieben, die jemals am Broadway aufgeführt worden sind. ›Die Glasmenagerie‹, ›Endstation Sehnsucht‹, ›Die Katze auf dem heißen Blechdach‹, ›Die tätowierte Rose‹ gehören heute zu den Klassikern der Theater- und Filmgeschichte. Als sie in den vierziger und fünfziger Jahren die Bühnen der Welt eroberten, galt ihr Autor als »amerikanisches Wunder«, als Inbegriff des amerikanischen Theaters schlechthin. Doch dem Erfolg gingen harte Jahre eines mühseligen Kampfes um Anerkennung auf dem Theater voraus. In seinen Memoiren erzählt Tennessee Williams von seiner Kindheit in Mississippi und von seiner Familie, der jeder Theaterbesucher in seinen Stücken wiederbegegnet. Der Vater, ein Handlungsreisender mit einem ausgeprägten Hang zu Poker, Alkohol und leichten Damen, die puritanische Mutter und Rose, die zärtlich geliebte Schwester. Seine Jugend war schwierig, seine Pubertät belastet von extremer Schüchternheit. Während der Studienzeit in Iowa begann er Kurzgeschichten und Einakter zu schreiben. Es folgten schlimme Jahre, in denen er sich mit Gelegenheitsarbeit über Wasser hielt, als Hilfsarbeiter in der Schuhbranche, als Hühnerrupfer auf einer Geflügelfarm, als Portier, als Kellner und Platzanweiser. Doch dann kam 1945 der überwältigende Erfolg der ›Glasmenagerie‹, der mit einem Schlag sein ganzes Leben veränderte – und wenig später der körperliche und seelische Zusammenbruch: Drogen, Alkoholmißbrauch und Depressionen brachten ihn schließlich vorübergehend in eine Heilanstalt. Viele seiner Bühnenfiguren teilen diese psychische Verwundbarkeit, sein verzweifeltes Bedürfnis, bei anderen Menschen Halt und Liebe zu finden, die Flucht in den Alkohol. Doch mit der Fähigkeit begabt, sich immer wieder selbst aus dem Sumpf zu ziehen, schafft er noch einmal die Rückkehr ins Leben, auf die Bühne – und zu den Freunden. Sie sind es, die in seinen Memoiren die wichtigste Rolle spielen, die berühmten Freunde auf der ganzen Welt – Truman Capote, Anna Magnani, Gore Vidal, Marlon Brando, und die unbekannten, wie Frank Marlo, sein Lebensgefährte über 14 Jahre.

Auf jeder Seite dieses fesselnden Buches begegnet dem Leser ein Mann von außergewöhnlicher Sensibilität, Mitleidsfähigkeit und – Lebenslust. »Für einen Menschen, der so häufig am Rande des Untergangs stand«, schreibt er rückblickend in seinem Vorwort, »war mein Leben bemerkenswert glücklich, mit vielen, sehr vielen Augenblicken der Glückseligkeit, ›befleckten‹ und ›unbefleckten‹.«

Tennessee Willimas wurde 1911 in Columbus, Mississippi, geboren. Nach einer psychisch belasteten Jugend und nach Jahren des Kampfes um Anerkennung schaffte er 1945 mit dem Drama ›Die Glasmenagerie‹ den Durchbruch zum Welterfolg. Zweimal wurde er mit dem Pulitzerpreis ausgezeichnet. Tennessee Williams starb am 25.2.1983.

Als Fischer Taschenbuch lieferbar: ›Die Glasmenagerie‹ (Bd. 7109), ›Die Katze auf dem heißen Blechdach‹ (Bd. 7110), ›Die tätowierte Rose‹ (Bd. 7072), ›Vieux Carré‹ (Bd. 7098), ›Moise und die Welt der Vernunft‹ (Bd. 5079) und ›Acht Damen, besessen und sterblich‹ (Bd. 9196).

Tennessee Williams
Memoiren

Fischer Taschenbuch Verlag

Aus dem Amerikanischen
von Kai Molvig

16.–17. Tausend: Mai 1988

Ungekürzte Ausgabe
Veröffentlicht im Fischer Taschenbuch Verlag GmbH,
Frankfurt am Main, September 1979

Lizenzausgabe mit freundlicher Genehmigung der
S. Fischer Verlag GmbH, Frankfurt am Main
Die Originalausgabe erschien unter dem Titel ›Memoirs‹
bei Doubleday and Company, Inc., Garden City, New York

Umschlagentwurf: Jan Buchholz / Reni Hinsch
Druck und Bindung: Clausen & Bosse, Leck
Printed in Germany
ISBN 3-596-22185-4

Von Vergangenem, dem Fließenden
und dem, was kommt.

William Butler Yeats

Vorwort

Vor nicht allzulanger Zeit hielt ich mich in New Haven, Connecticut, auf. Der Anlaß war die ein wenig großsprecherisch angekündigte ›Weltpremiere‹ eines ›kühnen Theaterereignisses‹ – die Aufführung meines Stückes *Out Cry*, über das ich in diesem Buch von Zeit zu Zeit sprechen werde. Zu Beginn der Spielzeit 1973 wurde *Out Cry* nun endlich zum erstenmal der Beurteilung des Publikums ausgesetzt, und zwar in jenem ehrwürdigen alten Stammhaus der Broadway-Theater, genannt das *Shubert*.

Ich nehme an, der Leser weiß, daß New Haven sich nicht nur dadurch auszeichnet, die Stadt des *Shubert* zu sein, sondern dazu auch noch eines unserer größten *Ivy League Colleges* in ihren Mauern beherbergt, bekannt unter dem Namen Yale-Universität.

Ich will hier nicht näher auf meine psychische und physische Verfassung zu diesem Zeitpunkt eingehen – nur so viel, daß ich mich nur allzu langsam von einer schweren London- und/oder Honkong-Grippe erholte. Erschwerend hinzu trat jene nicht gerade als Euphorie zu bezeichnende Seelenlage, die schlechte Kritiken bei einem Autor hervorrufen.

Achten Sie nicht auf die schüchternen Versuche, humorvoll zu sein, die auf so rührende Weise typisch sind für hartgesottene Veteranen und alte Stückeschreiber. Wenn Sie das dicke Fell des letzteren zu ritzen versuchen, werden Sie feststellen, daß lediglich ein scharfgeschnittener Diamant oder eine Löwenzahnflocke an einem Nachmittag im Spätsommer dieses Fell merklich ritzen kann.

Nun, wie auch immer, wie es so oft in meinen Stücken heißt: ich war aufgefordert worden, am Nachmittag des Tages vor der erwähnten ›Weltpremiere‹ dieses kühnen Theaterereignisses vor einer Gruppe von Studenten der Theaterwissenschaft der Universität Yale zu erscheinen. Das *Shubert* war mir als ein großes Haus mit einer gewaltigen Anzahl von Plätzen in Erinnerung, mit Rängen und Parkett, und ich hatte ebenfalls nicht vergessen, daß eine stattliche Anzahl dieser Plätze unbesetzt zu bleiben pflegte und es höchstwahrscheinlich auch aus Anlaß einer ›Weltpremiere‹ bleiben würde. Und mir kam der Gedanke, daß einige dieser nicht verkauften Plätze dem schrecklich gähnenden Schlund der Leere entrissen werden könnten, wenn ich einen vorteilhaften Eindruck auf die Yale-Studenten machte.

Da ich nun genug über die geographischen und gesellschaftlichen, physischen und psychischen Voraussetzungen gesagt habe, lassen Sie mich zur Sache kommen.

Arrangiert worden war das Ganze vom liebenswürdigen Leiter des Lehrstuhls für Theaterwissenschaften. Ich betrat (durch eine Tür, auf der AUSGANG zu lesen stand) einen Hörsaal, bedeutend kleiner als das *Shubert*, jedoch mit einer verhältnismäßig noch kleineren Anzahl von Zuhörern – grob geschätzt etwa fünfzig, einen großen schwarzen Hund auf den Knien eines Studenten in der ersten Reihe nicht eingerechnet. Ich selbst saß auf einem Klappstuhl vor einem Klapptisch, auf dem ein Glas stand, gefüllt mit etwas, das aussah wie Leitungswasser, was es, wie sich bald herausstellte, auch war. Darüber hinaus zeigten all die jungen Gesichter vor mir nicht die leiseste Reaktion auf mein Erscheinen durch die erwähnte Seitentür mit der Aufschrift AUSGANG. Wahres Interesse verriet lediglich der Hund.

Es gelingt mir nie gut, meine Gefühle zu verbergen, und nach einigen Minuten gab ich es endgültig auf, weniger niedergeschlagen zu erscheinen, als ich es war. Ich redete. Ich riß all diese müden abgestandenen Witze, so ähnlich wie Bob Hopeless in einem Gefangenenlager nach einem verlorenen Krieg. Ich rutschte immer tiefer in den Klappstuhl, und meine zusammengesunkene Haltung, in Verein mit ständigem Schneuzen und Anfällen von Niesen und Husten, veranlaßte einige der wenigen Zuhörer, aufzustehen und mich meinem Schicksal zu überlassen, was mich in meinem Glauben an eine mir gewogene Vorsehung nicht gerade bestärkte. Trotzdem hörte ich mich weiterreden, doch nun erzählte ich keine alten Witze mehr. Ich hörte mich eine nicht lange zurückliegende Begegnung mit einem Kollegen, ebenfalls einem Bühnenautor, schildern, in der *Oak Room*-Bar des *Plaza* in Manhattan. Ich erzählte meinem Auditorium, daß diese Begegnung von beiden Seiten nicht geplant gewesen sei, doch da es sich um meinen alten Freund Gore Vidal handelte, hätte ich ihn herzlich umarmt. Leider ist Mr. Vidal kein Mann, der sich durch eine herzliche Umarmung entwaffnen läßt, und als ich ihm, als Antwort auf seine beiläufige Erkundigung über den Fortgang der Proben zu *Out Cry* berichtete, daß die beiden Darsteller, Michael York und Cara Duff-MacCormick, und der Regisseur, Peter Glenville, und der Produzent, David Merrick, mir, nach vielen vorhergegangenen Alpträumen, wie eine Fügung des Himmels erschienen, lächelte er ein wenig mitleidig und sagte: »Nun, Bird, das wird Ihnen nicht viel helfen, fürchte ich, Ihr Ruf ist in jeder Beziehung zu schlecht, als daß irgend etwas Ihnen noch viel helfen könnte.«

Und nun sah ich zum erstenmal den Schimmer eines Interesses in den Gesichtern der jungen Leute. Vielleicht war es der magische Name Vidal oder vielleicht seine Prophezeiung meines düsteren beruflichen Schicksals. Jedenfalls erhob sich eine junge Theaterwissenschaftlerin aus der zusammengeschmolzenen Zuhörergruppe, um mich zu fragen, ob ich Gore Vidals Einschätzung meiner gegenwärtigen beruflichen Situation in den Staaten als zutreffend erachte.

Ich sah sie kurze Zeit schweigend an und überlegte, ob ja oder nein, und konnte zu keinem Entschluß kommen.

Mein Blick schweifte von ihrem Gesicht zu dem des jungen Mannes in der ersten Reihe mit dem großen schwarzen Hund auf dem Schoß.

Lachen war für mich schon immer ein Ersatz für Klagen, und ich lache so laut, wie ich klagen würde, wenn ich diesen so brauchbaren Ersatz nicht entdeckt hätte. Gewöhnlich lache ich länger, als ich sollte, und auch lauter. Dieses Mal jedoch begnügte ich mich mit einer kurzen Parodie der Heiterkeit und sagte zu der jungen Dame: »Fragen Sie den Hund.«

Die Wahrheit ist, daß ich nicht weiß, ob mir in diesem Land je wieder eine rückenstärkende kritische Beurteilung meiner Theaterarbeit blühen wird. Ich weiß die Antwort darauf ebensowenig wie der Hund.

Doch dieses Dilemma, in dem ich mich befinde, hat mich nicht verbittert, ja, mich nicht einmal ernstlich beunruhigt. In gewisser Weise scheint es, als habe ich meine gegenwärtige Situation selbst herbeigeführt. Meine Einstellung dem Publikum gegenüber ist heute zwiespältig. Natürlich wünsche ich mir die Anerkennung der Menschen, ihr Verständnis, Wohlwollen und Einfühlungsvermögen. Doch es kommt mir oft vor, als widersetzte sie sich halsstarrig meinen gegenwärtigen Vorstellungen von Theater. Sie scheinen einer Bühnenkunst verhaftet zu sein, die gänzlich verschieden ist von dem Theater, das ich heute für wünschenswert halte.

Um es genau zu sagen, so ist auch meine eigene Produktion im Umbruch: das Genre von Bühnenstücken, das mich bekannt gemacht und meinen Ruf begründet hat, ist für mich erledigt. Ich mache nun etwas anderes, etwas völlig Eigenständiges, das weder von anderen Bühnenautoren in Amerika oder im Ausland, noch von anderen Richtungen innerhalb des Theaters beeinflußt ist. Und doch ist mein Ziel das gleiche, wie eh und je: meiner Welt und meinen Erfahrungen in ihr die Form zu geben, die dem jeweiligen Material entspricht.

Seit der *Nacht des Leguan* haben die Umstände meines Lebens einen Schreibstil gefordert, der sich immer weiter von der traditionellen Schreibweise entfernt. Ich spreche von solchen Arbeiten wie *Das gnädige Fräulein, In einer Hotelbar in Tokio* und von dem erst kürzlich uraufgeführten Stück *Out Cry*. Und, bis zu einem gewissen Grade, vom Stil dieser Erinnerungen.

Ich muß Ihnen gestehen, daß ich mit der Abfassung dieser Memoiren aus finanziellen Gründen begonnen habe. Es ist die erste Arbeit – soweit es ums Schreiben geht –, die ich um des Geldes willen tue. Doch ich möchte Ihnen ebenfalls sagen, daß ich, kurz nachdem ich mich an die Arbeit gemacht hatte, die geschäftliche Seite des Unternehmens vergaß und mich mit wachsendem Vergnügen von dieser neuen Form der vorbehaltlosen Selbstenthüllung gefangennehmen ließ.

Dieses Buch ist sozusagen in ›freier Assoziation‹ entstanden, deren ich mich während wiederholter psychoanalytischer Behandlungen zu bedienen gelernt habe. Es geht um die Wiedergabe gegenwärtiger Ereignisse, sowohl unwichtiger wie gewichtiger, und um Erinnerungen, die zumeist noch viel gewichtiger sind. Zumindest für mich.

Ich werde diese Erinnerungen aus der Vergangenheit häufig durch Berichte darüber unterbrechen, was mich gegenwärtig beschäftigt, da viele der Dinge, die mich in der Vergangenheit in Anspruch nahmen, es auch heute noch tun.

Ob meine Bemühungen Ihnen annehmbar erscheinen werden, wird nicht zuletzt von Ihrer Nachsicht einem alternden Mann gegenüber abhängen, der immerzu zwischen seinen Erinnerungen und seinem gegenwärtigen Status hin und her pendelt.

Diese ›Sache‹, wie ich meine Arbeit inzwischen nenne, wird

Ihrer eigenen Auslegung bedürfen. Ich muß Sie bitten, sich soviel wie möglich von dem, was Sie über die Lebensumstände des Mannes, der dieses Buch schrieb, wissen, in Erinnerung zu rufen.

Ich werde in diesem Werk viel über Liebe schreiben, über körperliche sowohl wie vergeistigte Liebe. Für einen Menschen, der so häufig am Rand des Untergangs stand, war mein Leben bemerkenswert glücklich, mit vielen, sehr vielen Augenblicken der Glückseligkeit, ›befleckten‹ und ›unbefleckten‹.

›O süßes Lied . . .‹

Ich höre es immer noch, ganz deutlich.

Ist dieses Buch, in seinem recht ungewöhnlichen Aufbau, demnach eine ›professionelle Arbeit‹? War überhaupt etwas von dem, das ich geschrieben habe, eine professionelle Arbeit? Ich habe immer aus zwingenderen Gründen geschrieben als aus denen, die das Wort ›professionell‹ meint – zuweilen zum Nachteil meiner Karriere, nehme ich an. Doch öfter zu ihrem Vorteil. Karriere? Das falsche Wort. Ich sollte sagen – nein, kein so anmaßender Begriff wie ›Berufung‹. Aber, glauben Sie mir, ich hatte nie eine andere Wahl, als zu schreiben.

Was steht also als nächstes auf der Tagesordnung? Oder, um Anna Magnani zu zitieren: »Was steht als nächstes auf dem Programm?«

Nach allgemeinem Dafürhalten hatte ich erst recht spät Erfolg am Theater, doch ob Fortuna sich einem früher oder später zeigt – wenn sie sich überhaupt zeigt, hat man, und das steht fest, Glück gehabt. Alles übrige ist eine Frage an ›den Hund‹.

1

Um diese ›Sache‹ auf gesellschaftlich-gehobener Ebene zu beginnen, will ich Ihnen erzählen, daß ich im Herbst eines nicht weit zurückliegenden Jahres, bevor die Blätter fielen, das Wochenende auf einem der letzten großen Landsitze Englands, in der Nähe von Stonehenge, verbrachte. Einer der Monolithen war auf dem Transport zu jener prähistorischen Kultstätte der Druiden auf dem Grundstück der Lady zurückgeblieben, und höchstwahrscheinlich infolge eines Sklavenaufstandes oder eines Zusammenbruchs der gesamten Organisation ließ man den Stein dort liegen, wo er lag. Diese kleine Information hat nur eine ganz lockere und höchst indirekte Verbindung mit dem, was folgt.

Es war Schlafenszeit, und die Dame des Hauses fragte, während sie mich aufmerksam ansah, ob ich mir nicht ein gutes Buch mit auf mein Zimmer nehmen wolle, da sie wußte, daß ich ein ruheloser Schläfer bin. »Gehen Sie in die Bibliothek, und suchen Sie sich was heraus«, empfahl sie mir und deutete in Richtung eines riesigen, frostigen Raumes im linken Flügel des im palladianischen Stil erbauten Herrenhauses. Da sie sich bereits auf dem Weg nach oben befand, blieb mir nichts anderes übrig, als ihrem Vorschlag Folge zu leisten. Ich betrat die Bibliothek und stellte fest, daß sie fast nichts anderes als sehr dickleibige, in Leder gebundene Folianten enthielt, fast so alt wie der Stein, der es nicht ganz bis Stonehenge geschafft hatte. Durch Zufall entdeckte ich eine geheime, bis zur Decke reichende Tür, recht dilettantisch mit Buchattrappen verkleidet, und das war nicht die einzige Täuschung, auf die ich stieß. Es fand sich nun doch noch ein richtiges Buch, und zwar eines mit dem Titel ›International Who's Who‹ oder so ähnlich. Natürlich nahm ich es aus dem Regal und schlug sofort im Register nach, um zu sehen, ob ich bereits die Ehre hatte, dort aufgeführt zu sein. Befriedigt stellte ich fest, daß sich recht viele Einzelheiten über jene nicht existierende Person fanden, die meinen Autorennamen trägt, darunter eine Reihe von harmlosen Ungenauigkeiten, doch *eine* davon verdüsterte schlagartig meine gute Laune.

Bei der Aufzählung meiner Ehrungen und Auszeichnungen fand

sich die erstaunliche Behauptung, ich habe Anfang der vierziger Jahre (mit Angabe der Jahreszahl) vom *National Institute of Arts and Letters* eine finanzielle Beihilfe in Höhe von tausend Dollar erhalten, ja, das, was man einen ›Riesen‹ nennt. Es ist das Jahr, in dem ich diese Summe erhalten haben soll, das mir so deutlich vor Augen steht, nicht der Stifter, denn es war das Jahr (wenige Jahre bevor mein Leben sich durch den Erfolg der *Glasmenagerie* ein für allemal änderte), in dem ich buchstäblich alles verpfänden mußte, was ich besaß, inklusive einer alten, geliehenen Reise-Schreibmaschine, und alles andere an beweglichen alten und neuen Dingen, darunter meine sämtlichen Kleider außer einem schmutzigen Flanellhemd, einer Reithose und einem Paar Reitstiefel, Relikte aus meiner Studienzeit, in der ich es vorzog, das Reiten statt beim *Reserve Officer's Training Corps* der Universität von Missouri in einem Privatkurs zu erlernen. Und es war das Jahr, in dem ich wegen Mietrückstands (und es handelte sich immer um eine geringe Miete) aus einer Bleibe nach der anderen herausflog, und das Jahr, in dem ich mir auf der Straße eine Zigarette schnorren mußte, die lebenswichtige Zigarette, die ein Schriftsteller braucht, um morgens mit der Arbeit beginnen zu können. Und es war sogar das Jahr, in dem ich fast immer mit jenen Tierchen behaftet war, die die Franzosen *papillons d'amour* nennen, da ich mir nicht einmal eine Flasche ›Cuprex‹ leisten konnte – das damalige Standardmittel gegen diese Plage. Und nachdem mich – am hellichten Tag an einer belebten Straßenecke – einmal folgende lautstarke Beschimpfung: »Du Sauhund! Du hast mir gestern abend Filzbienen verpaßt!« in äußerste Verlegenheit gebracht hatte, zog ich es vor, meine Zelte im französischen Viertel von New Orleans abzubrechen und mich – als Reisender ohne Gepäck – eilends per Anhalter nach Florida zu begeben. Offenbar bot ich einen so erschreckenden Anblick, daß die Autofahrer auf den Landstraßen Vollgas gaben, sobald sie meiner bei Tageslicht ansichtig wurden, und so mußte ich meine Bemühungen, mitgenommen zu werden, mehr oder weniger auf die Nachtstunden verlegen. Mein Tagebuch aus jener Zeit bestätigte mir diese meine Situation zu dem Zeitpunkt, da ich angeblich der überglückliche Empfänger eines ›Riesen‹ war, gestiftet von der Institution, der ich heute als geduldetes Mitglied anzugehören die Ehre habe.

Damals, als mickriger Jüngling voll Leidenschaft für ›das Theater‹, für das ich überhaupt nicht existierte, schloß ich mich einer

Menge von anderen jungen Schriftstellern und/oder sonstigen Künstlern an. Jeder von uns lenkte, der wiederholten Sturmwarnungen nicht achtend, unbeirrt und ganz auf sich gestellt sein eigenes kleines Schiff als Einhandsegler, Kapitän und Mannschaft in einem, doch blieben die anderen stets in Sichtweite. Zuweilen legten wir auch nebeneinander an – als drängten wir uns Schutz suchend in derselben kleinen Bucht eines felsigen, sturmgepeitschten Küstenstrichs zusammen. Das gab uns ein warmes Gemeinschaftsgefühl, nicht allzu verschieden von dem, das in den letzten Jahren die jungen Leute, die man die ›Langhaarigen‹ nennt, empfunden haben mögen, die das unwirtliche Klima der Gesellschaft in die sogenannten Kommunen trieb.

Gemeinsame Schwierigkeiten sind der Liebe verwandt, und oft war das Brot, das wir miteinander brachen, diese Art von Liebe. Einige von uns überlebten und andere nicht. Zuweilen ging es darum, was man Glück nennt, und zuweilen darum, ob der Betreffende die Gabe der Ausdauer hatte und den Willen durchzuhalten. Ich will damit sagen, daß keiner von uns aus freien Stücken ein *dropout* war, bloß gelegentlich ein *push-out,* will sagen, einer, der den Anschluß verloren hat, und keiner von uns verschwendete seine Kraft auf die gänzlich nutzlose Klage, daß niemand uns mit goldenen Löffelchen füttere.

Ich bin sicher, daß wir, sobald wir einmal die Zeit fanden, darüber nachzusinnen, gedacht haben müssen, daß eine Gesellschaft, deren Elite im Reichtum schwamm, eine Gesellschaft, die ihre Milliarden zählte wie wir unsere 5-Cent-Stücke, ein wenig mehr Anteil an dem Schicksal ihrer jungen Künstler hätte nehmen können oder sollen. Es bestand immerhin die Wahrscheinlichkeit, daß diese, sofern es ihnen gegeben wurde heranzureifen, einigen Einfluß auf das proteusartige Kulturleben einer Nation gewinnen würden, die, damals wie heute, von einer verhältnismäßig winzigen Clique beherrscht wird, welche sich auf der Spitze des Totempfahles etabliert hat und sich davor fürchtet, schwindlig zu werden, falls sie einen Blick nach unten wirft.

Doch um gerecht zu sein, so *gab* es in den vierziger Jahren gewisse Inhaber enorm dicker Brieftaschen, die, nicht ohne es an die große Glocke zu hängen, jungen Talenten milde Gaben zukommen ließen. Man konnte zuweilen, wie etwa der große und doch so gefährdete Lyriker Hart Crane in höchster Not, ein Guggenheim-Stipendium ergattern. Vielleicht wäre das Geld nie früh genug gekommen, um Hart vor seiner Selbstzerstörung zu retten, doch kam es, als es endlich kam, viel zu spät. Und in den dreißiger Jahren gab es die *Works Progress Administration* – o Gott, *wie* ich mich darum bemüht habe, sowohl in Chicago wie in New Orleans, von dort einen Autorenauftrag zu bekommen, und *wie* erfolglos –, und kurz darauf gab es die Rockefeller-Subventionen in Höhe von tausend Dollar, mit der möglichen, jedoch unwahrscheinlichen späteren Aufstockung von weiteren fünfhundert Dollar. Beide Summen kamen mir, wenn auch spät, eines schönen Tages zugute.

Die sehr Reichen haben einen so rührenden Glauben an die Wirksamkeit von kleinen Geldsummen.

Diese Beobachtung hätte ich eher zwischen Anführungsstriche setzen sollen, statt sie kursiv zu schreiben, da sie nicht von mir stammt, sondern aus den lakonisch-lapidaren Kommentaren des (legendären) Paul Bigelow zu den frommen, zweifellos von der Steuer absetzbaren Almosen unserer babylonischen Plutokratie.

Erst heute, nach langer Zeit und in der Rückschau, spreche ich von diesen gefeierten Wohltätern junger Talente in einem nicht eben respektvollen Ton, doch halten Sie das der Misanthropie des herannahenden Alters zugute. Als ich ein junges Talent war und unter anderen jungen Talenten lebte, kannten wir kein Selbstmitleid oder doch zumindest nicht mehr davon als die übrige Menschheit. Natürlich wissen wir alle, daß das, was als Selbstmitleid gilt, eine der elementarsten Empfindungen der menschlichen Rasse ist. Doch wir hatten keine Zeit und die meisten von uns auch keine Neigung dazu, darin zu schwelgen. Was ich unter den Künstlern meiner Generation weit öfter beobachtete, war das Gefühl der Selbstachtung, zuweilen bis hin zu übertriebenem Stolz, und ich habe beobachtet und empfunden, und empfinde und beobachte immer noch weitaus mehr Selbstachtung – bis hin zu dem erwähnten Übermaß an Stolz –, als ich Selbstmitleid empfunden oder beobachtet hätte. Selbstmitleid ist schließlich nur eine Abart der Selbstverachtung, ein Gefühl, das man besser den von Natur aus Verächtlichen überläßt.

Im Jahre 1939 arbeitete ich als Hühnerrupfer auf einer Geflügelfarm in einer der kleinen Gemeinden (die zuweilen als ›ein Haufen Dörfer auf der Suche nach einer Stadt‹ bezeichnet werden) an der Peripherie von Los Angeles. Dieser Job war nicht sehr einträglich, entschädigte mich jedoch dafür auf immaterielle Art. Ein paarmal die Woche versammelte sich eine Reihe von jungen Männern und Halbwüchsigen im ›Todesschuppen‹. Man schnitt dem Federvieh die Gurgel durch und hielt es an seinen heftig zuckenden Beinen über einen Eimer, in den hinein es sein Leben ausblutete. Für jedes Huhn, das wir dann rupften und für die Märkte von Los Angeles herrichteten, taten wir eine Feder in die Milchflasche, die mit unserem jeweiligen Namen gekennzeichnet war, und wurden abends, nach Arbeitsschluß, entsprechend der Anzahl von Federn in unseren Flaschen entlohnt. Ich fand das Ganze ziemlich gräßlich – entschädigt wurde ich, neben dem geringen Lohn, durch die wunderbaren Fluch- und Schimpfworte, von denen der Schuppen widerhallte, und die philosophische Äußerung eines der gewitzteren Burschen wird mir für immer im Gedächtnis bleiben:

»Weißt du«, sagte er, »wenn du dich nur lange genug an dieser Küste herumtreibst, fliegt eines Tages eine Möwe über dich hinweg und scheißt dir einen Topf Gold auf den Kopf.« (Ich habe diesen Ausspruch einige Male zitiert, sowohl in einem Theaterstück wie in einem Drehbuch, warte jedoch heute noch darauf, es von der Bühne oder von der Leinwand heruntertönen zu hören. Aber sei's drum –.)

Während ich der erwähnten Tätigkeit nachging, trat tatsächlich ein Glücksfall ein: ich erhielt ein Telegramm vom *Group Theatre* in New York, in dem mir mitgeteilt wurde, daß mir eine Sonderprämie in Höhe von hundert Dollar für eine Reihe von Einaktern mit dem Titel *American Blues* verliehen worden sei. Dieses Telegramm war von Harold Clurman, Irwin Shaw und der verstorbenen Molly Day Thacher Kazan unterzeichnet.

Die meisten Menschen wissen nicht mehr, daß hundert Dollar Ausgang der dreißiger Jahre ein Haufen Geld war, da man heute, wie Sie wissen, ein einigermaßen akzeptables Mädchen nur mit Mühe dazu bewegen kann, dafür die Nacht mit einem zu verbringen. Doch damals war es nicht nur ein Haufen Geld, es bedeutete vor allem eine ungeheure Ermutigung und moralische Rückenstärkung, und selbst in jenen Tagen war eine Ermutigung, in meinem ›trüben Handwerk‹ fortzufahren, weitaus wichtiger für mich als bare Münze.

Ich könnte nie zu einem wirklichen Menschenfeind werden, wenn ich an die aufrichtigen und gänzlich neidlosen Glückwünsche meiner Kollegen und auch meiner Arbeitgeber auf der Hühnerfarm zurückdenke. Sie wußten alle, daß ich Schriftsteller bin und demzufolge ein Spinner, und nun war, gänzlich unerwartet, eine Möwe über mich hinweggeflogen und hatte mich mit himmlischem Manna gekrönt. Und dabei hatte ich mich nicht einmal besonders lange ›an dieser Küste herumgetrieben‹.

Ich hätte mir nun, natürlich, umgehend ein Bus-Ticket nach Manhattan kaufen können und für den Rest des Geldes immer noch einen Aufenthalt von einer oder zwei Wochen beim YMCA, dem Christlichen Verein junger Männer, bestreiten können, doch statt dessen erstand ich für weniger als zehn Dollar ein noch gut erhaltenes gebrauchtes Fahrrad, und der unternehmungslustige Neffe des Besitzers der Hühnerfarm kaufte sich ebenfalls ein Fahrrad, und wir machten uns, zur Feier des Tages, auf den Weg – in südlicher Richtung auf einer Landstraße, die Camino Real hieß. So radelten wir von Los Angeles – von Hawthorne, um genau zu sein – südwärts und über die Grenze nach Mexiko. Wir kamen nach Tijuana und Agua Caliente – zu der Zeit beides noch recht primitive Ortschaften. Auch die Lokale waren primitiv und wir noch unschuldig und arglos, und in der *cantina* eines Grenzstädtchens machten wir Bekanntschaft mit – sagen wir lieber, mußten wir feststellen, daß der lächelnde kleine Gott, der Freund der Reisenden, zuweilen auch räuberische Züge aufweist, und als wir uns auf dem nun sehr realen Camino auf den Rückweg machten, waren wir entschieden weniger entzückt von den mexikanischen *cantinas* und ihrer Kundschaft. Um es genau zu sagen, so hatten wir nicht einmal mehr das Geld für eine nächtliche Unterkunft, doch lagen am Wege genügend Felder, in denen es sich – unter großen Sternen – gut schlafen ließ.

In einem Cañon in der Nähe von Laguna Beach – damals noch ein entzückendes Städtchen – kamen wir an einer Hühnerfarm vorbei, an deren Eingang ein Schild hing: HILFSKRÄFTE GESUCHT. Und da auch wir Hilfe brauchten, schlugen wir den Feldweg ein und standen bald vor einem älteren Paar, den Besitzern der Farm, die Leute einstellen wollten, damit sie ihre Hühner versorgten, während sie selbst in Ferien fuhren, irgendwohin. (Ich weiß nicht, warum ich damals immerzu etwas mit Federvieh zu tun hatte. Das hat mir noch kein Psychoanalytiker erklären können.)

Die Farm der beiden alten, ehrbar miteinander verheirateten Leute war eher ärmlich zu nennen, ja, sie hatten kaum das Geld, ihre Hühner zu ernähren, und sagten, sich auf rührende Weise dafür entschuldigend, das einzige, was sie uns als Gegenleistung anbieten könnten, sei die kleine Hütte hinter dem Hühnerhof – als Unterkunft. Wir versicherten ihnen, daß unsere Leidenschaft für Geflügel genügend groß sei, um uns diesen Job schmackhaft zu machen. Die beiden begaben sich auf ihre Ferienreise, und wir bezogen die Hütte, und nachdem wir den Hühnern zum erstenmal ihr Futter gestreut hatten, herrschte zwischen uns und den Geflügelten das beste Einvernehmen.

Ich weiß nicht, wie es heute am Strand von Laguna zugeht, doch in den dreißiger Jahren war es ein wunderbarer Sommeraufenthalt. Die Menschen spielten Volleyball und vergnügten sich mit Wellenreiten, es gab eine Künstlerkolonie und so weiter und so fort, und alles war ganz herrlich. Das Allerschönste war, wie mir scheint, in der frühen Abenddämmerung, wenn der Himmel noch einem Gedicht glich, den Weg, der aus dem Cañon führte, hinaufzuradeln. Aus jeder Farm, die am Wege lag, bellten die Hunde uns an, nicht etwa böse und drohend, sondern nur, um uns wissen zu lassen, daß sie auf dem Posten waren.

Ich glaube, dieser Sommer war die glücklichste, gesündeste und strahlendste Zeit meines Lebens; ich weiß, daß ich damals ein Tagebuch führte, worin ich diese Monate *Nave Nave Mahana* nannte – der Name meines Lieblingsbildes von Gauguin (aus dem Tahiti-Zyklus), zu deutsch: ›Die sorglosen Tage‹.

So ging es bis zum August, dem Monat, in dem der Himmel nachts verrückt spielt; die unzähligen Sternschnuppen haben zweifellos eine Auswirkung auf menschliche Schicksale, auch wenn die Sonne scheint.

Um es kurz zu machen: das Unglück schlug zu. Es traf zunächst die Hühner und anschließend uns. Als wir eines kristallklaren Morgens aus unserer Hütte traten, lag etwa ein Drittel unserer gefiederten Schützlinge mit ausgestreckten Beinen auf dem Rücken oder auf der Seite – ein klarer Fall von *rigor mortis* – und die Verfassung der Überlebenden dieser Blitzepidemie war nicht viel besser. Sie wanderten schwankend und ziellos in ihrem Gehege umher, als seien sie völlig verstört vor Trauer um ihre abgeschiedenen Genossen. Hin und wieder fiel eines der Hühner mit einem kummervollen Laut um und stand nicht wieder auf. Wir haben nie erfahren, um welche Krankheit es sich bei den Tieren handelte. Doch es war das Ende von *Nave Nave Mahana.*

Mein Freund war auf legalem Wege zu einem ramponierten alten Ford gekommen und fuhr am Abend jenes Unglückstages auf und davon. Ich war nun allein mit den todgeweihten Hühnern und beneidete sie fast um ihr Los. Das war wohl die längste Zeit in meinem Leben, in der ich wirklich gehungert habe – ich verbrachte etwa zehn Tage ohne Nahrung, abgesehen von einem kümmerlichen Rest getrockneter Erbsen und einigen Avocados, die ich mir hin und wieder aus einem der umliegenden Obstgärten klaute. Ich fristete mein Leben von diesen mageren Rationen, denn die so heroisch überlebenden, doch kranken Hühner schienen mir für die Bratpfanne oder den Schmortopf doch nicht ganz das richtige zu sein. Und ich selbst war mit einer seltsamen Trägheit geschlagen, die mich daran hinderte, die Farm zu verlassen; außerdem hatte ich keinen müden Cent mehr übrig – nicht einmal das Porto für einen Bettelbrief, falls mir danach gewesen wäre, einen so peinlichen Schritt zu tun.

Immerhin stellte ich fest, daß man nach drei Tagen Hungerns keinen Hunger mehr verspürt. Der Magen zieht sich zusammen, die Magenkrämpfe lassen nach, und Gott oder sonst wer verabreicht einem, unsichtbar und schmerzlos, eine Beruhigungsspritze, so daß man in einer sonderbaren, einer völlig unerklärlichen ruhevollen Verfassung dahintreibt, die sich geradezu ideal dazu eignet, über vergangene, gegenwärtige und zukünftige Dinge zu meditieren, und zwar genau in dieser Reihenfolge.

Nachdem ich vierzehn Tage auf diese Weise verbracht hatte, meist in liegender Stellung, hörte ich die alte Klapperkiste meines Freundes sich keuchend vor Erschöpfung nähern, und er selbst betrat, beiläufig grinsend, die Hütte, als sei er erst vor zehn Minuten fortgefahren.

Während seiner Abwesenheit hatte er, unter anderem, im einem Nachtlokal in der Nähe von Los Angeles Klarinette gespielt, und sein Wochenlohn reichte aus, um uns in den San Bernardino-Bergen von unseren verschiedenen Prüfungen zu erholen.

In diesem Sommer erhielt ich Briefe von mehreren Broadway-Agenten, die meinen Namen als Empfänger der erwähnten *Group Theatre*-Sonderprämie in den Zeitungen gelesen hatten. Eine Agentin schrieb, sie sei nicht an ›ernsten‹ Stücken interessiert, sondern suche ein gutes ›Vehikel‹ – vermutlich, um damit selbst in die Creme der Agenten aufzusteigen. Ich schrieb ihr zurück, das einzige Vehikel, das ich ihr anbieten könne, sei ein gebrauchtes Fahrrad. Doch eine andere Agentin, Audrey Wood, nahm ein seriöseres Interesse an mir, und, auf den Rat von Molly Day

Thacher Kazan, erkor ich Miss Wood zu meiner künftigen Agentin. Diese zierliche kleine Person, die ihr Mann den ›kleinen Riesen des amerikanischen Theaters‹ nannte – sie waren beide von kleinem Wuchs – nahm mich, ohne mich zu kennen, als Klienten und hat mich in der Folge lange, lange Zeit vertreten.

Im Spätherbst 1939, als ich mich für einige Zeit in die Mansarde der Wohnung meiner Eltern in einem Vorort von St. Louis zurückgezogen hatte, bekam ich ein Telegramm von Miss Louise M. Sillcox, damals Schriftführerin der *Dramatists Guild* (einer Art Verband von Bühnenautoren), sowie einen Anruf von Audrey Wood, die mir mitteilte, daß ich der Empfänger eines Tausend-Dollar-Stipendiums sei, und beide Damen rieten mir dringend, den nächsten *Greyhound* nach New York zu nehmen, das in jenen Tagen *die* Theaterstadt war und möglicherweise noch ist.

Als diese Nachricht uns erreichte, war meine Mutter, die unerschrockene Mrs. Edwina (Cornelius C.) Williams, am Apparat. Sie fiel fast in Ohnmacht. Ich glaube, es war das erste Mal, daß ich sie in Tränen sah – ein höchst bestürzender Anblick, der mich noch heute tief rührt, jener Anblick und ihr Ausruf: »O Tom, ich bin ja so glücklich!«

Natürlich war ich genauso glücklich wie sie, doch aus irgendeinem Grunde hat ein Glücksfall mich noch nie zum Weinen gebracht, ein Unglück übrigens auch nicht. Ich weine nur in sentimentalen Filmen, die gewöhnlich schlecht sind.

St. Louis ist nicht gerade der Nabel der Welt, und doch erweckte die Tatsache, daß die Rockefellers tausend Dollar in mein Talent als Schriftsteller investiert hatten – das zu der Zeit und vermutlich noch eine ganze Weile danach jedweden Nährwerts entbehrte –, beträchtliches lokales Interesse. Alle drei Zeitungen von St. Louis baten mich wegen dieser finanziellen Zuwendung für ein Interview in ihre Redaktion.

Nicht immer waren wir in der klassenbewußten Stadt St. Louis so angenehm aufgefallen; meine Schwester Rose und ich waren sogar während unserer Kindheit und Pubertät dort recht einsam gewesen. Auch war meinem Vater, der sich, als ziemlich großer Max in der *International Shoe Company*, schon früh eine Art ›Prominenz‹ erworben hatte, im Hotel Jefferson, kurz bevor die Rockefellers mir ihre Aufmerksamkeit schenkten, während einer die ganze Nacht dauernden Pokerpartie ein folgenreiches Mißgeschick zugestoßen, das zwar nicht in die Presse kam, doch reichlich

Stoff zu Klatsch hergab. Jemand aus der Pokerrunde hatte Dad, der auf eine lange, angesehene Ahnenreihe in East Tennessee zurückblicken konnte, einen ›Sauhund‹ genannt. Dad hatte den Kerl niedergeboxt, dieser hatte sich wieder aufgerappelt und meinem Vater ein Ohr abgebissen, oder doch zumindest den größeren Teil davon, und ›C. C.‹ unterzog sich im Krankenhaus einer kosmetischen Operation. Mit Hilfe von Knorpeln aus seinen Rippen und Haut von seinem Gesäß wurde der abgebissene Teil des Ohres der früheren Form recht unvollkommen nachgebildet. Der Klatsch über diesen Vorfall hatte unserer Familie in St. Louis und Umgebung zu einer gewissen zwielichtigen Berühmtheit verholfen, die auch mich miteinbezog, als ich das erwähnte Stipendium von den Rockefellers bekam, und ich glaube, ich darf ruhig sagen, daß das öffentliche und private Interesse am Auf und Ab unseres Geschickes seither nicht nachgelassen hat . . .

Am Sonntag war ich mit dem ›großen‹ russischen Dichter Jewtuschenko zum Lunch verabredet. Er kam, etwa eine Stunde zu spät, zu mir in die ›Victorian Suite‹, begleitet von einem sehr dicken, schweigsamen Mann, den er, wie er sagte, als seinen Dolmetscher mitgebracht habe – was sonderbar erschien, da er die englische Sprache durchaus beherrschte.

Am Abend zuvor hatte er sich, als mein Gast, eine Vorstellung von *Sturmwarnung* angesehen, und nun fiel er sofort über meine Arbeit her.

»Sie haben höchstens dreißig Prozent Ihres Talents in dieses Stück investiert, und das ist nicht nur meine Meinung, sondern auch die der Leute, die um mich herum saßen.«

Seine Worte hatten mich getroffen und verletzt, jedoch ich bewahrte Haltung.

»Ich bin froh«, sagte ich, kühl wie eine Dame aus den Südstaaten, »daß ich noch so viel Talent übrig habe.«

Er ist ein höchst zungenfertiger und gutaussehender junger Mann und redete und redete, bis über die Zeit hinaus, zu der das Restaurant meines Hotels schließt.

Ich weiß nicht mehr, wer von uns beiden den Vorschlag machte, noch ins *Plaza* zu gehen, das von meinem Hotel aus mühelos zu Fuß zu erreichen ist.

Als wir uns im *Oak Room* des *Plaza* niedergelassen hatten, ließ er mich wissen, daß er Weinkenner sei. Dieses stellte er sogleich unter Beweis, indem er mit jener Arroganz, die sein Benehmen in den Staaten kennzeichnete, dem Getränkekellner winkte und zwei Flaschen Château Lafite-Rothschild (der im *Plaza* etwa achtzig Dollar die Flasche kostet) und dazu für alle Fälle noch eine Flasche Margaux bestellte. Dann ließ er den Oberkellner seine Bestellung für den Lunch aufnehmen. Er wünschte (und bekam) eine große Schale Beluga-Kaviar mit den entsprechenden Beigaben, die beste *pâté de foie gras* und die teuersten Steaks für sich und seinen ebenso gefräßigen ›Dolmetscher‹.

Ich war inzwischen ein wenig gereizt und verärgert. Ich nannte ihn ein ›Kapitalistenschwein‹ – nicht ohne humorvollen Unterton. Dann startete ich einen Gegenangriff.

»Als Homosexueller«, sagte ich, »bin ich höchst beunruhigt darüber, in welcher Weise meinesgleichen in Ihrem Land behandelt wird.«

»Das ist Unsinn. Es gibt in Rußland kein Homosexuellen-Problem.«

»Ach, wirklich! Und was ist, zum Beispiel, mit Diaghilew oder Nijinsky oder anderen Künstlern, die deswegen die Sowjetunion verlassen haben, um einer Gefängnisstrafe zu entgehen?«

»Wir haben absolut kein Homosexuellen-Problem«, wiederholte er. Er bestand darauf.

Der Wein war – kein Wunder – vorzüglich, und unter seinem Einfluß besserte sich unsere Stimmung. Der Poet ließ mich wissen, daß die Tantiemen meiner Theaterstücke mich in Rußland zum Millionär gemacht hätten; ich solle doch rüberkommen und von dem Geld leben wie ein König.

Ich sagte: »Wie dem auch sei – ich ziehe es vor, Rußland fernzubleiben.«

Unser Lunch zog sich hin, bis auch der *Oak Room* seine Pforten schloß, und dann kam die Rechnung, deren Spezifikation drei Seiten füllte.

Er verehrte mir seinen letzten Gedichtband und schrieb eine schwungvolle Widmung hinein, mit dem Ausdruck der Hochachtung und Zuneigung.

Während unserer Kontroverse darüber, ob es in der Sowjetunion ein Homosexuellen-Problem gäbe oder nicht, hatte ich zu ihm gesagt: »Ich hoffe, Sie denken nicht, daß ich davon anfing, weil ich vorhabe, Sie zu verführen.«

Ich glaube, er hält mich für verrückt, und ich denke wohl das gleiche von ihm, abgesehen von *meiner* ›Hochachtung und Zuneigung‹.

Nach all der lokalen Aufregung über das Rockefeller-Geld verließ ich mit dem *Greyhound* St. Louis und erreichte New York bei Tagesanbruch. Ich hatte weder geschlafen noch mich rasiert und sah wohl recht wenig vertrauenerweckend aus, als ich mich in den imposanten Büroräumen der Liebling-Wood-AG einfand, ganz hoch oben im RCA Building, Rockefeller Plaza 30.

Der Empfangsraum wimmelte von jungen Mädchen, die einen Job als Tanzgirl suchten, in einem Musical, das Mr. Liebling, der Ehemann meiner neuen Agentin Audrey Wood, zu besetzen hatte. Sie wuselten durcheinander und schwatzten wie ein Vogelschwarm in einem Tollkirschenstrauch, als Mr. Liebling aus seinem inneren Heiligtum herausgeschossen kam und rief: »Okay, Mädels, stellt euch jetzt in einer Reihe auf!«, was alle, außer mir taten. Ich blieb auf einem Stuhl in meiner Ecke sitzen. Eine Anzahl der Mädchen wurde zum Probesingen und Vortanzen ausgesucht, den anderen freundlich bedeutet, daß es für dieses Mal leider nichts sei, worauf sie schnatternd davonstoben. Dann bemerkte Liebling meine Wenigkeit und sagte: »Heute hab ich nichts für Sie.«

Ich sagte: »Heute will ich auch gar nichts, außer Miss Wood kennenlernen.«

Wie aufs Stichwort trat sie ein – eine sehr kleine und zierliche Frau mit rotem Haar und einem Teint wie Porzellan, einem kühl-abwägenden Ausdruck in den intelligenten Augen, den sie auch heute noch hat.

Ich nahm an, daß das die Dame sei, derentwegen ich hierher gekommen war, und ich irrte mich nicht. Ich stand auf und nannte meinen Namen, und sie sagte: »Na also, haben Sie's endlich geschafft«, worauf ich erwiderte: »Noch nicht.« Ich wollte nicht witzig sein; ich meinte es wirklich so, und ihr unbegründetes schallendes Gelächter brachte mich einigermaßen aus der Fassung.

2

Es braucht wohl kaum gesagt zu werden, daß ich mit einer besonders schwierigen Jugend geschlagen war. Die Schwierigkeiten begannen schon sehr früh, schon vor der Pubertät. Ich glaube, ihre Wurzeln erstreckten sich bis in die Kindheit.

Meine ersten acht Lebensjahre in Mississippi waren die unschuldig-fröhlichste, von keinerlei Anfechtungen belastete Zeit meines Lebens, dank des äußerst harmonischen Familienlebens meiner geliebten Großeltern Dakin, bei denen wir wohnten, und der abgesondert-phantastischen, halbunwirklichen Welt (in der außer mir nur meine Schwester und unser wunderschönes schwarzes Kindermädchen Ozzie existierte), nahezu unsichtbar für jedermann, außer für unseren kleinen kabbalistischen Zirkel.

Jene Welt, jene verzauberte Periode endete mit der plötzlichen Übersiedlung der Familie nach St. Louis. Einige Zeit vor diesem Umzug erkrankte ich schwer. Irgendein Kleinstadtarzt stellte die Diagnose: Diphtherie mit Komplikationen. Die Krankheit dauerte ein Jahr und hätte fast zum Tode geführt; sie veränderte mein Wesen ebenso radikal wie meine körperliche Verfassung. Vorher war ich ein robuster, energischer, unternehmungslustiger kleiner Draufgänger gewesen. Während der Krankheit lernte ich es, ganz allein Spiele zu spielen, die ich selbst erfand.

An eines dieser Spiele kann ich mich lebhaft erinnern, ich spielte es mit Karten, aber es war keine Patience. Ich hatte schon die *Ilias* gelesen. Die schwarzen und roten Karten wurden für mich zu zwei feindlichen Heeren, die um Troja kämpften. Die Bildkarten, sowohl die der Griechen wie die der Trojaner, waren die Könige, Prinzen und Helden, die übrigen Karten die gemeinen Soldaten. Sie kämpften auf folgende Weise miteinander: ich klatschte eine rote und eine schwarze Karte gegeneinander, und diejenige, die mit der Bildseite nach oben auf die Bettdecke fiel, war Sieger. Ungeachtet der historischen Fakten, entschied sich Trojas Schicksal lediglich durch diese kleinen Kartenturniere.

Während dieser Periode der Krankheit und der einsamen Spiele legte die übergroße Besorgtheit meiner Mutter den Keim zu einem

Weichling in mich, sehr zum Mißvergnügen meines Vaters. Ich entwickelte mich zu einem völlig aus der Art geschlagenen Mitglied der Familie, die väterlicherseits auf eine Reihe heldischer Pioniere von East Tennessee zurückblicken konnte. Die Vorfahren meines Vaters waren ein berühmtes Geschlecht gewesen, das sich nun, zumindest, was die Berühmtheit anging, ein wenig auf dem absteigenden Ast befand. Er stammte in direkter Linie vom ersten Senator von Tennessee, John Williams, ab, dem Helden von King's Mountain, sowie vom Bruder (Valentine) des ersten Gouverneurs von Tennessee, John (Nollichucky Jack) Sevier, und von Thomas Lanier Williams I, dem ersten *Chancellor* des ›Western Territory‹ (wie Tennessee genannt wurde, bevor es Bundesstaat wurde). Laut publizierten genealogischen Forschungsergebnissen lassen die Seviers sich bis zu dem kleinen Königreich Navarra zurückverfolgen, wo einer von ihnen Schützling des bourbonischen Herrschers gewesen war. Aus Glaubensgründen teilte das Geschlecht sich zu der Zeit in römische Katholiken und Hugenotten. Die Anhänger des Papstes behielten den Namen Xavier bei, während die Hugenotten, als sie nach der Bartholomäusnacht in England Schutz suchten, ihren Namen in Sevier umänderten. Was weltweite Berühmtheit angeht, so kann die Familie sich allerdings nur auf *ein* Mitglied berufen – auf St. Francis Xavier, dem die Bekehrung zahlreicher Chinesen zugeschrieben wird, eine kühne Unternehmung, wenn auch in meinen Augen eine Donquichotterie.

Mein Großvater väterlicherseits, Thomas Lanier Williams II, vergeudetete sowohl sein eigenes Vermögen wie das seiner Frau in glücklosen Wahlkampagnen, um Gouverneur von Tennessee zu werden.

Heute ist die imposante alte Residenz der Williams in Knoxville ein Waisenhaus für Negerkinder – kein schlechter Ausklang.

Die Frage, die Interviewer und Talk-Show-Master mir mit enervierender Gleichförmigkeit stellen, lautet: »Wie sind Sie zu dem Namen Tennessee gekommen, wenn Sie doch in Mississippi geboren sind?« Das Vorhergegangene ist also die Rechtfertigung für mein Markenzeichen als Schriftsteller – auch habe ich soeben einer Schwäche aller Südstaatler nachgegeben, nämlich in meinem Stammbaum herumzuklettern.

Mein Vater, Cornelius Coffin Williams, wuchs fast gänzlich ohne einen sänftigend-ausgleichenden mütterlichen Einfluß auf, da die schöne Isabel Coffin Williams mit achtundzwanzig Jahren an

Tuberkulose starb. Demzufolge entwickelte er sich zu einem harten und widerspenstigen Charakter. Die Militärakademie von Bellbuckle war nicht dazu geeignet, ihn sanftmütiger zu machen; er verbrachte viel Zeit im Arrest, wo er nur Steckrüben zu essen bekam, ein Gemüse, das auf unserem Familientisch nicht erscheinen durfte. Nach ein oder zwei Jahren Jurastudiums an der Universität von Tennessee wurde er, im Spanisch-Amerikanischen Kriege von 1898, Leutnant, erkrankte an Typhus und verlor alle Haare. Meine Mutter behauptet, er sei ein gutaussehender Mann geblieben, bis er anfing zu trinken. Ich habe ihn enthaltsam und gutaussehend nicht erlebt.

Doch heftiges Trinken hat einem Handlungsreisenden aus Mississippi noch nie zum Nachteil gereicht. Nach einem kurzen Gastspiel in der Telefonbranche wurde er Schuhvertreter und war in diesem reisenden Gewerbe äußerst beliebt und erfolgreich. In dieser Zeit entwickelte er eine große Vorliebe für Poker und leichte Damen – für meine Mutter eine weitere Quelle der Betrübnis.

Er war ein so guter Vertreter, daß man ihn von der Straße holte und in St. Louis zum Verkaufsleiter einer Filiale der *International Shoe Company* in St. Louis machte, eine Beförderung, die unsere Übersiedlung in diese Stadt, in der die Großhandelsfirmen der Schuhbranche ansässig waren, zur Folge hatte, was meinen Vater der Freiheit und Ungebundenheit beraubte, von der seine innere Zufriedenheit abhing.

Dad ging zunächst allein nach St. Louis; Mutter, Rose und ich folgten.

Er holte uns von der *Union Station* ab. Wir hatten das in einem merkwürdigen Stil erbaute graue Steingebäude, dem nun der Abriß droht, kaum verlassen, als wir an einem Obststand vorbeikamen. Im Vorbeigehen streckte ich die Hand aus und stibitzte eine Weinbeere. Dad schlug mir hart auf die Hand und brüllte: »Laß dich bloß nicht noch einmal beim Stehlen erwischen!«

Eine Liste seiner wenig ansprechenden Charakterzüge würde ziemlich lang werden, doch wurden sie, wie mir scheint, durch zwei große Tugenden in etwa wettgemacht: absolute Redlichkeit und Wahrheitsliebe (wie er die Wahrheit sah) im Umgang mit anderen Menschen.

Unsere erste Wohnung in St. Louis befand sich am Westminster Place, in einer hübschen Straße einer guten Wohngegend, mit großen Bäumen, die sie fast südlich erscheinen ließen. Rose und ich schlossen rasch Freundschaften und hatten viel Spaß mit den Kindern aus der Nachbarschaft. Wir spielten Versteck und ›Flieg, Schaf, flieg‹ und suchten im heißen Sommer Kühlung unter den Rasensprengern. Das Lorelei-Bad und das West End Lyric-Kino lagen nur einen Block von uns entfernt, um den wir Radrennen veranstalteten. Roses beste Freundin war ein hübsches Kind, dessen snobistische Mutter in unserer Gegenwart boshafte Bemerkungen über meine Mutter und Dad machte. Ich entsinne mich, daß sie einmal sagte: »Mrs. Williams geht immer so auf der Straße, als ginge sie einen Brettersteg in Atlantic City entlang, und Mr. Williams stolziert daher wie der Prinz von Wales.«

Ich weiß nicht mehr, warum wir vom Westminster Place nach South Taylor 5 umzogen. Vielleicht war die neue Wohnung sonniger (meine Mutter erholte sich nur langsam von einem ›Fleck auf der Lunge‹). Jedenfalls war es ein krasser Abstieg auf der sozialen Leiter, etwas, das wir in Mississippi nie hatten in Betracht ziehen müssen, und alle unsere bisherigen Freunde ließen uns fallen wie eine heiße Kartoffel, da in St. Louis die Wohngegend eine entscheidende Rolle spielte, ebenso wie der Besuch einer Privatschule und die Zugehörigkeit zum St. Louis Country-Club oder einem ähnlich angesehenen Club, die Teilnahme an Mahlers Tanzkursen und der Besitz des ›richtigen‹ Wagens.

So mußten wir also neue Freunde finden.

Ich schloß mich sehr bald einem wilden kleinen Burschen an. Er hieß Albert Bedinger und war genauso auf dumme Streiche aus wie die ›Katzenjammer-Kinder‹ im Fernsehen, die überall Verwirrung und Aufregung stiften. Ich entsinne mich nur einiger weniger dieser Streiche: Albert warf, zum Beispiel, einen Stein durch das Fenster eines Hauses, in dem ein zurückgebliebenes Kind wohnte, und steckte einen Limburger Käse unter die Motorhaube eines parkenden Wagens. Dann war da noch Guy Shaw, ein robuster, kesser rothaariger kleiner Ire, dem es besonderes Vergnügen bereitete, mich in den Rinnstein zu stoßen, eine liebevolle Neckerei, die mir keineswegs behagte. Anfangs verbrachte ich jeden freien Nachmittag mit Albert und beteiligte mich mit dem größten Vergnügen an seinen Streichen. Ich war ihm wirklich zugetan, wie er mir. Dann, aus heiterem Himmel, sprach meine Mutter mal wieder ein Machtwort: Albert habe einen so schlechten Einfluß auf mich, daß ich nicht mehr mit ihm verkehren dürfe.

Mrs. Bedinger war außer sich, und ich weiß noch, daß sie Mutter deswegen aufsuchte.

»Mein Sohn«, erklärte sie, »ist eben ein richtiger amerikanischer Junge«, wobei sie stirnrunzelnd einen Blick auf mich warf, der deutlich besagte, daß ich genau das Gegenteil sei.

Ich unternahm einen oder zwei rührende Versuche, die Freundschaft mit Albert heimlich aufrechtzuerhalten, doch wenn ich mich zu ihm stahl, strafte Mrs. Bedinger mich mit eisiger Verachtung, und Albert verhielt sich gleichgültig.

Die unvermittelte, schmerzliche Konfrontation mit dem unheilvollen Snobismus des amerikanischen Mittelstandes war für Rose und mich eine gänzlich neue Erfahrung, die sich, wie ich glaube, traumatisch auf unser beider Leben auswirkte. Es wäre uns nie in den Sinn gekommen, daß materielle Unterlegenheit Freundschaften zunichte machen könnte. Etwa um diese Zeit – ich war elf oder zwölf Jahre alt – begann ich, Geschichten zu schreiben ... vielleicht als Kompensation, wer weiß ...

Doch nun zu meiner ersten Begegnung mit Hazel.

Die Kramers wohnten bei uns um die Ecke, am Forest Park Boulevard, der einzigen anziehenden Straße der Nachbarschaft – lauter Einfamilienhäuser zu beiden Seiten einer baumbestandenen Parkanlage.

Eines Nachmittags hörte ich in der Gasse hinter dieser Straße ein Kind schreien. Irgendwelche junge Rowdys warfen, Gott weiß warum, Steine nach einem pummeligen kleinen Mädchen. Ich eilte ihr zu Hilfe, und wir flüchteten zusammen in ihr Haus und die Treppe hinauf bis auf den Dachboden. Das war der Beginn meiner engsten Kinderfreundschaft, die sich, später, zu einer romantischen Neigung entwickelte.

Ich war damals elf und Hazel neun. Wir verbrachten nun jeden Nachmittag auf ihrem Speicher. Da wir beide mit lebhafter Phantasie begabt waren, erfanden wir viele Spiele, doch unser Hauptvergnügen bestand darin, Geschichten, die wir uns ausdachten, zu illustrieren. Hazel zeichnete besser als ich, dafür waren meine Geschichten besser als ihre.

Die alte Mrs. Kramer, Hazels Großmutter, nahm in der ›Gesellschaft‹ von St. Louis einen recht angesehenen Platz ein. Immer voller Aktivität, war sie ein prominentes Mitglied des Frauenclubs, fuhr ein schimmerndes *electric* – ein Elektromobil –, und ihr Auftreten hatte etwas durchaus Vornehmes an sich.

Mutter war zunächst sehr erleichtert darüber, daß ich statt mit Albert Bedinger oder den anderen kleinen Rabauken aus Laclede und South Taylor nun viel Zeit mit Hazel verbrachte.

Hazel hatte rote Haare und große, klare braune Augen, einen schimmernd-durchsichtigen Teint und besonders wohlgeformte Beine. Ihre Figur neigte zur Fülle wie die ihrer Mutter (die ein richtiger Pummel war), doch ihre Größe machte das wieder wett. Als ich sechzehn Jahre zählte und Hazel vierzehn, war sie mir bereits über den Kopf gewachsen und hielt sich, sobald wir zusammen unter Menschen waren, ein wenig krumm, um mir jedes diesbezügliche Peinlichkeitsgefühl zu ersparen.

Ich glaube, ich kann aufrichtig sagen, daß sie, ungeachtet meiner späteren homosexuellen Bindungen, die große Liebe meines Lebens war – wenn ich von meinen Familienangehörigen absehe.

Meine Mutter billigte meine sich entwickelnde Neigung zu Hazel nicht; abgesehen davon wollte Miss Edwina im Grunde wohl nie, daß ich Freunde hatte. Die Jungen waren für ihren zarten Sohn Tom zu derb und die Mädchen natürlich zu ›gewöhnlich‹.

Das gleiche galt, fürchte ich, für die Freundschaften und kleinen Romanzen meiner Schwester, in dem Falle leider mit weitaus tragischeren Konsequenzen.

Allerdings hatte Miss Edwina mehr gegen Hazels Mutter, Miss Florence, einzuwenden als gegen Hazel. Miss Florence tarnte ihre innere Verzweiflung mit großer Lebhaftigkeit, um nicht zu sagen Aufgedrehtheit, sobald sie unter Menschen war. Sie spielte sehr gut Klavier nach dem Gehör, wenn auch mit beträchtlicher Lautstärke, und sang dazu mit einer schönen, gut entwickelten kraftvollen Stimme. Wann immer sie unsere Wohnung betrat, setzte sie sich ans Piano und stürzte sich in einen der zur Zeit beliebten Schlager, die bei Miss Edwina natürlich nur wenig Anklang fanden.

Es verstand sich von selbst, daß Miss Edwinas ablehnende Haltung sich der Strohwitwe gegenüber in höflicher Form äußerte.

»Miss Florence, ich fürchte, Sie vergessen, daß wir Nachbarn haben; Miss Ebbs über uns beklagt sich sogar manchmal, wenn Cornelius mal etwas lauter spricht.«

Miss Florence erwiderte dann meistens etwas in dem Sinne, daß Miss Ebbs da oben von ihr aus zum Teufel gehen könne ...

Als ich anläßlich eines Weihnachtsbesuches das letzte Mal in St. Louis war, fuhr mein Bruder Dakin mit mir auf meine Bitte an all die alten Orte, wo wir in meiner Kindheit gelebt hatten. Es wurde eine melancholische Unternehmung. Westminster Place und der Forest Park Boulevard hatten jeglichen Charme der zwanziger Jahre verloren. Die großen alten Einfamilienhäuser und Villen waren zu windigen Fremdenheimen heruntergekommen oder abgerissen, um gesichtslosen Reihen oder Apartmenthäusern Platz zu machen.

Die Kramersche Villa gab es nicht mehr, die ganze Familie, auch meine liebe Hazel, war damals schon tot.

All das kann in dieser meiner ›Sache‹ nur als eine Art Einleitung zu der Geschichte meiner großenLiebe zu Hazel dienen, noch dazu als keineswegs angemessene Einleitung ...

Als ich, inzwischen sechzehn geworden, noch in St. Louis lebte, fanden einige für mich und mein Dasein höchst wichtige Ereignisse statt. In dem Jahr schrieb ich *Die Rache des Nitocris* und sah mich zum erstenmal gedruckt, und zwar in der Zeitschrift *Seltsame Geschichten.* Diese Story erschien erst im Juni 1928. Im selben Jahr nahm mein Großvater Dakin mich auf eine Europareise mit, die er in Gesellschaft einer größeren Gruppe von weiblichen Mitgliedern der Episkopalkirche, alles Damen aus dem Mississippi-Delta, unternahm. Über diese Reise später mehr. Und, ebenfalls in meinem sechzehnten Lebensjahr, nahmen meine tiefgegründeten inneren Schwierigkeiten eine Form an, die leicht zu einer ebenso tragischen Krise hätten führen können, wie die, die das Gemüt meiner damals etwa fünfundzwanzigjährigen Schwester für immer zerrüttete.

Mit sechzehn war ich Schüler der University City High School in St. Louis, und wir lebten in einer beengten Wohnung in der Enright Avenue 6254.

University City war kein feudaler Vorort von St. Louis, und unsere Wohngegend, wenn auch um einen Grad besser als die der Wingfields in *Glasmenagerie,* so doch eben nur um einen Grad. Es war ein häßlicher Stadtteil voller bienenkorbartiger Apartmenthäuser mit außen angebrachten Feuerleitern und rührenden winzigen Grünflächen zwischen betonierten Einfahrten.

Mein jüngerer Bruder Dakin, der sich schon immer in alles, womit er sich abgab, mit großer Begeisterung hineinkniete, hatte aus unserer kleinen Grünfläche ein recht erstaunliches Gemüsegärtchen gezaubert. Wenn es darin auch Blumen gegeben haben sollte, so wurden sie von den üppig gedeihenden Kürbissen, Melonen und anderer eßbarer Flora überwuchert.

Ich hätte natürlich die ganze Fläche mit Rosenbüschen bepflanzt, doch ich zweifle daran, daß sie Rosen getragen hätten. Mein unpraktisches Wesen, besser gesagt, die phantastische Undurchführbarkeit meiner jugendlichen Ideen, war nicht dazu geeignet, irgendwelche Erfolge zu zeitigen. Auch kann ich mich in all den Jahren, die ich in St. Louis und Umgebung verbrachte, an keinerlei Rosen erinnern, außer an die beiden lebenden Rosen in meinem Leben: meine Großmutter Rose O. Dakin und vor allem meine Schwester Rose Isabel.

Meine pubertären inneren Schwierigkeiten zu der Zeit manifestierten sich am heftigsten in einer geradezu krankhaften Schüchternheit. Heute wissen nur wenige Menschen, daß ich schon immer außerordentlich schüchtern war (und es auch jetzt noch, als ›altes Fossil‹, bin). Als ›Fossil‹ kompensiere ich meine Schüchternheit mit der typisch Williamsschen Herzhaftigkeit und herausforderndem Benehmen, zuweilen auch mit explosiven Wutausbrüchen. In meinen High School-Tagen stand mir diese Fassade noch nicht zur Verfügung – ich mußte ohne Maske leben, und ebenfalls in der University City High School begann folgende Heimsuchung: ich errötete, sobald mir jemand in die Augen sah, als hüte ich hinter ihnen irgendein schreckliches oder gar anrüchiges Geheimnis.

Es wird Sie wenig Mühe kosten zu erraten, worin dieses Geheimnis bestand, und ich werde Ihnen im Verlauf dieser ›Sache‹ noch eine ganze Menge Einzelheiten liefern, die dazu den Vorzug der Wahrheit genießen.

Ich weiß noch, bei welcher Gelegenheit dieses dauernde Erröten seinen Anfang nahm. Ich glaube, es war während einer Geometriestunde. Ich warf zufällig einen Blick über den Gang zwischen den Sitzbänken, und ein dunkelhaariges hübsches Mädchen sah mir direkt in die Augen. Sofort spürte ich meine Wangen brennen. Als ich wieder geradeaus sah, brannten sie nur noch heftiger. Mein Gott, dachte ich, ich erröte, weil sie mir in die Augen sah oder ich in die ihren. Wenn das nun jedesmal passiert, sobald ich in die Augen eines anderen Menschen blicke?

Kaum hatte ich diese alpdruckhafte Überlegung angestellt, so wurde sie auch schon zur Realität.

Buchstäblich von diesem Vorfall an errötete ich die nächsten vier oder fünf Jahre fast immer in gleicher Stärke, sobald ein menschliches Augenpaar, männlich oder weiblich (doch meistens weiblich, weil mein Leben sich hauptsächlich unter diesem Geschlecht abspielte), dem meinen begegnete. Ich spürte dann, wie mir das Blut heiß in die Wangen stieg.

Als Jüngling war ich schwächlich und anfällig. Ich glaube nicht, daß ich ein weibisches Gebaren hatte, doch irgendwo tief in meinem Inneren war ein junges Mädchen gefangen, eine Art errötendes Schulmädchen, sehr ähnlich dem, von dem das Gedicht oder der Song sagt: ›Ein Stirnrunzeln machte sie zittern.‹ Nun also: das Schulmädchen, gefangen in meinem verborgenen Ich (das heißt in meinen ›Ichs‹), brauchte kein Stirnrunzeln, um es zum Erzittern zu bringen – es genügte ein Blick.

Dieses Erröten ließ mich den Augen meiner lieben Freundin Hazel ausweichen. Das geschah ganz plötzlich, und sowohl Hazel wie ihre Mutter, Miss Florence, muß diese meine neue, seltsame Eigenheit verwirrt und bestürzt haben. Doch keine von beiden ließ mich etwas davon spüren.

Einmal, nach einer kleinen Weile verspannten Schweigens meinerseits, sagte Hazel in einer überfüllten Straßenbahn zu mir: »Tom, du weißt doch, daß ich nie etwas sagen würde, was dich verletzten könnte?«

Und das war die reine Wahrheit: Hazel hat nie, niemals während der elf Jahre unserer nahen Beziehung ein verletzendes Wort zu mir gesagt, einer Beziehung, die von meiner Seite sich zu jener gefühlsmäßigen Anhänglichkeit und Abhängigkeit entwickelte, die man gemeinhin Liebe nennt. Miss Florence liebte mich wie einen Sohn, glaube ich, und sie sprach mit mir wie mit einem Erwachsenen über ihr einsames und schwieriges Leben mit ihren tyrannischen Eltern, in deren großem Haus in jener Prachtstraße, nur einen Steinwurf von unserer Wohnung und den Feuerleitern entfernt.

Daß ich Hazel begehrte, empfand ich zum erstenmal im *West End Lyric*, dem Kino auf dem Delmar Boulevard. Neben ihr sitzend, wurde ich mir vor Beginn der Vorstellung plötzlich ihrer nackten Schultern bewußt, die ich, geschlechtliche Erregung verspürend, gern berührt hätte.

Einmal, als wir an einem Sommerabend mit Miss Florence und einer ihrer Freundinnen, die sich gern in schlüpfrigen Reden gefiel, im Forest Park durch eine sogenannte Liebesallee fuhren, erfaßte das grelle Licht der Scheinwerfer von Hazels grüner Packard-Limousine plötzlich ein sich leidenschaftlich küssendes junges Paar, und Miss Florences Freundin brüllte vor Lachen und sagte: »Der hat seine Zunge sicher 'n halben Meter tief in ihrem Hals drin!«

Die beiden Damen gönnten sich an Sommerabenden öfters das Vergnügen, durch die Liebesallee dieses Parks zu fahren und dann oben auf dem Art Hill zu parken, wo junge Liebespaare sich nicht nur küßten.

Wir hatten unseren Spaß, und daß ich im Grunde ›schockiert‹ war, bereitete mir zusätzliches Vergnügen.

Eines Abends lud ich Hazel zu einer Fahrt mit dem Flußdampfer ›*J. S.*‹ ein. Sie trug ein ärmelloses Abendkleid aus blaßgrünem Chiffon, und wir gingen auf das dunkle Oberdeck, und ich legte meinen Arm um diese herrlichen Schultern und ›kam‹ in meine weißen Flanellhosen.

Wie entsetzlich peinlich mir das war! Der verräterische feuchte Fleck auf meiner Hose wurde zwischen uns nicht erwähnt, doch Hazel sagte: »Laß uns hier oben bleiben und ein bißchen umhergehen, ich glaube, wir sollten jetzt nicht tanzen ...«

An Sommerabenden mit dem Ausflugsdampfer fortzufahren war in den dreißiger Jahren in St. Louis ein beliebtes Vergnügen, und einmal hatte ich eine Verabredung mit einer schönen jungen Dame aus der vornehmen Familie Choteau, die sich bis auf die Zeit zurückführte, als St. Louis noch zu Frankreich gehörte. Ich glaube, es handelte sich um ein Doppelrendezvous – Miss Rose und einer ihrer Verehrer waren wohl auch mit von der Partie.

Ich war ganz bezaubert von der schönen Miss Choteau und am darauffolgenden Wochenende – ich arbeitete damals in der Schuhbranche – rief ich sie an und bekam folgende Abfuhr: »Oh, vielen Dank, Tom, aber ich habe leider einen schweren Anfall von Rosenfieber.«

Ich glaube nicht, daß sie dabei auf meine Schwester anspielte, sondern, daß sie wirklich die Blume meinte (und irgendeine Allergie, die damit zusammenhing), doch rief ich sie daraufhin nie wieder an. Sie war eine ›Debütantin‹, sollte also demnächst in die Gesellschaft eingeführt werden, und ich nahm an, daß mein sozialer Status diesem Mädchen zu dem Zeitpunkt nicht so recht akzeptabel erschien.

Es will mir irgendwie nicht gelingen, mich an den chronologischen Ablauf der Dinge zu halten.

Ich springe jetzt zurück in die Zeit, als mich mein Großvater, mit sechzehn, auf eine Europareise mitnahm, während der sich etwas höchst Erstaunliches ereignete.

Großvater kam für die Kosten dieser Reise auf, doch Dad schenkte mir hundert Dollar, damit ich auch eigenes Geld zum Ausgeben hätte.

(Dieses Geld wurde mir in Paris, genauer gesagt auf dem Eiffelturm, von einem Taschendieb gestohlen.)

Großvaters Gesellschaft schiffte sich auf der *Homeric* ein, die dereinst das Flaggschiff von Kaiser Wilhelms Handelsflotte gewesen war. Wir lichteten um Mitternacht die Anker, und es gab einen Gala-Abschied, mit Blaskapelle oder deren mehreren, und buntfarbene Papierschlangen flogen zwischen Schiff und Kai hin und her. Ich glaube, wenn ich daran zurückdenke, auch eine Menge Luftballons vor mir zu sehen, und natürlich wurde viel getrunken, geschrien und gelacht – alles sehr *à la* Scott und Zelda Fitzgerald.

Ganz besonders ist mir Pinkie Sikes in Erinnerung geblieben, mit ihrem rotgefärbten ›Bubikopf‹, den Bleistift-Absätzen und ihrer schier unglaublichen Lebhaftigkeit (auf Deck mit Großvater und mir), als das Signal ›Alle Gäste von Bord‹ ertönte. Pinkie, eine an niemand gebundene Blume des amerikanischen Südens, ging wohl auf die Fünfzig zu. Höchstwahrscheinlich war sie geschieden und daher ›ungebunden‹, denn in jungen Jahren muß sie ein geradezu überwältigendes Geschöpf gewesen sein. Ja, sie war es immer noch, obwohl sie nun, mit ihrem Make-up und der Kühnheit, mit der sie ihr wirkliches Alter durch überhohe Absätze, sehr kurze Röcke und jungmädchenhafte Accessoires zu verschleiern suchte, ein wenig grotesk wirkte.

Ich mochte Miss Pinkie sehr gern und hatte trotz meiner quälenden Schüchternheit vor ihr keine Angst.

Am ersten Tag auf See nahm ich das erste alkoholische Getränk meines Lebens zu mir. Es war ein grüner Pfefferminzlikör, der mir an der Deckbar serviert wurde.

Eine halbe Stunde später wurde ich heftig seekrank und blieb es während der Überfahrt etwa fünf Tage lang – in einer Kabine ohne Bullauge und mit unzureichender Ventilation. Unsere Gesellschaft reiste nicht in der ersten Klasse.

Unter den Passagieren befand sich eine Tanzlehrerin, und die glücklichsten Stunden, an die ich mich während dieser ersten Überfahrt nach Europa im Sommer 1928 erinnere, waren die, in denen ich mit dieser jungen Dame tanzte, ganz besonders gern Walzer. Ich war in jenen Tagen ein hervorragender Tänzer, und wir ›schwebten nur so dahin‹, wie Zelda Fitzgerald sich ausgedrückt hätte.

Diese Tanzlehrerin war etwa siebenundzwanzig Jahre alt und in einem heftigen Flirt mit einem gewissen Captain De Voe, der zu ihrem Kreis gehörte, begriffen. Ich entsinne mich einer mysteriösen Unterhaltung zwischen den beiden. Ich will damit sagen, daß sie für mich mysteriös klang, damals, und auch beunruhigend, und ich weiß noch jedes Wort, das dabei fiel.

Captain De Voe sah es nicht gern, daß ich so viel mit der Tanzlehrerin zusammen war. Eines Abends gegen Ende der Überfahrt saßen wir zu dritt an einem kleinen Tisch in der Bar, als Captain De Voe mich ansah und zu der jungen Frau sagte: »Sie wissen ja wohl, wohin er sich entwickelt?«

Sie erwiderte: »Ich glaube nicht, daß man das so genau wissen kann, wenn einer erst siebzehn ist.«

Nun, *Sie* wissen natürlich, wovon sie sprachen, doch mir gab das damals ein Rätsel auf – oder es will mir zumindest heute so scheinen.

Wir nähern uns nun dem Ausbruch der schrecklichsten, um ein Haar zum Irrsinn führenden Krise meines jungen Lebens. Ich fürchte, das folgende wird nur schwer zu verstehen sein.

Es begann, als ich allein einen Boulevard in Paris entlangging. Ich will versuchen, dieses Erlebnis ein wenig näher zu beschreiben, da es für meine psychische Entwicklung von gravierender Bedeutung war. Ganz plötzlich ging mir auf, daß der *Denkprozeß* ein furchterregend komplexes Mysterium des menschlichen Lebens ist. Ich ging schneller und immer schneller, als wolle ich diesem Gedanken entfliehen. Schon war er auf dem besten Wege, sich zur Phobie zu steigern. Während ich meinen Schritt immer mehr beschleunigte, brach mir der Schweiß aus, und mein Herz schlug immer heftiger, und als ich das Hotel ›Rochambeau‹, in dem unsere Gesellschaft abgestiegen war, erreichte, war ich nur noch das zitternde, schweißgebadete Wrack eines sehr jungen Mannes.

Diese Phobie beherrschte mich während des Aufenthalts in Europa mindestens einen Monat lang; es wurde schlimmer und schlimmer, bis ich wohl wirklich nahe daran war, darüber den Verstand zu verlieren.

Wir unternahmen eine herrliche Dampferfahrt den gewundenen Lauf des Rheins hinunter, bis nach Köln.

Tiefgrün bewaldete Hügel und Berge begleiteten den Fluß zu beiden Seiten, und viele von ihnen waren von mittelalterlichen, turmbewehrten Burgen gekrönt.

Obwohl ich auf dem besten Wege war, verrückt zu werden, nahm ich doch alles um mich herum wahr.

Die größte Touristenattraktion von Köln war der alte Dom, die schönste Kirche, die ich in meinem Leben gesehen habe, im gotischen Stil errichtet und dafür, daß der Bau unter preußischer Herrschaft vollendet wurde, bemerkenswert grazil und luftig konstruiert.

Meine Phobie hatte mittlerweile ihren Höhepunkt erreicht.

Wir betraten den Dom, dessen Inneres von wundersam farbigem Licht durchflutet war, das durch die großen Buntglasfenster einfiel.

Atemlos vor Panik kniete ich nieder, um zu beten.

Ich lag noch auf den Knien und betete, als unsere Gesellschaft bereits fortgegangen war.

Und dann geschah etwas wahrhaft Außerordentliches.

Lassen Sie mich vorausschicken, daß ich weder zu Wunder- noch Aberglaube neige. Doch das, was geschah, *war* ein Wunder, und zwar ein Wunder religiöser Natur – ich versichere Sie, daß ich mich hier nicht als Heiliger aufspielen will, wenn ich Ihnen davon erzähle. Mir war, als lege sich, leicht wie ein Hauch, eine Hand auf meinen Scheitel, und im Augenblick dieser Berührung schwand meine Phobie – als schmelze eine Schneeflocke –, obwohl sie doch wie ein zentnerschwerer Eisenblock auf mir gelastet hatte.

Mit siebzehn zweifelte ich keinen Augenblick daran, daß die Hand unseres Herrn Jesus mich voll Erbarmen berührt und die Phobie von mir genommen habe, die mich in den Irrsinn zu treiben drohte.

Großvater machte sich immer schreckliche Sorgen um mich, sobald ich seinem Gesichtskreis oder dem der Damen aus Mississippi entschwand. Er schalt nie mit mir und gab mir nie harte Worte, doch als ich zurückkam, sagte er: »Mein Gott, Tom, was für einen Schreck du uns eingejagt hast, als wir zum Bus zurückkamen und du warst nicht da. Eine der Damen sagte, du seist aus dem Dom weggelaufen und würdest im Hotel auf uns warten.«

Nach diesem Erlebnis ging es mir etwa eine Woche lang ausgezeichnet, und ich begann nun erstmalig meine Europareise zu genießen. Das endlose Wandern durch Gemäldegalerien fand ich allerdings nur augenblicksweise interessant und im übrigen körperlich äußerst ermüdend.

Doch die lähmende Furcht vor dem ›Denkprozeß‹ war etwa eine Woche lang gebannt, und meine physische Erschöpfung schwand mit ihr.

Der letzte Höhepunkt unserer Reise war Amsterdam, genauer gesagt, die Olympischen Spiele, die in jenem Jahr in Amsterdam abgehalten wurden. Unsere Reisegesellschaft besuchte die Reitturniere, und bei dieser Gelegenheit trat meine Phobie, wenn auch kurz und weniger bedrängend, erneut auf.

Da ich gedacht hatte, ich sei durch das ›Wunder‹ im Kölner Dom für immer von ihr befreit, war ich durch den neuen, wenn auch vergleichsweise milderen Anfall aufs äußerste beunruhigt.

An diesem Abend ging ich allein durch die Straßen von Amsterdam, und ein zweites ›Wunder‹ geschah und befreite mich von meiner Qual, und zwar durch ein kleines Gedicht, das in mir entstand. Es war kein gutes Gedicht, abgesehen vielleicht von den beiden letzten Zeilen, doch erlauben Sie mir, es hinzuschreiben, da ich es mühelos rekonstruieren kann:

Fremde ziehn an mir vorbei,
Ströme, die kein Ende nehmen.
Ihrer Schritte Einerlei
nimmt die Furcht mir, stillt mein Sehnen.
Seh in abertausend Augen,
die der Fremden, die da strömen,
ihre Seufzer, ihr Gelächter
kühlt mein tiefes, heißes Weh
wie den Funken löscht der Schnee.

Diese wenigen Strophen bergen die Erkenntnis, daß ich einer unter vielen von meinesgleichen bin – eine höchst bedeutsame Erkenntnis, vielleicht die bedeutsamste von allen, zumindest soweit es das Trachten nach seelischem Gleichgewicht angeht. Das Wissen darum, daß man ein Glied einer Vielzahl – der Menschheit – ist, mit ihren unendlich vielen Nöten und Bedürfnissen, Problemen und Emotionen, daß man kein Einzelwesen ist, sondern ein Geschöpf, nur eines, in der unendlich großen Menge seiner Mitgeschöpfe ... ja, ich glaube wirklich, daß das die zur Zeit bedeutsamste Erkenntnis ist, die wir alle anstreben sollten, und zwar immer und unter allen Umständen anstreben sollten, aber ganz besonders unter den gegenwärtigen Umständen. Der Augenblick der Erkenntnis, daß meine Existenz und mein Schicksal sich so rasch in nichts auflösen konnten wie ein Funke, der in eine Schneewehe fällt, brachte mir, wenn auch auf ganz andere Weise, mein Erlebnis im Kölner Dom zurück. Und ich frage mich, ob besagte Erkenntnis nicht eine Folge, ja, eine Art Steigerung jenes Erlebnisses war: erst die Berührung jener mystischen Hand, die sich auf ein gebeugtes, bekümmertes Haupt legte, und dann die liebevolle Belehrung oder Veranschaulichung, daß dieses Haupt, ungeachtet der ihm innewohnenden, ihrer Klimax zustrebenden Krise immer noch zu einem Einzelwesen gehörte, wenn auch einem Einzelwesen unter unendlich vielen anderen.

Als ich aus Europa zurückgekehrt war, hatte ich immer noch ein Schuljahr an der University City High School von St. Louis zu absolvieren. Es wurde nun alles ein wenig einfacher für mich. Als schriftliche Prüfungsarbeit erhielt ich, auf Anregung meines Englischlehrers, das Thema, über meine Europareise zu berichten, was ich in einer Reihe von Skizzen tat. Keine davon enthielt eine Anspielung auf die Wunder von Köln und Amsterdam oder auf meine seelische Krise, aber dennoch verschaffte meine Arbeit mir einen gewissen Status unter meinen Mitschülern, nicht nur als der Schüchternste von allen, sondern auch als der einzige, der weit herumgekommen war.

Es war mir immer noch fast unmöglich, in der Klasse meine Stimme zu erheben. Die Lehrer hörten allmählich auf, mir Fragen zu stellen, denn wenn sie es taten, drangen aus meiner vor Panik wie zugeschnürten Kehle nur kaum verständliche Laute.

Nun, *diese* Phobie vor der entsetzenerregenden Natur des Denkprozesses hat mich nie wieder heimgesucht.

Lassen Sie mich Ihnen folgende Wahrheit sagen, die ich auch unter Eid bestätigen würde: ich habe die Existenz Gottes nie angezweifelt, noch habe ich es versäumt, im Gebet niederzuknien, wenn eine Situation, in der ich mich befand (und deren gab es viele), mir kritisch genug erschien, um Gottes Aufmerksamkeit und, wie ich fest glaube, auch sein Eingreifen zu verdienen.

Nun werden einige Zyniker unter Ihnen sicher denken, ich wolle mit Mary Pickford wetteifern, der Autorin eines Buches mit dem Titel *Warum es nicht auch mit Gott versuchen?*

Aber lassen Sie es gut sein – schließlich bin ich schon so alt, daß ich ohne weiteres für Miss Pickford geschwärmt haben könnte ... falls Ihnen das sachdienlich erscheinen sollte.

3

Als ich im Frühherbst 1929 bereits im Begriff stand, zum College aufzubrechen, war plötzlich kein Geld für die Studiengebühren vorhanden; wenn Grand (meine Großmutter mütterlicherseits) nicht gewesen wäre, die mir buchstäblich im letzten Augenblick mit tausend Dollar aushalf, hätte ich aufs Studium verzichten müssen. Das war nur eine von vielen Gelegenheiten in meinem Leben, bei denen Grand und Großvater Dakin Ruhe und Ordnung in mein für gewöhnlich chaotisches Dasein brachten oder es ihnen zu verdanken war, wenn es mir gelang, irgend etwas zustande zu bringen – teils wegen der zufriedenen Atmosphäre, die sie um sich verbreiteten, teils wegen ihrer fast magischen Kräfte, trotz beschränkter Mittel anderen finanziell unter die Arme zu greifen.

Und ab ging's an die Universität von Missouri in dem reizenden Städtchen Columbia.

Ich fuhr nicht zur ›Probewoche‹ für die Kontaktaufnahme mit den studentischen Verbindungen, da ich mir nicht vorstellen konnte, daß eine dieser Verbindungen mich aufnehmen würde, wozu ich im übrigen auch gar keine Lust hatte.

Für Dad – in seiner Studienzeit an der Universität von Tennessee ein Mitglied der Pi Kappa Alpha – bedeutete das eine große Enttäuschung, und er war entschlossen, unverzüglich etwas in dieser Sache zu unternehmen.

Miss Edwina, meine Mutter, begleitete mich nach Columbia; es bedrückte sie in keiner Weise, daß ich nicht zur ›Probewoche‹ gefahren war. Die erste Nacht verbrachten wir im Hotel, und am nächsten Tag suchte sie für mich eine ihr passend erscheinende Studenten-Pension. Diese war nach Geschlechtern getrennt und bestand aus zwei Gebäuden, deren Besitzerin, eine sehr lebhafte Witwe mittleren Alters, ein leuchtend rotes Buick-Kabriolett fuhr.

Die jungen Männer und jungen Mädchen trafen sich nur zu den Mahlzeiten. Auch ein Klavier war vorhanden, und zwei oder drei der Mädchen konnten darauf spielen. Im großen und ganzen gefiel mir das alles recht gut.

Ich habe vergessen zu erwähnen, daß ich am ersten Abend in Columbia im Hotel und auf dessen Briefpapier an Hazel, die an der Universität von Wisconsin studierte, schrieb und ihr einen Heiratsantrag machte. Nach einer Woche bekam ich von ihr eine ablehnende Antwort. Sie erklärte, sie wisse meinen Antrag zu schätzen, wir seien jedoch noch viel zu jung, um an so etwas zu denken . . .

Ich teilte das Zimmer mit einem jungen Schlafwandler. Eines Nachts stieg er aus dem Bett, kam auf das meine zu und legte sich neben mich. Ich entsinne mich seiner als eines schlaksigen Burschen vom Lande, blond und ein wenig verunstaltet von pubertärer Akne, aber im ganzen nicht unattraktiv.

Natürlich schreckte ich mit einem kleinen Aufschrei aus dem Schlaf hoch, als er in mein Bett kroch; er murmelte irgend etwas und ging mit unsicheren Schritten zu seinem Bett in der anderen Ecke zurück.

Und jetzt werde ich etwas beichten, das nicht der Komik entbehrt.

Mehrere Nächte lang wartete ich darauf, daß er wieder schlafwandele, und hoffte, sein Zustand würde ihn erneut in meine Richtung führen.

Nun, das war nur jenes eine Mal geschehen.

Doch eines Abends, bevor er heraufgekommen war, entfernte ich die Bolzen aus seinem Feldbett, damit es zusammenbräche, sobald er sich hineinlegte.

Ich fürchte, ich war zu jener Zeit nicht ganz bei Sinnen. Aber wie dem auch sei – das Feldbett brach in der Tat zusammen, doch er stellte es rasch und schweigend wieder auf, wobei er mich einige Male recht sonderbar ansah.

Ich hatte etwa einen Monat in der Pension gewohnt, als ich unerwarteten Besuch bekam . . . drei oder vier junge Männer, sehr gut angezogen und von angenehmem Äußeren, von der Alpha Tau Omega-Verbindung, kurz ATO genannt.

Dieser Besuch war, wie sich herausstellte, durch Dads Vermittlung zustande gekommen. Zwei entfernte jüngere Verwandte, die beiden Merriwether-Brüder, waren zur Zeit auf der Universität von Tennessee und einflußreiche Mitglieder der dortigen ATO. Sie hatten der hiesigen Ortsgruppe der ATO, Gamma Rho, geschrieben, daß der Sohn eines leitenden Angestellten der *International Shoe Company* sich in einem Studentenheim ›verstecke‹ und daß das so nicht weiterginge, da er von den Williams und Seviers aus East Tennessee abstamme und außerdem ein Weltreisender und bereits gedruckter Schriftsteller sei.

Einer der Verbandsbrüder legte sich ganz besonders ins Zeug, mit höchst eindrucksvoller und möglicherweise sogar echter menschlicher Wärme; er bestand darauf, ich solle ihn umgehend zum Verbindungshaus begleiten, damit ich gleich sähe, wie sehr es der ›trübseligen‹ Pension vorzuziehen sei.

Heute würde ich diesen ›Bruder‹, den ich ›Melmoth‹ nennen will, als das erkannt haben, was er war: so schwul, wie die Nacht finster ist.

Damals jedoch erschien er mir lediglich als ein Mensch von außergewöhnlicher Liebenswürdigkeit und ebensolchem Charme.

Ich ging mit ihm zum Verbindungshaus. Auf dem Wege dorthin kamen wir an dem im Bau befindlichen neuen Verbindungshaus vorbei, einem riesigen, im Pseudo-Tudorstil errichteten Gebäude, das aber trotzdem recht ansprechend wirkte. Schon bevor wir die gegenwärtige provisorische Unterkunft der Gamma Rho-Ortsgruppe erreichten, hatte ich mich entschlossen, der Verbindung beizutreten, will sagen Anwärter auf Mitgliedschaft zu werden, falls sie mich wirklich dazu auffordern sollten.

Am nächsten Tag taten sie es, und da mir die Verbindungsbrüder recht sympathisch waren, beeilte ich mich, das Angebot anzunehmen.

Die ATO-Ortsgruppe der Uni von Missouri empfing mich zunächst mit großer Herzlichkeit, doch dann betrachtete sie ihren neuen Anwärter mit stetig wachsender Beunruhigung.

Sicher hatten die Leute noch nie einen so exzentrischen jungen Mann kennengelernt, geschweige denn als Mitglied geworben.

Einmal die Woche, um Mitternacht, wurde mit feierlichem Zeremoniell eine Art Gerichtshof abgehalten. Die Verstöße eines jeden Anwärters gegen die Statuten wurden den Versammelten vorgelesen und die Strafe in Form von Prügeln verhängt, leichte Prügel oder schwere, je nachdem.

In meinem Fall brachen mir die Prügel fast die Knochen.

Einer der Brüder stand, ein Bootspaddel in der Hand, am Ende des großen Vorderzimmers. Der zu bestrafende Anwärter wurde angewiesen, sich vorzubeugen und dem Bruder mit dem Paddel sein Gesäß zu präsentieren, nicht ohne sich die Hoden hochzuhalten, da Kastration nicht mit einbegriffen war.

Dann kam der Bruder mit dem Paddel durch den langen Raum gestürmt und schlug den Delinquenten aufs Gesäß.

Mir wurde öfters die Höchststrafe von zehn Hieben zugeteilt, die zuweilen mit solcher Wucht auf mich niedersausten, daß ich kaum die Treppe nach oben in mein Schlafzimmer schaffte ...

Worin bestanden meine Verstöße?

Sie waren verschiedenster Art und praktisch nicht zu zählen.

Der Geist der Anarchie war in mich gefahren. Zum Teil war das eine Folge meines Heimwehs nach der alten Pension, zum Teil hatte der überaus spärlich bemessene Monatswechsel, den Dad mir zukommen ließ, damit zu tun. Ich verfügte damals nie über ein frisches Hemd zum Wechseln, und in jenen Tagen hatte man in einem Verbindungshaus zum Essen in sauberem Hemd und Jacke zu erscheinen.

Um sechs Uhr läutete es zum Abendessen, und ich war nie fertig. Ich hatte zwar Hunger, war aber immer wieder überrascht, wenn die Essensglocke ertönte.

Ich wartete, bis die andern auf meiner Etage in den großen, zu ebener Erde gelegenen Speiseraum hinuntergegangen waren. Dann hastete ich in irgendeines der Zimmer, schnappte mir ein weißes Hemd, erschien darin zum Essen und brachte es dann nach der Mahlzeit heimlich wieder dorthin zurück, woher ich es hatte.

Das tat ich wohl alles nicht sehr geschickt, denn man kam mir bald auf die Schliche.

Dann, und das ist wirklich ein schlimmes Geständnis, fing ich an, ungedeckte Schecks auszustellen. Wenn ich ein ›Honigtopf-Rendezvous‹ hatte, wie man die Nachmittag-Verabredungen mit Mädchen nannte, und die Rechnung im Café nicht bezahlen konnte, schrieb ich einen Scheck auf eine Bank aus, an der ich überhaupt kein Konto unterhielt. Diese ungedeckten Schecks hingen dann nachher an der Kasse des betreffenden Lokals.

Was zum Teufel ging wohl in jenem Jahr in mir vor?

Nichts, was mir heute noch verständlich wäre.

Etwa einmal im Monat veranstaltete die ATO einen Ball, und die Anwärter erhielten eine Liste derjenigen Kommilitoninnen, die für diese illustren Gelegenheiten als ›Damen‹ in Frage kamen. Ich kümmerte mich nie um diese Liste und kreuzte mit irgendeinem Mädchen auf, das überhaupt keiner Verbindung angehörte oder, wenn doch, dann einer, die als ›nicht akzeptabel‹ betrachtet wurde, wie etwa Phi My oder Alpha Delta Pi (deren Mitglieder hinter vorgehaltener Hand gräßlicherweise ›Dessert-Muschis‹ genannt wurden).

Besonders ein Mädchen von Alpha Delta Pi lud ich immer wieder zu diesen Tanzereien ein – eine hysterische Nymphomanin und sehr, sehr hübsch. Das einzige Abendkleid, das sie besaß, war aus schimmernd-brauner Seide, verhüllte ihren Busen nur notdürftig und machte kein Geheimnis aus ihrem aufreizend-üppigen Gesäß.

Obwohl ihre Teilnahme am Ball als ›gesellschaftlich unmöglich‹ angesehen wurde, ließen die Vereinsbrüder, sobald der Abend vorrückte, uns keine Ruhe und ›klatschten‹ so oft ›ab‹ und tanzten mit ihr davon, bis sie zum Schluß wie von Sinnen übers Parkett wirbelte – wie Tippy Smith vom Theta oder die Königin von Kappa Kappa Gamma, deren Namen ich nicht mehr weiß.

Nach Mitternacht war meine ›Dame‹ endgültig fest in Händen der Vereinsbrüder, und sie tanzten abwechselnd mit ihr in die dunkle kleine Bibliothek. Für das, was dort vor sich ging, habe ich keine Beweise, aber ich kann es mir lebhaft vorstellen. Höchstwahrscheinlich verpaßten sie ihr das, was man damals einen ›Trokkenfick‹ nannte.

Meine eigenen Vertraulichkeiten mit diesem Mädchen hielten sich in Grenzen: einmal, in einem Auto, faßte ich sie an die Brust, und sie wäre fast in Krämpfe verfallen.

Jungen und Mädchen miteinander ... es läßt sich nicht beschreiben.

In den Sommerferien nach meinem ersten Studienjahr ging ich in St. Louis ein festes Arbeitsverhältnis ein – wenn auch nur für kurze Zeit.

Ich wanderte wie ein Hausierer von Tür zu Tür und warb Abonnentinnen für ein großes ›Frauen-Magazin‹. Wie es eigentlich dazu kam, weiß ich nicht mehr, aber sicher tat ich es nur ›Big Daddy‹ zu Gefallen, oder vielleicht sollte ich sagen, um ihn zu besänftigen.

Wir waren unserer etwa zehn, ein buntzusammengewürfeltes Team, eingestellt von einer Art lokalem Verkaufsleiter, der in einem zweitklassigen Hotel auf der Grand Avenue residierte. Er schickte uns paarweise los, und jeder von uns hatte ›seine‹ Seite derselben Straße als Arbeitsfeld. Der Bursche, mit dem ich eingeteilt wurde, kam aus Oklahoma.

Es fiel mir auf, wie ausgefallen und auffällig er sich benahm. Die Schwulenszene war mir noch fremd, und ich wußte nicht, daß ich in diesem Kollegen die Tochter des Erfinders vor mir hatte, wie man so sagt. Ich weiß noch, daß er blond und recht hübsch war, aber er interessierte mich lediglich als sehr unterhaltender Kollege bei einer sehr langweiligen Tätigkeit. Keiner von uns beiden war bei dieser Abonnentenwerbung besonders erfolgreich. Die meisten Hausfrauen schlugen uns die Tür vor der Nase zu – es war ja auch im ersten Jahr der Weltwirtschaftskrise. Ich glaube, die Arbeit dauerte sowohl für mich wie für meinen schwulen Partner nicht länger als zwei Wochen. Doch nachdem man uns kurzerhand gekündigt hatte, blieb der Typ aus Tulsa in St. Louis. Einmal hatten wir mit Hazel ausgemacht, sie an einem der nächsten Abende gemeinsam zu besuchen; eine ihrer Freundinnen, Lucy, war ebenfalls eingeladen. Es wunderte mich, wie wenig interessiert der Tulsa-Junge an dieser Verabredung mit Mädchen war; er sagte: »Hätten wir nicht vielleicht mehr Spaß, wenn wir einen Zug durch die Lokale machen würden?« Ich kannte ›die Lokale‹ nicht, und er machte keine näheren Angaben, was für eine Art Lokale er meinte. Ich konnte es also nicht wissen, da ich deren Existenz nie auch nur in Erwägung gezogen hatte.

Nachdem wir unsere spärliche Provision kassiert hatten, fuhren wir mit einem doppelstöckigen Bus zu Hazel. Wir saßen oben, bei offenem Verdeck, und es kam mir so vor, als sei die Nachtluft meinem Kameraden zu Kopf gestiegen; wie angeheitert wiederholte er immer wieder den Namen Lucy und juchzte dabei im höchsten Falsett vor Vergnügen. Diese Juchzer hatten einen hysterischen Unterton.

Ich glaube, Hazel wußte damals entschieden mehr über Sex und alles, was damit zusammenhängt, als ich. Als ich mit dem Jungen aus Oklahoma die Wohnung der Kramers betrat, entging mir der Ausdruck von Bestürzung in ihren großen braunen Augen nicht. Er plapperte den ganzen Abend wie ein Vogel, wobei er immer wieder besonderen Nachdruck auf den Namen Lucy legte. Ich muß zugeben, daß Lucy auf einem Studentenball nicht allzu hoch im Kurs gestanden hätte; sie sah eigentlich ziemlich genauso aus, wie sie hieß: zu groß geraten für ein Mädchen und dazu linkisch, hatte sie etwas von einem Riesenbaby an sich. Dazu war das Benehmen des von mir mitgebrachten Gastes in einer Weise überdreht, daß der Abend kein sehr harmonisches Ende nahm. Hazel war offensichtlich verstimmt und schien mir zum erstenmal in unserer langjährigen Bekanntschaft etwas übelzunehmen.

Wenn ich sage, daß Hazel mehr über Sex wußte als ich, weiß ich eigentlich nicht genau, was ich damit meine. Fünf oder sechs Jahre lang war sie mir eine liebevolle Freundin gewesen, doch diese Liebe war ›rein‹, wie man sich zur Zeit der Queen Victoria ausgedrückt hätte. Und was nun folgt, ist schwer zu glauben: Hazel gestattete mir nur zweimal im Jahr, sie auf den Mund zu küssen: zu Weihnachten und an ihrem Geburtstag. In der Rückschau frage ich mich, ob sie wirklich ›frigide‹ war, wie die Psychotherapeuten das nennen, oder ob sie sich in einer Art von Koketterie so spröde gab, um mich aus meiner Reserve zu locken. Ich neige dazu, das letztere für wahrscheinlicher zu halten, da ich mich an einen Nachmittag erinnere – wir waren damals noch sehr jung –, an dem wir das Kunst-Museum von St. Louis, oben auf dem Art Hill im Forest Park, besuchten. Sie steuerte geradewegs auf einen Raum mit klassischen Skulpturen zu, in dem sich auch der *Sterbende Gallier* befand, dessen einziges Kleidungsstück ein Feigenblatt war. Und nun glauben Sie mir bitte, es ist die reine Wahrheit: man konnte das Feigenblatt anheben, und Hazel wußte das. Sie tat es also und fragte mich: »Sieht deiner ebenso aus?«

Statt einer Antwort errötete ich wie eine züchtige Jungfrau ...

Diese kleine Begebenheit habe ich in eine meiner besten Kurzgeschichten eingebaut, die dann immerhin im *New Yorker* erschien. Der Titel: *Sommerspiel zu dritt.* Der *New Yorker* unterschlug den Vorfall mit dem Feigenblatt, doch ich fügte ihn wieder ein, als die Erzählung in den Sammelband *Hard Candy* aufgenommen wurde – wie ich glaube zu Recht, denn für das kleine Mädchen in der Story hat die kindliche Hazel sozusagen Modell gestanden. Auch der alte Wagen, der *electric,* fehlte nicht. Mrs. Kramer, *grand'mère,* fuhr ein Elektromobil, und die snobistische alte Dame liebte es, in dem großen Glaskasten zu sitzen und in den feudaleren Stadtvierteln herumzukutschieren. Sie war ganz vernarrt in Hazel und erlaubte ihr manchmal, mich auf eine solche Fahrt mitzunehmen. Das Elektromobil schaffte höchstens etwa dreißig Kilometer die Stunde. Dann schenkten die Kramers Hazel einen hellgrünen Packard, aber das war später, viel später ...

Ich wußte nicht, warum der Junge aus Oklahoma weiterhin in St. Louis herumhing, wo es im Sommer fast unerträglich heiß ist, aber jedenfalls tat er es. Immer wieder wollte er mit mir in ›die

Lokale‹ gehen, was ich immer wieder ablehnte. Irgend etwas an ihm störte mich, und ich war eigentlich recht erleichtert, als er endlich nach Hause fuhr. (Später erhielt ich aus Tulsa eine schriftliche Liebeserklärung.)

Doch zurück zum College. Und zu einem jungen Mann mit großen, strahlenden Augen, die nachts leuchteten wie die einer Katze.

Ich war mittlerweile ordentliches Mitglied der ATO, und eine Zeitlang hatte ich als Zimmergenossen den Jungen mit den ungewöhnlichen Augen, dunklem Haar und dazu einer geradezu umwerfenden Figur – ich nenne ihn Smitty.

Jeden Herbst veranstaltete die ATO eine *Old Home Week,* und das große, neue Vereinshaus im Tudorstile wimmelte dann von ›Ehemaligen‹ der ATO. An diesen Wochenenden mußten wir Gastgeber zu zweit in einem Bett schlafen. Ich teilte im Schlafsaal im dritten Stock ein Feldbett mit Smitty; wir schliefen – nein, wir *lagen* unter einer sehr leichten Decke, da der Vorrat an Bettzeug der Gäste-Invasion kaum gewachsen war. An diesem Abend geschah etwas Ungewöhnliches. Smitty und ich schliefen in unserer Unterwäsche, ich in Unterhose und -hemd, und er hatte wohl nur seine Unterhose an.

Nachdem das Licht im Schlafsaal gelöscht war, spürte ich seine Finger über meine Oberarme und Schultern gleiten, zunächst kaum merklich und dann . . .

Ich lag mit dem Rücken zu ihm, und er preßte sich immer härter an mich, und ich begann zu zittern wie ein Blatt im Sturm.

Das war aber auch alles, was geschah.

Dann, einige Wochen später, als wir längst wieder in unserem angestammten Zimmer schliefen und ich bereits in mein (oberes) Bett geklettert war, lag Smitty mit einem Satz plötzlich neben mir.

Automatisch fragte ich, jungfräulich wie ich war: »Was willst du?« oder »was machst du eigentlich?«

Er lachte ein wenig dümmlich und sprang wieder hinunter.

Ich habe dann wohl fast die ganze Nacht wach gelegen und mich selbst wegen meiner Abweisung dieser (für jene Zeit) sehr gewagten Annäherung verflucht. Wie verwirrt man doch sein kann, und wie unwissend.

Einer unserer Mit-Studenten kam öfters abends zu uns ins Zimmer, und bei einer dieser Gelegenheiten – bei denen wir uns lediglich unterhielten oder, wie die Jugend heute sagt, ›sabbelten‹, sagte Smitty zu unserem Besucher: »Weißt du, was ich heute nacht tun werde? Ich werde Tommy verschieben.«

Ich wußte mal wieder nicht, was das bedeutete; damals hatte ich die verschiedenen Ausdrücke für den *coitus per anum* noch nie gehört. Manchmal balgten wir uns auf dem unteren Bett, spielerisch, wie junge Hunde. Wir hatten alle drei nur Unterhosen an und umklammerten einander mit den Beinen – mehr geschah nicht.

Manchmal verabredeten Smitty und ich uns mit Mädchen vom Stephens College und wurden beide enttäuscht. Mit den Mädchen war nicht viel anzufangen.

Ich erinnere mich an einen bestimmten Abend, an dem wir uns nicht mit Mädchen vom Stephens College trafen, sondern mit zwei höchst ›unsoliden‹ Studentinnen, die, aus nur allzu durchsichtigen Gründen, von keiner Verbindung aufgenommen worden waren. Die eine besaß einen Roadster, und wir fuhren hinaus zum Steinbruch und parkten dort im Mondschein. Dann sagte Smitty zu mir und meinem Mädchen: »Wie wär's, wenn ihr zwei Hübschen 'n bißchen spazierenginget?«

Also gingen wir ein bißchen spazieren, und es geschah weniger als nichts.

Als wir zum Roadster zurückkamen, trank Smittys Dame gerade irgendwelchen hausgemachten Schnaps, Smittys Hosenschlitz stand offen, und heraus ragte sein pralles Glied. Ich war recht erschrocken, denn es glich eher einer Waffe als einem menschlichen Körperteil.

Doch seine leuchtenden Augen und seine hochgewachsene, formvollendete Figur widersprachen dieser unangenehmen Assoziation, und als das Jahr fortschritt, wurde unsere gegenseitige Zuneigung immer heftiger, fand jedoch nach wie vor, was das Körperliche anging, kein Ventil oder doch zumindest keines, das zu einer Auslösung geführt hätte.

Als es Frühling wurde – ich weiß es noch wie heute –, lagen wir zuweilen nachts auf dem weitläufigen Rasen, und er schob seine schöne große Hand unter mein Hemd und liebkoste meine Brust. Ich zog dann immer meine Espenlaub-Tour ab und sagte oder tat nichts, um ihn zu ermutigen.

Offenbar hatte unsere Freundschaft begonnen, den Vereinsbrüdern Sorge zu bereiten.

Smitty wurde ausgeschlossen und zog todunglücklich in eine Studentenpension um. Wir sahen uns trotzdem weiterhin regelmäßig, und manchmal gingen wir abends in eine Art Freiluft-›Flüsterkneipe‹, in der – es war während der Prohibition – illegal Alkohol ausgeschenkt wurde. Ich habe diese Örtlichkeit später in *Orpheus steigt herab* beschrieben: ein langgestreckter Abhang mit vielen kleinen ›Liebeslauben‹, in denen die Pärchen sich mit schwarzgebranntem Fusel vollaufen ließen und es miteinander trieben. Diese Liebeslauben wurden durch Lampions aus Seidenpapier erleuchtet, von denen einer nach dem anderen erlosch . . .

Ich glaube, auch wir löschten zuweilen unseren Lampion, doch es geschah trotzdem nichts.

Eines Abends jedoch geschah etwas.

Wir waren bereits ziemlich angetrunken von dem Gesöff und lachten und johlten wie die Verrückten. Dann rannten wir plötzlich aus unserem Versteck hinaus und den langen Abhang hinunter auf den unten entlanglaufenden Zaun zu. Ich war zu betrunken, um ihn zu überklettern, ließ mich ins tiefe, feuchte Gras fallen, und Smitty warf sich auf mich. Wir balgten uns und rangen miteinander, wie Verliebte das manchmal so tun. Und dann sagte er: »Komm, wir wollen die Nacht bei mir verbringen.«

Wir nahmen ein Taxi, und während der Fahrt versuchte er mehrmals, mich, wie im Scherz, auf den Mund zu küssen, und ich stieß ihn jedesmal von mir.

Ziemlich dämlich, wie? Das kann man wohl sagen . . .

Kaum in seinem Zimmer angelangt, erbrach ich mich auf den Fußboden.

Smitty wischte das Erbrochene mit einem Handtuch auf, dann zog er mich aus und brachte mich zu Bett, legte sich neben mich und umschlang mich fest mit Armen und Beinen, und ich zitterte so sehr, daß das Bett ratterte.

So hielt er mich die ganze Nacht umschlungen, und ich lag die ganze Nacht da und zitterte.

Hier könnte ich sagen: »Ach, die Jugend . . .« Heute wird man mir das wohl abnehmen.

Nach den Prüfungen (Smitty war durchgefallen) kam der letzte Abend – die sogenannte *Crazy Night* –, bevor die Studenten sich für die Ferien in alle Winde zerstreuten. Smitty, ich und noch ein paar andere quetschten uns in einen großen Wagen, der irgend jemandem gehörte, und zogen damit durch die Stadt auf der Jagd nach illegalem Alkohol. Bald waren wir alle ziemlich blau. Dann ging uns der Schnaps aus, und wir fuhren zu einem Haus, wo wir neuen

Stoff kaufen wollten. Smitty, noch einer und ich blieben im Wagen sitzen, während die anderen den Einkauf tätigten. Plötzlich faßte Smitty mir zwischen die Beine. Mein Glied schnellte sofort hoch. Er drehte die Sache ins Scherzhafte.

»Tom denkt, ich bin wie Melmoth«, grölte er und zog seine Hand zurück.

Und diese Erwähnung von Melmoth führt uns geradewegs zu einer recht ungewöhnlichen Generalversammlung, die einige Wochen zuvor im Verbindungshaus stattgefunden hatte.

Die Versammlung war geheim. Melmoth war nicht anwesend, die Atmosphäre von ein wenig gespenstischer Feierlichkeit.

Ein Vorstandsmitglied hielt eine Ansprache. Er sagte, die Abwesenheit von Melmoth sei uns sicherlich aufgefallen; sie hätte ihren guten Grund, und dieser sei so peinlich, daß es ihm Mühe bereite, ihn auszusprechen.

Und dann sagte er langsam, wobei er grimmig ins Leere starrte: »Man hat entdeckt, daß Melmoth schwul ist.«

Bestürztes Schweigen.

Dann meldete sich ein anderer Bruder – Gott segne ihn – zu Worte.

»Das stimmt nicht«, sagte er, »ich habe das ganze Jahr das Zimmer mit ihm geteilt, und ich weiß, wie Schwule sind. Er ist keiner.«

Der Sprecher war ein extrem gutaussehender, schwarzhaariger junger Ire. Es wäre nicht verwunderlich gewesen, wenn Melmoth versucht hätte, ihn zu verführen. Doch Melmoth war gewitzt.

Der vom Vorstand sagte: »Es tut mir leid, aber wir sind unserer Sache ganz sicher.«

Dann berichtete er, daß Melmoth eines Abends unmäßig getrunken und sich an einige Studenten aus einer anderen Verbindung rangemacht habe. Als das erfolglos geblieben sei, wäre er hinauf in den Schlafsaal gegangen und hätte bei einem unserer eigenen ›Brüder‹ einen Annäherungsversuch unternommen.

Es wurde beschlossen, daß Melmoth nicht nur umgehend aus der Verbindung austreten, sondern auch das College und die Stadt verlassen müsse. Innerhalb einer Woche war er verschwunden, und ich glaube nicht, daß ich je etwas über sein weiteres Schicksal erfahren hätte.

Nun noch einiges über Smitty.

Etwa einmal im Monat fuhr ich per Anhalter nach Hause, nach

St. Louis – ich meine nach University City und in die Wohnung in der Enright Street. An einem Wochenende ergab es sich, daß das Zimmer meiner Schwester Rose mir und Smitty zur Verfügung stand, da Rose sich zu einer stationären Untersuchung im Barnes-Hospital befand. Die lange Zeit ihrer unerklärlichen Verdauungsstörungen, die ihrem psychischen Zusammenbruch vorausging, hatte eingesetzt.

Smitty und ich teilten uns ihr elfenbeinfarbenes Doppelbett und lagen die ganze Nacht schlaflos nebeneinander. Er hielt mich fest umschlungen, während er tat, als schliefe er, und ich zitterte und klapperte mit den Zähnen – wie gehabt.

Reicht ein Menschenleben wohl aus, um den Kummer zu tragen, den ich um jene so unerfüllte und doch so himmelstürmende, bittersüße Liebesgeschichte hege?

Gestern entschloß ich mich – ich habe das schon öfters getan, das letzte Mal liegt gar nicht weit zurück –, eine kleine Rolle in meinem Stück *Sturmwarnung* zu übernehmen (und zwar den *Doc*), um die Leute ins Theater zu locken. Nach der Vorstellung begleitete ich Candy Darling in das nahegelegene Bistro *P. J. Clarke's.* Bald saßen wir etwa zu acht um den Tisch. Während des Essens sagte ich, beflügelt vom Wein: »Ich schlafe inzwischen immer allein. Ich habe einen so leichten Schlaf, daß ein anderer Mensch im Zimmer mich wach halten würde ...«

»Mir geht es genauso«, sagte Candy. Wir tauschten mitfühlende Blicke.

Ich redete noch eine Menge anderes Zeug, hauptsächlich über meinen Glauben an Gott und an das Gebet und über meinen dem widersprechenden Unglauben an ein Leben nach dem Tode. Ich sagte auch, daß ich eher an Engel glaube als an Gott, da Gott mir nie begegnet sei – ob das nun stimmt oder nicht –, dafür aber im Laufe meines Lebens mehrere Engel.

Wie bitte?

»Na ja, ich meine Engel in Menschengestalt«, sagte ich zur Erklärung. Und das ist nun wirklich wahr ...

Meine gestrige Rückkehr auf ›die Bretter‹ als *Doc* war ein eindeutiger Mißerfolg. Ich bin nicht mehr die Zugnummer, die ich während meines ersten Auftretens im *New Theatre* war, als ich den Aufführungen meines Stückes eine Diskussion folgen ließ. Bei der ersten Vorstellung nach der Wiederaufnahme des Schauspiels am

Dienstagabend hatten wir ein ausverkauftes Haus, und eine Art Euphorie, ausgelöst durch die Tatsache, erneut auf der Bühne zu stehen, trug mich, trotz einiger ›Hänger‹, mit einer gewissen Bravour durch den Abend.

Gestern abend dagegen nahm Brad Sullivan, der das so kläglich prahlende Mannsbild Bill spielt, mir schon beim Betreten der Herrengarderobe den Wind aus den Segeln. Sullivan legte es schon immer darauf an, mir eins auszuwischen – jedenfalls scheint es mir so –, und ich verstehe nicht, warum. Ich bin ihm immer mit liebenswürdiger Ungezwungenheit begegnet, ein Verhalten dem Ensemble gegenüber, um das ich mich seit Beginn der Proben bemüht habe. Ich muß sagen, daß fast alle anderen Mitwirkenden entsprechend darauf reagiert haben, meistens jedenfalls. Am nächsten stand mir, sowohl altersmäßig wie in seiner ganzen Art, der hervorragende Schauspieler David Hooks, den ich in der Rolle des *Doc* ablöste.

Ich hatte mich auf Drängen der geschäftlichen Leitung des Theaters zu der Wiederaufnahme dieser Rolle entschlossen. Während der heißen Sommerwochen waren die Einnahmen stark zurückgegangen. Billy Barnes, mein gegenwärtiger Agent, fragte mich, ob ich nicht den *Doc* wieder spielen wolle, da ich mich doch in der einen Woche im Frühsommer als eine solche Zugnummer erwiesen hätte.

Doch damit war es offenbar nicht mehr weit her. Die Vorstellung gestern abend war nicht gut besucht, und wahrscheinlich dachten die anderen Mitwirkenden sich ihr Teil, nämlich, daß meine Zugkraft beim Publikum merklich nachgelassen habe. Gene Fanning, der den *Monk* spielt, hatte mehrmals etwas an meinem ersten Monolog auszusetzen – ich hätte den ›Konversationston‹ nicht richtig getroffen. Das war, meiner Meinung nach, nicht ganz gerecht und für mich eine große Enttäuschung, da Gene sich in früheren Vorstellungen immer als besonders hilfreich erwiesen hatte. Schließlich war ich genötigt, mich gegen den Druck von zwei Seiten zu behaupten. Immer wieder hatte man mir gesagt, daß ich nicht genügend ›projiziere‹ und das Publikum durch kleine ›Schwindeleien‹ stärker einbeziehen müsse. Immerhin hatte ich während meines Monologs durch wiederholte rasche Seitenblicke die Verbindung mit Gene keinen Moment abreißen lassen. Auch der Regisseur machte mir die Hölle heiß. Er sagte, ich hätte einige wichtige Sätze weggelassen. Es stimmte, daß ich einen oder zwei

Sätze meiner umfangreichen Rolle weggelassen hatte, doch diese Striche fielen überhaupt nicht ins Gewicht, und ich glaube, ich habe diese ›Löcher‹ auch ohne Genes Beistand so gut überspielt, daß das ein wenig geschwätzige Stück dadurch möglicherweise sogar gewonnen hat.

Bill Hickey war von den männlichen Schauspielern der einzige, der mich verteidigte, obwohl auch Patrick Bedford sich, wie immer, freundschaftlich mir gegenüber verhielt. Doch ich war – wahrscheinlich aus verletzter Eitelkeit – nach der Vorstellung höchst verstimmt und sagte mit schlecht gespielter Heiterkeit, daß ich von nun an die Damengarderobe benützen würde, respektive die von Candy Darling, die – als Transvestit – eine eigene Garderobe zugewiesen bekommen hatte. Im übrigen ist sie diejenige aus dem Ensemble, mit der mich eine stetig wachsende Freundschaft verbindet.

Ich verließ das Theater in Kostüm und Maske, suchte jedoch vorher Candy in ihrer Garderobe auf und fragte sie, ob sie Lust habe, mit mir ins *Joe Allen's* zu gehen, ein Nachtlokal für Theaterleute in der West Forty-sixth Street, das sie am Abend zuvor lobend erwähnt hatte. Sie richtete sich höchst elegant im Stil der fünfziger Jahre her mit einer blonden Perücke, die ihr ausgezeichnet stand, und einem glockenförmigen schwarzen Samthut; in die Stirn hing ihr ein glitzernder Straßschmuck.

Unser Auftritt im *Joe Allen's* muß ziemlich spektakulär gewesen sein, da Candy über 1 Meter 80 groß ist, ich hingegen nur 1 Meter 65. Und ich trug meinen ›Pflanzer-Hut‹, einen sogenannten Stetson für dreißig Dollar mit breitem, aufwärtsgeschwungenem Rand, den ich mir für die Rolle des *Doc* gekauft hatte. Der Geschäftsführer begrüßte uns aufs herzlichste, und Candy und ich unterhielten uns sehr gut. Sie rezitierte ein selbstverfaßtes Gedicht mit dem Titel *Stardust;* es war sehr rührend. Wir sprachen über unser Privatleben, darüber, wie einsam wir seien, und über unsere Schwierigkeiten ›mit Männern‹. Dann brachte ich sie nach Hause – zu ihrer Maisonnette neben der Christian-Science-Kirche (deren ›Aura‹ ihr guttäte, wie sie sagt), und als wir vor der Eingangstür standen, forderte sie mich auf, mit hinaufzukommen, doch ich lehnte ab. Ich war müde und wollte nichts mehr trinken.

Mein drittes Jahr auf der Universität von Missouri verlief recht farblos. Mein vergötterter Smitty kam nicht wieder, und mein neuer Zimmergenosse interessierte mich nicht. Im Frühling jenes Jahres hatte ich eine rührend unschuldige kleine Romanze mit einem sehr reizenden jungen Mädchen namens Anna Jean. Romanze ist das richtige Wort, denn meine Gefühle für sie waren romantischer Art. Sie war sehr hübsch, wohnte mir gegenüber auf der anderen Seite der Straße im Haus der Alpha Chi Omega-Verbindung und hatte einen wunderbar ausgeprägten Sinn für Humor. Ich schrieb ein kleines Gedicht über sie, wahrscheinlich sogar mehrere. Eines davon lasse ich hier folgen:

Wie könnte ich den Abend vergessen,
da du vor deiner Tür verharrtest?
Du wartetest – hättest du es mir deutlicher sagen können? –
auf mehr.

Du sprachst einen Vers,
der von junger Liebe handelte.
Wir standen vor deiner Tür
und atmeten den regensüßen Duft des Waldes.

Ich war ein Narr, daß ich nicht spürte,
worauf du wartetest.
Und dann lächeltest du
und schlossest leise die Tür.

Es wurde mein letztes Jahr an der ersten der drei Universitäten, die ich besucht habe. In Englisch und ein oder zwei weiteren Fächern hatte ich gute Noten, versagte jedoch beim *Reserve Officer's Training Corps* und in verschiedenen anderen Disziplinen auch noch.

Als ich nach Hause kam, eröffnete mir Dad, daß er nicht mehr das Geld habe, mich weiterstudieren zu lassen, und daß er mir einen Job in einer Filiale der *International Shoe Company* beschaffen würde.

Dieser Job zog sich über drei Jahre hin von 1931 bis 1934. Ich erhielt einen Monatslohn von fünfundsechzig Dollar – es war während der Weltwirtschaftskrise.

Ich möchte diese drei Jahre um keinen Preis missen. Nun erfuhr ich am eigenen Leib, wie entwürdigend, wohlgemerkt für die Arbeitgeber, das Los eines Büro-Angestellten ist.

Ich bekam den Job, weil der oberste Boß Dad seine Stellung bei der *Continental Shoemakers Branch* zu verdanken hatte. (Das war noch vor der bewußten Pokernacht und dem Niedergang und Sturz von ›Big Daddy‹.) Natürlich trachteten die Abteilungsleiter danach, mich auf schickliche Weise wieder loszuwerden. Sie übertrugen mir die geisttötendsten und anstrengendsten Arbeiten. Jeden Morgen mußte ich in den Lagerräumen Hunderte von Schuhen abstauben und anschließend stundenlang Einkaufsaufträge tippen.

Zahlen, nichts als Zahlen. Nachmittags gegen vier wurde ich mit riesigen Kartons voller Schuhen losgeschickt, zum Geschäft unseres Hauptkunden, J. C. Penney, der die Ware entweder annahm oder sie zurückgehen ließ. Diese Kartons waren so bleischwer, daß ich sie höchstens einen halben Block lang tragen konnte; dann mußte ich sie absetzen, um erstmal wieder zu Atem zu kommen.

Und doch lernte ich dort eine Menge über die Kameradschaft, die zwischen Angestellten der gleichen niedrigen Gehaltsgruppe besteht, und schloß auch einige echte Freundschaften, besonders mit einem Polen namens Eddie, der mich unter seine Fittiche nahm, wie man so sagt, und mit einem jungen Mädchen namens Doretta, in die Eddie bis über beide Ohren verliebt war. Neben mir saß an ihrem Schreibtisch die ältliche, kleine, rundliche Nora. Während der Arbeit unterhielten wir uns im Flüsterton über die guten Filme und Theatervorstellungen, die im Augenblick in der Stadt liefen, und über die Rundfunk-Serien, wie zum Beispiel ›Amos und Andy‹.

Im ersten Jahr dieser Tätigkeit wurde ich mündig, ließ mich als Wähler einschreiben und gab zum ersten (und letzten) Mal in meinem Leben meine Stimme ab. Ich wählte Norman Thomas – ich war bereits zum Sozialisten geworden, aus Gründen, die ich soeben erläutert habe.

Hazel war noch auf der Universität von Wisconsin. Auch sang sie mit beachtlichem Erfolg im Rundfunk. Ich besuchte ihre Mutter, Miss Florence, nach wie vor, mindestens einmal die Woche.

Ich begann nachts zu schreiben – jede Woche eine Kurzgeschichte, die ich umgehend an das angesehene Magazin, die *Story*, schickte. Zu der Zeit hatte der junge Saroyan in diesem Magazin einen Sensationserfolg mit der Erzählung *Der waghalsige junge*

Mann auf dem fliegenden Trapez. Zunächst ermutigten mich die Herausgeber mit kleinen, persönlich gehaltenen kritischen Anmerkungen, denen jedoch schon bald jene schrecklichen schablonenhaften Ablehnungsschreiben folgten.

Am Sonnabend nachmittag hatte ich frei, und diese wunderbaren, erlösenden Stunden der Muße verliefen nach einem unwandelbar festgelegten Muster. Ich ging in die *Mercantile Library,* eine öffentliche Bücherei in der Stadtmitte von St. Louis, und verschlang Gedrucktes. Anschließend leistete ich mir einen Lunch für fünfunddreißig Cents in einem gemütlichen kleinen Restaurant. Dann fuhr ich mit einem Gemeinschaftstaxi nach Hause, um mich auf die allwöchentliche Kurzgeschichte zu konzentrieren. Der ganze Sonntag war selbstverständlich deren Ausarbeitung gewidmet.

Unter der Woche arbeitete ich an Gedichten, die, wie ich fürchte, besser ungeschrieben geblieben wären. Die Kurzgeschichten, die ich damals, angespornt von starkem Kaffee, ausschließlich an den Wochenenden zu Papier brachte, hatten entschieden mehr Daseinsberechtigung; die meisten dieser Storys werden in den Archiven der Universität von Texas aufbewahrt.

Der Beginn meiner kardiovaskulären Beschwerden fiel in den Frühling des Jahres 1934, und dieses Leiden ist mir seither, wenn auch in höchst unterschiedlicher Heftigkeit, treu geblieben. Zuweilen zieht die Krankheit meine Aufmerksamkeit kaum auf sich, und dann wieder kann sie zur quälenden Heimsuchung werden.

Der erste dramatische Anfall – im Frühjahr 1934 – hatte seinen guten Grund: Hazel heiratete völlig unerwartet einen jungen Mann namens Terrence McCabe, den sie an der Universität von Wisconsin kennengelernt hatte. Mir war, als sei der Himmel über mir eingestürzt, und als Reaktion darauf begann ich nun Abend für Abend an meinen Kurzgeschichten zu arbeiten und vertrieb die Müdigkeit mit Unmengen starken Kaffees.

Eines Abends saß ich über einer Erzählung mit dem Titel *The Accent of a Coming Foot* – vielleicht die ausgereifteste Short Story, die ich in jener Periode in Angriff nahm. Ich näherte mich der Klimax der Handlung, als mir plötzlich bewußt wurde, daß mein Herz wie rasend schlug und dann wieder einige Schläge lang aussetzte.

Da ich keinerlei Beruhigungsmittel zur Hand hatte, nicht einmal ein Glas Wein, tat ich etwas ganz Verrücktes: ich sprang vom

Schreibtisch auf und rannte auf die Straße hinaus. Ich ging schnell und immer schneller, als könne ich auf die Weise dem Anfall entrinnen. Den ganzen langen Weg von unserem Vorort, University City, bis zum Union Boulevard in St. Louis ging ich zu Fuß und befürchtete bei jedem Schritt, tot umzufallen. Es handelte sich um eine instinktive, animalische Reaktion, vergleichbar dem sinnlosen Gebaren einer Katze oder eines Hundes, die von einem Auto überfahren wurden und immerzu im Kreise rennen, bis sie zusammenbrechen, oder dem schaurigen flügelschlagenden Lauf eines geköpften Huhnes.

Es war Mitte März. Die Bäume an den Straßenrändern begannen gerade auszuschlagen, und der Anblick dieser kleinen Tupfen von Frühlingsgrün zeitigte, während ich immer weiterhetzte, sonderbarerweise ganz allmählich eine beruhigende Wirkung – bis ich kehrtmachte und mit nunmehr regelmäßigerem Herzschlag den Heimweg antrat.

Meinen Angehörigen gegenüber erwähnte ich diesen Vorfall nicht, doch am folgenden Montag suchte ich einen Arzt auf, der mir eröffnete, daß ich an zu hohem Blutdruck und einem nicht näher zu definierenden Herzfehler litte.

Ich sagte meinen Angehörigen auch davon nichts und ging, wie üblich, jeden Tag meiner Arbeit in der *Shoe Company* nach.

Am darauffolgenden Wochenende fuhren meine Schwester und ich in die Stadt, um uns den Film *The Scarlet Pimpernel* mit Leslie Howard anzusehen. Ich war innerlich zu verspannt, um dem Film allzuviel Aufmerksamkeit schenken zu können. Anschließend fuhren wir mit einem Gemeinschaftstaxi nach Hause – ein phänomenales Beförderungsmittel während der Depression. Es kostete pro Person fünfzehn Cents, und das von der Innenstadt bis zu unserem Vorort University City.

Während wir den Delmar Boulevard hinunterfuhren, nahm mein Spannungszustand zu, und, was mich aufs höchste beunruhigte: meine Hände wurden gefühllos, die Finger steif, und mein Herz hämmerte.

Als wir uns dem St.-Vincents-Krankenhaus näherten, beugte ich mich vor und sagte zum Fahrer: »Bitte halten Sie vor dem Krankenhaus, ich habe einen Herz- oder einen Schlaganfall.«

Ich blieb eine Woche oder zehn Tage auf der Intensivstation. Als ich nach Hause kam, war Rose zum erstenmal ganz offensichtlich geistig gestört ...

Ich weiß noch, wie sie durch die Wohnung irrte und dann in mein kleines Zimmer kam und sagte: »Laß uns doch alle zusammen sterben.«

Dieser Vorschlag behagte mir in keiner Weise.

Innerhalb einer Woche hatte ich Dads Freund, Mr. Fletcher von der *International Shoe Company*, um meine Entlassung gebeten und bekam eine äußerst höflich gehaltene Zustimmung: »Die besten Wünsche für eine baldige Wiederherstellung Ihrer Gesundheit. Wir alle haben Ihre *mannigfaltigen vortrefflichen Eigenschaften* schätzen gelernt.« Ich wünschte, ich hätte diesen Brief noch, um ihn in Silber rahmen zu lassen . . .

Es wurde nun im Familienkreise beschlossen, daß ich mich einen Sommer lang bei Grand und Großvater in ihrem kleinen Haus in Memphis erholen und wieder zu Kräften kommen sollte.

Auf die Weise – sozusagen als Geschenk zu meinem vierundzwanzigsten Geburtstag – kehrte ich erleichtert dem Schuh-Großhandel in St. Louis für immer den Rücken, um mich im ›trüben Handwerk des Schreibens‹ zu vervollkommnen, wie Dylan Thomas den Beruf des Schriftstellers genannt hat. In meinem Falle war das Schreiben zwar oft eine quälende Verpflichtung mir selbst gegenüber, doch als besonders trübe habe ich es nie empfunden. Selbst die hervorragendsten Dichter finden zuweilen nicht die richtigen Worte, wie etwa Stephen Spender, als er von »des Abends würdig-ernster Forderung nach Liebe« sprach. Was ist wohl an sexueller Begierde ›würdig-ernst‹? Wie romantisch veranlagt einer auch sein mag – der Drang, ›blank zu ziehen‹, kann wohl kaum als etwas von besonderer ›Würde‹ bezeichnet werden. Dazu den Abendstunden vorbehalten, als handelte es sich um den Vespergesang in einer Episkopalkirche. Na ja. Jeder, wie er kann. Möglicherweise verwechseln es einige Dichter mit dem Knien im Gebet vor dem Hochaltar. Das ist zweifellos zuweilen eine praktische Körperhaltung, doch kaum der richtige Ort dafür.

Und so bin ich also heute der Hofnarr. Wie ich fürchte, als Folge davon, daß ich mein komisches Melodrama *Königreich auf Erden* noch einmal gelesen habe. Michael Kahn, der hochbegabte Regisseur vom *American Shakespeare Theatre* in Stratford, Connecticut, hat mir eine Wiederaufführung des Stückes in der kommenden Spielzeit in Princeton zugesagt.

Kommende Spielzeit, alles und jedes erst in der kommenden

Spielzeit . . . und ich habe das Gefühl, als sei es bis zur kommenden *Woche* noch ein Jahr hin!

Ich wünschte, ich hätte die Vitalität der Bricktop. Sie war auf Chuck Bowdens *dinner party* vor zwei Tagen die Überraschung des Abends. Es war ihr achtzigster Geburtstag. Singend betrat sie die Wohnung; sie sang *Quiéreme Mucho,* das Lied, um das ich sie so oft gebeten habe, damals, in ihrem Nachtlokal auf der Via Veneto in Rom. Sie sang noch viele andere meiner Lieblingslieder, und Stimme, Vortrag und Stil sind so bezaubernd wie eh und je.

Auch Michael Moriarty sang und begleitete sich selbst am Flügel, und ich halte ihn nach wie vor für unseren hoffnungsvollsten jungen dramatischen Schauspieler . . .

Jim Dale vom *Scapino* sang und spielte einen Song, den er selbst komponiert hatte – *molto con brio.*

Mein erstes Stück wurde aufgeführt, als ich vierundzwanzig Jahre alt war und den Sommer 1934 bei meinen Großeltern in Memphis verbrachte. Dieses Stück *(Kairo, Schanghai, Bombay!)* wurde von den *Rose Arbor Players,* einer kleinen Theatergruppe in Memphis, mit großem Erfolg kreiert. Grand – meine Großmutter – und Großvater Dakin besaßen ein gemütliches kleines Haus in der Snowden Avenue. Es lag einen oder zwei Blocks von der Southwestern University entfernt, und die Villa von Knolle Rhodes nebst Frau, Mutter und Katze war noch näher. Professor Rhodes und seine Angehörigen waren gute Freunde von uns. Sie gehörten zu den ersten Familien Virginias. Später wurde Professor Rhodes Rektor der Universität; im Sommer 1934 hatte er, glaube ich, den Lehrstuhl für Anglistik inne. Er verschaffte mir Zutritt zu der Universitätsbibliothek, und ich verbrachte die meisten jener Sommernachmittage mit Lesen, entweder dort oder in der Stadtbücherei in der Main Street.

Im selben Sommer verliebte ich mich in das Werk von Anton Tschechow, oder doch zumindest in seine vielen Kurzgeschichten. Hier lernte ich eine literarische Sensibilität kennen, der ich mich damals sehr verwandt fühlte. Heute will mir scheinen, daß er zu viel unausgesprochen läßt. Doch die zarte Poesie, die sein Werk durchzieht, greift mir nach wie vor ans Herz, und die *Möwe* ist, meiner Meinung nach, immer noch das hervorragendste aller neueren Theaterstücke, vielleicht mit Ausnahme von Brechts *Mutter Courage*.

Es ist oft gesagt worden, ich hätte mich in meiner Arbeit am meisten von Lawrence beeinflussen lassen. Nun, Lawrence war mir als Schrifststeller in der Tat während meiner eigenen schriftstellerischen Entwicklung höchst *simpatico*, doch wenn es um *Einfluß* geht, dann steht Tschechow an erster Stelle – das heißt, wenn überhaupt irgendein Einfluß bestand, außer meinem eigenbrötlerischen Hang zu – zu etwas, dessen ich mir noch nicht recht sicher bin und es wahrscheinlich nie sein werde.

Gestern abend erinnerte Donald Madden mich an mein Versprechen, die *Möwe* neu zu bearbeiten (beide haben wir das Gefühl, daß das Stück sich bei uns nie aus der Zwangsjacke der Übersetzung hat befreien können, selbst in der von Stark Young nicht) und an meinen Wunsch, das Stück irgendwann einmal zu inszenieren, mit Madden in der Rolle des Trigorin und Anne Meacham als Nina oder Mme. Arkadina.

Doch gestern abend schüttelte ich ein wenig den Kopf über diese Erinnerung an jenes ehrgeizige Projekt; ich sagte – bloß kein Selbstmitleid –, daß ich nicht glaubte, jetzt die Zeit zu haben, mich mit irgend etwas anderem zu beschäftigen als mit dieser ›Sache‹, meinen Memoiren, und, möglicherweise, der endgültigen Fassung von *Der Milchzug hält hier nicht mehr* für Michael York und Angela Lansbury . . .

In dem erwähnten Sommer 1934 in Memphis, als ich zum erstenmal als Bühnenautor an die Öffentlichkeit trat, lebte in der nächsten Nachbarschaft meiner Großeltern die jüdische Familie Shapiro mit einer sehr warmherzigen und unternehmungslustigen Tochter namens Bernice Dorothy. Sie war Mitglied einer kleinen Theatergruppe in Memphis. Die Vorstellungen fanden auf dem großen, leicht abschüssigen Rasenplatz hinter dem Haus einer gewissen Mrs. Rosebrough statt, was den Namen – die *Rose Arbor Players* – dieser Gruppe von Laienschauspielern erklärt. Dorothy forderte mich zur Mitarbeit an einem Stück für das kleine Ensemble auf; sie wußte, daß ich, im Gegensatz zu ihr, Schriftsteller war. Ich schrieb ein Stück mit dem Titel *Kairo, Schanghai, Bombay!* – eine kleine Komödie mit viel Situationskomik (dabei aber ganz rührend) über zwei Matrosen und deren Erlebnisse mit zwei ›leichten Damen‹. Bernice Dorothy Shapiro schrieb einen völlig überflüssigen und, wie ich leider sagen muß, keineswegs adäquaten Prolog dazu. Gott sei Dank war dieser Prolog kurz, das ist aber auch das einzige, was ich zu seinen Gunsten anführen kann.

Das Stück wurde im Spätsommer aufgeführt. Es war ebenfalls nicht lang, wurde jedoch für die Gruppe ein großer Erfolg. Im Programm war ich als Mitarbeiter genannt, an zweiter Stelle nach Dorothy. Doch das von Herzen kommende laute Gelächter der Zuschauer über die Komödie, die ich geschrieben hatte, entschädigte mich vollauf dafür. Damit hatten das Theater und ich uns ein für allemal auf Gedeih und Verderb gefunden.

Das hat mir, wie ich annehme, das Leben gerettet.

Im selben Sommer und immer noch in Memphis, als mir eindeutig klar wurde, daß ich eigentlich schon immer für das Theater hatte schreiben wollen, wurden mir zwei andere Dinge noch eindeutiger klar: meine Neigung zu jungen Männern und meine körperliche Anfälligkeit.

Eines Nachmittags zog ich mit zwei Studenten los, die sich mit Großvater angefreundet hatten, beide gutaussehende junge Leute, der eine dunkel, der andere leuchtend blond.

Wenn ich heute an sie zurückdenke, weiß ich, daß die beiden ein Liebespaar waren. Sie fuhren mit mir an einen See mit Badestrand in Stadtnähe und – nun ja, die Liebe kam über mich, in Form sexueller Begierde nach dem Blonden. Ich glaube, das Interesse beruhte auf Gegenseitigkeit, denn eines Abends lud er mich ins Peabody-Hotel zum Essen ein. Wir tranken Bier, doch ich bezweifle, daß es das Bier war, das mein anfälliges Herz plötzlich wie wild flattern ließ. Ich geriet in Panik, der Blonde ebenfalls. Es wurde ein Arzt geholt. Der Arzt war eine Ärztin, und zwar eine besonders untüchtige Vertreterin ihres Faches. Sie gab mir irgendeine Beruhigungstablette und ließ mich düsteren Blickes wissen, daß meine Symptome sehr ernster Natur seien.

»Sie müssen alles sehr langsam und bedächtig tun«, sagte diese sauertöpfische Pythia. Wenn ich mich streng daran hielte, könnte ich ohne weiteres vierzig werden!

»Ach, ich bin ja so froh, daß Sie ihm das sagen«, meinte der erschreckte Blonde, »er geht auf der Straße immer viel zu rasch – für jemand, der einen Herzfehler hat.«

Mit diesem Vorfall waren die schon so gut wie abgeklungenen Herzbeschwerden wieder da.

Meine erste, einzige und letzte sexuelle Affäre mit einer Frau hatte ich im Herbst 1937, als ich ein Jahr lang erneut die Universität besuchte, und zwar die theaterwissenschaftliche Fakultät von Iowa.

Das Mädchen – ich nenne sie Sally – war, wie ich annehme, eine waschechte Nymphomanin und Alkoholikerin dazu, und sie fiel mit Pauken und Trompeten über mich her, kurz bevor mein zweites halbprofessionelles Theaterstück, *Fugitive Kind,* von den *Mummers* in St. Louis aufgeführt wurde. Daß in St. Louis ein Stück von mir über die Bretter ging, gab mir in jenem Herbst in Iowa einen gewissen Nimbus. Auch Sally interessierte sich wohl hauptsächlich deswegen für mich, obwohl ich andererseits damals gar nicht so übel aussah. Ich hatte eine schlanke Schwimmer-Figur, und der Star in meinem linken Auge war noch nicht sichtbar. Sally hatte ein fast etruskisches Profil – Stirn und Nase bildeten eine gerade Linie –, dazu einen vollippig-sinnlichen Mund. Ihr Atem duftete immer höchst aromatisch nach Tabak und Bier, und ihre Figur war atemberaubend, besonders die steilen Brüste – konkurrenzlos auf dem ganzen Campus.

Eines Abends im Frühherbst überließ eine Freundin Sally ihr Apartment – zum Zwecke meiner Verführung. Im Radio erklangen all die alten, der Situation angemessenen Evergreens, wie ›Kiss Me Again‹, ›Embraceable You‹, ›Oh Promise Me‹ und so weiter, als hätten wir sie eigens bestellt, und bald lagen wir auf der Couch, nackt, und ich kriegte ihn nicht hoch, auf keine Weise, und plötzlich wurde mir schlecht – vom genossenen Alkohol und der nervösen Anspannung und der Peinlichkeit meiner Lage. Ich stürzte ins Badezimmer und erbrach mich und kam mit einem Handtuch um die Lenden zurück wie ein geprügelter Hund – vor Scham über mein Versagen.

»Tom, du hast die verborgenste Saite meines Wesens zum Klingen gebracht – meinen Mutterinstinkt«, sagte sie.

Am nächsten Abend ging ich mit Sally in die Pension, in der sie wohnte. Sie trug karminrote Skihosen und einen weißen Pullover, aus dem ihre Brüste hervorstachen. Nachdem sie das Licht in der Halle gelöscht hatte, zog sie mich aufs Sofa.

Ihre Liebkosungen führten hundertprozentig zum Erfolg. Sie

öffnete den Reißverschluß ihrer Skihose, und ich fickte sie, ohne meinen Mantel auszuziehen. Ein- oder zweimal wurden wir von heimkehrenden Pensionsgästen gestört. Sie zog den Reißverschluß hoch, und ich knöpfte meinen Mantel zu, aber damit täuschten wir wohl kaum jemanden. Außerdem nahm niemand Anstoß, denn es handelte sich um ein, gelinde gesagt, sehr freizügiges Haus. Die Heimkehrer gingen, ohne sich aufzuhalten, nach oben, und wir nahmen den unterbrochenen Ansturm auf meine Jungfräulichkeit sofort wieder auf.

Ich stürzte mich mit Leib und Seele hinein. Sie wechselte die Stellung, setzte sich auf mich und ritt auf meinem Schwanz wie auf einem Steckenpferd – und dann kam sie. Ich hätte mir so etwas nie vorstellen können – all diese heiße Feuchte, die da in ihr zusammenschoß und hinaus auf mein Glied, und dazu ihre mühsam unterdrückten, keuchenden Schreie.

Ich war noch nicht verliebt in Sally, jedoch irrsinnig beeindruckt von mir selbst. Mitternacht war schon lange vorüber, als ich in mein ATO-Haus zurückkam. Ich ging geradewegs auf die Herrentoilette. Ein Vereinsbruder stand da und pinkelte. Ich stellte mich daneben, tat desgleichen und sagte: »Heute abend hab ich ein Mädchen gefickt.«

»Na, is ja prima – wie war's denn?«

»Ach, es war, als hätte ich den Suezkanal gefickt«, sagte ich und griente vor mich hin. Nun war ich ein Mann.

Das fand nun etwa zweieinhalb oder drei Monate vor Beginn der Weihnachtsferien allabendlich statt. Jede Wiederholung bereitete, wie ich glaube, uns beiden ein noch intensiveres Vergnügen – ich nehme jedenfalls an, daß das auch für Sally gilt. Ich lernte es, meinen Orgasmus zurückzuhalten. (Obwohl ich damals nicht auf *einen* angewiesen war.)

Es gab eine kurze Unterbrechung, als – an einem Wochenende – in St. Louis die Premiere meines Stückes stattfand, das von den *Mummers,* der erwähnten Theatergruppe (halb Profis, halb Laien), aufgeführt wurde.

Ich opferte den Vampiren der Theaterkritik zum erstenmal Blut.

Es handelte sich um eine viel bessere und vielversprechendere Arbeit als mein erstes abendfüllendes Stück *Candles to the Sun,* doch wurde es von der Kritik verrissen. Anschließend stieg eine reichlich besoffene Party in irgendeinem Hotelzimmer. Ich stürzte plötzlich auf das offene Fenster zu, wurde aber mit Gewalt zurückgehalten. Ob ich *wirklich* springen wollte – ich weiß es wirklich nicht.

Entscheidend ist: ich wußte bereits, daß Schreiben mein Leben bedeute und ein Versagen darin meinen Tod ...

Ich hatte zu der Zeit die wunderbarsten Freunde, und ich glaube, daß ich sie auch verdiente, da ich auf menschliche Wärme, die mir entgegengebracht wurde, spontan und dankbar reagierte. Sally tröstete mich; sie zeigte nicht die leiseste Enttäuschung über den Durchfall von *Fugitive Kind.* Die Sache zwischen uns lief weiter wie bisher.

Eines Abends flüsterte sie mir auf dem bewußten Sofa in der Halle zu: »Tom, ich mach' jetzt mal was anderes« und näherte ihren Mund meinem Glied. Doch ich war schockiert und ließ es nicht zu.

Am letzten Abend vor den Weihnachtsferien nahmen wir uns in der Stadt ein Zimmer in einer Art Absteige und verbrachten die erste Nacht nackt miteinander im Bett. Es war, nach unseren Abenden auf dem Sofa in der Halle von Sallys Pension, alles in allem ein wenig enttäuschend. Sally hatte ihr Bier unter dem Bett stehen und trank zwischendurch immer wieder davon, und ihr Atem roch bald ein bißchen sauer.

Nachdem wir ein Weilchen geschlafen hatten und wieder wach wurden und ich sie küssen wollte, sagte sie: »Nein, nein, Baby, ich hab 'n Mund wie lauter Löschpapier.«

Als ich aus den Ferien zurückkam, wollte sie sich nicht mit mir treffen. Sie sagte, es sei etwas passiert, sie würde es mir später mal erzählen. Einige Tage danach begegneten wir uns zufällig auf der Straße, und sie eröffnete mir, daß sie schwanger sei.

Ich glaubte ihr nicht. Ich argwöhnte, daß sie sich mit einem anderen traf, und ich hatte recht.

Es war eine kurze, doch sehr intensive Affäre, die wir miteinander gehabt hatten, und ich glaube, daß Sally mich liebte, solange ich sie befriedigte, doch nun hatte sie sich einen richtigen Kerl aufgerissen und gab mir den Laufpaß.

In der Zeit, die ich mit Sally verbrachte (und noch Monate später) interessierte ich mich für niemanden meines eigenen Geschlechts.

Nachdem sie sich endgültig von mir abgekehrt hatte, versuchte ich, mit anderen Mädchen Beziehungen aufzunehmen. Aber irgendwie gelang es nicht.

In einer Aufführung im University Theatre – der Dramatisierung eines Romans von Jane Austen – spielten zwei sehr schöne junge Männer mit. Der eine war der Schauspieler Walter Fleishman, wie er sich damals nannte, der einige Jahre später zum erstenmal auf der Leinwand erschien, in einem Film nach dem Leben von Rudolph Valentino. Fleishman war unerhört gut gebaut. Der andere schöne junge Schauspieler in dieser Dramatisierung von *Stolz und Vorurteil* lud mich eines Abends zum Essen ein – er sagte, es bedrücke ihn etwas, und er wisse nicht, wie er es mir beibringen solle. Doch nach einigen Bieren war es soweit.

»Ich ging gestern abend in Fleishmans Schlafzimmer, und er war nackt, und ich ... ich weiß nicht recht, wie ich mich ausdrücken soll ... ich ... es drängte mich irgendwie, ihn zu berühren, so wie ein Mann eine Frau berührt, verstehst du?«

Er hielt die niedergeschlagenen Augen mit den langen Wimpern auf die Tischplatte gerichtet und war zum Entzücken rot geworden.

Es war *die* Gelegenheit für mich, meine Meinung über dieses Thema zu äußern, und ich glaube fast, daß er mir diese Gelegenheit auch hatte bieten wollen.

Als ich schließlich sprach, sagte ich: »Daran ist nichts, was einen beunruhigen müßte.«

»Es ist unnatürlich«, flüsterte er.

»Das ist es nicht«, sagte ich. »Es ist vollkommen natürlich, und du bist einfach albern.«

Ich begleitete ihn zu seinem Wohnheim; wir schüttelten uns die Hand und sagten gute Nacht.

Um es ungestört mit Sally treiben zu können, hatte ich mich dazu entschlossen, ein Apartment mit einem recht zügellosen Studenten aus dem Nahen Osten zu teilen, den ich ›Abdullah‹ nennen will.

Er war ein berüchtigter Schürzenjäger und hatte, wegen seiner in betrunkenem Zustand begangenen Ausschreitungen, schon verschiedene Zusammenstöße mit der örtlichen Polizei gehabt.

Aber wie dem auch sei: als ich mich nach einer Wohnung umsah, stellte es sich heraus, daß der hagere, dunkelhaarige junge Mann sein Apartment mit jemandem teilen wollte. Besonders einladend war die Wohnung mitnichten, außerdem roch es dort immer nach seiner Kocherei – ein durchdringender, süßlicher Geruch.

Es ließ sich recht gut mit ihm zusammen wohnen, abgesehen davon, daß er zuweilen sternhagelvoll nach Hause kam und mich wissen ließ, daß er, wenn er betrunken sei, genauso gern einen Jungen oder eine Ziege ficken würde, wie ein Mädchen. Einmal wollte er sich zu mir ins Bett legen, stieß aber auf so heftige Gegenwehr, daß er wohl begriff, ich sei kein williger Ersatz für Mädchen oder Ziegen.

Eines Nachts wurde er von der Polizei festgenommen; er rief mich an und bat mich, ins Gefängnis zu kommen und seine Freilassung zu erwirken. Zum Glück hatte er das Bußgeld zur Verfügung. Ich ging hin und fand ihn in einer Zelle vor, zusammen mit einem alten triefäugigen, bärtigen Säufer, mit dem er Kontakt aufzunehmen versuchte. Immer wieder schrie Abdullah ihm zu: »Du auch pissen? Du auch pissen?«

Es schien, daß Abdullah dieses Mal verhaftet worden war, weil er hinter einer Bar auf der Straße sein Wasser abgeschlagen hatte.

Meine Bemühungen, Sally in meine neue Behausung zu locken, waren nur ein einziges Mal von Erfolg gekrönt. Allerdings erschien sie mit ihrem neuen Freund. Damit rieb sie sozusagen Salz in meine Wunden, denn sie konnte es nicht lassen, während des Essens, das Abdullah zubereitet hatte, dauernd mit ihm zu schmusen.

Immerhin gewährte sie mir in einem kleinen Nebenraum ein kurzes Gespräch unter vier Augen.

»Ich liebe dich, Tom, und ich möchte dir wirklich nicht weh tun, Liebling, aber ich tauge nicht für dich. Ich bin nicht schwanger, das war gelogen ... Tatsache ist, daß ich nach einer Operation nur noch einen Eierstock habe, aber ich bin nun mal sexbesessen, ich will's von allen wissen und würde dir nur dein Leben versauen.«

Sie ließ sich von mir umarmen und küssen, dann ging sie zu ihrem neuen Liebhaber zurück. Ich war sehr traurig, aber nicht allzu lange, da ich mich bald eng an einen jungen Mann namens Lomax und seine farbige Freundin anschloß. Der Umgang mit ihnen war für mich ganz wunderbar; die beiden waren ebenfalls für Theaterwissenschaften eingeschrieben.

Ich sollte in *Richard of Bordeaux* einen Pagen spielen, und Lomax sagte, sie würden mich für meinen Auftritt zurechtmachen. Sie schminkten mir Wangen und Lippen und kräuselten mir die Haare. Dann half Lomax mir in mein Pagenkostüm und ließ mich von seiner schwarzen Freundin begutachten.

»Verstehst du jetzt, wie ich das meinte?« Ich wußte nicht genau, was er meinte. Doch dann warf ich einen Blick in den Spiegel und wußte es. Ich sah aus wie ein junges Mädchen ...

Meine Rolle bestand aus *einem* Satz. Ich hatte meine quälende Schüchternheit immer noch nicht überwunden. Während ›meiner‹ Szene hatte ich auf der Vorbühne zu sitzen und einen Helm zu polieren. Die Kehle war mir zugeschnürt aus lauter Angst vor jenem einen Satz. Ich hatte bloß zu sagen, daß jemand vor dem Tor stehe und Einlaß begehre. Doch als mein Stichwort kam, blieb mein Text völlig unverständlich – es klang wie das Piepsen einer Maus –, was beim Publikum immer einen großen ›Lacher‹ gab. Aber alle versicherten mir, ich sei sehr eindrucksvoll. Trotzdem habe ich den Verdacht, daß ich nur auf der Bühne stand, weil ich mit dem mir von Lomax verpaßten Make-up so hübsch aussah.

Ich entsinne mich einer anderen Rolle, die ich in dem viel größeren Theater der Universität von Iowa spielte. Es ging in dem Stück um die Bußbrüder von Mexiko, und ich war, in einer Flagellationsszene, ein junger Mönch unter vielen anderen. Einen bestimmten Satz aus diesem Stück, das in Gemeinschaftsarbeit auf dem Campus entstanden war, werde ich nie vergessen. Einer der Schauspieler taumelte, sich geißelnd, mit nacktem Oberkörper auf der Bühne umher und rief laut: »Heute nacht wird sein viel Jubelns und Lobpreisung in der Morada« (die ›Morada‹ war das unterirdische Gewölbe, in dem bei den genannten Bußbrüdern die Geißelungen stattfanden).

Die Christusfigur, das heißt das Opfer, das die rituelle Kreuzigung erleidet, wurde von Fleishman, dem führenden jungen Schauspieler des Jahres, dargestellt. Er wurde fast nackt ans Kreuz gebunden – und seine wunderschöne junge Männlichkeit war es, die mich zu meiner stärker ausgeprägten sexuellen Neigung zurückzog.

Sallys Bild begann zu verblassen, und Visionen von jungen Männern traten an seine Stelle.

Lemuel Ayers, der bereits sein erstes Diplom hatte und sich wie ich des Mißfallens von E. C. Mabie, dem Leiter der Theaterwissenschaftlichen Fakultät, erfreute, schlenderte einmal während der Proben zu *Richard of Bordeaux* splitternackt in der Männergarderobe umher. Er glich einem jungen Heiligen aus einem Renaissancegemälde: schimmernde dunkle Locken und ein makelloser Körper.

Eines Spätnachmittags – es dämmerte bereits – trafen wir uns zufällig in einem winzigen, auf einer Anhöhe gelegenen Zoo. Kein Mensch weit und breit. In dem Augenblick, als wir einander erblickten, war lautes Flügelschlagen zu hören.

»Was war das?«

»Perlhühner, die schlafen gehen.«

Wir schlenderten ein Weilchen nebeneinander her, was ich gern länger fortgesetzt hätte, doch Lem war wohl an draufgängerische Typen gewöhnt – er lächelte und ging seiner Wege.

Es war ein einsamer Frühling. Mein monatlicher Mietanteil für das Apartment hatte soviel Geld verschlungen, daß ich vier Wochen lang fast nur von Eiern leben mußte, die wegen eines Überangebots besonders billig waren. Ich esse Eier immer noch gern, obwohl sie mir heute, wegen meines hohen Cholesterinspiegels verboten sind, doch wenn man so gut wie nichts anderes ißt, widerstehen sie einem nach einer Weile.

Dann lernte ich einen vor Lebenslust sprühenden jungen Iren kennen, der mit mir lange Kanufahrten auf dem Fluß Iowa unternahm; wir rasteten dann in einer geschützten kleinen Bucht und sangen irische Balladen. Als in der Stadt ein Karnevalsfest stattfand, nahm er mich auch dorthin mit.

Ich hatte das Interesse am Studium verloren und fiel in jenem Semester im Examen durch, mußte also das Sommer-Trimester über dableiben, um mein Diplom zu erlangen. In dieser Zeit war ich fast dauernd mit Lomax und seiner schönen schwarzen Freundin zusammen.

Mir lag nichts an einem Diplom, ich wollte weiterhin im College bleiben. Es war immer noch die Zeit der Wirtschaftskrise.

Dann passierten zwei schreckliche Dinge: an Rose wurde eine Leukotomie vorgenommen, eine der ersten, die in den Staaten durchgeführt wurden, und meine Tante Belle in Knoxville starb an den Folgen eines infizierten Weisheitszahnes, dessen Toxine ihre Gesundheit untergraben hatten.

Tante Ella schrieb: »Deine arme Tante Belle war von einer starken Mauer von Gebeten umgeben, doch der Tod hat sie durchbrochen.«

Ich hatte damals gerade begonnen, in meiner Arbeit einen individuellen Stil zu entwickeln. Ich schrieb die Erzählung *The Malediction* und eine Anzahl recht gelungener Gedichte.

Als das Sommer-Trimester zu Ende war und ich mein Diplom hatte, forderten Lomax und seine farbige Freundin mich auf, mit ihnen nach Chicago zu gehen, ich könne dort vom WPA, dem Arbeitsbeschaffungsprogramm, profitieren. Als erstes lernten wir in Chicago einige phantastische schwarze Schwuchteln kennen, die in einem tollen Nachtlokal auftraten. Ich weiß noch, wie einer von ihnen, ein besonders hemmungsloser Typ, beiläufig bemerkte: »Weißt du, ich bin sehr unhöflich, ich dreh den Kerlen immer den Rücken zu«, womit er sagen wollte, daß er beim Analverkehr gern die passive Rolle spiele. Ich bemühte mich darum, vom WPA einen Schreib-Auftrag zu bekommen, wurde aber abgewiesen, weil ich nicht guten Gewissens behaupten konnte, meine Angehörigen seien völlig mittellos. Während dieser Tage mußte ich mit etwa zehn Dollar auskommen und dann um Geld nach Hause telegraphieren. Ich hätte sonst nicht nach St. Louis zurückkehren können.

Clark Mills McBurney war nun, nach längerem Aufenthalt in Paris, wieder in St. Louis, und wir erneuerten unsere Bekanntschaft. Es wurde ein turbulenter Sommer. Mit Clark und einigen anderen Freunden wurden Picknicks am Meramec River veranstaltet; ein Vergnügen jagte das andere. Dad erlaubte mir des öfteren, unseren Studebaker zu benutzen; er bemühte sich nach wie vor, mir meine schier unüberwindliche Scheu vor ihm zu nehmen. Ich war für ihn von Wichtigkeit, da ich den gleichen Namen trug wie sein Vater: Thomas Lanier Williams II.

Solange ich noch mit dem Thema ›Universität von Iowa‹ beschäftigt bin, lassen Sie mich Ihnen vom alten E. C. Mabie erzählen, der damals der Theaterwissenschaftlichen Abteilung vorstand. Mabie litt seit einer Reihe von Jahren an einem inoperablen Gehirntumor, der zwar als gutartig diagnostiziert war, jedoch offenbar bewirkte, daß Mabie sich zuweilen höchst befremdend und exzentrisch aufführte.

Auf seine Initiative hin war auf dem Campus ein großer Theaterbau errichtet worden. Er hing mit ganzem Herzen an diesem von ihm ins Leben gerufenen ›Musentempel‹ und ließ sich keine Generalprobe einer bevorstehenden Aufführung entgehen.

Bei einer solchen Gelegenheit war er einmal so unzufrieden mit der Einstudierung, daß er sich die Brille von der Nase riß und sie in Richtung der Schauspieler schleuderte, die er dann die ganze Nacht hindurch probieren ließ, bis das Ergebnis ihn einigermaßen zufriedenstellte.

Mabie war sowohl gegen mich wie gegen Lemuel Ayers voreingenommen. Er ließ des öfteren durchblicken, daß Ayers, der bereits diplomiert aus Princeton gekommen war, schwul sei – was ich durchaus für möglich halte, doch wenn das zutraf, dann handelte es sich um einen sehr begabten und sehr liebenswerten Schwulen, der Mabies Nachstellungen in keiner Weise verdiente.

(Folgendes in Parenthese: Jahre später, 1943 – ich hielt mich an der Westküste auf und arbeitete für Metro-Goldwyn-Mayer, das heißt ›arbeiten‹ ist wohl nicht der richtige Ausdruck: ich kassierte das Gehalt, das mir laut Vertrag jede Woche zustand – lud Lem Ayers mich einmal ein, die Nacht in seinem entzückenden kleinen Haus in Beverly Hills zu verbringen. Als ich am Morgen die Augen aufschlug, bot sich mir durch die offenstehende Tür ein bezaubernder Anblick: Lem spazierte splitternackt über den Gang. Er wünschte mir herzlich einen guten Morgen. Ich wußte genau, was ich nun hätte sagen sollen, nämlich: »Komm rein, Lem, ist ja nicht das erste Mal, daß ich dich nackt sehe.« Doch meine Schüchternheit ließ es nicht zu, und damit war diese letzte günstige Gelegenheit für immer vertan ...

Lem war wohl der schönste und reizvollste – und ganz sicher nicht unzugänglichste – junge Mann, der mir je begegnet ist, den ich nicht zu verführen versucht habe – vielleicht mit Ausnahme von ... nein, ein Mindestmaß an Diskretion ist am Platze.

Wie kann ich, wenn ich ehrlich sein will, sagen ›*Je ne regrette rien*‹ – wie der ›Spatz von Paris‹ ...?)

In jenem Sommer in Iowa war ich immer noch einsam und wanderte nachts oft ziellos durch die Straßen, um der drückenden Hitze meines Zimmers zu entfliehen. Hohe alte Bäume säumten die Gehsteige, und die Stadt besaß einen gewissen nostalgischen Charme und hatte, besonders bei Nacht, etwas Südliches an sich. Einsam und voller Ängste wußte ich nicht, wie es mit mir weitergehen sollte. Ich war inzwischen fest davon überzeugt, daß ich ›schwul‹ sei, hatte jedoch keine Ahnung, was ich mit dieser Erkenntnis anfangen sollte.

Ich wußte nicht einmal, wie ich mich verhalten sollte, wenn sich die seltene Gelegenheit bot, daß ein junger Mann mir seine Bereitschaft zu verstehen gab.

Gestern, Sonnabend, unternahm ich etwas für mich höchst Ungewöhnliches. Es war ganz wunderschön: in Gesellschaft eines jungen Freundes schlenderte ich etwa fünf Stunden lang durch den Central Park, den wir von der ›warmen Ecke‹ (Seventy-second Street/Central Park West) her betreten hatten. Wir kauften uns Zitronen- und Kirscheis und schlenderten dann zu dem Gebiet jenseits des Sees, das ausschließlich von Homos mit Beschlag belegt ist. Sie machen bei Tage einen durchaus sympathischen, angenehmen Eindruck und haben, wie mir auffiel, ihr tuntiges, schrilles Gehabe weitgehend abgelegt, welches Homosexuelle, wenn sie so massiert auftreten, für mich, gelinde gesagt, reizlos und uninteressant macht. Es gab eine Zeit – als ich jung war und im YMCA-Heim wohnte –, in der die Gesellschaft von femininen, sich auffällig benehmenden Schwulen mir Spaß machte. Doch meine engsten Freunde, obwohl sie, genau wie ich damals, zu tucken und zu tölen verstanden, gehörten nicht zu den ›eindeutigen‹ Typen.

Ich kannte einige solcher Typen in New Orleans, als ich sozusagen debütierte. Da gab es zum Beispiel einen, den ich hier Antoine nenne, der, ein kleines geschliffenes Kristallflakon mit Riechsalz in der Hand, durch die Straßen des französischen Viertels scharwenzelte und, sobald eine Frau oder ein junges Mädchen auf ihn zukam, stehenblieb und sich, wie von Entsetzen ergriffen, an eine Mauer lehnte, ein scharf geflüstertes *›Poisson!‹* ausstieß und solange an seinem Riechfläschchen schnupperte, bis die Dame vorüber war, und selbst dann noch tat er so, als sei er kurz vor dem Zusammenbrechen ...

Ich fand ihn unterhaltend und komisch, doch Antoine konnte auch ganz seriös sein und hatte außerdem – wie die meisten unserer Art – eine künstlerische Ader. Er war kein hervorragender Maler, doch er hatte einen sehr persönlichen und höchst effektvollen Stil, der ihn später, in New York, zu einem erfolgreichen Designer werden ließ.

Ich entsinne mich eines Abends, an dem Antoine, der eine entzückend eingerichtete Wohnung in der Toulouse Street hatte, einigen Gästen seine Einstudierung von *Four Saints in Three Acts* vorführte. Alle Mitwirkenden waren Homosexuelle, und sie gaben sich nicht schrill und überdreht und tölten *nicht,* sondern spielten mit großem Ernst in einem dem Stück angemessenen Stil; es war der beste Gertrude Stein-Abend, den ich bis jetzt gesehen habe.

Ich weiß auch noch, daß ich, als ich nach New Orleans zurückkehrte, nachdem ich in New York die dortige, weitaus diskretere homosexuelle Szene kennengelernt hatte, auf meine ›schwulen‹

Freunde im französischen Viertel dahingehend einzuwirken versuchte, mit ihrem Benehmen nicht bloß eine Travestie des anderen Geschlechts zu liefern. Ich sagte denen, die es hören wollten, daß sie durch diese Art des Verhaltens auf jeden, der an Sex interessiert sei, nur abstoßend wirken könnten, und außerdem sei ein solches Getue keineswegs *up to date.*

Das épater les bourgeois mit allem Drum und Dran ist Ausdruck einer Selbstironie, die unsere Gesellschaft den Homosexuellen aufoktroyiert. Die extremen Auswüchse dieses Verhaltens werden rasch verschwinden, sobald die sehr ernsthaften Bestrebungen von *Gay Lib* – analog zu *Women's Lib* – die ersten Erfolge zeitigen. Diese Organisation bemüht sich darum, eine verfolgte und profund mißverstandene Minderheit in die Gesellschaft zu integrieren, was den Homosexuellen die Chance böte, sich selbst zu respektieren, zumindest bis zu dem Grad, daß sie, jeder für sich genommen, auch Respekt verdienen, und ich glaube, daß der Grad ihrer Selbstachtung höher sein wird, als man gemeinhin annimmt. Ich zweifle nicht daran, daß die Homosexuellen beiderlei Geschlechts ›sensibler‹ sind – was gleichbedeutend mit ›begabter‹ ist – als die sogenannten Normalen.

(Warum? Aus Kompensationsgründen.)

Um in dieser so ungemein erhebenden Selbstbeweihräucherung fortzufahren: ich stelle fest, daß ich in New York ›prominent‹ bin (oder doch zumindest auf dem besten Wege dazu). Gestern, zum Beispiel, war ich mit einem Freund in einem kleinen, exklusiven Herrengeschäft. Ich fand dort einen wunderschönen gutgeschnittenen Anzug aus kupferfarbenem Baumwoll-Polyester, an dem nur kleine Änderungen vorgenommen werden mußten. Als ich meine Kreditkarte hervorholte, machte der Inhaber viel Wesens um mich, und um seinen Komplimenten Glaubwürdigkeit zu verleihen, schenkte er mir eine seidene Krawatte im Wert von dreißig Dollar, die ganz hervorragend zu dem erwähnten Anzug paßte. Ich werde beides am kommenden Mittwoch auf der *Midday Talk Show* mit Candy Darling – Werbung für mein Stück *Sturmwarnung* – tragen.

Trotz meiner völligen Erschöpfung nach der Spätvorstellung um 22 Uhr von *Sturmwarnung* ging ich mit unserem Star Helena Carrol noch aus. Wir waren mit Donald Madden, den ich noch nicht kannte, verabredet, dem einzigen Schauspieler neben Marlon Brando – nein, das stimmt nicht, Michael York hat mit seiner Person ein auserwähltes *Trio* daraus gemacht –, für den ich mehrfach sozusagen Theaterstücke geschrieben habe, oder doch zumindest Rollen. Ich war also, wie Sie gleich sehen werden, in den sechziger Jahren immer noch fähig, mich zu verlieben, und während der Proben zu *In einer Hotelbar in Tokio* war ich, obwohl am Rande eines psychischen und physischen Zusammenbruchs, ›verrückt‹ nach Madden, versagte es mir jedoch, mich zu ›erklären‹, da er etwas mit meiner Arbeit zu tun hatte.

Meine Gefühle für Madden haben sich inzwischen vernünftigerweise auf eine unverfängliche Ebene verlagert; sie sind nun, wie man so sagt, platonisch und beruhen auf meiner großen Hochachtung vor ihm als Schauspieler. Ich glaube, es gibt keinen besseren in den Staaten . . . (Vielleicht wird Michael Moriarty ihm diese Vormachtstellung eines Tages streitig machen.)

4

Ich möchte Ihnen nun von einer weiteren großen, mein Leben bestimmenden Liebe erzählen – es handelte sich, nach Hazel und Sally, zum erstenmal um einen Mann. Im Frühsommer 1940 setzte mein Freund Paul Bigelow mich in einen Zug nach Boston, von wo ich nach Provincetown – einer Stadt, von der ich kaum je etwas gehört hatte – weiterfahren wollte. Es war mir endlich gelungen, mit der *Theatre Guild* für *Battle of Angels* einen regulären *Dramatists Guild*-Vertrag abzuschließen, statt der für mich ungünstigen ›Vereinbarung‹, die mir zunächst angeboten worden war. Das bedeutete, daß mein Vorschuß hundert Dollar im Monat betrug, statt fünfzig, so daß ich mir nun höchst ›flüssig‹ vorkam. Doch Bigelow hielt es für das beste, wenn ich der Stadt für eine Weile den Rücken kehrte. Damals wurde ich immerzu von irgendwelchen Leuten in einen Zug oder Reisebus gesetzt, als sei ich ein Bauer in einer Schachpartie. Nun, ich werde es wohl nicht anders gewollt haben, hatte es mir also selbst zuzuschreiben. Mit welcher Fürsorge diese Menschen in jenen längst vergangenen Tagen mich umgaben! Das meine ich wirklich ehrlich . . .

Von Boston aus nahm ich das tägliche Schiff nach Provincetown und wohnte die ersten Tage in einer Pension, einem auf charmante Weise ein wenig heruntergekommenen alten Holzhaus, mit einer Schaukel auf der offenen Veranda. Die Pensionsgäste waren ebenso charmante junge Leute, alle mehr oder weniger Bohemiens, darunter ein blonder Jüngling, der meiner stürmischen Werbung bereits am ersten Abend nachgab.

Daraus können Sie unschwer entnehmen, daß ich mich nun endlich ›freigeschwommen‹ hatte. Ich war kein junger Mann, nach dem sich viele Leute auf der Straße umgedreht hätten. Die Zeit der Blue Jeans und T-Shirts, die meiner sportlichen Figur zum Vorteil gereicht hätten, war noch nicht gekommen. Der so ungewöhnlich früh aufgetretene graue Star hatte die Linse meines linken Auges getrübt. Und meine Schüchternheit machte mir immer noch zu schaffen, außer, wenn ich betrunken war. Dann war von Schüchternheit keine Rede mehr, im Gegenteil.

(Gemeinsam mit einem anderen jungen Schriftsteller, der in diesem Zusammenhang wohl lieber ungenannt bleiben möchte, zogen wir damals abends zusammen los. Unser Jagdgebiet war der Times Square, und mein Kumpel dirigierte mich an Straßenecken, an denen Grüppchen von Matrosen oder GIs herumstanden, denen ich dann sehr direkte, unverblümte Anträge machte, in so eindeutigen Worten, daß mich eine spontane, brutale Reaktion nicht gewundert hätte. Ich trat einfach an sie heran und sagte [vom Autor getilgt] – manchmal hielten sie mich für einen Zuhälter und erwiderten: »Klar, wo sind die Weiber?« – und ich mußte sie dahingehend aufklären, daß wir die ›Weiber‹ wären, mein Partner und ich. Dann sahen sie mich meist einen Augenblick erstaunt an, brachen in Lachen aus, steckten zu einer kurzen Beratung die Köpfe zusammen und folgten dann sehr oft der Aufforderung, und wir gingen zur Bleibe meines Bekannten nach Greenwich Village oder in mein Zimmer im YMCA.)

Sicherlich ist damit genug über die, gelinde ausgedrückt, homophile Satyriasis gesagt, die mich in meinen jungen Jahren, damals in Manhattan, auf so erfreuliche Weise plagte. Sexualität ist eine Emanation im Sinne der neuplatonischen Lehre, sowohl beim Menschen wie beim Tier. Tiere haben ihre Brunstzeiten, ich jedoch hatte das ganze Jahr zur freien Verfügung.

Ich frage mich zuweilen, wieviel von dieser ›Jagdlust‹ auf das Konto des Vergnügens ging, das ich an der Gesellschaft meines Jagdgenossen fand und an dem ›Sport‹ als solchem, und wieviel auf das Konto der doch recht monotonen und oberflächlichen Befriedigung, die der Akt mir gewährte. Ich vergesse dabei nicht, daß ich die Liebe in dieser für mich neuen Welt noch nicht erfahren hatte, die den körperlichen Akt zu etwas anderem, Höherwertigem wandelt. Ich kenne viele Homos, die nur für Sex leben und bei denen diese ›insistente Hölle‹ bis ins mittlere Alter und länger währt. Sie ist in ihre Gesichter gegraben und steht in ihren hungrigen Wolfsaugen zu lesen. Ich glaube, was mich davor bewahrte, war, daß bei mir an erster Stelle immer die Arbeit stand. Ja, selbst als die Liebe dann zu mir kam, war meine Arbeit mir immer noch das Allerwichtigste.

Den blonden Burschen hatte ich im ersten Sommermonat 1940 in Provincetown am äußersten Ende der vergnüglichen Halbinsel Cape Cod entdeckt, auf der Veranda eines alten Holzhauses.

Es liegt ein Zauber über einer Pension in einem alten Holzhaus mit Veranda und einer Schaukel darin – ob im Norden oder im Süden. Und es ist die ›blaue Stunde‹, die den Blonden so sehr schmeichelt.

Ich habe mich neben ihn auf die Schaukel gesetzt. Die Dämmerung verbirgt die getrübte Linse meines linken Auges, und ich brauchte wohl nicht länger als zehn Minuten, um den Blonden, trotz seiner Proteste, er sei ›normal‹, davon zu überzeugen, daß seinem Leben etwas Entscheidendes fehle, wenn er nicht eine Nacht in meinen Armen verbringe.

(In *Endstation Sehnsucht* gibt es bei Blanche einen bestimmten Satz. Mitch sagt, er hätte geglaubt, sie sei ihm gegenüber aufrichtig und überhaupt ein ›gerader‹ Mensch, und sie erwiderte: »Was ist gerade? Eine Linie oder eine Straße kann gerade sein, aber das menschliche Herz, o nein, das ist so voller Windungen wie ein Gebirgspfad!«)

Noch keine dreißig, befand ich mich in jenem Sommer in den Klauen der Wollust. Und mein Zustand steuerte auf eine Klimax zu.

Der Blonde war nicht mehr als ein Erlebnis für eine Nacht, ein flüchtiges Erklingen trivialer Musik.

Doch dann ...

Es kann nur zwei oder drei Tage später gewesen sein, daß ich auf der Landungsbrücke von Captain Jack Kip begegnete.

Ein flüchtiger Bekannter nahm mich eines Mittags – die Luft war klar, der Himmel blau – mit auf die Brücke. Am Herd der kleinen, zweistöckigen, auf Pfählen errichteten Hütte, unter der das Wasser im Wechsel der Gezeiten flutete, stand der junge Mann, dem ich meine erste Sammlung von Kurzgeschichten widmete. Er wandte mir, als ich eintrat, den Rücken zu, da er an dem im Hintergrund befindlichen Herd mit der Zubereitung einer Muschelsuppe à la Neu-England beschäftigt war, dem Gericht, mit dem er und sein junger (platonischer) Freund wegen ihrer finanziellen Notlage in jenem Sommer ihr Leben fristeten. Er trug hautenge Jeans-artige Hosen, und mein gesundes Auge blieb an ihm hängen wie ein Fisch an der Angel. Da seine Tätigkeit ihn völlig in Anspruch nahm, warf er lediglich einen Blick über die Schulter und sagte: »Hallo!« Der andere Bewohner der Hütte, ein junger Mann namens Joe, war Tänzer wie Kip und auf fernöstliche Tänze spezialisiert, während Kip sich dem modernen Ausdruckstanz verschrieben hatte. Als er sich nun umdrehte, hätte ich, wenn ich noch eine Spur verwirrter gewesen wäre, als ich es ohnehin war, geglaubt, vor mir stehe der junge Nijinsky. Später erzählte er mir mit bezaubernd narzißtischem Stolz, daß er fast die gleichen Körpermaße wie Nijinsky habe und dazu eine phänomenale äußere Ähnlichkeit mit ihm. Er hatte leicht schräg stehende, jadegrüne Augen, ausgeprägte Bakkenknochen und einen wunderschönen Mund. Doch nie werde ich seinen allerersten Anblick vergessen: wie er da, mit dem Rücken zu mir, vor dem zweiflammigen Herd stand, mit seinen breiten, kräftigen Schultern und den sich prall abzeichnenden Hinterbakken. Er sagte nicht viel. Er spürte wohl, was von mir ausging und auf ihn einstürmte, und diese Intensität erschreckte ihn.

Schon einige Tage später forderten Joe und Kip mich auf, ihre Behausung mit ihnen zu teilen. Es wurde ein Klappbett beschafft und im unteren Raum neben dem von Joe aufgestellt.

Die Landungsbrücke war übervölkert. In nächster Nähe hatte sich eine hübsche junge Frau – etwa Ende Zwanzig – etabliert, die uns eines Abends zum Essen einlud. Aus ihrem Radio erklang ›Sweet Leilani‹. Das gab mir den Rest. Ich habe diese verführerische Hawaii-Schnulze heute noch im Ohr . . . und kurz darauf war ich mit Kip allein, im unteren Raum unserer Hütte und eröffnete ihm, mit der Beredsamkeit eines Besessenen, wie sehr ich ihn begehre. Er schwieg eine kleine Weile und sagte dann: »Komm, Tom, gehn wir rauf, in mein Schlafzimmer.«

Das große Fenster der kleinen Mansarde schloß den halben Nachthimmel in sich.

Kip machte kein Licht und legte seine Kleider ab. Dann stand er da, ein nackter Schatten, der mir den Rücken zuwandte.

Danach schliefen wir jede Nacht zusammen dort oben auf dem Doppelbett, und mein Verlangen nach diesem Jungen war so übermächtig, daß ich ihn mehrmals im Laufe der Nacht weckte, um meine Lust aufs neue an ihm zu stillen. Verstehen Sie: in jenen Tagen – und Nächten – wußte ich noch nicht, wie sehr die Leidenschaft auch einen passiven Partner ermüden kann.

Genau zu diesem Zeitpunkt trat das alte Übel wieder in Erscheinung: ich errötete, sobald ich jemandem in die Augen sah. Das war für mich eine Qual, die mir den Tag schwierig machte, doch die nebelverhangenen Nächte in der Mansarde entschädigten mich reichlich.

Als wir am Tag nach der ersten Nacht mit einigen Bekannten

über die Dünen zu dem am Strand gelegenen kleinen Blockhaus eines Tanzkritikers gingen, blieben Kip und ich hinter den anderen zurück, und er sagte zu mir: »Heute nacht habe ich zum erstenmal verstanden, was die Leute mit ›wunderbaren Schmerzen‹ meinen.«

In dieser Mansarde schrieb ich mein einziges Stück in Versen, *The Purification (Die Läuterung)* – eine Holzkiste für meine Maschine diente mir als Schreibtisch. Diese Arbeit erwies sich als Ventil für meine übersteigerten Gefühle; ich fand Erlösung – durch Worte. Doch diese wiederum wurde von der Vorahnung drohenden Unheils überschattet.

Kip war plötzlich sonderbar launisch. Wir gingen zusammen irgendwohin, und er war auf einmal verschwunden, und wenn er dann, nach einer Abwesenheit von mehreren Stunden, nach Hause kam, sagte er ruhig und freundlich: »Ich hatte Kopfschmerzen, Tom.«

Im Juli erhielt ich ein Telegramm, das mich für eine Woche nach Manhattan zurückrief. Ich wohnte die wenigen Tage wieder in dem kleinen Apartment, das ich mit Donald Windham und Fred Melton geteilt hatte, und schrieb ein Gedicht nach dem anderen für Kip. Als das Geschäftliche erledigt war, kehrte ich sofort nach Provincetown zurück.

Im Rückblick will es mir scheinen, als habe Kip, ein wenig verlegen, mit mir über seine Schwierigkeiten gesprochen, sich in den Staaten durchzuschlagen. Er war Kanadier, hatte sich dem dortigen Wehrdienst entzogen und wagte es nicht, einem Arbeitgeber seine Papiere vorzulegen, außer einem wohlwollenden Bildhauer, für den Kip in der Akademie Modell stand. Und es scheint ferner, als habe ich Kip dahingehend beruhigt, daß ich im Herbst möglicherweise in der Lage sein würde, ihm alle finanziellen Sorgen abzunehmen – was sich dann leider als Irrtum herausstellte. So war es wohl zwischen uns ausgemacht, wenn mich nicht alles täuscht.

Ich weiß, daß Kip mich geliebt hat – auf seine wirre Weise. Und ich weiß ebenfalls, daß es nicht ganz einfach für ihn gewesen sein kann, nachts vier- bis fünfmal geweckt zu werden und sich meiner Begierde zur Verfügung zu stellen.

So schreibt man keine Liebesgeschichte, auch das weiß ich.

In den letzten Augusttagen erschien eine junge Frau auf der Bildfläche. Ich empfand sie nicht als Bedrohung. Und dann, eines Tages, war ich mit einer Gruppe von jungen Leuten in den Dünen, unter ihnen der noch unbekannte, oder doch noch nicht gefeierte, abstrakte Maler Jackson Pollock. Später wurde er menschenscheu und schwer depressiv, ohne daß das seine Arbeit beeinflußt hätte, doch aus jenem Sommer ist mir sein geräuschvolles, immer leicht angetrunkenes Betragen in Erinnerung geblieben. Er war damals ein stämmiger, gutgewachsener junger Mann, bloß ein wenig zu dicklich von vielem Bier, um für mich reizvoll zu sein, und er trug mich oft auf den Schultern ins Wasser hinaus und tollte dann auf harmlose Weise mit mir herum.

Oh, jener Sommer war eine goldene Zeit, und jedermann schien sorglos und heiter, obwohl wir Krieg hatten!

Später in diesem Sommer war ich eines Nachmittags mit unserer Gruppe wieder in den Dünen, als Kip erschien. Er sah sehr ernst aus.

»Tom, ich muß mit dir sprechen.«

Mit dem Fahrrad – ich auf der Lenkstange – fuhren wir nach Provincetown, und unterwegs brachte er mir behutsam und mit großer Freundlichkeit bei, daß die so plötzlich aufgetauchte junge Frau ihn gewarnt hätte: ich sei auf dem Wege, ihn zum Homosexuellen zu machen. Er, Kip, habe genügend von jener Welt gesehen, um zu wissen, daß er sich ihr widersetzen müsse, daß sie sein Wesen auf eine Weise vergewaltige, die für ihn nicht tragbar sei.

Die kleine Hütte war nun für uns nicht mehr das gegebene – nun, da Kip die Mansarde nicht mehr mit mir teilen wollte. Wir zogen in eine größere, zweistöckige Behausung um. Die Möblierung bestand aus drei Feldbetten, einem Tisch und einigen Stühlen.

Ich war wie gelähmt. Kip beobachtete Schweigen und hielt bedrückt Abstand von mir.

Ich entschloß mich zu einer Aktion: Flucht nach Mexiko! Es gab damals einen sogenannten Mitfahrerdienst: wenn jemand mit dem Wagen in eine andere Stadt – in diesem Falle in ein anderes Land – mitgenommen werden wollte, so konnte er über eine Zentrale Verbindung mit einem Fahrer aufnehmen, der dasselbe Ziel hatte, und sich mit ihm über die Beteiligung an den Benzinkosten verständigen. Als ich mich in meinem desolaten Zustand wieder in Manhattan befand, wandte ich mich an besagte Mitfahrerzentrale und wurde sehr bald an einen jungen Mexikaner verwiesen, der mit dem Wagen nach New York gekommen war, um die damalige Weltausstellung zu besuchen. Er hatte in Manhattan eine Prostituierte geheiratet und fuhr jetzt mit ihr nach Hause zurück, um sie seiner wohlhabenden Familie in Mexico City vorzustellen. Die Dame und ihr mexikanischer Gatte konnten sich aus Sprachgründen kaum miteinander verständigen. Sie war ein üppiges Stück Weib, und auch er war üppig, und wenn man von einem Mann, einem jungen Ehemann, sagt, er sei üppig, so ist das kein Kompliment.

Die Fahrt gen Süden war abenteuerlich. Es fuhren noch drei andere Mexikaner mit, die sich am Steuer abwechselten. Zuweilen wurde eine Straßenkarte zu Rate gezogen, doch sie konnten sich nicht darauf zurechtfinden. So machten wir unfreiwillig Umwege, einige davon brachten uns Hunderte von Kilometern von unserer Route ab. Ich hatte mir eine gräßliche Erkältung zugezogen und spuckte beim Husten hin und wieder Blut, doch dieses an sich so bedenkliche Symptom beunruhigte mich nicht im geringsten; ich dachte nichts anderes als: werde ich in Mexico City postlagernd einen Brief von Kip vorfinden?

Als wir uns allmählich der texanischen Grenze näherten, wurde unsere Strich-Gattin bei dem Gedanken, den Angehörigen ihres Mannes gegenüberzutreten, immer nervöser, und ich gewann überdies den Eindruck, daß es mit den beiden auch im Bett nicht so richtig klappte. Sie sah mit jedem Tag trübseliger aus und zog sich immer mehr von ihrem jungen Gatten und seinen unverheirateten Freunden zurück. Und dann begann sie, nervöse Seitenblicke auf mich zu werfen und mir in Andeutungen ihre Bedenken und bangen Ahnungen zuzuflüstern.

(Ich habe mich nie vor Mexikanern gefürchtet, doch meine Mutter hat Todesangst vor ihnen. Einmal, als wir uns zusammen in einem Hotel in La Jolla, Kalifornien, aufhielten, heckten ein alter Freund und ich uns aus, mit ihr bei Tijuana über die Grenze zu fahren. Ich sagte ihr nichts davon, bis der Wagen am Zoll halten mußte. Da ging ihr auf, daß sie im Begriff war, die Grenze von Mexiko zu überschreiten, und sie machte einen Riesenwirbel: »O nein, o nein, o *niemals!*«, als drohe ihr Gewalt – die Heldin eines altmodischen Melodrams. Doch wir achteten nicht auf ihre Proteste und fuhren weiter. Als wir sie in Tijuana glücklich zum Aussteigen bewogen hatten, drückte sie sich, sobald ein erwachsener Mexikaner sich ihr näherte, an die Hausmauern, und wir mußten mit ihr ins nächste Restaurant gehen und gleich nach dem Essen auf schnellstem Wege nach Kalifornien zurückkehren.)

Doch nun von jenem kleinen Ausflug zurück zu der Hochzeits-

1 Mutter

2 Großvater und ich in Key West, Florida 1947

3 Mutter und Dad in den Ferien in Ozarks

4 Mutter und ich nach einem langen Gespräch in Key West, in den vierziger Jahren

5 Meine Schwester Rose als junge Frau

6 Dakin und ich

7 Im Stadium der Unschuld – und in Mississippi

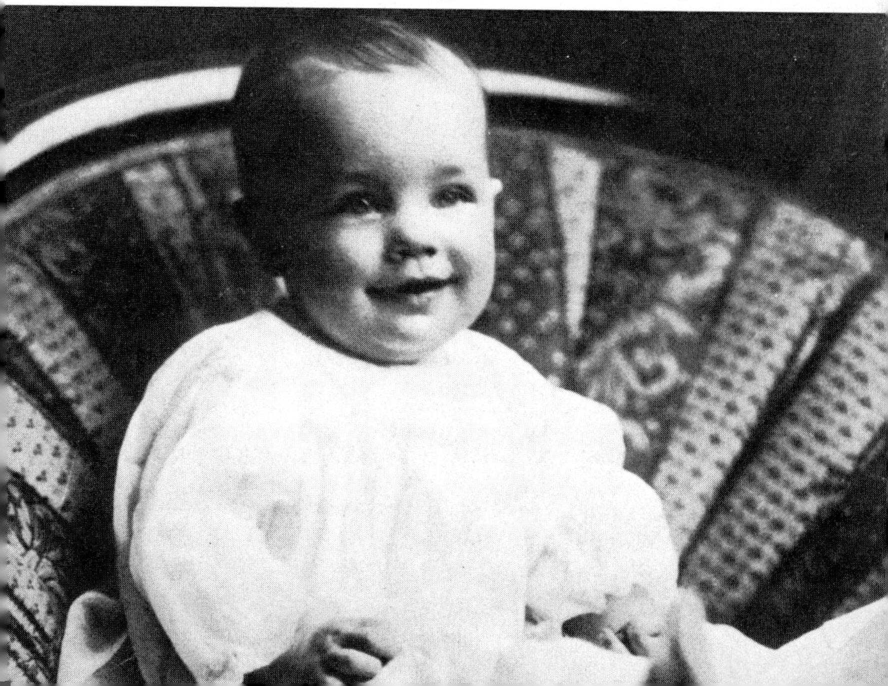

8 Erste Versuche, ein Schriftsteller zu werden – 1939

9 In der High School

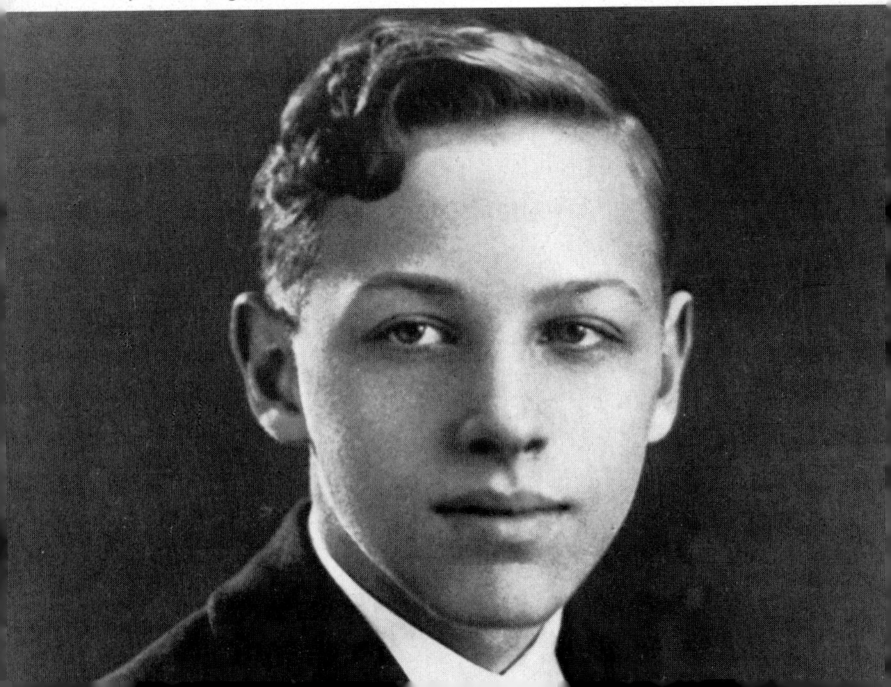

10 Im Arbeitszimmer der Wohnung East Fifty-eighth Street

11 An Bord der S.S. *Ile de France* in den frühen fünfziger Jahren

reise nach Mexiko im August 1940. Wir gingen für die Nacht in ein Motel in Monterey. Ich hatte mich in meinem kleinen, heißen Zimmer mit einem Buch auf das von Moskitonetzen umgebene Bett gelegt, als an die Tür geklopft wurde: die junge Frau.

Sie war einem hysterischen Anfall nahe. »Schätzchen, in was hab ich mich da bloß reingeritten! Kannst du mich verstehen?«

Ich sagte, ich glaube, ja.

Dann vertraute sie mir an, daß ihre Ehe überhaupt noch nicht vollzogen sei, und unter Heulen und Zähneklappern folgten weitere Eingeständnisse – etwa eine Stunde lang. Sie hatte es sich auf meinem Bett gemütlich gemacht, als wolle sie nie wieder fortgehen, so daß ich es endlich für das beste hielt, sie darüber aufzuklären, ich sei als Ersatz für ihren Ehemann gänzlich ungeeignet, und sagte ihr auch warum. Sie nickte traurig, und es folgte ein längeres Schweigen, währenddessen möglicherweise der Keim zu *Königreich auf Erden* gelegt wurde – zunächst für mein literarisches Depot.

Schließlich seufzte sie tief und erhob sich.

»Ich glaube, du hast's besser, Schätzchen. Die weibliche Hygiene ist soviel komplizierter als eure ...«

In Mexico City angekommen, lud die Gesellschaft mich vor dem YMCA ab. Meine Gleichgültigkeit materiellen Dingen gegenüber war so groß, daß ich einen Teil meiner Kleider im Kofferraum des Wagens liegen ließ. Wohl fünf oder sechs Jahre später wurden sie mir von der jungen Ehefrau aus Mexico City zugeschickt, begleitet von einem reizenden Briefchen, worin sie in Erinnerungen an unsere gemeinsame Reise schwelgte.

Wieviel von mir nie genügend gewürdigte Freundlichkeit ich doch in meinem Leben von Menschen erfahren habe!

Ich verbrachte in jenem August 1940 eine einsame ereignislose Woche im mexikanischen YMCA. Als einziges fällt mir eine kleine Begebenheit ein: ich ging die Treppe hinunter und begegnete einer ältlichen, geschminkten amerikanischen ›Tante‹. Sie begrüßte mich wie einen guten, alten Freund und forderte mich auf, mir ihr Zimmer, aber vor allem ihr Fotoalbum anzusehen. (Die Art Sammlung von Schnappschüssen, die man Tuntenalbum nennt.) An *ein* Foto erinnere ich mich genau: Glenway Wescott in der Blüte seiner Jugend, der nackt in einem sehr klaren Bergsee badet.

Nach einer Woche in der Hauptstadt fuhr ich mit dem Bus nach Taxco. Dort schloß ich mich einer Gruppe amerikanischer Studenten an, die mich mit dem Wagen nach Acapulco mitnahm. Es dämmerte bereits, als wir einen reizend primitiven kleinen Badeort mit sehr starker Brandung namens Todd's Place erreichten. Später am Abend gingen wir schwimmen. Ich legte es darauf an, mich von den hohen, brüllenden Brandungswellen wiederholt gegen den Hübschesten aus der Gruppe schleudern zu lassen oder über ihn hinweg. Ich glaube schon, daß ihm die tiefere Absicht nicht entging, doch es war nicht möglich, ihn von seinen Freunden loszueisen.

Einige Zeit darauf hielt ich mich in dem Hotel ›Costa Verde‹ auf – über dem Regenwald und der geschützten Bucht, die später die Stimmungskulisse für *Die Nacht des Leguan* abgaben. In jenem Sommer wimmelte es in Mexiko von nazistisch infizierten Auslandsdeutschen. Eine größere Gesellschaft von ihnen fiel auch ins ›Costa Verde‹ ein, in Hochstimmung über die damals gerade einsetzenden Brandbombenangriffe auf London. Eines Morgens sagte ich zu einem sehr hübschen jungen Mädchen, das zu dieser Reisegruppe gehörte, »hallo«. Sie starrte mich an und knurrte: »Tut mir leid, ich sprech' nicht Jiddisch.« Offenbar nahm sie an, alle Yankees seien Juden.

In Acapulco lernte ich in jenem Sommer auch Jane und Paul Bowles kennen. Sie wohnten in einer Pension in der Stadt, und Paul war wie immer in Sorge um seinen Magen. An dem einen Abend, den wir damals zusammen verbrachten, ging es fast ausschließlich darum, was er ohne Angst vor Beschwerden in Acapulco zu sich nehmen könne, und die arme kleine Janie sagte immer wieder: »Ach, Bubbles, wenn du dich doch bloß strikt an Haferflocken und rohes Obst halten würdest!« und so weiter und so fort. Auch nicht einer ihrer Vorschläge konnte seine Mißstimmung beheben.

Sie waren ein höchst sonderbares, dabei aber reizendes Paar.

Wenn ich nicht gerade im Meer schwamm, arbeitete ich an dem Entwurf zu *Stairs to the Roof* und genoß die Unterhaltung mit einem anderen jungen Schriftsteller, den die Kriegslage vor kurzem gezwungen hatte, seinen Aufenthalt in Tahiti abzubrechen. Wir lagen in Hängematten nebeinander auf der Veranda, tranken Rum-Cola und redeten und redeten, bis die numerierten winzigen Zimmer sich so weit abgekühlt hatten, daß an Schlaf zu denken war.

Einige mexikanische Jungen fingen einen Leguan und banden

ihn unter der Veranda an einen Pfosten, um ihn, zu späterem Verzehr, zu mästen, und niemand befreite das Tier.

Der Scheck (ein Tantiemenvorschuß) von der *Theatre Guild* blieb unbegreiflicherweise aus. Ich glaube, die Inhaberin des ›Costa Verde‹ war drauf und dran, mich rauszuschmeißen, als das Geld endlich eintraf, ohne ein Wort der Erklärung. Erst im Bus, auf dem Weg zurück in die Staaten, las ich in der Theaterspalte der New Yorker *Times,* daß Miriam Hopkins sich bereit erklärt habe, in *Battle of Angels* aufzutreten und daß die Proben bereits in den nächsten Tagen beginnen würden.

Kip starb mit sechsundzwanzig Jahren. Ich hatte gerade meine beruflich so gänzlich unbefriedigende Verbindung mit Metro-Goldwyn-Mayer gelöst, hatte auf der Durchreise in St. Louis am Dreikönigstag den Tod meiner Großmutter miterlebt und war soeben in New York eingetroffen.

Eines Tages klingelte das Telefon, und eine erregte Frauenstimme sagte: »Kip hat nur noch zehn Tage zu leben.«

Ein Jahr zuvor hatte man mir erzählt, daß er erfolgreich an einem gutartigen Gehirntumor operiert worden sei, und so mußte ich der bösen Nachricht wohl oder übel Glauben schenken.

Kip befand sich in der nahe dem Times Square gelegenen Poliklinik.

Man weiß, wie die Liebe erneut aufflammt, wenn man hört, daß ein geliebter Mensch im Sterben liegt.

Donald Windham begleitete mich ins Krankenhaus – ich fürchtete mich davor, allein hinzugehen. Als ich Kips Zimmer betrat, wurde er gerade von einer Schwester mit Aprikosenkompott gefüttert. Er war nie schöner gewesen, obwohl der Fruchtsaft ihm vom Mund tropfte. Auch seine Frau war anwesend. Sie unterhielten sich ganz ruhig über eine Bahnreise an die Westküste, in einem Sonderabteil.

Kip schien im Kopf so klar wie seine schrägen grünen Augen. Doch sein Gesichtsfeld war eingeschränkt.

»Tenn, setz dich doch dort in die Ecke, damit ich dich sehen kann.«

(Soviel ich weiß, ist das Gesichtsfeld des Kranken bei einem Gehirntumor im Endstadium immer sehr begrenzt.)

Ich setzte mich in die Ecke, und er erkundigte sich danach, wie es mir an der Westküste ergangen sei.

Ich wäre gern aufgesprungen, um ihn in die Arme zu schließen, doch ich befolgte das Ritual munterer Heuchelei.

»Es scheint, daß sie einige Fäden dringelassen haben, als sie mir voriges Jahr den Tumor rausgeschnitten haben. Daher dieser Rückfall.«

»Genau«, sagte seine Frau, als bestätigte sie die Feststellung eines Kindes.

»Wenn die Fäden erst raus sind, ist alles wieder in Ordnung.«

Doch seine Augen sagten mir Dinge, die diesem unwürdigen Gerede widersprachen.

»Es *war* auch alles in bester Ordnung, bis ich anfing, auf der Straße zu stolpern.«

»Das wirst du nun nicht mehr«, sagte seine Frau.

»Kip ist müde«, sagte die Schwester.

Ich stand auf und streckte ihm die Hand hin, doch er konnte sie nicht finden. Ich mußte nach der seinen greifen.

Nachdem wir uns verabschiedet hatten, gingen Donnie und ich sofort in die nächste Bar.

Nach einigen Drinks suchte ich ein japanisches Geschäft auf und kaufte für Kip einen sehr schönen Morgenmantel aus cremefarbener Schantungseide, den ich ihm am nächsten Tag brachte. Ein Schild an seiner Tür: »Keine Besuche«. Drinnen war es totenstill.

»Kann ich das für ihn da lassen?«

Seine Frau, die ebenfalls nicht ins Sterbezimmer durfte, nickte und nahm das Paket in Empfang.

Kips Bruder schickte mir aus Kanada Schnappschüsse von Kip, auf denen er einem Bildhauer Modell steht. Sie steckten über zwanzig Jahre in meiner Brieftasche und verschwanden in den sechziger Jahren auf mysteriöse Weise.

Kip, du lebst in meinem Herzen – so wenig von dem noch geblieben ist. Wie lieb und freundlich du zu mir warst, als du an den Strand von Provincetown hinaus geradelt kamst und mich dann auf der Lenkstange deines Fahrrades in die Stadt zurücknahmst und mir unterwegs mit soviel Verständnis und so schonend wie möglich sagtest, daß unsere Liebesaffäre nun zu Ende sei, weil du nicht homosexuell werden wolltest.

Habe ich schon berichtet, wie ich, auf dem Balkon damit beschäftigt, meinen Kram zusammenzupacken, als das Mädchen, eine Schwester von Elaine (Tynan) Dundy, kam, um Kip abzuholen, einen meiner Reitstiefel über die Brüstung warf? Er verfehlte die Dame zwar, doch das lag nicht in meiner Absicht . . .

Im selben Sommer, vor meiner Flucht nach Mexiko, lernte ich Tallulah Bankhead kennen, die Schauspielerin, an die ich zuerst gedacht hatte, als ich an *Battle of Angels* arbeitete und auf eine baldige Aufführung hoffte. Sie trat damals, wenn ich mich recht erinnere, im Dennisport-Theater in einem Stück von Pinero auf, und ich fuhr mit dem Fahrrad hin, um sie in dem Stück zu sehen. Sie war ganz fabelhaft und sehr schön, und ich war mehr denn je davon überzeugt, daß sie die weibliche Hauptrolle in *Battle of Angels* spielen müsse. Ich ging hinter die Bühne und wurde ihr vorgestellt. Sie gab sich schmelzend liebenswürdig und sagte, sie würde das Stück brennend gern lesen. Doch dann hörte ich von Tallulah nichts mehr darüber. Ich freue mich für sie, daß ihr *Battle of Angels* erspart blieb, und für Miriam Hopkins tut es mir leid, daß sie da hineingeriet. Es wurde natürlich eine Katastrophe, und die arme Miriam war, neben mir, die Hauptleidtragende.

Als ich Tallulah später näher kennenlernte, war ich immer wieder beeindruckt von ihrer Aufrichtigkeit, Zuvorkommenheit, Fairneß und ihrem gänzlichen Mangel an Schamhaftigkeit. Diese Eigenschaft habe ich des öfteren an Frauen aus den Südstaaten beobachtet. Es gibt gewisse Damen aus dem Süden, die man *tramps* nennen könnte, wenn man Damen gegenüber eine beleidigende Sprache führen wollte. Ich glaube, man könnte Tallulah einen *tramp* nennen, aber im eleganten Sinne. Ich weiß noch, daß sie niemals eine Unterhaltung wegen körperlicher Bedürfnisse unterbrechen wollte, und wenn sie sich gerade angeregt mit mir unterhielt und die Natur ihr Recht forderte, bat sie mich, sie ins Badezimmer zu begleiten und mich auf den Wannenrand zu setzen, und, während sie ihre Geschichte zu Ende erzählte, ließ sie der Natur ihren Lauf. Das schockierte mich nicht, im Gegenteil – diese Selbstverständlichkeit und Direktheit machte mir sogar Spaß. Auch Anna Magnani hatte diese Eigenschaft. Auch von ihr könnte man sagen, sie sei eine ›Dame aus dem Süden‹ gewesen, wenn auch aus dem italienischen Süden. Ich machte mir nun mal nichts aus Frauen mit übertriebener Schicklichkeit, mit Ausnahme meiner Mutter und meiner Schwester, beide Opfer der übertriebenen Schicklichkeit. Für mich war es natürlich einfacher, mit Frauen gut auszukommen, die große Freizügigkeit nicht nur tolerierten, sondern offenbar ihr eigenes Leben danach ausrichteten und auf die Weise am besten damit zu Rande kamen. Auch hierbei sei meine Schwester ausgenommen.

Niemand hat Tallulah Bankhead je wirklich gekannt. Zumindest hat niemand je etwas über sie geschrieben, was von wirklichem Verständnis ihres Wesens gezeugt hätte. Tallulah war kein Geschlechtstier. Ich glaube, Sex spielte für sie keine dominierende Rolle. Sie war eine Narzißtin mit soviel Humor wie kaum jemand sonst, kurz: einer der amüsantesten Menschen, die mir je begegnet sind.

Jetzt werde ich Ihnen etwas darüber erzählen, wie in Boston ein Stück von mir abgesetzt wurde, das später am Broadway herauskam, und von der Großzügigkeit einer Gesellschaft von New Yorker Produzenten – zu jener Zeit das blühendste Unternehmen dieser Art im amerikanischen Theaterleben, aber auch das ausgekochteste. Ach, warum soll ich eigentlich lange drum herumreden . . . den überlebenden Mitgliedern dieser Gesellschaft kann das heute egal sein. Es handelt sich um die *Theatre Guild* und, natürlich, um das Stück *Battle of Angels,* und es war um die Weihnachtszeit des Jahres 1940.

Das Stück war, für seine Zeit, reichlich gewagt und enthielt, neben anderen taktischen Mißgriffen, eine Mischung von übersteigerter Religiosität und übersteigerter Sexualität, beides in einer der Hauptrollen vereinigt. Die Kritiker und Zensoren schienen dieses mein Produkt als Seitenstück zur Beulenpest zu betrachten – als habe diese lebensgefährliche Seuche in ihrer Stadt unversehens ihr Medusenhaupt erhoben.

Ich wurde in eine Suite des ›Ritz-Carlton‹ in Boston bestellt. Alle großen Tiere der *Theatre Guild* waren versammelt, ausgenommen ihr Dramaturg, John Gassner, der sie dazu beredet hatte, mein Stück anzunehmen, und der Besprechung nun verständlicherweise fernblieb. Unter den Anwesenden befanden sich die englische Regisseurin, Miss Margaret Webster, sowie die zierliche kleine Miss Theresa Helburn mit ihrem lavendelfarben getönten Haar, Vorstandsmitglied der *Theatre Guild* wie Mr. Lawrence Langner, der die Gesellschaft gegründet hatte.

»Wir setzen das Stück ab«, wurde mir kühl mitgeteilt.

»Aber das können Sie doch nicht tun!« rief ich aus. »Ich habe dieses Stück mit meinem Herzblut geschrieben!«

Nach einer leicht verlegenen kleinen Pause sprach Miss Webster ungerührt den lapidaren Satz: »Anderer Leute Herzblut ist nicht jedermanns Sache, junger Mann.«

Miss Helburn sagte: »Auf jeden Fall werden Sie nicht am Hungertuch nagen.«

Darauf Audrey Wood, meine Agentin, ruhig und sachlich: »Ja, was ist denn überhaupt mit Geld?«

Die Pause nach dieser lapidaren Frage zeugte weniger von Verlegenheit als von Überlegung.

Ich fuhr fort, abwechselnd Miss Helburn und Mr. Langner anzustarren – wie ich hoffe, nicht Mitleid heischend –, und zum erstenmal starrten (oder blickten wahrscheinlich bloß) die beiden in das ungerührte Gesicht meiner Agentin.

»Also«, sagte Mr. Langner, »wir werden ihm hundert Dollar geben, damit er sich irgendwo vergräbt und das Stück umschreibt, und wenn er es uns dann im Frühjahr erneut vorlegt, wird sich herausstellen, ob wir es eventuell in der nächsten Spielzeit neu herausbringen.«

Meine finanzielle Lage war wie folgt: der Tausender von der Rockefeller Stiftung war verbraucht, die Tantiemen, die mir von den vierzehn Aufführungen in Boston zustanden, deckten kaum den erhaltenen Vorschuß, und der Rest reichte bestenfalls für die Bahnfahrt nach New York und mein Zimmer im YMCA.

Die hundert Dollar waren also trotz allem nicht von der Hand zu weisen, denn in jenen Tagen war ein Dollar noch einen Dollar wert, und ich fuhr für das Geld nach Key West, Florida, wo ich Marion Vaccaro kennenlernte und in einer Hütte hinter der Fremdenpension ihrer Mutter lebte und wie besessen daran arbeitete, *Battle of Angels* umzuschreiben.

Im Verlauf dieser ›Sache‹ werde ich mich auch mit einigen komischen Begebenheiten, die sich während meiner langen Freundschaft mit Marion Vaccaro zutrugen, beschäftigen; sie war vielleicht die mir ergebenste Freundin und entsprach ebenfalls meiner Definition einer ›Dame aus dem Süden‹. Ihre Familie stammte aus Georgia. Sie war die Tochter eines Geistlichen der Episkopalkirche, Reverend George Black, der, wie es hieß, gern dem Alkohol zusprach, aus welchem Grund er und die Seinen ein rechtes Wanderleben führten. Seines Bleibens in einem Sprengel war meist nicht allzu lange, kurz: sie zogen von Pfarre zu Pfarre. Ein jeder weiß, wie wenig Pfarrer verdienen. Mein Großvater Dakin, ebenfalls Pfarrer der Episkopalkirche, hatte ein monatliches Gehalt von hundert Dollar. Marions Vater verdiente wahrscheinlich etwa das gleiche, so daß sie in beengten Verhältnissen aufwuchs. Dann erhielt sie ein Stipendium für das Smith College; sie war eine kultivierte, gebildete Frau mit einem ausgeprägten Urteilsvermögen in literarischen Dingen und überdies eine Dichterin von Rang.

Doch sie war, was ihre Lyrik anging, so bescheiden, daß sie nichts zu deren Veröffentlichung unternahm. George, ihr noch in Coconut Grove lebender Bruder, versprach, mir ihre Gedichte zu schicken, und ich wollte dafür sorgen, daß sie veröffentlicht würden. Doch erst dieses Jahr bekam ich von ihm einen kleinen Teil ihrer frühen Arbeiten. Irgendwann hatte er mir eine sehr gelungene Porträtaufnahme von Marion geschenkt, aus der Zeit, als ich sie kennenlernte. Es hängt in meinem Schlafzimmer in Key West und zeigt ein höchst anziehendes, reizvolles Gesicht. Sie war keine klassische Schönheit, jedoch von großem Charme und sprühender Lebhaftigkeit. Im Jahre 1941 führte ihre Mutter eine exklusive Fremdenpension, genannt ›The Tradewinds‹, in einer der großen herrschaftlichen Villen von Key West. Ich lernte die Blacks und Marion im Januar des Jahres kennen, als ich, nach dem Debakel mit *Battle of Angels* zum erstenmal nach Key West kam. Ich entschied mich hauptsächlich deswegen für Key West, weil Schwimmen sozusagen ein Teil meines Lebens war, und da Key West der südlichste Punkt Amerikas ist, spekulierte ich darauf, daß ich dort viel würde schwimmen können, während ich das Unglücksstück umschrieb. Ich hatte einen sehr guten Freund, Jim Parrott – der junge Mann, mit dem ich auf der Hühnerfarm in Laguna zusammen war und der 1941 in Miami lebte. Er war ein reizender Bursche und nicht homosexuell. Ich erwähne das, weil es falsch wäre, wenn, sobald ich einen Mann erwähne, die Schlußfolgerung gezogen würde, es handle sich um einen Homosexuellen. Ich versichere Sie, daß ich viele Männer gekannt und gern gehabt habe, die nicht homosexuell waren. Na, jedenfalls suchte ich zunächst Jim in Miami auf, und er fuhr mich nach Key West, und wir hielten vor einem wunderschönen Haus, ganz aus Mahagoni, mit je zwei Veranden übereinander an allen vier Seiten und einer von einem Geländer umgebenen Plattform auf dem Dach, die man dort wohl ›Kapitänsbrücke‹ nannte. Dieses wirklich wunderschöne

Haus fiel leider einem Brandstifter zum Opfer, aber da hatten die Blacks es bereits verlassen. Im Jahre 1941 jedoch empfing uns Mrs. Black aufs herzlichste, und als ich erwähnte, ich sei der Enkel eines Pfarrers, stand für sie fest, sie habe demzufolge einen Gentleman vor sich – eine recht voreilige Schlußfolgerung. Sie nahm Jim und mich auf und brachte uns in einem Zimmer im Parterre unter. Am nächsten Morgen mußte Jim zurück nach Miami, wo er arbeitete, und mir widerstrebte es zutiefst, dieses schöne Haus und die so charmante Mrs.Cora Black wieder zu verlassen. Sie sah wohl, wie mir zumute war, und sagte: »Tom, hinten im Garten steht eine kleine Hütte. Ich weiß nicht, ob Ihnen die zusagen würde . . . Platz genug wär da drin für Sie.« Sie zeigte mir die Hütte, und ich sagte: »Das ist einfach ideal, Mrs. Black, ich habe große Räume nicht gern«, was der Wahrheit entspricht. Daraufhin richtete sie die Hütte sehr reizend für mich her, ließ eine Dusche installieren und berechnete mir als Wochenmiete nur sieben Dollar fünfzig. Dort nahm ich die Umarbeitung von *Battle of Angels* in Angriff. Morgens fuhr ich mit einem gemieteten Fahrrad in ein kleines kubanisches Restaurant und trank dort, um wach zu werden, sehr starken, schwarzen kubanischen Kaffee, der sicher nicht gerade das war, was der Arzt einem Menschen mit einem kranken Herzen verschrieben hätte. Dann radelte ich zurück zu meiner Hütte und haute Seite um Seite in die Schreibmaschine – nicht nur die neue Fassung von *Battle of Angels,* sondern auch Gedichte und Kurzgeschichten. Dieser kubanische Kaffee war einmalig. Er tat meinem Herzen zwar nicht gut, doch mein Herz ist unberechenbar. Zuweilen scheint ihm schlechte Behandlung besonders gut zu bekommen.

In jenen Tagen gab es in Key West eine faszinierende Künstlerkolonie, der, unter anderen, Arnold Blanch und seine Freundin Doris Lee angehörten. Dazu die Frau des japanischen Künstlers Kuniyoshi und der Maler Grant Wood, der Mann, der *American Gothic* gemalt hat. Er starb im Jahr darauf. Er war ein untersetzter, kleinwüchsiger, außerordentlich liebenswürdiger Mann mit einem Wust weißer Haare. Immer hochrot im Gesicht, doch nicht etwa aus Verlegenheit. Wir trafen uns fast jeden Abend in Hemingways altem Stammlokal *Sloppy Joe's.* Hemingway lebte nicht mehr in Key West, doch seine geschiedene Frau, Pauline Pfeiffer-Hemingway, bewohnte nach wie vor das schöne, alte, in spanischem Kolonialstil erbaute Haus in der Whitehead Street. Bei *Sloppy Joe's* spielte eine ausgezeichnete Negerband die wunderbarste Tanzmusik. Key West hatte damals eine schon fast karibische Atmosphäre, die mir sehr zusagte. Selbst das Wetter schien hier besser zu sein. *Sloppy Joe's* hatte zu der Zeit weitaus mehr ›Pfiff‹ als heute; die Bar, die sich früher in gerader Linie vom Eingang bis in den Hintergrund erstreckte, ist jetzt hufeisenförmig. Hemingways alte Kumpel hingen im Jahr 1941 immer noch dort herum, und Marion und ich gingen öfters abends zum Tanzen hin.

Marion hatte auch einen Ehemann, und das war der schlimmste Trinker, der mir je begegnet ist. Er war eigentlich ganz gut zu leiden, machte jedoch Marion und ihrer Mutter, Mrs. Black, viel zu schaffen. Wenn er nicht unter Alkohol stand, dann unter Äther. Eines von beiden mußte es sein – so schlimm war es um ihn bestellt –, und da er mich irgendwie ins Herz geschlossen hatte, kam er immer wieder in meine Hütte, wenn ich versuchte zu arbeiten. Und ich habe einen Horror vor Äthergeruch. Als Kind wurden mir unter Ätherbetäubung Nasenpolypen und Mandeln herausgenommen. Bei der Gelegenheit wurde ich auch beschnitten und erlitt einen Narkoseschock, den ich nie völlig überwunden habe.

Der Mann kam also, Ätherdunst um sich verbreitend, in meine Hütte und starrte mich mit seinem Glasauge an. Ich muß damals viel gutmütiger gewesen sein als heute, denn ich habe ihn nie rausgeschmissen. (Wahrscheinlich wäre mir das auch gar nicht gelungen, denn er hatte Bärenkräfte.) Nun, er gehörte damals zur lokalen Szene, doch Marion hatte sehr unter ihm zu leiden, was sie mit großer Seelenstärke trug. Er war einer der Haupterben des *Standard Fruit Company*-Vermögens. Marion muß ihn geheiratet haben, als sie Mitte oder Ende Zwanzig war, jedenfalls glaube ich, daß sie sich ziemlich spät erst zu diesem Schritt entschloß, da sie, nachdem sie das Smith College absolviert hatte, ihr Brot verdienen mußte und von Flo Ziegfeld als Erzieherin seiner Kinder engagiert wurde. Diese Kinder betreute sie eine lange Zeit. Marion war sehr beständig in ihren Freundschaften und blieb bis zu ihrem Lebensende eine intime Freundin von Mr. Ziegfelds Witwe Billie Burke.

In diesem Winter besuchte Jim Parrott mich gelegentlich übers Wochenende. Einmal fiel ein solcher Besuch mit einer häuslichen Krise bei den Blacks zusammen. Jim und ich waren zum Essen gebeten, und während der Mahlzeit nahm Mr. Vaccaro aus keinem ersichtlichen Grund sein Glasauge heraus und schleuderte es nach seiner Schwiegermutter. Es landete in ihrem Suppenteller. Nur eine wirklich große Dame hätte diesen Zwischenfall mit der gleichen Gelassenheit überspielen können. Ohne ihren Gesichtsausdruck zu verändern, fischte Miss Clara das Glasauge mit dem Löffel aus ihrer Suppe, hielt ihn Marion hin und sagte wie beiläufig: »Sister, mir scheint, Regis hat das hier verloren.«

Später am selben Abend hatte er einen Zusammenstoß mit einigen Gangstern, die in der Stadt einen Spielsalon betrieben. Sie trachteten ihm nach dem Leben. Es wurde beschlossen, daß er umgehend aus Key West verschwinden müsse. Das einzige Fahrzeug, das im Augenblick zur Verfügung stand, war Jim Parrotts alter klappriger Ford.

Der ›Flüchtlingstreck‹ bestand aus Miss Clara, Marion, Jim und mir – über Regis, der bewußtlos im Fond auf dem Boden lag, hatten wir eine Decke gebreitet.

Wie sich herausstellte, war der Kühler des Wagens undicht. Immer wieder mußten wir halten – wir fuhren am Strand entlang – und das dampfende Ding mit Meerwasser auffüllen.

Viel später, im Jahre 1946, erneuerte ich in New Orleans meine Freundschaft mit Marion. Sie war ganz wild auf Wetten aller Art, und ich begleitete sie und ihre Mutter oft zum Pferderennen. In New Orleans lebten sie in einer sehr schönen Wohnung im Pontalba-Block am Jackson Square. Als das Ensemble, das mit *Glasmenagerie* auf Tournee war, nach New Orleans kam, gaben Marion und Miss Clara eine üppige Party für alle Mitwirkenden, mit ganzen Truthähnen und mehreren Schinken und jeder Menge Alkohol, kurz: mit allem, was dazu gehört.

Wenige Jahre später erwarben Marion und Miss Clara ein reizendes Haus mit Garten in Coconut Grove. (Regis war inzwischen gestorben.) Beide Frauen waren in hohem Maße am Immobilienmarkt interessiert und hatten auch eine gute ›Nase‹ dafür. Zu dieser Zeit spielte ich mit dem Gedanken, Miss Rose mit einer Pflegerin nach Florida kommen zu lassen. Auch Marion hielt das für eine gute Idee und suchte und fand – immer im Hinblick auf diesen Plan – in Coconut Grove ein Haus in der Nähe der Bucht, das ihr für diesen Zweck passend schien. Es war sehr hübsch eingerichtet, als ich es kaufte, und ich bekam es für den Spottpreis von vierzigtausend Dollar. Das Haus als solches war nicht sonderlich reizvoll. Es war mörtelverputzt, U-förmig, spanischer Missionsstil, mit einem kleinen Glockenturm auf dem Dach. Das Grundstück hingegen war einfach bezaubernd, mit Blick auf die Bucht und üppig mit sehr hohen Königspalmen bestückt.

Leider mußte der Plan, meine Schwester nach Florida zu holen, fallengelassen werden, und so vermietete ich den Besitz an einen Mann, der für das Magazin *Life* arbeitete. Nicht allzu lange, nachdem er und seine Familie eingezogen waren, wurde die Bucht von einem Hurrikan heimgesucht und die gesamte Einrichtung des Hauses in alle Winde zerstreut. Doch das Haus und – merkwürdig genug – auch die Königspalmen blieben stehen.

In den Jahren, die seitdem vergangen sind, ist Grund und Boden in dieser Gegend um ein Vielfaches im Wert gestiegen. Das letzte Angebot für Haus und Grundstück belief sich auf 150 000,– Dollar, doch ich habe es ausgeschlagen, da ich erwarte, daß der Wert sich weiterhin erhöht.

Ich habe Glück mit Immobilien und Glück im Kartenspiel – zuweilen auch in der Liebe.

Warum also sollte ich mich selbst als Versager betrachten? Vielleicht deswegen, weil meine Theater-Abenteuer öfter mißglückt als geglückt sind.

Bevor Castro in Kuba die Macht übernahm, verbrachten Marion und ich immer wieder tumultuarische Wochenenden in Havanna. Marion genoß das rauschende Nachtleben dort genauso wie ich; wir gingen zusammen in die verschiedenen Lokale und ›machten einen drauf‹, wie man heute sagt. Wir fuhren sogar noch öfters hinüber, nachdem Castro bereits an der Macht war. Als ich das erstemal nach seinem Triumph nach Havanna kam, lernte ich ihn durch Vermittlung von Ernest Hemingway kennen, dem ich durch den englischen Theaterkritiker Kenneth Tynan vorgestellt worden war. Tynan rief mich an – ich wohnte im Hotel ›Nacional‹ – und fragte: »Wollen Sie Ernest Hemingway kennenlernen?«, und ich antwortete: »Halten Sie das für ratsam? Ich habe gehört, daß er zu Leuten meines Schlages sehr unangenehm sein kann.« Darauf sagte Tynan: »Nun ich bin ja dann auch noch da und werde Ihnen jede Hilfestellung bieten. Ich finde, Sie sollten ihn unbedingt kennenlernen – er ist einer der großen Schriftsteller unserer Zeit.« Ich sagte: »Okay, lassen wir es darauf ankommen.« Also gingen wir ins *Floradita,* ein Lokal, in dem Hemingway ganze Tage und Nächte verbrachte, wenn er nicht gerade auf See war, und er hätte nicht liebenswürdiger und charmanter sein können. Er war genau das Gegenteil von dem, was ich erwartet hatte. Ich hatte mich auf ein recht grobes Mannsbild eingestellt, autoritär und mit rüdem Umgangston. Doch dann stand ich einem wahren Gentleman gegenüber, der sogar etwas geradezu rührend Schüchternes an sich hatte.

Tynan hat später diese erste Begegnung zwar recht humorvoll, jedoch nicht ganz den Tatsachen entsprechend geschildert. Ich war natürlich befangen und sagte demzufolge einige unüberlegte Dinge, wie, zum Beispiel, es täte mir so leid, daß Hemingways geschiedene Frau Pauline vor kurzem gestorben sei, und dann fragte ich: »Woran ist sie eigentlich gestorben?« Hemingway schien die Frage nicht übelzunehmen, sagte aber dann, als ringe er sich die Worte ab: »Sie ist gestorben, und nun ist sie tot«, und er trank weiter. Dann kamen wir auf Stierkämpfe zu sprechen. Ich war kein Stierkampf-Fan, niemand, der sich in den Finessen dieser Kunst auskannte, doch ich hatte Freude an dem Schauspiel als solchem und hatte mich im Sommer davor mit Antonio Ordóñez angefreundet, der, man könnte fast sagen, ein Idol von Hemingway war. Ich erwähnte Hemingway gegenüber, daß ich Antonio kenne. Das schien ihn zu freuen, wie auch die Tatsache, daß ich sein Interesse am Stierkampf teilte.

Hemingway sagte: »Diese Revolution hier ist eine gute Revolution, das wissen Sie wohl.« Ja, ich wußte es. Ich war in Kuba gewesen, als Batista die Macht hatte. Er hatte die reizende Angewohnheit, junge Stundenten foltern zu lassen. Sie mußten sich auf eine Art elektrischen Stuhl setzen, der ihnen entsetzliche Brandwunden zufügte. Zuweilen ließ er sie auch entmannen. Er war ein verabscheuungswürdiger Sadist. Meiner Meinung nach haben die Vereinigten Staaten einen schwerwiegenden Fehler begangen. Wenn unser Land doch nur die Möglichkeit einer Entspannung erwogen hätte. Castro war schließlich ein Gentleman, und dazu ein gebildeter Mensch. Es wäre durchaus möglich gewesen, Kuba im guten in unsere Einflußsphäre einzubauen, in die Kuba aufgrund seiner geographischen Lage hingehört, doch unser *State Department* zog den Versuch vor, Castro zu entmachten. So haben wir uns Kuba zum Feind gemacht, und Kuba wandte sich um Unterstützung an die Sowjetunion. Doch als ich Hemingway kennenlernte, war es noch nicht soweit.

Aber wie auch immer – Hemingway gab mir ein Empfehlungsschreiben an Castro mit, und Kenneth Tynan begleitete mich zu seinem Amtssitz. Castro war gerade in einer Kabinettsitzung, die sich reichlich lange hinzog. Wir hockten uns auf die Treppenstufen vor dem Sitzungsraum und faßten uns in Geduld. Nach etwa drei Stunden flog die Tür auf, und wir wurden hineingebeten. Castro begrüßte uns beide sehr herzlich. Nachdem Kenneth Tynan mich vorgestellt hatte, sagte der Generalissimo: »Oh, das ist also der Kater dazu«, womit er auf die *Katze auf dem heißen Blechdach* anspielte, was mich überraschte, besser gesagt: entzückte. Ich hätte mir nicht vorstellen können, daß Castro irgend etwas über meine Theaterstücke wußte. Dann machte er uns der Reihe nach mit allen seinen Kabinettsmitgliedern bekannt. Wir wurden mit Kaffee und Schnäpsen bewirtet, und die drei Stunden Wartens hatten sich in jeder Weise gelohnt.

Nun zurück zu Marion. Ich hatte sie wirklich außerordentlich gern, wenn auch vielleicht nicht auf ganz so selbstlose Weise wie sie mich. Einige meiner nächsten Freunde waren Frauen, und sie war eine von ihnen. Marion war ein liebenswerter, außergewöhnlicher Mensch und vertrug noch dazu jede Menge Alkohol. Wir sind auch viel zusammen gereist.

Als sie und ich mal wieder in Havanna waren und wie immer im Hotel ›Nacional‹ wohnten, spielten wir eines Nachmittags in unserer *cabaña* am Swimming-pool Karten. Da sahen wir Jean-Paul Sartre und Simone de Beauvoir in einer anderen *cabaña* sitzen, und ich sagte: »Marion, ich finde, die sollten wir kennenlernen.« Marion hatte nichts dagegen, und so ging ich hinüber und machte mich mit Mr. Sartre bekannt. Er war recht liebenswürdig, und ich sagte: »Hätten Sie Lust, einen Drink mit uns zu nehmen?« und er und Miss de Beauvoir folgten der Einladung. Miss de Beauvoir war so eine Art Eiskönigin, ganz im Gegensatz zu seiner menschlichen Wärme. Wir hatten eine längere Unterhaltung, und ich erwähnte unter anderem, daß Marion Gedichte schriebe. (Sie hatte mir am vergangenen Abend einige ganz besonders gelungene Verse gezeigt.) Sartre sagte: »Oh, die würde ich sehr gern sehen!« Ich sagte: »Marion, hast du etwas dagegen, wenn ich Mr. Sartre deine Gedichte zeige?« Sie sagte: »Ach Tom, bitte nicht. Das ist doch nur so'n Geschmier von mir. Damit vertreibe ich mir nachts die Zeit, wenn ich nicht schlafen kann.« Ich sagte: »Schon gut, Marion, aber in meinen Augen sind es trotzdem wunderschöne Gedichte.« Mr.

Sartre sagte: »Ach, gehen Sie doch einfach rauf und holen Sie sie«, was ich dann tat. Nun, Sartre war offenbar wirklich sehr beeindruckt, während Miss de Beauvoir nach wie vor Eiseskälte ausstrahlte. Doch das ist wohl so ihre Art. In Paris hatte ich Sartre einmal zu einer Party erwartet, doch er war nicht gekommen, weshalb mich seine Herzlichkeit bei dem eben geschilderten Zusammentreffen um so mehr überraschte.

Und nun wieder zum Frühjahr 1941, als ich das erstemal in Key West war. Mit dem Frühling kam auch ein hochwillkommener 500-Dollar-Scheck von meinen Freunden, den Rockefellers. Mit diesem Geld kehrte ich samt meinem umgeschriebenen Stück *Battle of Angels* nach Manhattan zurück, legte es der *Theatre Guild* vor, und nach einigen Wochen des Nachgrübelns rief Mr. Langner mich an. (Das heißt, *er* war am Apparat, als *ich* ihn anrief.)

»Ja, Tennessee, zu der Neu-Bearbeitung Ihres Stückes . . . Es ist wie mit dem springenden Frosch von Calaveras County, Sie wissen schon, diese Geschichte von Mark Twain. Ich will damit sagen: Sie haben zuviel des Guten getan, wie der Frosch, der über die Grenzen der County hinaussprang.«

Das war *die* Sache.

Nachdem er aufgelegt hatte, dachte ich wehmütig an meine erste Begegnung mit Mr. Langner zurück, den ich nach wie vor mag und in freundlicher Erinnerung habe. Sein Schreibtisch war etwa so groß wie der des Präsidenten der Vereinigten Staaten und an jenem Tag mit Manuskripten überhäuft – ich hätte mir nicht vorstellen können, daß es solche Mengen davon überhaupt *gibt* auf der Welt. Mit einer schwungvollen Armbewegung fegte er sie alle, bis auf meines, auf den Boden und sagte: »Mich interessiert nichts außer *Genie*, also nehmen Sie Platz.«

(Seit jenem Tag greife ich mir an die Brust, sobald mir jemand von ›Genie‹ spricht – um meine Brieftasche festzuhalten.)

Fahrstuhlführer in Manhattan: mein ereignisreichster Job dieser Art in den fünfziger Jahren war der Nachtdienst im alten Hotel ›San Jacinto‹ auf der Madison Avenue. Heute ist es abgerissen. Dieses Hotel war fast so etwas wie ein Altersheim für Matronen und Witwen ›von Stande‹ mit einem kleinen Restvermögen, die bereit waren, für eine ›gute‹ Adresse ihre letzten Groschen herzugeben. Nicht alle diese Damen kamen gut miteinander aus. Zwei von den alten Lerchen haßten sich geradezu, und wenn die eine, die den imposanten Namen Auchincloss trug, zufällig im Fahrstuhl auf die andere stieß, die gleichfalls einen klingenden Namen ihr eigen nannte, bekam sie einen regelrechten hysterischen Anfall.

Ein junger Dichter machte ebenfalls Nachtdienst, und zwar als Telefonist. Er hatte mir gesagt, ich dürfe nie, niemals zulassen – selbst wenn das ›San Jacinto‹ in Flammen stünde, nicht –, daß diese beiden alten Damen im Fahrstuhl zusammenträfen.

Nun, es geschah trotzdem. Und was sich in dem Fahrstuhl abspielte, glich dem Höhepunkt eines Hahnenkampfes. Und (Sie ahnen es bereits), das Teufelsding blieb auch noch zwischen zwei Etagen stecken! Ich versuchte, den Fahrstuhl wieder zur Etage von Mrs. Auchincloss zurück zu manövrieren, doch die andere Dame schrie: »Nicht rauf, runter, runter!« Ich drehte wie rasend an der Kurbel, der Fahrstuhl blieb zwischen dem neunten und zehnten Stockwerk stehen, und der Höllenlärm in dieser Nacht muß jeden Hotelgast geweckt haben. (Ich bin davon überzeugt, daß alte Damen immun gegen Schlaganfälle sind, obwohl sehr oft das Gegenteil behauptet wird.)

In dem Hotel wohnte auch eine wunderbare Charakterschauspielerin namens Cora Witherspoon. Ich glaube, ich darf es heute sagen, daß diese herzerfrischende alte Dame, die inzwischen von uns gegangen ist, morphiumsüchtig war; der Dichter und ich mußten ihr den Stoff auf Rezept in einer nachts dienstbereiten Apotheke besorgen.

Morphium gilt zwar als ›Dämpfer‹, doch Miss Witherspoon wurde davon regelmäßig *high*.

Sie schwatzte dann in der Halle des ›San Jacinto‹ mit dem jungen Dichter und mir bis zum Morgengrauen – so lange tat der ›Schuß‹ bei ihr seine Wirkung. Dann wuchteten der Dichter und ich sie in den Lift, der Dichter schloß ihre Zimmertür auf, und ich schleppte sie bis zu ihrem Bett und ließ sie draufplumpsen.

»Was täte ich ohne euch Jungs?« murmelte sie dann mit jener rührenden, trauervollen Weisheit alter Menschen, die wissen, daß alles ein Ende hat.

Hat wohl je ein Mensch sich auf die unwiderstehliche Souveränität und den Charme alter Damen, ob nun innerhalb oder außerhalb des Theaters, besser verstanden als Giraudoux in seiner *Irren von Chaillot?* (Katherine Hepburn war noch nicht alt oder verrückt genug, um dem Zuschauer das Charisma der Geistesverwirrtheit alter Damen zu vermitteln.)

Gegen Ende des Jahres 1941 wohnte ich bei einem abstrakten Maler im Lagerhausdistrikt von West Village. Dieser Freund war, was seinen Nervenzustand anging, ein ziemlich hoffnungsloser Fall. Ich meine damit: er war bereits völlig ausgeflippt, bevor das als schick galt.

In jener Zeit arbeitete ich, sehr vorübergehend, in einem Lokal mit dem Namen *The Beggar's Bar*, das einer höchst bizarren Person gehörte, die Nazi-Deutschland den Rücken gekehrt hatte: Valeska Gert, eine Mischung aus Tänzerin und Pantomin, aber das war bei weitem nicht alles.

Ich arbeitete nur für mein Trinkgeld. Eigentlich durfte Miss Gert nur Bier ausschenken, doch damit nahm sie es nicht allzu genau, und man bekam bei ihr auch etwas zu essen, zum Beispiel Knackwurst und Sauerkraut. Dann gab es noch eine/n Sänger/in – einen männlichen oder weiblichen Transvestiten, genau habe ich das nie rausgekriegt – und natürlich immer und jederzeit sie selbst, die unvergleichliche Valeska.

Manchmal besserte ich meinen Verdienst an Trinkgeldern dadurch auf, daß ich eigene Gedichte rezitierte, und zwar die meiner leichten Muse.

Da diese ›Verse‹ für jene Zeit mehr als freizügig waren, wurde ich so eine Art Sensation, und die Trinkgelder flossen reichlich.

Eines Abends rief Madame die Kellner zusammen und eröffnete ihnen, daß ab sofort eine neue Geschäftstaktik gelte: die Kellner (wir waren drei) hätten ihre Trinkgelder zusammenzuwerfen und die Summe dann mit der Geschäftsleitung, sprich Miss Gert, zu teilen.

An diesem Abend war eine Reihe von guten Freunden und Bekannten von mir im Lokal, unter ihnen der abstrakte Maler. Als Valeska uns kurz nach der Polizeistunde in der Küche des Etablissements ihre neue Taktik wissen ließ, hatte er *The Beggar's Bar* noch nicht verlassen.

Ich sagte der Dame, ich dächte nicht im Traum daran, meine Trinkgelder mit denen meiner Kollegen zusammenzuwerfen und dann mit der Geschäftsführung halbe-halbe zu machen. Die lärmende Auseinandersetzung lockte den abstrakten Maler in die Küche. In der Nähe der Tür stand eine Kiste mit kleinen Sodaflaschen, und er begann, die gefeierte Tänzerin damit zu bombardieren. Mindestens zwölf Flaschen flogen nacheinander durch die Luft, ehe eine von ihnen die Künstlerin traf. Die ›grüne Minna‹ und ein Ambulanzwagen waren rasch zur Stelle, die Platzwunde am Kopf der Dame wurde genäht, und ich war natürlich meinen Job los.

Nicht lange danach, an einem bitterkalten Freitag zu Beginn des Jahres 1942, warf mein unberechenbarer Freund, der abstrakte Maler, mich aus seiner Wohnung. Er hütete das Bett mit irgendwelchen Beschwerden nervösen Ursprungs, wollte aber deshalb auf eine gewisse ›Geselligkeit‹ nicht verzichten, und zu diesem Behufe schickte er mich jeden Abend los, damit ich auf den Straßen von Greenwich Village eine genau spezifizierte Art von Gästen für ihn auftreibe. Ich kam seinem Wunsch nach, wie auch ein anderer Freund, den wir den ›Lotsenfisch‹ nannten, und so wurde der nervenschwache junge Maler fast jeden Abend auf das angenehmste zerstreut. Doch eines Abends schleppten der ›Lotsenfisch‹ und ich einige Gäste an, die man wohl nur als Rabauken bezeichnen konnte, und am nächsten Morgen stellte der Maler fest, daß verschiedene wertvolle Dinge aus seiner Wohnung verschwunden waren. Nachdem er sozusagen Inventur gemacht hatte, entschloß er sich schweren Herzens auf meine Dienste und Gesellschaft zu verzichten: ich wurde rausgeschmissen und hatte zwar den Zettel, jedoch nicht das Geld, um meine Wäsche ›beim Chinesen‹ abzuholen; es langte höchstens für eine U-Bahn-Fahrt.

Nach zwei Tagen der Verzweiflung bat ich zum ersten- und zum letztenmal in meinem Leben persönlich und unverblümt um finanzielle Hilfe: ich rief bei einer Vereinigung an (Zweigstelle für Bühnen-Autoren), die es sich zum Ziel gesetzt hatte, mittellose Schriftsteller zu betreuen. Ich bekam die Summe von zehn Dollar, ja, ganze zehn Dollar *geliehen*, um mich vom Glatteis der Straße fernzuhalten, bis, drei Monate später, Tauwetter einsetzen würde . . .

Auf meine spezielle, ein wenig wirre Art bin ich sowohl recht geschickt und lebenstüchtig als auch arglos und naiv, und in jenen Tagen hatte ich für bestimmte Menschen offenbar einen gewissen rührenden Reiz. Als die zehn Dollar verbraucht waren, erschien ich ungebeten zum Mittagessen im Penthouse eines sehr erfolgreichen Popmusik-Komponisten auf der Madison Avenue und blieb nicht nur zum Essen, sondern gleich die nächsten vier Monate, bis es Frühling wurde.

Dann kam der Sommer. Ich hatte noch einen anderen Freund, viel weniger wohlhabend, doch ebenso gutherzig. Da er um meine prekäre Situation in New York wußte, schrieb er mir aus Macon, Georgia, und lud mich ein, den Sommer bei ihm zu verbringen.

Als ich in dem Städtchen Macon im tiefsten Süden der Staaten ankam, stellte sich heraus, daß mein Freund eine kleine Mansarde bewohnte; in eine zweite, danebenliegende wurde ich einquartiert.

Es war mitten im Sommer und mitten in Georgia. Mein Zimmerchen auf diesem Speicher hatte zwei winzige lukenähnliche Oberlichtfenster. Ich will mal so sagen: es wurde ein sehr feuchter Sommer, obwohl kaum Regen fiel.

Mein Freund hatte einen elektrischen Ventilator, ohne den er nicht schlafen konnte, da er an einer schmerzhaften Kieferentzündung litt. Ich hatte keinerlei Gerät dieser Art und verbrachte nachts lange Stunden damit, meinen Gastgeber, der, jenseits des stickigen Ganges zwischen unseren Mansarden, im Bett lag, anzustarren. Der Luftzug des Ventilators spielte mit seinen Haaren, während er dalag und über irgendwelche Cartoons im *New Yorker* – ein hervorragendes Magazin, bei dessen bloßem Anblick mir heute noch der kalte Schweiß ausbricht – vor sich hin kicherte.

In den Hundstagen des August erschien ein weiterer Logiergast auf diesem Speicher, ein etwas zurückgebliebener Jüngling, der für die *Atlantic & Pacific*-Supermärkte arbeitete. Er schwitzte so stark, daß er eigentlich an Austrocknung hätte zugrunde gehen müssen, wechselte jedoch grundsätzlich seine Socken nicht und wusch sich nie, buchstäblich niemals, und ich kann Ihnen flüstern, daß die Miasmen, die dieser reizende Junge vom Lande ausströmte, sich alsbald im ganzen Speicher verbreiteten – wie das lastende Verhängnis bei Eugene O'Neill. Wenn ich das noch ein wenig ausspinnen wollte, würde ich hinzufügen, daß Ende August ein Stinktier sich eines Abends auf unserem Speicher häuslich niederließ, aber bereits vor Tagesanbruch das Weite gesucht hatte. Ich weiß, warum.

Ich glaube, es war um dieselbe Zeit, Anfang der vierziger Jahre, daß ich kurzfristig bei einer südlichen Zweigstelle des *U.S. Corps of Engineers* beschäftigt war. Einige von Ihnen erinnern sich vielleicht noch an den erschreckenden Mangel an Arbeitskräften in jenen Tagen, jenen Kriegsjahren, und selbst ich erschien dem Personalchef offenbar als verwendungsfähig. Er steckte mich in die zweite Nachtschicht, die sogenannte Hundswache von elf Uhr abends bis sieben Uhr morgens. In diesen Stunden waren wir lediglich zu zweit im Büro: ein bulliger junger Mann, vorzeitig aus einem Irrenhaus entlassen, und meine Wenigkeit, die man bis jetzt noch nicht eingesperrt hatte. Unsere Aufgabe bestand darin, verschlüsselte Informationen, die der Fernschreiber hin und wieder zu später Stunde ausspuckte, zu empfangen und zu bestätigen. Mein Kollege war ein schweigsamer, in sich gekehrter Typ, der mir zwischendurch einen argwöhnischen, mordlüsternen Blick zuwarf, doch das beunruhigte mich in keiner Weise – solche Menschen waren mir seit jeher vertraut. Wir hatten während dieser Nachtschicht eine Menge Freizeit, die ich dazu nutzte, einen Einakter nach dem anderen zu Papier zu bringen. Ich fuhr mit dem Fahrrad zur Arbeit, wohnte im YMCA und hatte einen jugendlichen Zimmergenossen, der als Page in einem der führenden Hotels der Stadt arbeitete. Wir fanden uns frühmorgens etwa gleichzeitig in unserem Zimmer ein, und er kehrte jedesmal seine Taschen von innen nach außen, und Papiergeld flatterte zu Boden – seine Trinkgelder –, 5-, 10-, 20-Dollar-Scheine. Die Kriegswirtschaft schien zu florieren, besonders für Pagen in Hotels, in denen öfters Tagungen stattfanden.

Doch während der Hundswache bei dem *U.S. Corps of Engineers* kamen die Dinge ins Schleudern. Mein Kollege und ich kapselten uns immer mehr ab, jeder in seine eigene Traumwelt. Wiederholt beschwor uns unser Boß, ihn nicht dazu zu zwingen, uns zu feuern, und so ging es noch drei Monate weiter, bis eines Nachts eine wirklich wichtige Information über den Fernschreiber kam und wir fürchterlichen Mist bauten, worauf der Boß es für das beste hielt, mich zu entlassen und den amtlich beglaubigten Irren zu behalten.

Nun zu den Augenoperationen, die ich von meinem neunundzwanzigsten bis zum vierunddreißigsten Lebensjahr immer wieder über mich ergehen lassen mußte. Ich war in keiner wie immer gearteten Krankenversicherung, doch ein angesehener Augenarzt in New York war bereit, diese Staroperationen auf Kredit vorzunehmen. Die jeweils gestundete Summe betrug einhundert Dollar, doch dieser gute Mensch drängte nicht auf Zahlung, bis mir im Jahre 1945 endlich das Glück lachte.

Es ist höchst ungewöhnlich, mit knapp dreißig einen Star zu haben – es handelte sich um mein linkes Auge, und ich hatte nur wenig darauf geachtet, bis jemand mich in einer Bar mit ›Weißauge‹ ansprach. Doch ausgefallene und sonderbare Dinge sind mir mein ganzes Leben lang begegnet, in der Jugend nicht weniger häufig als im nahenden Alter.

Staroperationen wurden damals unter Lokalanästhesie mit einer Nadel ausgeführt; der Patient lag angeschnallt auf dem Operationstisch, und vor allem der Kopf war, zur Sicherheit, festgestellt. Da konvulsivisches Erbrechen während des Eingriffs fast die Regel ist, bestand die große Gefahr, daß der Arzt nicht mehr Herr der Nadel war, während sie durch die Iris in die Linse drang (die bei einem gesunden Auge eine flüssige Substanz ist, welche sich jedoch beim Auftreten eines Stars allmählich verfestigt). Diese progressive Verhärtung bewirkt, daß die Augenlinse zunächst einen grauen und endlich einen weißlichen Farbton annimmt, und zu meinem Pech galten gerade meine Augen immer als das, was an mir unwiderstehlich sei.

Der Ophthalmologe sagte, mein linkes Auge müsse in der Kindheit verletzt worden sein, und die Folge sei nun dieser Star. Ich habe tatsächlich als Kind beim Spielen eine solche Verletzung von beträchtlicher Heftigkeit erlitten. Das war in Mississippi gewesen; wir hatten ›Indianer und Weiße‹ gespielt. Die Weißen hockten in einer Hütte, die von den ›Rothäuten‹ belagert wurde. Ich war ein wilder Junge, führte den Ausfall aus der Hütte an und bekam von einem ›Indianer‹ einen Stockhieb aufs linke Auge und er von mir einen tüchtigen Schlag auf den Kopf. Mein Auge war einige Tage geschwollen, doch gab es bis zu meinem achtundzwanzigsten oder neunundzwanzigsten Lebensjahr keinerlei Anzeichen für einen Dauerschaden.

In meinem Fall, einmalig ungewöhnlich, natürlich, bedurfte es dreier Operationen zur Entfernung der Linse des linken Auges, und ich erbrach mich jedesmal während des Eingriffs und wäre fast an dem Erbrochenen erstickt, da mir nichts anderes übrigblieb, als es hinunterzuschlucken. Die unangenehmste dieser Operationen wurde völlig unentgeltlich in einer Universitätsklinik durchgeführt. Man berechnete mir nichts dafür, weil ich mich dazu bereit erklärt hatte, mich vor einer Gruppe von Studenten der Ophthalmologie operieren zu lassen. Sie saßen auf amphitheatralisch angeordneten Bänken um den Operationstisch herum, während der Professor darüber dozierte, was er jeweils an meinem Auge vornahm – das ganze Theater, wie es im Buche steht.

»Der Patient hat nun die erforderliche Lage eingenommen, bitte schnallen Sie ihn an. Fester, fester. Er hat laut Krankengeschichte die Neigung, während des Eingriffs zu erbrechen. Die Augenlider sind nun festgestellt gegen Zwinkern, die Pupille anästhesiert. Die Nadel ist jetzt im Begriff, die Iris zu durchstoßen. Jetzt steckt sie in der Iris. Nun hat sie die Linse durchstoßen. Oh, oh, wir erbrechen, Schwester, Ösophagus-Katheter, bitte. Mein Gott, was für ein Patient. Sehr brav, natürlich, aber ein ungewöhnlicher Fall.« (Ich zitiere selbstredend nicht wörtlich, aber Sie verstehen schon, was ich sagen will.)

Jung, begabt und mittellos mit einem Star im linken Auge und einem labilen Magen. Aber was soll's: meine Augen sind immer noch unwiderstehlich . . .

Neulich abends war ich unternehmungslustig, also begaben wir uns, hier in New Orleans, auf die Straße. Ich flüsterte meinem Begleiter zu, daß ich ›heiß‹ sei, also gingen wir wieder in dieses wunderbar anstößige Lokal in der Bourbon Street, das als besondere Attraktion Go-Go-Boys (oben und unten ohne oder doch fast) anzubieten hat – alles Stricher, darunter welche, die wirklich außerordentlich reizvoll sind. Der, der mir am besten gefiel, bediente an unserem Tisch – die Jungs sind Kellner und Stricher in einer Person. Ich fragte ihn sofort nach seinem Namen. Er hieß Lyle und sah ein wenig unterernährt aus, war jedoch ideal proportioniert, mit einem offenen, lieben Gesicht und glatten, entzückend prallen Hinterbacken. Die Jungs tragen nur eine Art Suspensorium, so daß man nicht die Katze im Sack kauft. Ich würde allerdings empfehlen, sich ihrer nicht *per anum* zu bedienen, da sie höchstwahrscheinlich alle einen Analtripper haben. Und ich würde des weiteren empfehlen, sie vorher ein Bad nehmen zu lassen, da sie während einer langen Arbeitszeit heftig schwitzen. Und daß Sie ein Desinfektionsmittel wie zum Beispiel ›Paral‹ zur Hand haben.

Mit diesem jungen Lyle verabredete ich mich auf fünf Uhr morgens, doch er drückte bereits um halb fünf auf den Summer, als ich gerade mit der Arbeit beginnen wollte, und kam durch die sich öffnende Pforte näher. Ich trat auf die Veranda und rief hinunter, ob er in etwa drei Stunden wiederkommen wolle, da ich zu tun hätte. Ich fragte ihn, ob er Geld brauche, und er sagte freundlich nein, versprach um 8 Uhr wieder da zu sein und tauchte in den Schatten der eben erst beginnenden Morgendämmerung unter.

Er sieht verführerisch und begehrenswert aus und hat eine sanfte, samtene südliche Stimme, und ich denke an keine anderen Intimitäten, als ihn zu berühren, ich meine die relativ unschuldige Kenntnisnahme seiner Haut durch meine Finger. Diese Zurückhaltung beruht auf schierer Vorsicht, da ich allergisch gegen Penicillin bin und ein Tripper so ziemlich das letzte ist, was ich brauchen kann.

Ein guter Bekannter arbeitete 1943 als Platzanweiser in einem Kino, dem alten *Strand Theatre* am Broadway, und da ihm bekannt war, daß ich im Augenblick mal wieder nichts verdiente, ließ er mich wissen, daß im *Strand* die Stelle eines Platzanweisers frei sei und ich den Job haben könne, vorausgesetzt, daß mir die Uniform meines Vorgängers passe. Zum Glück hatte dieser etwa die gleiche Größe und Figur wie ich, und ich bekam den Job. Die momentane Attraktion des *Strand* war jener Klassiker des 2. Weltkrieges, *Casablanca*, mit dem Ingrid Bergman und Humphrey Bogart, beide kochend vor Temperament, ihren Weltruhm begründeten. Als weitere Besetzung der fabelhaft eindrucksvolle ›Dicke‹, Sydney Greenstreet, und Peter Lorre und Paul Henreid, dazu Dooley Wilson, der den unsterblichen Evergreen ›As Time Goes By‹ spielte und sang. Bei einer Zugnummer wie diesem Film waren die Kinos am Broadway damals so überlaufen, daß die Platzanweiser die Gänge mit Seilen absperren mußten, um das Publikum daran zu hindern, die Plätze zu stürmen. Zunächst war es meine Aufgabe, einen dieser Gänge zu überwachen, doch vor Beginn einer Abendvorstellung durchbrach eine ungeheuer dicke Dame die Seile (in Gestalt einer Samtkordel) und stürmte den Gang hinunter, offenbar in der Absicht, sich einen Platz hinter der Leinwand zu erobern. Als ich sie zurückzuhalten versuchte, schlug sie mir ihre Handtasche über den Kopf, die mehrere Goldbarren zu enthalten schien. Das nächste, woran ich mich erinnere, ist, daß ich immer noch im *Strand* beschäftigt war, doch nun stand ich in einem Lichtkegel in der Nähe des Haupteingangs und regelte mit weißbehandschuhten Händen sozusagen den Verkehr. »Hier geht's lang, meine Damen und Herren, hier entlang, bitte«, und »bitte sich noch kurze Zeit zu gedulden, das gilt für alle Plätze.« Und irgendwie gelang es mir jeden Abend – der Film lief mehrere Monate – Dooley Wilson und ›As Time Goes By‹ nicht zu verpassen.

Mein Lohn betrug zehn Dollar die Woche; davon konnte ich mein Zimmer im YMCA bezahlen und hatte noch sieben Dollar für Essen übrig. Und: Das Ganze machte mir riesigen Spaß ...

Und dann bestellte Miss Wood mich eines Tages in ihr Büro und teilte mir mit, sie habe mich an die *Metro-Goldwyn-Mayer* verkauft. Es handelte sich um ein sogenanntes Koppelungsgeschäft – wer da mit wem ›gekoppelt‹ wurde, blieb offen – jedenfalls waren die beiden anderen Lemuel Ayers und ein junger Tänzer namens Eugene Loring, der später *Billy the Kid* als Tanzrolle kreierte.

Audrey sagte: »Sie bekommen zweihundertfünfzig.«

Ich riß die Augen auf und rief: »Zweihundertfünfzig im Monat!« Und sie sagte: »Nein, die Woche.« Und spätestens jetzt wußte ich, daß die Sache irgendeinen Haken hatte. Und so war es – sie hatte deren mehrere. Ich war gehalten, aus einem ganz abscheulichen Roman ein Drehbuch zu zaubern, mit dessen Hilfe eine junge Dame in die Höhe des Startums katapultiert werden sollte, die sich zwar einer blendenden Figur erfreute, von Schauspielerei jedoch noch nie etwas gehört hatte. Dafür war sie eine intime Freundin des Produzenten, von dem ich engagiert worden war, und ich bekam bald zu hören, daß mein Dialog den Horizont der jungen Dame übersteige, obwohl ich jedes gehobene oder vielsilbige Wort peinlich vermieden hatte. Und dann bekam ich den Auftrag, das Ganze umzuschreiben und es auf ein kleines Mädchen abzustimmen, und da warf ich das Handtuch. Worauf ich erfuhr – ich konnte es nicht glauben, doch es stimmte –, daß vertragsgemäß mein Gehalt sechs Monate weiterlaufe, ob ich nun beschäftigt war oder nicht.

Ich kaufte mir, ungeachtet der besorgten Proteste meines neuen Freundes Christopher Isherwood, einen gebrauchten Motorroller. Ich hatte Chris kurz nach meiner Ankunft in Hollywood kennengelernt. Einer meiner ersten Anwälte, Lincoln Kirstein, hatte mir ein Empfehlungsschreiben an ihn mitgegeben. Ich erfuhr, daß Christopher sich in einem dortigen Kloster aufhalte. Ich fuhr hin und klopfte ans Tor, und das Tor öffnete sich, und ich sagte: »Ich möchte Christopher Isherwood sprechen.« Mein Gegenüber legte den Finger an die Lippen und machte mir ein Zeichen zu warten, und dann kam Christopher und sagte: »Wir meditieren gerade. Kommen Sie herein und meditieren Sie mit uns.« Also ging ich hinein und setzte mich. Meditieren konnte ich zwar nicht, aber ich saß immerhin da. ›Die erste Begegnung mit einem Mann, den ich so sehr verehre, steht aber unter keinem guten Stern‹, dachte ich. Nach einiger Zeit rief er mich an, und wir wurden intime Freunde. Oft wanderten wir zum Pier von Santa Monica hinaus und gingen in eins der Fischrestaurants. Das war während des Zweiten Weltkrieges, als überall Verdunkelung angeordnet war. Zwischen uns bestand eine fast sentimentale Verbindung, doch zu einer Romanze kam es nicht, dafür jedoch zu einer tiefen Freundschaft, zu einer der bleibenden und gewichtigsten Freundschaften meines Lebens.

Kurz nachdem ich in Kalifornien eingetroffen war, um mit meiner Arbeit zu beginnen, sprich: mich von MGM durch den Wolf drehen zu lassen, fand ich in einem großen Holzhaus am Ocean Boulevard *die* (wie sich später herausstellte) ideale Wohnung für mich. Sie bestand aus zwei Räumen. Die Hausbesitzerin war eine höchst eigenartige Frau mit Zigeunerblut in den Adern, durch Heirat an einen unangenehmen kleinen Mann gekettet, der an Krebs dahinsiechte. Sie sowohl wie ihr reizbarer Gatte sind in einer meiner besseren Kurzgeschichten – *The Mattress by the Tomato Patch* – verewigt. Und was diesen Sommer angeht, so war er ebenso wunderbar wie die späteren Sommer in Rom.

Wie bereits erwähnt,wurde ich schon bald von der Arbeit an für mich ungeeigneten Projekten der MGM befreit, kassierte aber die folgenden sechs Monate noch mein Geld.

Meine kleine Wohnung lag in nächster Nähe der *Palisades* von Santa Monica, dem hohen Vorgebirge an der Pazifikküste, das übersät ist mit Luxusvillen solcher Filmstars wie Marion Davies.

Inzwischen hatte ich vernünftigerweise den Motorroller durch ein Fahrrad ersetzt, und fast jeden Abend nach dem Essen radelte ich zu dem mit Königspalmen bepflanzten Park hinauf, der zum Meer hin mit einer langen, gewundenen Steinbalustrade abschloß. An dem Weg, der an dieser Brüstung entlangführte, befanden sich in Abständen kleine Laubengänge und lauschige Bosketts. Und in jenem Sommer war die kalifornische Küste zehn Kilometer ins Land hinein verdunkelt, aus Furcht vor japanischen Luftangriffen. Das Gelände wurde abends gern von GIs aufgesucht; es wimmelte geradezu von ihnen, möchte ich sagen, und wenn ich an einem vorbeigeradelt war, der meinem lüsternen Blick zusagte, warf ich das Rad herum und fuhr dicht an ihn heran, um, gleich ihm, mit vorgetäuschtem Interesse die Aussicht zu bewundern.

Bald darauf steckte ich mir eine Zigarette an. Wenn das brennende Streichholz mir meinen ersten Eindruck bestätigte, erwähnte ich wie beiläufig, daß ich, nur einige Blocks entfernt, eine eigene Bude habe, und oft wurde meine Einladung akzeptiert. Wenn der erste und auch der zweite nicht meinen Wünschen entsprach, machte ich mich auf die Suche nach einem dritten. So mancher darunter war der Erinnerung wert, besonders ein schwuler Ledernacken. Ich würde es selbst nicht glauben, wenn mein damaliges Tagebuch es mir nicht bestätigte: ich habe ihn in jener Nacht siebenmal gebumst.

Mehrmals die Woche ging ich abends in Hollywood ins Kino. Ich fuhr dann mit dem Bus zurück, und bevor die Innenbeleuchtung wegen der Verdunkelungsvorschrift gelöscht wurde, nahm ich irgendeinen jungen Mann mit einem freien Platz neben sich aufs Korn. Sobald es dunkel war, nahm ich diesen Platz ein, und nach kurzer Zeit schlug mein Knie im Rhythmus des Fahrzeugs gegen das seine. Wenn diese Annäherung hingenommen wurde, wußte ich, daß ich, in Santa Monica angekommen, heute abend den Park nicht aufzusuchen brauchte.

Meine zigeunerhafte Hauswirtin war mit meinen Abenteuern durchaus einverstanden, ja, sie scherzte sogar in bester Laune darüber. Schließlich hatte sie sich ja selbst fürs Bett statt ihres sauertöpfischen Hauszwergs einen jungen Boxer angeschafft – was Sex anging, lag jede ›Moral‹ ihr weltenfern.

Jeden Morgen bereitete ich mir in meiner Kochnische neben dem geheiligten Schlafzimmer einen sehr starken schwarzen Kaffee, zu dem meine Hauswirtin sich meistens auch einfand. Sie war auf *The Daily Worker* abonniert und las mir den einen oder anderen Artikel daraus vor; im übrigen schwatzte sie vergnügt über *la vie horizontale* – über meines und das ihre. Zum Glück habe ich nie etwas mit dem Kommunismus im Sinne gehabt, so daß dieser Aspekt ihrer großzügig angelegten Natur mich nicht weiter beeindruckte. Sobald ich meine zweite Tasse Kaffee intus hatte, verabschiedete ich sie und stürzte mich wie ein Wilder Hals über Kopf in die Arbeit. Damals war ein Tagespensum von sechs bis acht Stunden für mich nichts Ungewöhnliches. Anschließend ging ich in ein Fischrestaurant am Pier, begutachtete die Körperkultur treibenden Jungs am Strand und fuhr dann mit dem Fahrrad zu einem Club, dem ich beigetreten war. Er befand sich auf halbem Wege nach Venice und hatte einen großen Swimming-pool.

Es dürfte schwerfallen, sich einen Sommer vorzustellen, der

mehr nach meinem Geschmack gewesen wäre, besonders mit Freunden wie Isherwood, Lem Ayres und Eugene Loring. Ein wenig später stieß Margo Jones dazu, die nach Hollywood gekommen war, um im Theater von Pasadena – dem mondänen Vorort der Stadt – *You Touched Me!* zu inszenieren. Oft verbrachte ich die Nacht in ihrem Cottage in Pasadena. Es gab darin nur zwei Betten, und wenn ein gewisser, sehr gut aussehender Lyrik-Verleger zu Besuch kam, wurde ihm für die Nacht die Couch zugewiesen.

Sobald das Licht gelöscht war, ging ich an die Wohnzimmertür und bot ihm mein Bett an, respektive, es mit mir zu teilen. Er lehnte diese Ehre sehr freundlich ab.

Nicht immer wurde mir eine Abfuhr in so höflicher Form erteilt. Eines Abends in einer Bar in Hollywood, zum Beispiel, starrte ich einen höchst reizvollen jungen Matrosen so lange an, bis die Absicht nicht mehr zu übersehen war. Er schüttete sein Bier hinunter, kam auf mich zugetorkelt und sagte: »So, wie mir heute abend ist, könnte ich'ne Schlange ficken.«

Ich bin stolz darauf, daß ich ihm riet, sich auf die Schlangenjagd zu begeben . . .

Ich werde jetzt – während ich darauf warte, daß die Vergangenheit etwas von größerer Bedeutung für mein Leben hochspült – einiges über den gestrigen Abend berichten.

Ich war von einem Off-Broadway-Regisseur nach Fire Island zum Essen eingeladen worden. Er macht die beste *past'asciutta,* die ich je in den Staaten gegessen habe, und versprach mir noch andere Genüsse, darunter eine große Tanzerei unter Männern. Seit jenem längst vergangenen Sommer des Jahres 1945 in Mexico City, als ich es lernte, mich führen zu lassen, und infolgedessen bald zur Ballkönigin der jeweils am Wochenende stattfindenden *tequilla-dansants* – über letztere später mehr – avancierte, habe ich leidenschaftlich gern mit jungen Männern getanzt.

Doch gerade als ich mich für die Fête in Fire Island schön machte, erinnerte ein Anruf mich daran, daß ich mir heute abend in der luxuriösen Wohnung von Peter Glenville zwei außerordentlich begabte junge Schauspieler – einen jungen Mann und ein junges Mädchen, beide Gewinner des Clarence Derwent-Preises – anhören soll.

Wie sich herausstellte, war das, was dort stattfand, eine Lesung von *Out Cry* zu viel, trotz der Tatsache, daß die junge Schauspielerin sich als wirklich recht begabt erwies. Sowohl mein Agent Bill Barnes als ich kamen beide endlich zu der Überzeugung, daß dieses Stück weder am Broadway noch im Londoner West End gehen würde, ohne daß Felice und Clare von ›Stars‹ gespielt würden, denn wie gut es auch von jungen und begabten Schauspielern gelesen werden mag – es mangelt ihnen an der ›Präsenz‹ der Stars, und damit fällt das Stück flach. Es ist streckenweise sehr schön, ja, das ist es, aber es ›hält nicht durch‹. Warum? Zum Teil darum, weil nur zwei Schauspieler dieses doch recht lange Stück tragen müssen, und, wie Clare ihrem Bruder Felice gegenüber bemerkt: »Das hier ist eine Übung in Selbstdarstellung – für zwei Stars.« Sie sehen, ich kann zuweilen nicht umhin, in bezug auf meine Arbeit sehr ehrlich zu sein, selbst heute nicht, da die Jahre diese Ehrlichkeit schmerzlich haben werden lassen.

Doch gebe ich die Hoffnung für dieses Stück nicht auf. Mir waren für die Aufführung in Chicago sehr gute Striche eingefallen, die Glenville wieder aufgemacht hat. Jetzt muß ich das Stück neu einstreichen, ob Peter das nun billigt oder nicht.

5

Ich glaube, niemand ahnte, was für ein Riesenerfolg der *Glasmenagerie* beschieden sein sollte, einschließlich der an den Proben zu dieser Aufführung in Chicago Beteiligten. Ein jeder, außer Laurette Taylor, war in Panik, das heißt, auch bei Julie Hayden kann man nicht von Panik sprechen, da sie sich, soweit ich das beobachten konnte, immer in einer Art Exaltation befindet.

Das Stück wurde von Eddie Dowling inszeniert, der auch den Tom spielte; ihm assistierte die verstorbene Margo Jones. Die ganze Unternehmung wurde von einem etwas mysteriösen Herrn namens Louis J. Singer, dem Besitzer einer einträglichen Kette von drittklassigen Hotels, finanziert. Er hatte seine Investition in diese Aufführung nicht allzu ernst genommen – es handelte sich auch nicht um eine Riesensumme, verglichen mit der, die er in seine Hotelkette hineingesteckt hatte –, doch als er das erste (und letzte) Mal zu einer Probe erschien, hätte ihn, als er sah, was er sah, und hörte, was er hörte, fast der Schlag gerührt.

Laurette Taylor als Amanda Wingfield beherrschte offenbar kaum eine Zeile ihres Textes, und das wenige, was sie lieferte, brachte sie auch noch im südlichen Dialekt, den sie irgendwann von einer farbigen Hausangestellten übernommen hatte. Ihre wache Aufmerksamkeit für das, was ihre Kollegen auf der Bühne taten, wirkte ebenso wie das übertriebene Gebaren der lieben Julie, die die Laura spielte, wie ein Symptom von Irrsinn.

Ich hockte in einer Ecke und überlegte mir, welche subalterne Tätigkeit wohl als nächste meiner harrte, als ich plötzlich einen Ausruf hörte. Er kam von dem mysteriösen Mr. Singer. »Eddie, Eddie, wie konnten Sie mir *das* antun!«

Er schien zu glauben, das ganze Unternehmen sei ein übler Streich, den Eddie Dowling ihm spiele.

Natürlich setzte dieser verzweifelte Aufschrei der Probe vorübergehend ein Ende. Laurette zeigte sich von Mr. Singers Äußerung nicht im mindesten beeindruckt, und mich überraschte sie kaum.

Laurette, Margo und ich gingen zu einem verfrühten Lunch in

irgendein Lokal in der Nähe, und Margo und ich staunten darüber, wie fröhlich Laurette war. Sie schien nie besserer Laune gewesen zu sein, obwohl ich mich nicht daran erinnern kann, daß sie je irgendwelchen Kummer zur Schau getragen hätte, wie angemessen das dem jeweiligen Anlaß auch gewesen wäre. Verstehen Sie: Laurette wußte, daß sie ihren Text bis zur Premiere nicht fehlerfrei zu bringen brauchte, und so sah sie den anderen zu, beobachtete und wartete ab. Doch das wußten wir nicht, ich dachte, wie auch alle anderen, sie könne ihren Text nicht. (Dowling sagte: »Ach Gott, die Ärmste. Armes Weib. Weiche Birne. Kann keinen Text mehr behalten.«)

Julie mochte den verstorbenen George Jean Nathan recht gern, und so nahm Mr. Nathan, der ihre Ergebenheit zu schätzen wußte, ein gewisses Interesse an der *Glasmenagerie.* Er traf sich am selben Abend mit Eddie, und die beiden entwarfen eine Sauf-Szene für Eddie, weil sie dachten, daß das Stück nur damit noch zu retten sei. In dieser Szene gab es drei Flaschen mit rotem, farblosem und blauem Inhalt, einen Song für Eddie – ›My Melancholy Baby‹ – und weitere Unsäglichkeiten.

Diese ›Sauf-Szene‹, offenbar von den beiden Herren in entsprechendem Zustand zu Papier gebracht, wurde mir am nächsten Tag, als ich in die Probe geschlichen kam, sozusagen statt einer Pistole als *fait accompli* auf die Brust gesetzt.

›Jetzt ist es endgültig aus‹, sagte ich zu mir selbst.

Margo und ich besprachen uns unter vier Augen. Sie war, was die ›Einlage‹ anging, vollkommen meiner Meinung. Darüber hinaus erklärte sie, der inzwischen keineswegs mehr mysteriöse Mr. Singer und der arme Eddie hätten von ihr einen geharnischten Protest zu erwarten, der ihrem Beinamen ›der texanische Tornado‹ alle Ehre machen würde.

Wie meistens in solchen Fällen kam es zu einem Kompromiß. Ich sagte, sie sollten ihre Sauf-Szene haben, aber schreiben würde *ich* sie und kein anderer.

Dieses tat ich, und die Szene ist nach wie vor in dem Stück enthalten, ohne es entscheidend zu beeinträchtigen, wie ich ehrlich glaube.

Einen oder zwei Tage später kamen die Schauspieler, die in *Winged Victory* auftraten, um sich eine Voraufführung unseres Stückes anzusehen, und nun wurde uns allen klar, was Laurette im Schilde geführt hatte. Die Dame beherrschte ihren Text glänzend, und damit nicht genug – sie improvisierte ganze Sätze dazu, die man ihr wieder wegnehmen mußte, weil sie einfach zu sehr Laurette waren. Sie war eine wahrhaft große schauspielerische Persönlichkeit, wie es sie kaum noch gibt. Maureen Stapleton ist ihr fast ebenbürtig, und Anna Magnani *war* es. In Europa gab es eine ganz hervorragende Aufführung von *Süßer Vogel Jugend* mit Edwige Feuillère, der großen französischen Schauspielerin, die sich ihre Sporen in der Comédie Française verdient hat; sie war sogar noch besser als Geraldine Page.

Die Feuillère, Anna Magnani und Laurette Taylor sind drei der großen Darstellerinnen meiner Stücke. Bei den Männern sticht Marlon Brando hervor. Ich glaube fast, daß er der größte lebende Schauspieler ist; ich halte ihn für besser als Oliver. In den Film *Der letzte Tango in Paris* bin ich nur widerstrebend hineingegangen, weil ich gehört hatte, der Film sei pornographisch. Er war es nicht, und ich meine, daß ich Brando noch nie besser gesehen habe. Auch Paul Newman ist hervorragend. Er erarbeitet sich seine Rollen nur langsam, doch wenn er sie endlich ›hat‹, ist er wunderbar.

Offenbar habe ich mich in der ›Sache‹ bis jetzt hauptsächlich mit den Wechselfällen meiner mageren grünen Jahre als Schriftsteller befaßt. Ich hoffe, damit nicht den Eindruck erweckt zu haben, als sei es charakteristisch für mich, so viele erfreulichere Dinge zu übergehen. Ich bin nicht wirklich ein Misanthrop oder Sauertopf, sondern eigentlich eher ein Clown, ein fast zwanghafter Komödiant in meinem Verhalten Menschen gegenüber. Es mag sich da zuweilen um schwarzen Humor handeln, aber es ist immer noch Humor. Diese Tatsache ist in den letzten zwölf Jahren von verschiedenen Interviewern weidlich ausgeschlachtet worden (ich bin nicht ganz sicher, ob zu meinem Vor- oder Nachteil). Vielleicht hätte ich das Wort ›ausgeschlachtet‹ nicht für *alle* Interviews benutzen sollen – es gab auch andere. Ich nehme an, es war schon immer so, daß ich bei Interviews rein instinktiv aufs Blech schlage und das *enfant terrible* spiele, um ›guten Stoff‹ zu liefern. Der Grund? Ich nehme an, das Bedürfnis, die Welt davon zu überzeugen, daß ich tatsächlich noch existiere, und aus dieser Tatsache einen Gegenstand des öffentlichen Interesses und allgemeinen Schmunzelns zu machen.

Ich lernte einmal in Harvard einen würdigen Professor kennen, der mit Familiennamen Lanier hieß. Als ich erwähnte, daß auch ich ein Nachfahr der ersten Laniers in den Staaten sei, von denen vermutlich alle späteren Laniers abstammten, maß er mich mit steinkaltem Blick und erteilte mir folgende gelungene Abfuhr: »Die Verzweigung der Familie Lanier ist wunderbar und schrecklich.«

Ich habe nichts dagegen, eine Abfuhr einzustecken, wenn sie so geistreich formuliert ist.

Ich hatte die *Glasmenagerie* im Wohnheim der juristischen Fakultät von Harvard beendet, genauer gesagt in den Räumen eines ein wenig verwilderten jungen Mannes, dem ich im Sommer 1944 in Provincetown begegnet war. Es war einer der Ur-Beatniks – will sagen: er war ein Beatnik, bevor es die Beatniks überhaupt gab –, ein schöner hoch aufgeschossener Junge mit dunklem Haar, hellen Augen und einem Sprachfehler: er stotterte. Er tauchte in Provincetown auf, und es hieß, er sei ›normal‹. Immerhin lotste ich ihn eines Abends in meine Hütte und – na ja, er überschlug sich nicht gerade vor Begeisterung, doch es erwies sich, daß er anschmiegsam und verspielt war wie ein junger Hund. Es ging auf den Herbst zu; die endgültige Fassung von *Glasmenagerie* war noch nicht fertig und ich noch nicht ganz soweit, damit nach Manhattan zurückzukehren. Dieser Junge, Bill, hatte in Harvard eine Reihe von Freunden, die alle irgendwie ausgeflippt waren, der eine mehr, der andere weniger. Einer von ihnen hatte wenige Tage zuvor versucht, sich die Pulsadern zu öffnen – ich weiß noch, wie dieser Anschlag auf sein eigenes Leben ihm innerhalb seiner Gruppe zu einer Art Prominenz verhalf und wie er, nachdem der Verband von seinen Handgelenken entfernt worden war, mit einem gewissen verhaltenen Stolz die Narben vorzeigte.

Bill war ein Voyeur, ein ›Lochgucker‹ oder ›Ritzenkieker‹ – das war seine ›Tour‹, oder Sexualpraktik, wenn Ihnen das besser gefällt –, jedenfalls zu der Zeit, von der ich spreche. Er hatte einen Stadtplan von Cambridge mit vielen Kreuzchen versehen, die die Häuser markierten, bei denen die Beschaffenheit der Jalousien eine aufregende Nachtvorstellung versprach. Genau um Mitternacht machte er sich, nach seiner sorgfältig ausgearbeiteten Route, auf den Weg und kam etwa um zwei Uhr morgens wohlig ermattet zurück – hin und wieder mit begeisterten Berichten von Intimitäten, deren Zeuge er, dank jener lustspendenden Fenster, geworden war.

Ich glaube, es war ein oder zwei Jahre später, daß Bill mich in verschiedenen New Yorker Hotelsuiten besuchte, bevor ich mit Frankie Merlo zusammen ein Apartment in Manhattan bewohnte. Er war inzwischen gänzlich ausgeflippt und immer betrunken, doch er war ein *guter* Trinker – ich meine damit, daß er in seiner Betrunkenheit von Witz und sprühender Laune geradezu überschäumte –, und er war gut im Bett.

Er kam auf schreckliche Weise zu Tode – er lehnte sich eines Tages in der New Yorker U-Bahn, sehr betrunken und sehr realitätsfern, weit aus einem Wagen hinaus und rief Bekannten auf dem Bahnsteig ›Auf Wiedersehen‹ zu, als der Zug davonschoß.

Ein Eisenträger schlug ihm den Kopf ab.

Nach der Premiere von *Glasmenagerie* am Broadway verbeugten die Darsteller sich unzählige Male, und schließlich wollten sie auch mich auf der Bühne haben. Ich saß in der vierten Reihe, und jemand streckte mir seine Hand entgegen, und ich kletterte hinauf. Ich war verlegen und ein wenig peinlich berührt; ich wüßte nicht, daß ich ein besonderes Triumphgefühl empfunden hätte. Ich glaube, Schreiben gleicht der immerwährenden Verfolgung eines äußerst scheuen Wildes, das man nie wirklich zu fassen bekommt.

In dem Essay, der einer der Ausgaben der *Katze auf dem heißen Blechdach* beigefügt ist, spreche ich sehr offen darüber, was ich mit meiner Arbeit erreichen will, was ich überhaupt eigentlich will. Mein Ziel ist, auf irgendeine Weise das sich einem immer wieder entziehende ›Eigentliche‹ des Daseins in den Griff zu kriegen. Wenn mir das gelingt, dann habe ich etwas geleistet, doch ich fürchte, es ist mir nur verhältnismäßig selten gelungen, gemessen an den vielen mißglückten Versuchen. Ich habe nicht das Empfinden, ein Künstler zu sein, der ›sich vollendet‹ hat. Und als ich die *Glasmenagerie* schrieb, wußte ich nicht, daß ich dieses eine Mal mein Ziel erreicht hatte, aber ich stimme mit Brooks Atkinson überein, daß die Erzählertexte dem Stück nicht adäquat sind. Dieses Gefühl hatte ich bereits, als ich sie schrieb. Gottlob wurde in der Fernsehfassung der *Glasmenagerie* 1973 ein Teil dieser Texte gestrichen. Es waren zu viele. Und das Stück trägt sich selbst, auch ohne daß der Erzähler sich so oft einschaltet.

Vielleicht bin ich eine Maschine, eine Schreib-Maschine. Ein zwanghafter Maschinenschreiber und ein zwanghafter Stückeschreiber. Doch das ist mein Leben, und was in diesen Erinnerungen enthalten ist, berührt das, was mein wirkliches Leben ausmacht, zumeist nur am Rande: meine Arbeit.

Mutter kam zur Premiere von *Glasmenagerie* Ende Dezember 1944 nach Chicago. Ich weiß nicht mehr genau, wie sie eigentlich auf das Stück reagierte, doch ich nehme an positiv, da Mutter an meinem sich nun endlich abzeichnenden Erfolg großen Anteil nahm. Was ich noch weiß, ist, daß sie nach der Vorstellung hinter die Bühne kam, um Laurette zu ihrem Erfolg zu beglückwünschen.

»Nun, Mrs. Williams«, sagte Laurette, wobei sie in ihren Schminkspiegel sah und einen prüfenden Blick auf Edwina Williams warf, »wie haben Sie sich gefallen?«

»Wie *ich* mir gefallen habe?« fragte Mutter in aller Unschuld.

Laurette war der anständigste, liebenswerteste Mensch, der mir je am Theater, für gewöhnlich der Tummelplatz von Dschungelbestien, begegnet ist, doch als Irin konnte selbst sie die Gelegenheit, eine Boshaftigkeit loszuwerden, nicht ungenutzt vorübergehen lassen.

»Sie haben doch meine Ponys gesehen? Ich muß in dieser Rolle eine solche Frisur tragen, weil ich eine Närrin spiele. Aber ich habe eine hohe, kluge Stirn.«

Auch das kriegte Miss Edwina nicht mit. Es glitt, ohne das leiseste Anzeichen von Gekränktheit, an ihr ab. Vermutlich war sie wie geblendet von Laurettes fast übernatürlicher Ausstrahlung auf der Bühne.

Ich werde in diesem Buch wahrscheinlich noch eine ganze Menge über Miss Edwina schreiben, doch im Augenblick will ich nur so viel sagen, daß sie eine Dame war und immer noch, nunmehr neunundachtzig oder neunzig Jahre alt, eine Dame ist. Meine sehr liebe Freundin Marion Vaccaro sagte einmal von meiner Schwester: »Miss Rose ist eine Dame, aber deine Mutter sieht sie nicht richtig.« Ich habe nie so recht verstanden, was sie eigentlich damit sagen wollte. Vielleicht hat sie gespürt, daß Miss Edwina Rose gegenüber nicht ganz so einsichtig gewesen war, wie sie es hätte sein können, doch ich glaube genau zu wissen, daß sie nur das tat, was sie für richtig hielt, und sich selbst auch immer gebührend Rechenschaft darüber ablegte, obwohl sie sich zuweilen zu Dingen hinreißen ließ, die sich um ein Haar verhängnisvoll ausgewirkt hätten.

Nach der Premiere von *Glasmenagerie* wußte niemand so recht, was er mit diesem Stück anfangen sollte, obwohl Laurettes unglaublich brillante Leistung das Publikum ganz offenbar mitgerissen hatte; es war den Leuten etwas Neues, noch nicht Dagewesenes geboten worden. Doch Leute sind Leute, und die meisten von ihnen gingen wahrscheinlich nach der Vorstellung nach Hause und fanden sicher an ihren üblichen Unterhaltungen mindestens ebensoviel Vergnügen. Es kostete jene holde Dame, Claudia Cassidy, die Theaterkritikerin der Chicagoer *Tribune*, eine Menge Zeit, den Lesern das Stück schmackhaft, ihnen begreiflich zu machen, daß es etwas Besonderes sei.

Sie schrieb, Laurette sei der Duse ebenbürtig.

Doch mit den Wochen wurde die *Glasmenagerie* zu einem frappierenden Erfolg, den ich zum großen Teil Laurette zuschreibe. Sie war, wie nun schon oft gesagt, eine Schauspielerin mit ganz großer ›Allüre‹, ich betrachte sie nach wie vor als die größte Künstlerin ihres Fachs, die ich gekannt habe. Anläßlich ihres Todes schrieb ich einen Nachruf für sie, in dem ich sagte, es sei ein unermeßlicher Verlust für uns alle, daß Laurettes Interpretationen ihrer verschiedenen Rollen nicht im Film festgehalten wurden. Das gleiche gilt für die Duse und Sarah Bernhardt, zu denen Laurette ihrem Rang nach gehörte.

Ich schrieb ferner, daß es zuweilen in unserem Leben so etwas wie Fingerzeige gibt, die auf etwas hindeuten, das außerhalb des Fleisches und seiner Sterblichkeit liegt. Ich nehme an, daß religiöse Menschen Eingebungen dieser Art haben, doch habe ich ähnliches ebenso deutlich öfters in der Arbeit von Künstlern gespürt und am deutlichsten bei Laurette. Es war ein Glanz um ihre Kunst, den ich nur den unsterblichsten Versen der Poesie vergleichen kann. Dieser Glanz vermittelte mir eine schockartige Erkenntnis . . . als leuchte in der uns umgebenden Düsternis für einen Augenblick ein Licht auf, ein Licht aus jenseitigen, reineren Sphären.

Ich fühlte mich unter Schauspielern immer gehemmt und verschüchtert, was eine fast unüberwindliche Schranke zwischen uns errichtete. Im Fall Laurette Taylor kann ich nicht sagen, daß ich meine ursprüngliche Schüchternheit und meine ›heilige Scheu‹ je wirklich überwunden hätte, doch Laurette wollte eine solche Hürde zwischen uns einfach nicht akzeptieren. Ihre große Herzenswärme ließ meine Verkrampfung schmelzen, und wir wurden Freunde. Ich fürchte, es ist eine der ganz wenigen wirklichen Freundschaften, die mich in meinem Leben mit Schauspielern verbunden hat. Nachdem sie gestorben war, sagte ich, daß es für das Leben eines Bühnenautors Lohn genug sei, eine einzige gute Rolle für eine große Schauspielerin geschaffen zu haben. Daß mir die Rolle der Amanda Wingfield für Laurette Taylor glückte, ist Lohn genug für alle vorhergegangenen Mühen und manche andere, die darauf folgten. (Nicht, daß ich mich nun für immer damit begnügen wollte!)

Kaum hatten die Proben zur *Glasmenagerie* begonnen, als ich mich in ein neues Stück stürzte. Der Arbeitstitel: *Blanche's Chair in the Moon.* Doch in jenem Winter 1944–45 in Chicago brachte ich nur eine einzige Szene zustande, in der Blanche, in irgendeiner kochendheißen Stadt des amerikanischen Südens, allein und einsam, von Mondlicht übergossen in einem Sessel am Fenster sitzt und auf einen Galan wartet, der nicht aufkreuzt. Ich unterbrach diese Arbeit, weil eine unerklärliche Depression und Erschöpfung mich überkam, und man weiß, wie sehr ein solcher Zustand einen daran hindert, produktiv zu sein. Ich entschloß mich, keinen schwarzen Kaffee mehr zu trinken und einige Monate nichts zu tun – was ich auch tatsächlich durchführte. Ich hatte in jenen längstvergangenen Tagen einen starken Willen. Und doch war es eine glückliche Zeit dort in Chicago.

Der inzwischen verstorbene Tony Ross (der in *Glasmenagerie* den Ansager spielte) und ich hatten eine Menge Spaß zusammen. Laurette mochte uns beide sehr gern und nannte uns den großen und den kleinen Saufaus. Tony und ich gingen in Chicago fast jeden Abend, nachdem der Vorhang gefallen war, zusammen aus. Wir gingen ›auf Tour‹, das heißt, wir machten Jagd auf junge Männer. Ich entwickelte mehr Glück als er, da Tony sich dabei vollaufen ließ, und Betrunkene haben weder in Chicago noch sonstwo Glück bei dieser Tätigkeit. Er war zwar in diesem Zustand gut zu leiden, aber irgend etwas in Tony war zerbrochen, und die hervorragende schauspielerische Präsenz, die er allabendlich bot, stellte für einen Menschen, der soviel innere Qual mit sich herumtrug, eine außergewöhnliche Leistung dar.

Etwa um diese Zeit begann ich, mich nach einer dauerhafteren Verbindung – ich meine, zumindest von relativer Dauer – mit einem jungen Mann umzusehen. Ich setzte meine Hoffnung zunächst auf einen jungen Iren, der zu dem Tournee-Ensemble gehörte, das gerade in Chicago mit *Winged Victory* gastierte – übrigens in demselben Gebäude, in dem *Glasmenagerie* lief. Ich nenne seinen Namen hier natürlich nicht, doch er sah bemerkenswert gut aus und erwies sich – von seiner Eignung zum Schauspieler einmal abgesehen – als bemerkenswert begabt. Ich wohnte in Chicago im Hotel ›Sherman‹, und der junge Ire verbrachte die Nächte mit mir in meinem Zimmer, und die Nachtigall schluchzte dazu. Eines Morgens gingen wir zusammen bei Tony vorbei, der wieder einmal einen gewaltigen Rausch gehabt hatte und völlig verkatert war. Dieser Besuch war ein Fehler, denn Tony, so gern er mich hatte, war offenbar überwältigt vom Anblick meines Begleiters. Seine Hände zitterten zwar immer, und er schwitzte auch immer ausgiebig, doch an diesem Morgen, nachdem er meiner neuen Eroberung ansichtig geworden war, gelang es ihm nur mühsam, Haltung zu bewahren.

Dann verließ *Winged Victory* die Stadt und damit auch der Ire, und ich tat mich mit einem Studenten der Uni von Illinois zusammen, einem großen Blonden, der mit mir im YMCA von Chicago schwimmen ging und die Nächte mit mir in meinem Zimmer im ›Sherman‹ verbrachte, und die Nachtigallen schlugen und schluchzten immer noch.

Es tut mir leid, daß ich in dieser ›Sache‹ meinen amourösen Umtrieben so viel Platz einräumen muß, doch ich war ein Spätzünder, und als es dann über mich kam, gab es kein Halten mehr.

Irgendwann gegen Ende des vergangenen Winters rief Barbara Baxley – eine gute Freundin und brillante Schauspielerin, die sich in zweien meiner Stücke bestens bewährt hatte – mich an, um mir mitzuteilen, daß der Dramatiker William Inge, mit dem sie vor Jahren durch ›zarte Bande‹ verknüpft gewesen war und dem sie nach wie vor näher stand als irgendein anderer Mensch außerhalb seiner Familie, in einer verzweifelten Lage sei.

Sie war genauso zärtlich besorgt um ihn wie eh und je.

»Er geht kaputt«, sagte sie mit ihrer unverwechselbaren Stimme. »Er steht Tag und Nacht unter Sedativa, verläßt das Bett nur, um zu trinken, und dann schluckt er wieder was von diesem Zeug und geht zurück ins Bett.«

»O Gott, das läuft womöglich auf Selbstmord hinaus . . . da muß etwas geschehen.«

»Aber was? Er geht ja freiwillig immer wieder in die Anstalt, aber nach zwei Tagen ist er wieder da.«

»Ist seine Schwester nicht bei ihm?«

»Doch, Helen kümmert sich um ihn, aber sie ist ganz verzweifelt.«

»Sag ihr, *sie* soll ihn einliefern, damit er so lange nicht wieder raus kann, bis er die momentane Krise überwunden hat.«

»Ruf du sie an, Tenn.«

»Ich kenne sie doch gar nicht, Barbara.«

»Sag ihr am Telefon, wer du bist, und sag ihr, was du mir eben gesagt hast – bevor es zu spät ist. Ich habe es selbst schon versucht, doch sie ist wie gelähmt vor Angst.«

Barbara gab mir die Telefonnummer in Kalifornien. Bevor ich mich dort meldete, rief ich Maureen Stapleton an, um zu hören, wie sie über ein Gespräch mit Bills Schwester dachte.

Maureen war ebenfalls sehr beunruhigt; da sie selbst soundso viele Nervenkrisen hinter sich hatte, konnte sie sich in Bills Lage und in die seiner Schwester nur allzu gut hineinversetzen.

Ich rief also in Hollywood an, Bills Schwester, Mrs. Helen Connell, war am Apparat. Ich nannte meinen Namen, und sie senkte die Stimme zu einem Flüstern und sagte, sie wisse bei Anrufen nie, ob Bill zuhöre oder nicht. Sie berichtete mir weitere Einzelheiten des Desasters. Es wäre nun so weit, daß er immer wieder hinfalle. Vor einigen Tagen sei er abends im Bad gestürzt und hätte tiefe Platzwunden am Kopf davongetragen, und sie hätte ihm ins Bett helfen müssen. Unter seiner Matratze hätte er die stärksten Sedativa versteckt und schlucke jede Nacht sieben davon, und sie bestätigte Barbaras Worte, daß er nur noch aufstünde, um sich einen Drink zu mixen und daß er immer wieder freiwillig in ein Sanatorium ginge, aber nach spätestens zwei Tagen wieder zu Hause sei.

Da ich, durch unsere lange Bekanntschaft, eine ganze Menge über Bill wußte, war mir klar, daß er zu den Alkoholikern gehörte, die keinen einzigen Drink vertragen. Er hatte sich ernsthaft und mit Erfolg darum bemüht, keinen Tropfen Alkohol mehr anzurühren, war Mitglied der *Anonymen Alkoholiker* und litt an extremer Klaustrophobie, was seine Unfähigkeit erklärte, die Abgeschlossenheit einer Heilanstalt länger als zwei Tage zu ertragen.

Ich riet Mrs. Connell, sie solle Bill, als seine nächste Verwandte, in eine renommierte psychiatrische Klinik, wie zum Beispiel Menninger's in seinem Heimatstaat Kansas, einliefern und dafür sorgen, daß er ein hübsches, geräumiges Zimmer bekomme und so lange dort bleibe, bis er sich gründlich erholt habe.

Plötzlich sagte sie, sie müsse jetzt ganz rasch aufhören, und flüsterte, daß sie Bill im Hause umhergehen höre; er sei, was Anrufe betreffe, krankhaft mißtrauisch. Dann versicherte sie mir noch hastig, daß sie meinen Rat befolgen wolle, und hängte ein.

Ich steckte mitten in den Proben zu meinem schwierigsten Stück, rief daher nicht noch einmal in Hollywood an und hörte auch nichts mehr von Bills Schwester.

Vor zwei Tagen schlug ich die in Rom erscheinende Zeitung *Daily American* auf, und mein Auge fiel auf ein Foto von Bills zerquältem Gesicht. Aus der Überschrift ging hervor, daß er sich das Leben genommen hatte.

Bill Inge lernte ich im Dezember 1944 kennen, als ich für kurze Zeit nach St. Louis heimkehrte. Er schrieb damals für die (inzwischen eingegangene) *Star-Times* Theaterkritiken und Interviews und, wenn ich nicht irre, auch Musikbesprechungen.

Das war zur Zeit des Sensationserfolges von *Glasmenagerie* in Chicago, und Bill kam in unseren Vorort hinausgefahren, zu uns nach Hause, um mich zu interviewen. Es war mir fast peinlich, wie beeindruckt er sich von meiner steilen Karriere als Dramatiker zeigte. In St. Louis war ich bereits damals immer ziemlich allein; meine Freunde hatten sich in alle Winde zerstreut. Als ich das Bill gegenüber erwähnte, lud er mich in sein Apartment in der Nähe des Flusses ein. Wir feierten ein rauschendes Fest mit seinen Freunden. Später gingen wir öfters zusammen in die Symphoniekonzerte der St. Louis-Philharmoniker. Durch ihn wurde mir das Nachhausekommen zu einem besonderen Vergnügen.

Als ich nach Chicago zurückgekehrt war, zurück zu meiner *en suite* laufenden *Glasmenagerie*, kam Bill für einige Tage auch hin, um sich die Aufführung anzusehen und in seinem Blatt darüber zu berichten, und ich glaube, er war ehrlich überwältigt, sowohl vom Stück als auch von der großartigen Leistung Laurettes, für die diese Rolle, in der sie so gut war wie nie zuvor, die letzte sein sollte.

Ein oder zwei Jahre später war ich wieder in St. Louis, und wir trafen uns erneut. Er hatte seinen Beruf als Journalist aufgegeben und war nun Lektor für Anglistik an der ganz in der Nähe von uns gelegenen Washington-Universität und wohnte in einem neoviktorianischen Holzhaus, das ihn wohl an sein heimatliches Kansas erinnerte. Dort sprach er eines Abends, schüchtern und ein wenig verlegen, von einem Stück, das er geschrieben habe, mit dem Titel: *Komm wieder, kleine Sheba.* Er las es mir mit seiner so wunderbar ruhigen und ausdrucksvollen Stimme vor; das Stück ergriff mich zutiefst. Ich schickte umgehend ein Telegramm an Audrey Wood und drängte Bill, ihr das Manuskript zu schicken.

Sie war ebenso beeindruckt wie ich, und Bill wurde sehr bald darauf ihr Klient.

Während der Proben zu seinem Stück – die Protagonisten waren Shirley Booth und der verstorbene Sidney Blackmer – erlitt Bill seinen ersten Nervenzusammenbruch. Er hatte die seelische Anspannung nicht verkraftet und hatte versucht, ihrer durch überreichlichen Alkoholgenuß Herr zu werden. Der legendäre Paul Bigelow nahm sich seiner an und brachte ihn in einem Sanatorium unter, und soviel ich weiß, war Bill nicht einmal bei der Premiere seines eigenen Stückes anwesend.

Bill und das, was er schrieb, war, im besten Sinne des Wortes, von Menschenliebe durchdrungen. In jedem seiner Theaterstücke gab es eine düstere Szene, und diese war immer die stärkste und eindringlichste des ganzen Stückes, doch er liebte die von ihm ins Leben gerufenen Personen. In ihren Dialogen bewies er sein untrügliches Ohr für ihre schlichte Redeweise, er nahm, mit der mitfühlenden Besorgtheit eines Vaters für sein leidendes Kind, Anteil an ihren inneren Schwierigkeiten, und gewöhnlich ging es dann auch gut mit ihnen aus.

Bill war mir als Mensch ein Rätsel und ist es auch geblieben. Seit er in New York lebte, aber vermutlich schon lange davor, bereitete es ihm Schwierigkeiten, sich Menschen zu öffnen, besonders auf Partys und ähnlichen Zusammenkünften. Er neigte zu wortkarger Niedergeschlagenheit; sein Gesicht war vorzeitig von verborgenem Leid gezeichnet. Er blieb selten länger als eine halbe Stunde auf einer Party. Dann sagte er ruhig: »Ich glaube, es ist besser, wenn ich jetzt gehe.«

Weil andere tranken und er nicht mithalten konnte? Oder weil er, verletzlich und menschenscheu, im Innersten so abgrundtief einsam war – abgesehen von seiner Beziehung zu einigen wenigen, wie Barbara Baxley, Elia Kazan und Miss Wood –, trotz mehrjähriger psychoanalytischer Behandlung und seines wohlverdienten Erfolges und des daraus resultierenden Ruhms?

Seine scheue Zurückhaltung fiel einem nie auf die Nerven; er besaß wahre, natürliche Würde und einen unfehlbaren Geschmack, was man gemeinhin nicht mit dem Begriff ›Mittelamerika‹ verbindet; in seiner Wohnung am East River hingen wunderschöne Bilder von ›namhaften‹ Malern, die jedoch durchaus seinem eigenen künstlerischen Geschmack entsprachen.

In den Interviews, die er gab, war kein Hauch von Vulgarität zu spüren. Vielleicht klangen sie ein wenig unpersönlich, doch waren sie stets bescheiden und von beeindruckender Nachdenklichkeit.

In Chicago lief *Glasmenagerie* bis Mitte März, und bevor die Aufführung nach New York ging, hatten viele Theater-Fans bereits in Chicago Station gemacht, um Laurette in dem Stück zu sehen. Damit ging der Aufführung, schon bevor sie nach New York kam, ein legendärer Ruf voraus.

Im Grunde stand es außer Frage, daß das Stück gut besprochen werden würde, außer von meiner ›Nemesis‹, dem Kritiker George Jean Nathan, der dann auch schrieb, daß, abgesehen von Laurette, ›nicht viel dran‹ sei, und ich bin nicht einmal sicher, daß das, was er über Laurette sagte, ernst gemeint war, denn er schickte ihr zur New Yorker Premiere eine Flasche Schnaps.

Laurette mag getrunken haben oder nicht – ich habe mich nie darum gekümmert. Jedenfalls schrieb sie Nathan: »Ich danke für den Vertrauensbeweis.«

Gottlob war sie in jenem Frühjahr glücklich und zufrieden und wußte offensichtlich nicht, daß der Tod vor der Tür stand.

»Ich schwebe in den Wolken«, sagte sie in einem Interview.

Sie blieb der *Glasmenagerie* anderthalb Jahre treu und opferte dabei viel von ihrer persönlichen Bequemlichkeit, von ihrer Gesundheit ganz zu schweigen. Die heroische Ausdauer, mit der sie diese Rolle so lange spielte, finde ich ebenso großartig wie ihre Kunst. Dann starb sie, im Dezember 1946.

Ich hatte zu der Zeit eine Wohnung in der St. Peter Street in New Orleans, im zweiten Stockwerk eines Hauses, das Dick Orme gehörte. Als ich eines Morgens bei der Arbeit saß, rief er durch den Luftschacht hinauf: »Tennessee, eben haben sie im Radio gesagt, daß Laurette Taylor gestorben ist.«

Ich konnte nichts erwidern.

Kurz darauf tönte es laut durch den Schacht: »Ich wußte, daß du *enttäuscht* sein würdest.«

6

Nach dem Erfolg von *Glasmenagerie* überkam mich, wie schon erwähnt, eine tiefe Depression, wahrscheinlich, weil ich nie daran glaubte, daß irgend etwas auf dieser Welt Bestand hätte, von Dauer sei. Ich hatte nie gedacht, daß mir der Erfolg treu bleiben würde, sondern fest damit gerechnet, daß ihm der Absturz auf dem Fuße folgen würde. Auch hatte der ›Aufstieg‹ mich so viel Kraft gekostet, daß ich, als ich es schließlich ›geschafft‹ hatte und mein Stück das ›Ereignis der Saison‹ war, kaum Genugtuung empfand.

Ich erinnere mich an einen Abend in meinem Zimmer im ›Algonquin‹ mit Audrey Wood, Bill Liebling und Mutter. Ich war so erschöpft, daß ich mich auf dem Sofa ausstreckte. Plötzlich wurde mir übel, und ich stürzte ins Badezimmer und erbrach mich.

Mutter sagte: »Tom, du mußt mal ausspannen. Komm für eine Weile nach Hause.«

Doch ›nach Hause‹ zog es mich nicht. Ich beschloß, nach Mexiko zu gehen, wo ich mich in jenem Sommer 1940 so ausnehmend wohl gefühlt hatte. Ich fuhr über Dallas, wo meine liebe Freundin Margo Jones, die nun auch schon tot ist, in ihrem *arena theatre* – ein Theater mit einer von Sitzreihen umgebenen Zentralbühne – eine frühe Fassung meines Stückes *Sommer und Rauch* zur Aufführung brachte. Ich fand die Inszenierung ganz gräßlich, hatte jedoch Margo so gern, daß ich tat, als hätte es mir gefallen. Bald danach setzte ich mich in den Zug nach Mexico City, fuhr durch die damals so wunderschöne Sierra Madre und mietete mich, an meinem Ziel angekommen, in einer Dependance des Luxushotels ›Reforma‹ ein.

Zunächst war ich sehr allein. Doch dann lernte ich Leonard Bernstein kennen, der sich mir gegenüber sehr liebenswürdig zeigte, und kurz darauf einen reichen Mann, der jeden Samstagabend in seiner Wohnung eine ›Herren-Party‹ veranstaltete. Nun war ich nicht mehr einsam. Auf diesen Partys wurde eifrig getanzt, und ich lernte es, mich führen zu lassen. Die Mexikaner hatten bekanntlich schon immer diesen *macho*-Komplex, einen gewissen

Männlichkeitswahn, und da ich dazu auch noch recht klein von Wuchs bin, machte es sich besser, wenn ich mich von anderen jungen Männern führen ließ, was nach kurzer Zeit kein Problem mehr für mich war. Es war eine schöne Zeit, doch da ich nie ›polygam‹ gewesen bin, wenn es sich vermeiden ließ, freute es mich, einen jungen Studenten kennenzulernen, einen Mischling mit Indianerblut in den Adern und außergewöhnlich wohlgebildet an Körper und Geist. Ich ging auf der Straße so vor mich hin, als ich längere Zeit Schritte dicht hinter mir hörte, bis ich mich schließlich umsah und einen sehr reizvollen dunklen Typ erblickte. Eine lange Reihe von Steinbänken säumte den ›Paseo de la Reforma‹, also ließ ich mich auf einer dieser Bänke nieder; der junge Mann blieb stehen und setzte sich dann neben mich. Ich konnte kein Spanisch und er nur wenig Englisch, doch wir verbrachten die Nacht zusammen in meinem Zimmer in der erwähnten Dependance des ›Reforma‹, einem kleinen Hotel mit dem Namen ›Lincoln‹, in dem man nichts dagegen hatte, wenn ein Gast jemanden mitbrachte.

Die Höhenlage von Mexico City versetzte mich in eine Art fiebriger Betriebsamkeit, und ich schrieb eine ganze Menge, unter anderem die Erzählung *Einarm* und vielleicht noch dies und jenes über Blanche, und ich war mit meinem Studenten sehr glücklich. Ich hatte schon immer etwas gegen behaarte Körper, und er, als halber Indianer, war unbehaart und samthäutig. Wenn ich nicht so ruhelos gewesen wäre – wer weiß?

Doch in der Jugend löst zumeist eine Liebe die andere ab, auch wenn man sich im Grunde nach der Wohltat einer festen Bindung sehnt.

Eines schönen Tages nahm ich den Bus nach Cuernavaca und stieg in einem großen Hotel mit Swimming-pool ab, doch nach dem Schwimmen, als ich durch die Straßen schlenderte, überkam mich eine so sonderbar intensive Abneigung gegen diese Stadt, daß ich in mein Hotel zurückkehrte und mich nach dem nächsten Bus nach Mexico City erkundigte. Als ich erfuhr, daß er erst am nächsten Morgen fällig sei, leistete ich mir die erste große Extravaganz meines Lebens: ich mietete für die Rückfahrt ein Taxi. Ich weiß noch, wie wunderbar kühl die von Tannenduft erfüllte Luft war, die durch das offene Fenster des Wagens drang, wie schnell wir fuhren und wie ich mich nach meinem ›Indianer‹ und den Samstagabend-Tanzereien zurücksehnte.

Ich halte Mexiko immer noch für das schönste Land, das ich je gesehen habe, und ich habe ziemlich viel von der Welt gesehen.

Eine kleine Anekdote ohne tiefere Bedeutung:

Eines Tages wurden Leonard Bernstein und ich von zwei effeminierten, verwöhnten amerikanischen *queens* zum Lunch eingeladen. Bernstein sprang sehr streng mit ihnen um, und es war mir äußerst unangenehm, wie aggressiv er sich ihnen gegenüber verhielt.

»Wenn die Revolution erst da ist«, erklärte er, »werden solche wie ihr an die Wand gestellt und erschossen.«

Bernstein ist inzwischen vorgeworfen worden, er sei ein ›Salonradikaler‹, doch wenn ich an den erwähnten Lunch zurückdenke, frage ich mich, ob er nicht ein ebenso aufrichtiger Revolutionär ist, wie ich es bin, mit dem Unterschied, daß ich kein Interesse daran habe, scheißelegante Tunten oder sonst wen zu erschießen – was ich mir wünsche, ist eine neue Gesellschaftsordnung. Ich denke dabei nicht etwa an den Kommunismus, sondern an eine Art aufgeklärten Sozialismus.

Nach diesem Sommer in Mexiko kehrte ich nach New York zurück, wo in Kürze die Proben zu einer Gemeinschaftsarbeit von Donald Windham und mir beginnen sollten. Es handelt sich um ein Stück mit dem Titel *You Touched Me!*, das auf einer Kurzgeschichte gleichen Namens von einem meiner Idole, D. H. Lawrence, basierte, dessen Witwe uns vor einigen Jahren die Rechte zur Dramatisierung überlassen hatte.

Ich werde jetzt ein wenig müde und lege mich wieder ins Bett, hier in der Dumaine Street im französischen Viertel von New Orleans.

Ich arbeite gegen die Zeit, und es hat keinen Sinn, diesem Thema auszuweichen, ich meine, die Tatsache zu ignorieren, daß mir nur noch wenig Zeit bleibt.

Ich könnte nun eine sozusagen heroische Pose einnehmen, doch das wäre lediglich ein Akt der Selbstbefriedigung, von einer Art, die ich verabscheue, verwandt dem Selbstmitleid, etwas, was ich ganz besonders verabscheuungswürdig finde. Meine Haltung mir selbst gegenüber hatte, Gott sei's gedankt, nie etwas mit Mitleid zu tun. Ich trage, um mit Leona Dawson in *Sturmwarnung* zu sprechen, diesen verfluchten Stolz in mir. Wenn ein Mensch – ob es sich nun um eine liebeskranke Kosmetikerin wie Leona handelt oder nicht – Stolz im Leibe hat, läuft er keine Gefahr, sich entwürdigendem Selbstmitleid hinzugeben.

Da gerade von Entwürdigung die Rede ist: heute morgen kam wieder mal eines von diesen Fernsehteams angerückt, inklusive TV-Redakteur, und installierte sich im Patio, um mich zu interviewen. Diesesmal handelte es sich um das westdeutsche Fernsehen. Der Interviewer stammte aus Hamburg, wo ich mich während meiner rastlosen fünfziger Jahre so gern aufhielt. Die Leiterin des Teams war eine sehr hochgewachsene, ungeheuer intensive deutsche Dame, eine Brünhilde namens Ingrid. Als es anfing zu regnen, saß der Interviewer unter den schützenden Blättern eines Bananenbaums, während ich mich vom Wetter nicht davon abhalten ließ, unter freiem Himmel zu sitzen, all die nichtssagenden Fragen zu beantworten und so zu tun, als habe ich keine Ahnung, warum sie hergekommen waren. Der Grund war natürlich der, daß sie ein paar Meter über den berüchtigten amerikanischen Dramatiker – ›diesen Schwulen, Sie wissen schon‹ – in den Kasten kriegen wollten, dem sein baldiges Hinscheiden einen kurzen Augenblick der Prominenz beim Fernsehpublikum bescheren würde. Wissen Sie, wie die Leute auf so etwas reagieren? Wenn nicht, dann kann ich es Ihnen sagen: sie finden das wunderbar. Es beschleunigt ihren Kreislauf. Es bewirkt, daß sie sich unsterblich vorkommen.

Nun, das ist nur menschlich, aber ich glaube nicht, daß ich weiterhin für diese TV-Leute den Affen machen werde, es sei denn, sie würden mir künftig mit interessanteren Fragen kommen.

Erst vor einigen Wochen, als ich zu Hause in New Orleans war, schickte die *Canadian Broadcasting Company* einen Interviewer, Harry Rasky, nebst Team zu mir. Der Grund war mehr oder weniger der gleiche: dem TV-Publikum mal etwas anderes zu bieten, nämlich den berüchtigten Dramatiker, der nicht nur rauschgiftsüchtig ist, sondern auch und so weiter. Harry und ich kamen gut miteinander aus, ungeachtet der Tatsache, daß auch er den eigentlichen Zweck seiner Pilgerfahrt unerwähnt ließ. Mir war nicht viel wohler dabei zumute als heute, und es war damals genauso heiß wie jetzt, und ich mußte mit Harry durch die Straßen des französischen Viertels schlendern, während er mich interviewte, und dieses Mal war ich quatschnaß von Schweiß statt von Regen. Aber Harry erging es nicht anders. Er saß nicht unter einem schützenden Bananenbaum.

Dann war da noch, im vergangenen Frühjahr in Key West, ein Team des österreichischen Fernsehens. Sie waren wirklich alle sehr nett zu mir, und ich brauchte meinen Patio und Swimming-pool nicht zu verlassen. Viola Veidt, die perfekt deutsch sprechende Tochter des verstorbenen Conrad Veidt, war auch dabei. Sie wollten, daß ich etwas auf deutsch sage (da ich zu einem Viertel Hunne bin), aber außer ›Auf Wiedersehen‹ kann ich kaum ein Wort dieser Sprache, und so flüsterte mir Viola zu: »Sagen Sie: ›Ficken ist gesund.‹« Das tat ich, und sie amüsierten sich königlich; es war genau die Art Bemerkung, die von mir erwartet wurde. Sie sagten, der österreichische Sender würde es herausschneiden, doch wenn das westdeutsche Fernsehen das Interview übernähme, würde der Satz drinbleiben.

Gestern glaubte ich, den Interviewer aus Hamburg aus dem Konzept bringen zu können, als ich mich plötzlich über die vorbereiteten Fragen und deren Beantwortung hinwegsetzte, um über die Ungeheuerlichkeit des amerikanischen Engagements in Vietnam zu sprechen, sowie über Nixons gänzlichen Mangel an Aufrichtigkeit und moralischen Grundsätzen und über das Solidaritätsgefühl, das ich für Senator McGovern hegte.

Apropos TV-Interviews: irgendwann in den sechziger Jahren wohnte ich in einem Apartmenthaus, einem den Dakota Apartments benachbarten Hochhaus in der West Seventy-second Street in New York City. Ich war zu der Zeit drogensüchtig und zwar in hohem Maße, und als ich eines Morgens aufstand, wußte ich nicht mehr, daß ich mich, wenn auch wahrscheinlich sehr ungern, bereit erklärt hatte, mich an diesem Morgen von dem TV-Redakteur Mike Wallace in meinem Apartment interviewen zu lassen.

Ich kam in Shorts aus meinem Schlafzimmer gestolpert, aus meinem immer halbleeren Doppelbett, hinein ins grelle Licht der Scheinwerfer, die in dem großen Vorderzimmer des Apartments in der 33. Etage neben den Fernsehkameras aufgestellt waren. Das ganze Fernsehteam stand bereit, und Mike Wallace, ein alter Freund von mir, starrte mich an – in seinem Blick mischten sich Bestürzung, Kummer, Ärger und Gott weiß was noch. Dann schlug ich lang hin. Das passierte mir in den sechziger Jahren öfters. Sie hoben mich auf. Jemand legte mir einen Bademantel um die Schultern. Dann begann Mike Wallace mir Fragen zu stellen, an die ich mich nicht mehr erinnere. Ich weiß nur noch, daß ich sprachlos und benommen auf einem Stuhl saß und daß Mike sich nach etwa fünfzehn Minuten traurig an sein Team wandte und sagte: »Packt ein, das wird heute nichts.«

Die Inszenierung von *You Touched Me!*, im Frühherbst 1946 herausgebracht von Guthrie McClintic mit einem sehr guten Ensemble, war kein nennenswerter Erfolg. Zum Ensemble gehörte auch der junge Monty Clift, zu jener Zeit der vielversprechendste junge Schauspieler am Broadway. Das war einige Jahre vor dem kometenhaften Aufstieg von Brando, dessen Karriere, wie ich fürchte, nicht unschuldig an dem schrecklichen, sich über lange Zeit hinziehenden ruinösen Verfall des lieben Monty ist. Ich habe *You Touched Me!* seit 1946 weder erneut gelesen noch auf der Bühne gesehen, und soviel ich weiß, ist das Stück auch nirgendwo wiederaufgeführt worden, was mir leid tut, da es darin nicht nur einige sehr komische, sondern auch einige sehr ergreifende Szenen gibt. In der erwähnten letzten Inszenierung war der wunderbare alte Charakterschauspieler mit dem Bulldoggengesicht, Edmund Gwenn, in der Szene, in der er von seiner ›Romanze‹ mit einem weiblichen Delphin erzählt, von hinreißender Komik. Neil Fitzgerald, ein anderes Mitglied dieses Ensembles, Ire und der gleiche Jahrgang wie Edmund Gwenn, war, als Pastor in der lustigen Szene, in der er der altjüngferlichen Besitzerin der Töpferei einen Heiratsantrag macht, ebenfalls vorzüglich. Der Schlußapplaus nach der Premiere hielt sich in Grenzen. Als Windham, mein Mitarbeiter an dem Stück, und ich recht niedergeschlagen das Theater verließen, stand die kleine Audrey Wood Liebling am Bühnenausgang und flüsterte uns aus dem Mundwinkel zu: »Gemischte Presse, meine Lieben.« Es stimmte, die Presse war reichlich ›gemischt‹.

Doch damals konnte sich ein Stück selbst mit mäßigen Kritiken monatelang auf dem Spielplan behaupten, und mir scheint, daß *You Touched Me!* den ganzen Herbst hindurch lief.

Harold Vinal, Herausgeber von *Voices*, der auch einen schmalen Gedichtband von mir publiziert hatte, lebte im Jahre 1939 im Hotel ›Winslow‹ am Madison Square in einem winzigen Zimmer mit einem doppelstöckigen Bett.

Eines Tages forderte er mich auf, zu ihm zu kommen, und fragte mich dann, ob ich Lust habe, zwei ›entzückende Jungs‹ aus Georgia kennenzulernen, die in der Fifty-second Street in äußerst bedrängten Verhältnissen lebten, wie er sagte.

Bei der Aussicht, zwei ›entzückende Jungs‹ kennenzulernen, war ich sofort bereit, und wir machten uns auf den Weg zur West Fifty-second Street, zu dem großen Block, der damals unter dem Namen ›Tin Pan Alley‹ bekannt war. Der Lärm zu ebener Erde war entsetzlich; die ›Jungs‹ hatten ein spärlich möbliertes Zimmer im ersten Stock ohne Fahrstuhl.

Kaum hatte ich den einen der beiden jungen Männer, gertenschlank und mit verträumten Augen, erblickt, als ich dachte: Baby, der ist was für dich.

Wir begannen alle zu tanzen, zu den Klängen einer Band, die direkt unter dem Zimmer spielte, und kaum hatte ich ihn, das Tanzen als Vorwand benutzend, in meinen Armen, als ich ihn auch schon küßte und mich an ihn preßte.

Sein Freund setzte sich mürrisch und mit drohender Miene in eine Ecke. Ein junger Mann, irokesischer oder doch jedenfalls indianischer Abstammung, trennte uns, um mit mir weiterzutanzen. Er riet mir, meine verliebten Avancen sofort einzustellen, da ›Traumauges‹ Freund in hohem Grade eifersüchtig und dann unter Umständen gefährlich sei.

Ich wußte noch nichts von der Unbeständigkeit homosexueller Verbindungen. Als ehrbarer junger Schwuler wandte ich also meine Aufmerksamkeit unverzüglich dem Indianer zu.

Die Party nahm ein ziemlich abruptes Ende, und der Indianer erbot sich, mich nach Hause, zum YMCA, zu begleiten.

»Oh, das ist nett von Ihnen«, sagte ich, »ich bin fremd hier und finde mich schlecht zurecht.«

Ich verzichtete also darauf, mit ›Traumauge‹ zu schlafen, und wir wurden intime ›Freundinnen‹. Bald gingen wir zusammen ›auf Tour‹, meistens in der Gegend des Times Square. Eines Abends spät machten wir uns vor dem Lokal ›Cross-roads Inn‹ an zwei Matrosen heran. Der Zufall wollte es, daß mein Freund sich ein Zimmer im ›Claridge‹ genommen hatte, da der Maler, bei dem er wohnte, für diese eine Nacht einen Logiergast beherbergte.

Nun, es wurde eine erinnerungswürdige Nacht, doch nicht aus romantischen Gründen. Ich war schon leicht mißtrauisch und nicht gerade entzückt, als die Matrosen darauf bestanden, daß wir das Hotel getrennt betreten sollten. Mein Freund und ich gingen also hinauf in sein Zimmer, und die Matrosen folgten uns ein wenig später.

Der brutale Sex, der nun folgte, war keineswegs nach meinem Geschmack. Als es vorbei war, rissen die Matrosen das Telefonkabel aus der Buchse. Dann mußte ich mich an die Wand stellen, während sie meinen Freund verprügelten, wobei er einige Zähne einbüßte. Anschließend mußte *er,* von einem Springmesser bedroht, an der Wand stehen, und *ich* wurde zusammengeschlagen.

Meine Vorderzähne drangen mir durch die Unterlippe.

Die Todesangst vor so viel nackter Gewalt ließ mir schwarz vor Augen werden. Irgendwie schaffte mein Freund mich dann nach Hause, ins YMCA, ich phantasierte wie im Fieber, kurz, ich war wie von Sinnen.

Im YMCA nähte ein mitfühlender junger Arzt meine Lippe.

Das war für längere Zeit das Ende unserer abendlichen Unternehmungen dieser Art. Ich frage mich, ob der Hauptreiz dabei nicht unsere Gemeinschaft war?

Ich werde das, was ich über meine ›reine‹ Liebe zu diesem Freund gesagt habe, nie widerrufen. Warum sollte ich auch? Die Zeit ändert nichts an wahrer Freundschaft, ebensowenig wie eine Trennung.

Ich entsinne mich eines ›Wahrheitsspiels‹ in Tallulahs Villa in Coconut Grove im Jahre 1950, wo sie die Rolle der Blanche mit Feuereifer in Angriff nahm. Als während dieses Spiels die Reihe an den jetzigen Freund meines alten Freundes ›Traumauge‹ kam, von den Mitspielenden eine wahrheitsgemäße Antwort zu fordern, fragte er mich, warum ich ›Traumauge‹ hätte fallenlassen.

Ich antwortete: »Baby, wir haben beide einen Partner gefunden – er dich und ich Frankie, und die Liebe hat uns so sehr in Anspruch genommen, daß wir darüber unsere Freundschaft vernachlässigt haben.«

Im Jahre 1946, etwa um die Zeit der Premiere von *You Touched Me!* am Broadway, hatte ich das Gefühl, daß es mit meiner Gesundheit abwärtsginge, was, wie sich später herausstellte, stimmte. Dessenungeachtet verlebte ich damals eine schöne Zeit, sowohl was Geselligkeit anging als auch sexuell gesehen. Ich bewohnte eine Suite in der achtzehnten Etage des Hotels ›Shelton‹, mit Blick über den East River. Zum Hotel gehörte ein großer Swimming-pool und, im Souterrain, ein Dampfbad – ich konnte also meinem Lieblingssport – Schwimmen – frönen, dazu bot mir das Dampfbad die Möglichkeit, eine Menge reizvoller Zufallsbekanntschaften zu machen. Von Dampf wie in feuchtwarme Nebelschwaden gehüllt zu sein, war für mich ein sexuelles Stimulans. Heute fände ich das geschmacklos, doch in jenen Tagen sah ich noch recht annehmbar aus, und viele andere Besucher des Swimming-pools und des Dampfbades im ›Shelton‹ waren höchst attraktive Erscheinungen. Das Vergnügen nahm kein Ende, sowohl nachmittags wie abends. Zu der Zeit hielt ein alter Freund von mir sich in New York auf, dessen stets von Erfolg gekrönte Emsigkeit im Dampfbad geradezu phänomenal war. Fast nach jeder ›Sitzung‹ in jenem dampfenden Orkus kam er mit einem gleichgesinnten jungen Mann zu mir in meine Suite hinaufgefahren, und bald pflegte der Hausdetektiv ihm zu folgen, um festzustellen, wohin er ginge, und sich Notizen darüber zu machen.

Mit der Zeit fiel mir auf, daß die Geschäftsleitung des Hotels mir recht unfreundliche Blicke zuwarf, doch das störte mich nicht allzusehr, da ich mit Geschäftsführern und Hauswirtinnen noch nie gut ausgekommen bin, zumindest nicht in meinen ›tollen‹ Jahren.

So ging es lustig weiter, bis es irgendwann Anfang Dezember nicht mehr zu übersehen war, daß es mit meiner Gesundheit bergabging. Ich gab also meine Suite im ›Shelton‹ auf und fuhr, noch bevor der Weihnachtstrubel einsetzte, nach New Orleans, um ein ›ruhiges Leben‹ zu führen, wie der Arzt es mir geraten hatte. Ich war damals immer noch recht ›flüssig‹ und stieg im ›Pontchartrain‹ ab, einem recht feudalen Hotel am Rande des *Garden District.* Dort schrieb ich einen meiner Lieblings-Einakter mit dem Titel *Das unbefriedigende Abendessen.* Ich weiß nicht, warum dieses Stück so selten aufgeführt wird, denn es ist sehr komisch.

Doch ich war allein und einsam und begann, mich für Anzeigen von möblierten Wohnungen im französischen Viertel, wo ich bei früheren Aufenthalten in dieser Stadt gelebt hatte, zu interessieren. Ich hatte das Glück, ein entzückendes möbliertes Apartment in der Orleans Street zu finden, nicht weit hinter der St. Louis-Kathedrale. Wenn ich auf meinem wunderschönen, für New Orleans so typischen Balkon saß, fiel mein Blick auf den großen steinernen Christus in dem zu der Kathedrale gehörenden Garten. Seine weit geöffneten Augen schienen darauf zu warten, die Mühseligen und Beladenen dieser Welt an Sein Herz zu nehmen.

Bald war ich nicht mehr allein, sondern lebte mit einem Freund zusammen. (Infolge der kompromißlosen Aufrichtigkeit dieser Erinnerungen, die möglicherweise deren größter Vorzug ist, zieht eine Reihe von Freunden es vor, ihre Namen in dieser Geschichte meines Lebens nicht mit dem meinen verbunden zu sehen, ein Wunsch, den ich durchaus verstehe und respektiere. Ich könnte sie, wie die Personen in meinen Stücken ›erfinden‹ und sie auf die Weise unidentifizierbar machen, doch das würde der wichtigsten Voraussetzung dieses Buches Gewalt antun, deshalb lasse ich sie lieber ganz heraus, eine wie bedauernswerte Lücke das auch in einer Arbeit hinterläßt, die als Bühne für alle *dramatis personae* meines Lebens gedacht ist. Es mag sein, daß einige dieser Freunde sich damit zufriedengeben, daß ich gewisse Einzelheiten übergehe, die mich seinerzeit als ›Farbtupfen‹ an ihnen entzückten, andererseits jedoch ihre heutigen Empfindungen verletzen. Jedenfalls werde ich den Namen des Freundes, von dem ich jetzt spreche, nicht nennen.)

Er war vom Spätherbst 1946 mindestens ein halbes Jahr lang der Mittelpunkt meines Lebens und ist nach wie vor einer der mir am nächsten stehenden Menschen. Ich will jetzt nur so viel über ihn sagen, daß er mich in jenem halben Jahr von der Last meiner schlimmsten Heimsuchung befreite, die vielleicht das Hauptthema meines Schreibens ist: die Einsamkeit, die mir folgt wie mein Schatten – ein bleischwerer Schatten, zu schwer, um ihn alle Tage (und Nächte) hinter mir herzuziehen . . .

Zunächst führte ich für einen Bewohner von New Orleans, dieser geselligen Stadt, ein sehr zurückgezogenes Leben. Ich beschränkte meine Tätigkeiten hauptsächlich aufs Schreiben. Die erste Zeit fiel mir das schwer, da der frühere Impetus nachgelassen hatte. Mir war, als trüge ich ein zehrendes Gift in mir, und ich mußte mit meinen Kräften haushalten.

Mit der Zeit war ich recht häufig bei der sogenannten guten Gesellschaft von New Orleans zu Gast. Diese ›Elite‹ lebte damals fast ausschließlich am Ende der Canal Street, in einem Viertel, das *Garden District* genannt wird.

Eines Abends fühlte ich mich frisch genug, mich bei meinen feinen Bekannten mit einer Party in meiner kleinen Wohnung in der Orleans Street zu revanchieren. Vermutlich hatten einige der jungen ›Debütantinnen‹ noch nie zuvor eine Wohnung im Vieux Carré betreten, es sei denn eine solche in den ›Pontalba-Häusern‹ am Jackson Square, die einzigen ›anständigen‹ Wohnungen dieses Viertels, zumindest vom Standpunkt der Garden District-Mütter aus gesehen.

Besagte Party wurde eine recht kuriose Angelegenheit.

Eine der jungen Damen fragte mich, ob sie mein Schlafzimmer sehen dürfe.

»Warum nicht? Es ist sehr hübsch.«

»Er zeigt uns jetzt sein Schlafzimmer«, rief sie aus.

Die ganze Gesellschaft strömte hinein.

Mein Schlafzimmer schien ihnen zu gefallen. Wem würde es wohl nicht gefallen? Ein Schlafzimmer ist entweder der schönste oder der häßlichste Raum einer Wohnung; das meinige gehörte zur ersten Kategorie.

Dann wandte sich jemand an meinen Mitbewohner.

»Und nun zeigen Sie uns Ihr Schlafzimmer.«

»Eh . . . ich . . .«

Wahrscheinlich spürte er, daß ein Skandal in der Luft lag und hätte ihn gern vermieden, doch ich sagte völlig ungezwungen: »Wir schlafen beide in diesem Zimmer.«

Das Schweigen, das nun folgte, war keineswegs ungezwungen.

Sie verstehen – das Bett war nicht allzu breit . . .

Die jungen Damen begannen mit ihren Begleitern zu tuscheln, hielten kleine Geheimkonferenzen ab, und bald darauf dankten sie uns der Reihe nach für diesen ungewöhnlichen, wunderschönen Abend und verabschiedeten sich so hastig, als drohe ein schweres Gewitter.

Ich glaube, es war besser so. Mein Platz in der Gesellschaft war schon damals (und ist es wohl auch geblieben) bei der Boheme. Ich mache hin und wieder einen Besuch auf der anderen Seite, doch mein ›gesellschaftlicher Ausweis‹ trägt den untilgbaren Stempel BOHEMIEN, ohne daß ich das je bedauert hätte.

Ich habe vergessen, einen höchst merkwürdigen Vorfall zu erwähnen, der dem ein wenig überstürzten Aufbruch meiner Gäste folgte.

Etwa eine halbe Stunde, nachdem die ›Debütantinnen‹ samt Begleitung das Weite gesucht hatten und mein Freund und ich so langsam schlafen gehen wollten, klopfte es plötzlich kurz und hart an der Wohnungstür. Ich warf meinen Morgenmantel über, öffnete, und draußen stand der hübscheste von all den jungen Männern, die mir heute abend die Ehre gegeben hatten. Kaum, daß ihm geöffnet worden war, warf er seinen Regenmantel ab – wie sich herausstellte, sein einziges Kleidungsstück –, stürzte ins Schlafzimmer und ließ sich, angetrunken schluchzend, aufs Bett fallen.

»Endlich ein Stückchen Wahrheit, und sie laufen davon«, wiederholte er immer wieder, bis wir ihn zur Ruhe betteten.

Am nächsten Morgen erklärte er uns, daß er sich gestern abend aus einem ihm (und uns erst recht) unerfindlichen Grunde unten in seinem Wagen ausgezogen habe, um, nur mit seinem Regenmantel bekleidet, zu uns zurückzukehren.

Das sind die Blüten, genannt Immortellen
Man sollte sie unter Glasglocken stellen.

Die physische Erschöpfung, die mich damals in steigendem Maße beunruhigte, beeinträchtigte meine Arbeit, es fehlte ihr einfach der übliche *élan vital*. Ich litt unter einer merkwürdigen Mattigkeit; ich stand morgens auf und trank meinen starken schwarzen Kaffee wie immer, doch meine Energien sprachen nicht darauf an. Das einzige, was ich während des damaligen Aufenthalts im französischen Viertel von New Orleans schrieb – an etwas anderes kann ich mich jedenfalls nicht erinnern –, war ein recht ungewöhnliches kurzes Stück mit dem Titel *Ten Blocks on the Camino Real*. Ich schickte es Audrey Wood und wartete mehrere Wochen, bis sie mir bestätigte, daß sie es erhalten habe, und zwar auf folgende nicht gerade sehr zartfühlende Weise. Ich saß beim Mittagessen in einem Restaurant, als ich ans Telefon gerufen wurde. Es war Audrey, die mich aus New York anrief.

»Das Stück da, das du mir geschickt hast«, sagte sie mit schriller Stimme, »tu's ja weg, zeig es niemandem.«

Ich glaube nicht, daß Audrey je begriffen hat, wie leicht man mir, was meine Arbeit anging, den Mut nehmen konnte, denn sonst hätte sie mir den Empfang des Stückes nicht auf diese Weise bestätigt. Doch Theater-Agenten leben in einer anderen Welt als die Künstler, die sie vertreten. Sie sind oft äußerst geschäftstüchtig, doch manchmal entbehren sie in hohem Maße der Fähigkeit, eine eigenständige, durchaus überzeugende Arbeit in ihrem Frühstadium als solche zu erkennen. Ich fürchte, ihr Anruf hat mich möglicherweise daran gehindert, aus *Ten Blocks on the Camino Real* ein sehr, sehr schönes Stück zu machen – statt des zwar effektvollen, jedoch innerlich irgendwie brüchigen Stückes *Camino Real,* das einige Jahre später daraus entstand.

Bitte nehmen Sie jetzt und hier zur Kenntnis, daß ich durchaus auch unfair sein kann. Ich bin es nie mit Absicht. Doch wenn es um meine Arbeit geht ... ich glaube, niemand, außer Elia Kazan, hat je gewußt, wie verzweifelt viel sie mir bedeutete, und daher hat auch niemand das erforderliche Maß an Wohlwollen für sie – oder sollte ich sagen: für den, der sie leistete – aufgebracht.

Im Frühjahr 1946 widerfuhr mir allerlei höchst Unangenehmes, worüber ich nun kurz und bündig berichten will.

Anfang Mai wurde es in New Orleans drückend schwül. Ich sehnte mich nach der kühlen Hochebene von New Mexico, wo ich Frieda Lawrence, Dorothy Brett, Spuds Johnston und Witter Bynner kennengelernt und mit der Arbeit an einem Theaterstück über Lawrence begonnen hatte, während ich seine von Aldous Huxley herausgegebenen gesammelten Briefe las. Ich halte diese Briefe für das Beste, was Lawrence je geschrieben hat; besonders der letzte Brief steht mir für immer im Gedächtnis – *ein* kurzer Satz, der sich auf die Klinik bezieht, in der er starb: »Dieses Krankenhaus taugt nichts.« Er war zu schwach, um mehr zu schreiben. Dabei kommt mir Friedas schönes, unsentimentales Erinnerungsbuch in den Sinn, in dem sie über ihr Leben mit Lawrence und über seinen Tod berichtet. Als er im Sterben lag, schreibt sie, hätte er schließlich gesagt: »Ich glaube, es wird Zeit fürs Morphium.«

Ich entschloß mich, erneut nach Taos zu gehen, um die Lawrence-Clique wiederzusehen und die reine Höhenluft zu atmen. Leider hatte ich den Einfall, mit dem Wagen zu fahren, während mein Freund, um vor mir da zu sein, den Zug nehmen wollte. Ich ging zu einem Gebrauchtwagenhändler, und ein gerissener Verkäufer, möglicherweise ein Verwandter eines bis vor kurzem amtierenden Präsidenten, drehte mir (wie sich später herausstellte) einen alten Schlitten an – ein frischlackiertes schwarzes Packard-Kabriolett, das ganz prima aussah. Doch ich hatte das Mississippi-Delta noch nicht hinter mir – ich wollte erst nach St. Louis, um einen kurzen Besuch bei meinen Angehörigen zu machen –, als das Ding mit kochendem Kühler zum erstenmal mitten auf der Autobahn stehen blieb. Ich ließ den Kühler reparieren und fuhr weiter nach St.

Louis. Ich weiß noch, wie Dad auf die Straße kam, um mein schickes Fahrzeug zu begutachten. Er schüttelte zweifelnd den Kopf. »Scheint mir keine ausgesprochene Wertarbeit zu sein«, bemerkte er. Wie recht er doch hatte!

Eines Abends spät – immer noch in St. Louis – verspürte ich nach einem Anfall von Diarrhöe einen stechenden Schmerz im Unterleib. Mein Zustand war ernstlich beunruhigend, doch ich hatte mir fest vorgenommen, meine Reise am nächsten Morgen fortzusetzen, und so sagte ich niemandem etwas von meinen heftigen Beschwerden und fuhr nach dem Frühstück los.

Der Schmerz hielt, mit unterschiedlicher Heftigkeit, den ganzen nächsten Tag und die darauffolgende Nacht an. Dann, in der Nähe einer Stadt in Oklahoma, ratterte irgend etwas unter der Motorhaube, immer lauter und lauter, bis der Wagen zum Stehen kam und nicht mehr ansprang.

Ich fuhr per Anhalter in die Stadt, ging in eine Reparaturwerkstatt und schickte einen Mechaniker los, um den Wagen abzuschleppen. Dann nahm ich mir ein Zimmer in einem Hotel. Meine Schmerzen hatten nicht nur an Heftigkeit zugenommen, sie waren außerdem auch ganz merkwürdig lokalisiert. Bei jedem Schritt verspürte ich ein unerträgliches Stechen in der Harnröhre; es waren bei weitem die heftigsten Schmerzen, die ich je auszuhalten hatte. Ich suchte den nächsten Arzt auf, der mir sagte, ich hätte höchstwahrscheinlich eine akute Blinddarmentzündung, der Blinddarm habe bei mir offenbar eine ungewöhnliche Lage und daher lokalisiere sich der Schmerz in meinem Penis. Ich solle unverzüglich ins Krankenhaus gehen, in Wichita, Kansas.

Am nächsten Morgen folgte ich seinem Rat, fuhr mit dem Zug nach Wichita und suchte ein Krankenhaus auf, wo ich allerlei unangenehme Untersuchungen über mich ergehen ließ. Die Diagnose lautete auch hier auf Blinddarmentzündung; ich mußte mehrere Tage dableiben, wurde immer wieder durchleuchtet und so weiter. Es fiel mir auf, daß die miteinander tuschelnden Ärzte verstummten, sobald ich mich ihnen, auf dem Weg zur nächsten Untersuchung, in meinem Krankenkittel näherte. Sie sagten, ich hätte wahrscheinlich einen chronisch gereizten Blinddarm. Nach etwa drei Tagen wurde ich entlassen. Ich fuhr zurück in jene Stadt in Oklahoma, wo mein Wagen noch immer in der Reparaturwerkstatt stand. Der Besitzer – der größte Schweinehund, der mir je begegnet ist, und mir sind in meinem Leben eine ganze Reihe von

Schweinehunden über den Weg gelaufen – sagte mir, daß die Lager festgefressen seien und daß er mir nicht sagen könne, wie lange es dauern würde, den Schaden zu beheben.

So fuhr ich also am nächsten Morgen mit dem Zug nach Taos, und meine Schmerzen fuhren mit.

In Taos angekommen, ging es mir noch schlechter als zuvor. Mein Freund hatte ein Haus für uns gemietet, doch ich konnte nicht schlafen und verfügte weder über Schmerztabletten noch über sonstige Beruhigungsmittel.

Am nächsten Tag ging ich in Taos in eine kleine Klinik – eine Stiftung von Mabel Dodge Luhan –, die von zwei gutaussehenden jungen Ärzten geleitet wurde. Die Pflegerinnen waren katholische Ordensschwestern. Es war in verschiedener Hinsicht ein entzükkendes kleines Krankenhaus. Die Ärzte waren klug genug, ein Blutbild von mir zu machen. Das Übermaß an weißen Blutkörperchen erschreckte sie, und sie sagten, die Ursache sei wohl ein perforierter Blinddarm. Wenn ich am Leben bleiben wolle, sei eine sofortige Operation unumgänglich.

Das war am Abend. Mein Freund war bei mir in meinem Zimmer, und ich machte mein Testament, während die jungen Ärzte mir für die Operation die Schamhaare abrasierten. Ich hatte nichts zu hinterlassen außer dem Manuskript von *Battle of Angels*, das ich meinem Freund vermachte. Er nahm das Testament und riß es in Stücke. (Er hatte schon immer Anwandlungen von großer Allüre – und diese war eine davon.) Ich wurde in den Operationssaal gerollt. Während der Äthernarkose hatte ich das Gefühl zu sterben. Kurz bevor ich das Bewußtsein verlor, versuchte ich noch, mir die Maske vom Gesicht zu reißen, und schrie: »Ich sterbe, ich sterbe!«

Als ich wieder zu mir kam, lag ich bereits in meinem Bett. Eine Nonne, die Pathologin des Krankenhauses, machte sich munter im Zimmer zu schaffen. Sie sagte mir, daß ich sieben Stunden auf dem Operationstisch verbracht hätte.

»Wahrscheinlich wird es Ihnen eine Zeitlang ganz gut gehen«, ließ sie mich wissen. »An irgend etwas müssen wir ja früher oder später alle sterben.«

Als die jungen Ärzte im Laufe des Tages nach mir sahen, erzählte ich ihnen, was die Pathologin gesagt hatte, und daß ich glaubte, sterben zu müssen. Es gab einen Riesenwirbel und die Pathologin bekam eine entsprechende Abreibung. Kurz darauf stürzte sie in mein Zimmer und sagte: »Es ist mir ganz gleich, was Ihnen fehlt, das interessiert mich nicht.«

Die Ärzte setzten mich davon in Kenntnis, daß sie an meinem Dünndarm eine Art Ausstülpung (sie nannten es ›Maecles Diverticulum‹ und sagten, das sei eine medizinische Seltenheit) entfernt hätten, die pankreatisches Gewebe enthalten und kurz vor dem Aufbrechen gestanden habe. Daher erkläre sich die große Anzahl von Leukozyten in meinem Blut.

Nach wenigen Tagen wurde ich entlassen. Ich hatte nun keine Schmerzen mehr und setzte mich sofort mit Frieda Lawrence in Verbindung.

Sie wollte mich auf ihre Ranch in den Bergen mitnehmen, und wir fuhren los. Aus irgendeinem Grunde – ich nehme an, es lag an der Höhenluft – war ich plötzlich hektisch lustig und wie aufgedreht. In einem Wirtshaus am Wege hatten wir einen großen Krug Wein erstanden und auf der Fahrt, den Berg hinauf, tranken und lachten wir, als ich plötzlich Atemnot bekam. »Bitte halt an, ich krieg' keine Luft!« Ich stieg aus und stellte mich unter eine Pinie, doch es wurde nicht besser. Wir müssen uns in einer Höhe von etwa 2700 Metern befunden haben, und nun begann eine wilde Talfahrt. Ich mußte an eine Verfolgungsszene im Film denken. Frieda fuhr wie die Feuerwehr; ich schüttete Wein in mich hinein und rang nach Luft. Es ging geradewegs ins Krankenhaus zurück. Einer der Ärzte sagte: »Mit Ihrem Herzen und nach einer siebenstündigen Operation ist eine solche Höhe natürlich nichts für Sie.«

Ich habe über diese ganze Sache, die ich im Frühjahr 1946 durchstehen mußte, damals nicht viele Worte verloren. Doch die folgenden drei Jahre hatte ich ständig das Gefühl, ich sei bald ein toter Mann. Ich war so fest davon überzeugt, daß ich, als Bill Liebling mir in New York sagte, ich müsse mir einen neuen Anzug kaufen, zunächst nicht dazu bereit war, weil ich dachte, das lohne sich nicht mehr.

Als ich in jenem Frühjahr nach Manhattan zurückkehrte, fand ich durch Vermittlung meines lieben Freundes Professor Oliver Evans Unterkunft bei einer älteren Dame, die allein in einer Zwei-Etagen-Wohnung lebte. Sie war sehr begütert und nahm eine hohe gesellschaftliche Stellung ein, doch sie war auch krank und einsam und hatte als einzigen Umgang nur ihre Dienerschaft. Ein merkwürdiges Hobby von ihr war, alles aus Zeitungen und Zeitschriften auszuschneiden, was sie über den bemerkenswerten Senator Joseph McCarthy finden konnte, den sie als einen heiligmäßigen Kreuzfahrer gegen das Schreckgespenst des Kommunismus in den Staaten betrachtete. Ihre anderweitigen Zerstreuungen bestanden darin, nach dem Essen in ihrem Wohnzimmer zu tanzen und in einem exklusiven Club zu lunchen oder sonst eine Mahlzeit einzunehmen. Wir ließen uns sehr gern von ihr zum Essen einladen, waren jedoch immer ein wenig erschrocken, wenn sie nach Tisch fragte: »Wollen wir tanzen?« Sie war so krank und so spindeldürr, daß man das Gefühl hatte, man tanze mit einem Skelett in Seide. Sie behauptete, ihre Ärzte könnten nichts feststellen, außer ›ein paar kleinen Verwachsungen nach meiner Operation‹. Sie war, wenn auch auf eine sehr rührende Weise, doch recht wunderlich.

Etwa um diese Zeit fand ich einen neuen Gefährten, nachdem der, der es vorzieht, in diesem Buch ungenannt zu bleiben, mich verlassen hatte.

Dieser neue Freund wurde von unserer Gastgeberin sehr gnädig aufgenommen. Er tanzte gern mit ihr und diente ihr als Modell für ihre technisch perfekten, jedoch konventionellen Porträts.

Eines Tages sagte die so entzückend exzentrische alte Dame zu mir: »Ich möchte eine Party für Sie geben. Suchen Sie sich ein paar Bekannte aus diesem Buch heraus.«

Das Buch, das sie mir überreichte, war das *Social Register* von New York, und die einzige Bekannte, die ich finden konnte – eine entfernte Verwandte –, war eine gewisse Mrs. Inman, geborene Coffin, eine Dame von hohem Rang, doch mit Anfällen von schwärzester Schwermut geschlagen. Vor einigen Monaten war sie mit belgischen Spitzen im Wert von einer halben Million Dollar aus Europa zurückgekehrt. Dann überfiel sie die Melancholie, die kostbaren Spitzen wurden nicht sachgemäß aufbewahrt, und die Motten fraßen sie auf. Na, wenn schon. *Tant pis.* Trotzdem befand sie sich, was ihr psychisches Syndrom anging, auf dem Wege der Besserung und kam zu der Party. Sie war sehr wortkarg, doch von huldvoller Präsenz. Ich mußte meiner Gastgeberin gestehen, daß diese Verwandte der einzige mir bekannte Mensch sei, den ich in dem *Social Register* hätte entdecken können.

Es sah so aus, als würde die Dame dank dieser Mitteilung tot umfallen, doch ein Weilchen später hatte sie sich geziemend von ihrem Schreck erholt.

»Oh, oh, diese schrecklichen Künstler!« sagte sie.

Und dann erlaubte sie mir, Freunde aus *meinem* New Yorker Kreis einzuladen. Es freut mich, hier berichten zu können, daß sie einen wundervollen Abend verlebte.

Und nun muß ich mir, sosehr es mir widerstrebt, in diesen Erinnerungen etwas zu ›erfinden‹, einen Namen für meinen neuen Freund, den ich in New York kennengelernt hatte, ausdenken. Er war ein sonderbarer Heiliger, also nenne ich ihn Santo. Abseitig an ihm war seine (mittlerweile überwundene) Anfälligkeit für Alkohol, unter dessen Einfluß sein Benehmen zuweilen erschreckend unberechenbar sein konnte.

Es war ihm unverständlich, daß ich in New York eine Reihe junger platonischer Freunde hatte; er argwöhnte, ich hätte nur Geschäftsfreunde und Liebhaber oder beides in einer Person. Das war natürlich keineswegs der Fall.

Eines Nachmittags saß ich in der Halle des Hotels ›Algonquin‹, die voll besetzt war mit älteren, sehr bürgerlichen Damen, die den Matronen auf den *cartoons* im *New Yorker* glichen, und plauderte angeregt mit einem alten Bekannten und dessen jungem Freund, als plötzlich Santo hereingestürzt kam. Außer sich vor Wut, schrie er meine beiden gesitteten, gepflegten jungen Gäste an: »Ihr zwei seid die letzten Huren auf dem ganzen Broadway!«

Die wohlanständigen, bürgerlichen Damen suchten, als Santo in seinen Beleidigungen fortfuhr, fluchtartig das Weite. Schließlich wandte er sich an mich: »Geh rüber ins ›Royalton‹ und sieh dir die Bescherung an.«

(Wir wohnten im Hotel ›Royalton‹, direkt gegenüber vom ›Algonquin‹.)

Ich ging also ›rüber‹ und stellte fest, daß Santo alle meine Kleider buchstäblich in Fetzen gerissen und meine Schreibmaschine und meinen Koffer demoliert hatte. Meine Manuskripte hatte er aus irgendeinem Grund nicht angerührt.

Natürlich hätte ich mich umgehend von Santo trennen sollen, doch er zeigte sich mitleiderregend reumütig und zerknirscht. Es war schon lange mein Plan gewesen, für einige Zeit nach Nantukket zu fahren, der Insel, auf der die Coffins, ein Zweig unserer Familie dereinst blühte und sich nährte, und ich wollte nicht allein fahren, also erlaubte ich Santo, mich zu begleiten. Auf der Insel angekommen, mieteten wir ein graues Holzhaus ein wenig außerhalb der Stadt, und ich weiß nicht warum, aber ich erinnere mich noch genau an die Adresse: 31 Pine Street.

Etwa um dieselbe Zeit hatte ich, ohne sie zu kennen, einen Brief an Carson McCullers geschrieben, voll aufrichtigen Lobes über ihren neuen Roman *Frankie*, und ich schrieb ferner, daß ich mich über eine persönliche Bekanntschaft außerordentlich freuen würde.

Es muß ein sehr überzeugender Brief gewesen sein, denn nur wenige Tage später kam Carson McCullers nach Nantucket. Sie sah, als sie, eine Baseball-Kappe auf dem Kopf, das Fährschiff verließ, in ihren Slacks ungewöhnlich groß aus und lachte mit ihren schiefgewachsenen Zähnen übers ganze Gesicht.

Nach unserer herzlichen Begrüßung sagte ich, ich würde gern schwimmen gehen. Sie meinte, das sei ihr sehr recht, und wir gingen an den Strand. Santo – obwohl heftig betrunken – begleitete uns.

Dort kam es dann zu einem Vorfall, der im Rückblick recht komisch ist. Carson und ich hatten uns bereits ausgezogen, doch Santo war noch in seiner Kabine, aus der plötzlich Fluchen und lautes Gerumpel ertönte. Kurz darauf kam Santo auf die den Kabinen vorgelagerte, mit Schaukelstühlen besetzte Galerie herausgestürzt. In jedem Schaukelstuhl saß eine alte Dame. Offenbar paßte es Santo nicht, wie sie ihn ansahen, und er ließ seine Wut an ihnen aus.

So laut er konnte, schrie er diese höchst wohlanständigen alten Dämchen an: »Was glotzt ihr so? Ihr seid nichts als ein Haufen alter Pißnelken!«

Heute wäre das wohl kaum besonders sensationell, nehme ich an, doch es wundert mich jetzt noch, daß die alten Damen damals, 1946, nicht alle ohnmächtig aus ihren Schaukelstühlen fielen.

Carson war entzückt. »Tennessee, Schatz«, sagte sie, »der Junge ist einmalig. Sie können von Glück sagen, daß Sie den bei sich haben.«

Davon war ich zwar keineswegs überzeugt, doch wir gingen nach Hause und zogen in der Pine Street einen richtigen Haushalt auf. Das war, bevor Carson krank wurde. Sie war eine gute Köchin, doch sie bereitete uns nicht nur vorzügliche Mahlzeiten, sondern hielt auch noch unser Domizil in Ordnung. Eine Zeitlang war das alles sehr nett und gemütlich. Sie hatte das untere Gästezimmer, und Santo und ich schliefen oben. Santo war vorübergehend friedlich und gut zu haben. Carson spielte auf unserem Klavier und verbreitete um sich herum eitel Harmonie.

Eines Nachts gab es ein schweres Gewitter; alle Fenster auf der einen Seite des Hauses gingen zu Bruch – und wurden nie instand gesetzt.

Eine trächtige Katze sprang durch eines dieser Fenster und warf auf Carsons Bett eine große Anzahl Junge. Santo fungierte als Hebamme, wozu ihn die liebevolle, sanfte Seite seines Wesens durchaus befähigte. Mit einer gewissen, ihm eigenen animalischen Intuition flößte er der Katze während ihrer Niederkunft teelöffelweise Whisky ein, um sie bei Kräften zu halten. Es ist das einzige Mal, daß ich ein Tier habe Whisky trinken sehen, doch er tat seine Wirkung, und die Katzenmutter beglückte uns mit acht oder neun Jungen. Allerdings entwickelte sie eine üble Angewohnheit: sie schleppte durch die zerbrochenen Fenster verfaulte Fischköpfe ins Haus. Carson störte das nicht weiter; sie fand sich mit allem und jedem ab. Tagsüber saßen wir an den entgegengesetzten Enden eines großen Tisches und arbeiteten, sie an der Dramatisierung von *Frankie* und ich an *Sommer und Rauch,* und abends lasen wir einander unser Tagewerk vor.

Nach einiger Zeit stieß Carsons Mann, Reeves McCullers, zu uns, ein ehemaliger einfacher ›Ledernacken‹, den ich damals nicht so besonders gern mochte. Er erschien mir mürrisch und introvertiert; ich war es nicht minder, da ich ihn als Störfaktor in unserer Wohngemeinschaft empfand.

Mir ging es immer noch nicht gut. Um es genau zu sagen: ich konnte nichts bei mir behalten und erbrach fast alles, was ich zu mir nahm. Dieser Sommer endete damit, daß ich nach New York zurückkehrte und mich wieder ins Krankenhaus legte. Dort blieb ich eine Woche. Sie verabreichten mir die verschiedensten Medikamente, und bald war ich soweit, daß ich nach New Orleans zurückfahren konnte.

Carson und ich blieben Freunde, und mit den Jahren summieren sich die Erinnerungen. Ich denke da, in Verbindung mit Carson, an drei extreme Situationen meines Lebens, und zwar an drei ›Abgänge‹ von uns beiden – drei der endlosesten, quälendsten Abgänge, an die ich mich erinnern kann.

Der erste fand auf der Geburtstagsparty von Dylan Thomas statt, die unser gemeinsamer Verleger für ihn arrangiert hatte. Als ich Dylan Thomas vorgestellt wurde, war das einzige, was er an anerkennenden Worten fand, die folgende kalte Dusche: »Wie ist einem denn so, wenn man in Hollywood Geld scheffelt?«

Im Rückblick ist diese Bemerkung durchaus verständlich und entschuldbar, doch damals versetzte sie mir einen heftigen Stich. Carson wurde von ihm einfach ignoriert. Nach kurzer Zeit sagte sie: »Tenn, Schatz, bring mich fort.« Das war nach ihrem Schlaganfall, und als ich sie hinausführte, fort von der Geburtstagsfeier, spürte ich, wie sie am ganzen Leibe zitterte, und unser Abgang schien kein Ende nehmen zu wollen.

Der zweite Abgang war noch peinlicher.

Carson hatte den Fehler begangen, sich zu der Premierenfeier ihres Stückes *The Square Root of Wonderful* einzufinden, und den noch schwerwiegenderen Fehler, dazubleiben, bis die Kritiken erschienen.

Sie waren niederschmetternd.

Wieder sagte Carson zu mir: »Tenn, bring mich fort.« Und es wurde ein noch endloserer und noch quälenderer Abgang als der erste.

Das dritte Mal verließen wir wiederum eine Premierenfeier, und zwar nach der New Yorker Premiere von *Sommer und Rauch* im Jahre 1948, inszeniert von Margo Jones. In diesem Fall war ich es, der zu Carson sagte: »Bloß raus hier.« Auch dieser Abgang war endlos und quälend; alle starrten uns an, die Kritiken waren bereits erschienen . . . und sie waren nicht sehr gut. Ich lebte damals in einem von Tony Smith eingerichteten Apartment in der East Fifty-eighth Street. Am nächsten Morgen wurde ich von Mozart-Musik geweckt. Carson war bereits da und hatte die Platte aufgelegt, um mir das Erwachen zu versüßen. Es war als ›Trost‹ gedacht.

Nun, ich war nicht in der Verfassung, Trost oder Mitleid über mich ergehen zu lassen; auch ist Mitleid für mich nicht so besonders tröstlich . . . also bat ich Frank Merlo (von dem noch die Rede sein wird; ich lebte lange, sehr lange Zeit mit ihm), die Musik abzustellen und Carson in ein Taxi zu setzen, bevor ich aufstand.

Ich wollte allein sein und wieder an die Arbeit gehen, und zwar sofort.

Im Herbst 1947 bezog ich in New Orleans eine der schönsten Wohnungen, die ich je gehabt habe. Sie befand sich im ersten Stock von Dick Ormes Haus, nahe der Ecke St. Peter/Royal Street, und da Dick in einem Antiquitätengeschäft arbeitete und einen hervorragenden Geschmack besaß, war die Wohnung wunderbar eingerichtet. Am besten gefiel mir ein langer Refektoriumstisch unter einem Oberlicht, das mir morgens ideale Arbeitsbedingungen bot. Ich kenne keine Stadt, die sich besser für ein Oberlicht eignet als New Orleans. Sie müssen wissen, daß diese Stadt ein wenig unter dem Meeresspiegel liegt, und vielleicht ist das der Grund, warum der Himmel und die Wolken so zum Greifen nahe scheinen. Man hat hier immer das Gefühl, die Wolken zögen unmittelbar über einen hinweg. Ich nehme an, es handelt sich dabei eher um aufsteigenden Dunst vom Mississippi als um wirkliche Wolken, und durch das Oberlicht gesehen, erschienen diese Gebilde so nahe, als hätte man sie, wäre das Glas nicht gewesen, berühren können. Sie wirkten wollig-weich und waren in ständiger Bewegung. Ich war den ganzen Tag allein. Nach meiner Gewohnheit, die ich heute noch habe, stand ich auf, trank meinen schwarzen Kaffee und machte mich anschließend sofort an die Arbeit.

Ich schrieb weiter an *Sommer und Rauch*, doch dieses Stück war eine harte Nuß. Miss Alma Winemiller ist wohl unter allen in meinen Stücken vorkommenden Frauenfiguren diejenige, die mir am besten gelungen ist. Sie schien ganz einfach irgendwo in meinem Sein zu existieren, und es bereitete keine Mühe, sie aufs Papier zu bringen. Doch der junge Mann, Johnny Buchanan, den sie ihre ganze Jugend hindurch liebt, wollte für mich keine Realität gewinnen: er war und blieb ein papierenes Schemen. Das wurmte mich zwar, doch ich gab nicht auf; ich entwarf verschiedene Fassungen und arbeitete mehrere Monate an dem Stück. Dann, eines Abends, als ich es für beendet hielt, las ich es einem mir gewogenen jungen Mann vor. Da er wiederholt gähnte, las ich schlecht, und als ich fertig war, fällte er folgendes vernichtendes Urteil: »Wie ist es bloß möglich, daß der Autor von *Glasmenagerie* ein so schlechtes Stück schreibt!?«

Ein paar Tage war ich niedergeschmettert, doch dann nahm ich die Arbeit an *Endstation Sehnsucht* (ich nannte das Stück damals *Poker Night*) dort wieder auf, wo ich sie abgebrochen hatte, ja, ich stürzte mich förmlich hinein. Denn ungeachtet der Tatsache, daß ich glaubte, bald sterben zu müssen, oder vielleicht gerade deswegen, arbeitete ich leidenschaftlich gern. Ich schrieb vom frühen Morgen bis zum frühen Nachmittag, und dann, erschöpft von den Wehen der Kreativität, ging ich in eine Bar bei mir um die Ecke, ins ›Victor's‹, und erholte mich bei einem Brandy Alexander, einer großartigen Spezialität dieses Lokals. Während ich meinen Drink schlürfte, ließ ich in der Musikbox immer die Platte ›If I Didn't Care‹ laufen, gespielt von den *Ink Spots*. Dann aß ich ein Sandwich und ging anschließend in den *Athletic Club* in der North Rampart Street. Dort gab es einen Swimming-pool, der von einer artesischen Quelle gespeist wurde, die erfrischend kühl aus der Erde drang und mich wieder fit machte.

Ich glaubte weiterhin, ich würde in Kürze an Krebs der Bauchspeicheldrüse sterben. Dann zog mein Großvater, Reverend Walter Edwin Dakin, zu uns, um hinfort bei uns zu leben. Er hatte beidseitigen Star und war fast taub. Meine Großmutter, Grand genannt, und mein Großvater waren, solange ich denken kann, immer die Güte selbst gewesen und hatten mir in jeder Beziehung beigestanden. Inzwischen war Grand gestorben, doch ich erinnere mich gut daran, mit welcher Würde sie ihren beklagenswerten körperlichen Zustand ertrug, besonders während des Sommers, nachdem ich mein Diplom der Universität von Iowa erhalten hatte und Grand und Großvater bei uns in St. Louis lebten. Grand befand sich im letzten Stadium ihres schweren Leidens, und sie und Großvater sahen sich gezwungen, ihr kleines Haus in Memphis aufzugeben.

Großvater war schon damals so gut wie taub, und er mußte sich zum Radioapparat hinunterbeugen, um die Nachrichten mitzukriegen, die das einzige waren, was ihn am Rundfunk interessierte. Grand, die erschreckend abgemagert war, stand dann, hochaufgerichtet und storchenähnlich, hinter der Gardine des Fensters zur Straße, und wenn Dads Studebaker in die Einfahrt preschte, drehte sie sich hastig um und rief voll Schreck: »Walter, Walter, Cornelius kommt, geh rasch nach oben, damit er dich hier nicht sieht!«

Doch mein armer Großvater brauchte zum Erklimmen der Treppe eine halbe Ewigkeit und wurde bei seinem Fluchtversuch fast immer von dem Knall überrascht, mit dem C. C. die Wohnungstür hinter sich ins Schloß warf.

»Ach, da ist ja der alte Knacker wieder«, murmelte Dad dann vor sich hin. Doch zu Grand sagte er immer: »Guten Abend, Mrs. Dakin«, und sie erwiderte: »Guten Abend, Cornelius.«

Und dann setzte sie sich, wie instinktiv, ans Klavier, um den peinlichen Vorfall mit einer besänftigenden Etüde von Chopin im wahrsten Sinne des Wortes zu überspielen – so gut es ging.

Das Essen wurde fast unmittelbar nach Dads Rückkehr aus dem

12 Warum Schriftsteller abbrennen.
Foto aufgenommen von Karsh in der Wohnung East Fifty-eighth Street

13 Ankunft
in Rom 1969

14 Frank Merlo, Elia Kazan, Tennessee, Charles Feldman
während der Filmproduktion von *Endstation Sehnsucht*

15 Audrey Wood, Carson McCullers und ich
auf der Party nach der Broadway-Premiere von *Sommer und Rauch*

16 Mit der wunderbaren Tallulah während einer Probe für *Endstation Sehnsucht* 1955

17 *Endstation Sehnsucht*, Thalia-Theater Hamburg 1950, Gisela von Collande als Blanche

18 Anna Magnani und ich.
Sie wurde der Star in *Die tätowierte Rose*

19 Mit Visconti. Er nannte mich Blanche,
als wir die Produktion von *Endstation Sehnsucht* in Rom vorbereiteten

20 Das kleine Haus in Key West, als ich es kaufte

21 Anna und ich in Key West 1950

22 *Die Glasmenagerie*, Uraufführung am Broadway 1945, Julie Haydon als Laura

23 *Die Glasmenagerie*, Düsseldorfer Schauspielhaus 1952, Elisabeth Flickenschild und Käthe Gold als Laura

Büro (mit dem Umweg über seine Stammkneipe) aufgetragen. Er zeigte, abgesehen von der Rötung seiner kleinen stechenden blauen Augen, keinerlei Anzeichen von Trunkenheit.

Alles, was an mir nicht ganz übel ist, habe ich sicherlich von Grand, mit Ausnahme meines Williamsschen Temperaments und meines Durchhaltevermögens, wenn man das als positive Eigenschaften werten will. Was an Güte und Menschenfreundlichkeit in mir steckt – und als Reaktion auf ›gute Behandlung‹ von seiten anderer Menschen ist das nicht wenig –, habe ich Grand zu verdanken, ebenso wie die andere Rose in meinem Leben, meine Schwester, Grands kristallklare Lauterkeit und Herzensgüte geerbt hat.

Im selben Jahr 1946 kamen Margo Jones und ihre Freundin Joanna Albus nach New Orleans, wo Großvater und ich uns damals aufhielten, und ich las den beiden die erste Fassung von *Endstation Sehnsucht* vor. Ich glaube, es war ein Schock für sie. Für mich übrigens auch. Blanche schien mir als Figur zu realitätsfern, zu sehr in sich versponnen zu sein. Sie entzog sich dem Blick des Zuschauers, wurde sozusagen unsichtbar. Als Margo und Joana abgereist waren, entschloß ich mich, mit Großvater nach Key West zu fahren. Es wurde eine höchst gelungene Unternehmung, und mein *Pontiac* hielt sich wacker. Wir überquerten den Suwannee River, fuhren geradeaus weiter und dann die Ostküste von Florida entlang hinunter nach Key West. Großvater war ein überaus angenehmer Reisegefährte, er zeigte sich von allem begeistert. Er tat, als sähe er trotz seiner kranken Augen alles ganz deutlich, und wenn man sehr laut mit ihm sprach, verstand er einen damals noch. Er hatte das Leben immer geliebt, und das bloße Zusammensein mit ihm aktivierte meine eigene Daseinsfreude.

In Key West angekommen, nahm ich für uns eine 2-Zimmer-Suite im obersten Stockwerk des Hotels ›La Concha‹, und dort erhielt *Endstation Sehnsucht* schließlich seine endgültige Form. Ich befand mich in einem wahren Schaffensrausch, was ich letzten Endes meinem Großvater zu verdanken hatte.

Jeden Nachmittag, sobald mein Tagespensum geschafft war, fuhren wir an die South Beach. Dort war es damals, bevor sich überall Motels und Parkplätze breit machten, noch schön und friedlich. Ich frönte meiner Schwimmleidenschaft, und Großvater saß im flachen Wasser und ließ sich von den Wellen umspülen.

Auch an interessanten und gastfreien Menschen fehlte es nicht. Pauline Pfeiffer-Hemingway bewohnte nach wie vor das in spanischem Kolonialstil erbaute Haus, in dem sie mit Heminway gelebt hatte, bevor er sie verließ und sich nach Kuba absetzte, und sie lud Großvater und mich häufig zu sich ein. Eines Tages tauchte auch Miriam Hopkins in Key West auf und trug durch ihre außergewöhnliche Schlagfertigkeit und ihren Charme zur allgemeinen Belebung bei.

Ich beendete die Arbeit an *Endstation Sehnsucht* und schickte das Manuskript Audrey Wood. Dieses Mal reagierte die kleine, zierliche Frau weitaus positiver und ermutigender.

Kurz darauf lernte ich Irene Selznick kennen. Unser Treffen war von Audrey in einer Atmosphäre, die etwas von Spionage auf höchster Ebene an sich hatte, arrangiert worden. Ich wurde telegrafisch nach Charleston, South Carolina, beordert, wo Irene und Audrey mich im ersten Hotel der Stadt erwarteten. Ich fand mich so schnell wie möglich dort ein. Irene kam beschwingt und mit leuchtenden Augen aus ihrer Suite auf mich zu, und noch am selben Abend war es beschlossene Sache, daß sie *Endstation Sehnsucht* produzieren würde. Die mysteriöse Atmosphäre hielt an. Irene telegrafierte an ihr New Yorker Büro. Es war eine verschlüsselte Nachricht an ihren Assistenten, und sie lautete: »Blanche kommt und bleibt bei uns.« Das war für mich natürlich alles sehr aufregend. Dann fuhr ich zu Großvater nach Key West zurück, wo Mrs. Hemingway und andere Freunde sich inzwischen um ihn gekümmert hatten.

New Orleans bereitete sich auf den *Mardi Gras* vor, und Großvater war fest entschlossen, den Karneval nicht zu versäumen. So nahm er also ein Flugzeug, während ich, der ich es weniger eilig hatte, in meinem schneeweißen, gebraucht gekauften Pontiac-Kabriolett die Ostküste von Florida hinauffuhr. Alles ging gut bis kurz vor Jacksonville. Ich hatte einen rothaarigen jungen Anhalter mitgenommen, und wir waren bereits dabei zu besprechen, ob wir in einem Motel übernachten sollten, als plötzlich eine Verkehrsstreife uns mit heulenden Sirenen einholte und uns an den Straßenrand dirigierte. Der Polizist sagte, die Schlußlichter meines Wagens wären nicht in Ordnung, und wollte Zulassung und Führerschein sehen. Ich hatte keines von beiden. Ich war mir wohl gar nicht im klaren darüber, welche Papiere man als Fahrer mit sich führen muß, oder war es nur Gleichgültigkeit? Jedenfalls legte der bösartige Polyp seine Handschellen um mein rechtes Hand- und linkes Fußgelenk, schloß mich also krumm, wie man das nennt, und befahl mir auszusteigen. Ich fragte ihn, wie ich das in dieser Position wohl bewerkstelligen sollte, und er zerrte mich aus dem Wagen und sagte, ich möge mich gefälligst zu seinem Streifenwagen bemühen, wie, sei ihm egal. Nun, es gelang mir irgendwie, während er meinen rothaarigen Begleiter am Arm packte und zu seinem Wagen führte. Wir wurden ins Gefängnis nach Jacksonville gebracht. Es war um Mitternacht, und man sperrte uns in eine kleine vergitterte Zelle zu Säufern, Rauschgiftsüchtigen und Homos. Ich hatte schon immer an Klaustrophobie gelitten, und es gelang mir nur mühsam, die Gewalt über meine Nerven zu behalten. An diesem Abend hatte die Polizei in einigen Bordellen mit farbigen Prostituierten Razzien veranstaltet. Es war einfach unglaublich, mit welcher Brutalität diese Frauen behandelt wurden. Die Polizisten stießen sie mit Füßen die Treppen hinauf und hinunter und hieben ihnen ihre Schlagstöcke über den Kopf. Bei Tagesanbruch erschien ein Winkeladvokat und sagte, für dreihundert Dollar würde er meinen Fall übernehmen, wenn es soweit wäre. Zum Glück hatte ich ausreichend Reiseschecks bei mir, um dieser unverschämten Forderung nachkommen zu können.

Etwa um Mittag des nächsten Tages erlaubte man mir, die Gemeinschaftszelle zu verlassen, und es wurde mir mitgeteilt, daß ich mich, bevor ich meinen Wagen zurückbekäme und meine Reise nach New Orleans fortsetzen dürfe, einer Fahrprüfung unterziehen müsse. Man drückte mir einen Stoß Fragebögen in die Hand, und ich glaube, ich habe mich noch nie *so* intensiv mit irgend etwas Gedrucktem beschäftigt. Wie durch ein Wunder bestand ich die Prüfung und wurde entlassen.

Aus irgendeinem Grunde gestatteten sie mir nicht, die Kaution für den jungen Anhalter, den Rotkopf, zu bezahlen. Es blieb mir nichts anderes übrig, als ihn in diesem Gefängnis seinem Schicksal zu überlassen, und der Himmel allein weiß, was er dort unter Umständen noch zu erdulden hatte.

Mit einem Führerschein und nunmehr funktionierenden Schlußlichtern setzte ich meine Fahrt nach New Orleans fort, wo Großvater in vollen Zügen den *Mardi Gras* genoß, ein Fest, an dem mir nie viel lag, Großvater jedoch riesigen Spaß hatte, da der Festzug mit den verschwenderisch geschmückten Prunkwagen an unserer Ecke vorbeikam. Das Schauspiel, das er trotz seiner abnehmenden Sehkraft immer noch wahrnehmen konnte, faszinierte ihn sehr.

Wie viele Bagatellen es doch in einem ›Protokoll‹ des eigenen Lebens aufzuzeichnen gilt ... es muß da noch viel ›zwischen den Zeilen‹ geben, das der Erinnerung würdiger wäre, doch bleibt es verschwommen und unklar, während man sich die an der Oberfläche liegenden Dinge, die reinen Fakten, wieder klar und deutlich ins Gedächtnis zurückrufen kann. Ich meine, relativ klar und deutlich ...

7

Heute abend stehe ich auf der veröffentlichten Besetzungsliste von *Sturmwarnung.* Von dieser Vorstellung an wird auch bis auf weiteres die hochbegabte Peg Murray die Rolle der Helena Carroll übernehmen, jene Peg Murray, die Bill Hickey, ungeachtet der Tatsache, daß sie beim Publikum nicht sehr bekannt ist, als eine der besten Vertreterinnen ihres Faches bezeichnet.

Es wird für mich aufregend sein, eine begabte Schauspielerin zu sehen, die die anspruchsvolle Rolle der Leona mit so wenigen Proben übernommen hat, dazu wir alle da oben, die wir ihr Beistand leisten, indem wir die unvermeidlichen ›Schmisse‹ überspielen, so gut es geht – und sie *lieben,* wie Schauspieler einander in so kritischen Situationen lieben müssen, wenn es Liebe in dieser Welt gibt, und ich glaube daran, daß es sie gibt. Ich glaube, daß Liebe in der Welt ist, selbst innerhalb des Schauspielerberufes, Liebe, die nach dem Fallen des Vorhangs vergehen mag, auf der Bühne, während der Vorstellung jedoch in Form von Zusammenarbeit wohl fast immer besteht, insbesondere, wenn das betreffende Stück durch das erste Auftreten eines neuen Stars, dem man zur Übernahme seiner Rolle nicht genügend Probenzeit eingeräumt hat, gefährdet ist.

Es wird aufregend werden und vielleicht auch sehr schön.

Ich entsinne mich eines Briefes des Theaterkritikers der New Yorker *Times,* Brooks Atkinson, geschrieben, als er im Begriff stand, sich ins Privatleben zurückzuziehen.

Ich hielt mich damals an der Westküste auf und schrieb ihm: »Ich glaube, es ist für *mich* an der Zeit, mich zurückzuziehen, nicht für Sie, Brooks.«

Er schrieb mir zurück: »*Sie* müssen in ihrem tiefgründigen und herzbewegenden Werk fortfahren.« Ich bin mir nicht sicher, ob mein Werk zu der Zeit noch tiefgründig und herzbewegend war, doch es steht außer Frage, daß es das hätte sein sollen und daß jener Ratschlag von Herzen kam.

Gestern: Essen mit Miss Rose und ihrer zunehmend irritablen

und irritierenden Gesellschafterin. Um die Runde zu vervollständigen hatte ich einen jungen Freund mitgebracht, einen begabten Maler, der hin und wieder auch als Modell arbeitete oder Theater spielte. Miss Namenlos war es in den Sinn gekommen, für uns einen Tisch bei *Lüchow's* zu bestellen, dem schönen alten Lokal im bayrischen Stil, das seit einer halben Ewigkeit besteht, und wir hatten einen entzückenden Platz direkt unter dem Podest mit der Blaskapelle, die, in bayrischer oder Tiroler Tracht (und nicht *einer* darunter, dem diese Kostümierung gestanden hätte), um 7 Uhr 15 anfing zu spielen, genau eine Viertelstunde nach unserer Ankunft.

Was mir am meisten zusagte, war das Oberlicht schräg über unserem Tisch, durch das ich die Dämmerung in nächtliches Dunkel übergehen sah, während das Essen seinen Fortgang nahm oder, besser gesagt, zu einer Art Clinch mit Miss Namenlos wurde, da diese mal wieder ihre irische Tour abzog und sofort damit begann, meinem armen jungen Freund unangenehme Dinge an den Kopf zu werfen. Wie es ihm gelang, sich dieser reichlich angetrunkenen irischen Zimtzicke gegenüber, die bissig wie ein Rattenpinscher war, im Zaum zu halten, ist mir ein Rätsel. Er muß zumindest ein halber Engel sein.

Miss Namenlos begann zunächst über ›die jungen Leute‹ im allgemeinen herzuziehen, die nichts als ein Haufen von Parasiten der Gesellschaft, Blutsaugern und degenerierten Perverslingen seien.

Sie erklärte, die gute alte Zeit wäre endgültig vorbei, und es gäbe auf der Welt weder Würde noch Anstand mehr.

Mein Freund und ich hatten vorher ausgemacht, daß einer von uns beiden, sobald die Dame aasfarben zu schillern begönne, den anderen an das Rotkehlchen erinnern solle, das wir heute im Central Park gesehen hätten, und ob das nicht sonderbar sei, daß ein Rotkehlchen sich so spät im Jahr noch in diesen Breiten herumtreibe.

Ich kann Ihnen gar nicht sagen, wie oft wir noch auf dieses Rotkehlchen und andere blumige Aspekte des Central Parks zurückkommen mußten, um die Stimmung am Tisch in erträglichen Grenzen zu halten.

Ich fürchte, daß ich dann irgendwann doch die Beherrschung verlor, Miss Namenlos scharf ins Auge faßte und sagte: »Seien wir ehrlich: Sie sind eine Reaktionärin geworden, und ich bin ein Revolutionär.«

Daraufhin verbreitete sie sich über Bastarde, womit sie offensichtlich den jungen Mann und mich meinte. Sie müssen das verstehen: sie ist eine reinblütige Irin und betrachtet alle Menschen, die nicht reinblütige Iren sind, als Bastarde. Und, leider, versagt an dieser Stelle ihr irischer Humor.

Als der Abend überstanden war, begann Miss Namenlos mir natürlich ein wenig leid zu tun. Sie kämpft so tapfer gegen ihre Einsamkeit an und ist so sehr in ihre altjüngferlichen, längst überholten ›Prinzipien‹ verrannt, die in einem Maße heuchlerisch sind, wie ›Prinzipien‹ ihres Jahrgangs das nur sein können.

Schon einige Jahre, bevor ich mein Studium für längere Zeit unterbrach, um für die *International Shoe Company* zu arbeiten, begann die Tragödie meiner Schwester Rose.

Ich erwähnte wohl bereits, daß Rose mehrere Jahre lang an unerklärlichen Magenbeschwerden litt. Sie war mehrmals zur stationären Untersuchung im Krankenhaus, doch kam man der Sache nicht auf den Grund – es ließ sich kein Magengeschwür oder sonst eine physische Ursache ihres Leidens entdecken. Schließlich wurde ärztlicherseits empfohlen, eine ›explorierende Operation‹ vornehmen zu lassen.

Zum Glück erhob unser Hausarzt, ein hervorragender Mediziner, dagegen Einspruch und erklärte meiner Mutter, sehr zu ihrem Schrecken, daß Rose seiner (durchaus richtigen) Meinung nach einer psychiatrischen Behandlung bedürfe. Roses unerklärliche Verdauungsbeschwerden hätten psychische oder psychosomatische Ursachen, und diesen könne man nur durch eine Psychoanalyse auf die Spur kommen.

Sie können sich vielleicht vorstellen, wie schwer das Miss Edwina traf. Ich fürchte, daß meine liebe Mutter mir zuzeiten als lebenslange Hysterikerin, die notdürftig die Kontrolle über sich behält, erschienen ist. In ihrer Familie, und zwar sowohl bei den Dakins wie bei den Ottes, hat es höchst beunruhigende Fälle von geistigen und nervösen Zusammenbrüchen gegeben.

Als Miss Edwina Anfang der fünfziger Jahre ihrerseits in einer Klapsmühle landete und mich in St. Thomas auf den kleinen Antillen anrief, wo ich mich kurze Zeit zur Erholung, deren ich dringend bedurfte, aufhielt, sagte sie:

»Rat mal, wo ich bin!«

»Wieso, Mutter, bist du denn nicht zu Hause?«

»Nein, mein Sohn, es ist ein schrecklicher Irrtum passiert. Sie haben mich in eine psychiatrische Anstalt gesteckt. Bitte komm sofort und hol mich hier raus.«

Ich kam sofort. Ich führte mit der Psychiaterin, die mit Mutters Fall betraut war, eine Unterredung unter vier Augen. Die Dame sagte zu mir: »Mr. Williams, Sie wissen es wahrscheinlich oder haben es zumindest geargwöhnt, daß Ihre Frau Mutter schon immer paranoid war.«

Dann klärte sie mich darüber auf, daß Mutter ›durch und durch realitätsfremd und oberflächlich‹ sei.

Auch wenn in dieser so eiskalt und gefühllos gestellten Diagnose ein Körnchen Wahrheit stecken mochte, erwiderte ich in gerechtem Zorn: »Wie dem auch sein mag – ich glaube nicht, daß Sie die nötige Kompetenz besitzen, um den Charakter meiner Mutter zu beurteilen, da sie sich geweigert hat, mit Ihnen zu reden. Ich verlange, daß meine Mutter sofort entlassen wird.«

Ich konnte Mutter gleich mitnehmen.

Doch nun zurück zu Miss Rose.

Mit Anfang Zwanzig wurde Rose, mit einigen preiswerten Abendkleidern im Koffer, nach Knoxville geschickt, um ›in die Gesellschaft eingeführt‹ zu werden. Tante Belle (Mrs. William G. Brownlow) hatte vorgehabt, zu diesem Zweck einen ›offiziellen‹ Ball zu geben, doch der Tod der alten Mrs. Brownlow, der Mutter ihres Mannes, kam dazwischen, und Roses ›Einführung‹ ging ›inoffiziell‹ auf einer Party im *Country Club* von Knoxville vonstatten. Tante Belle mußte Rose für diese ›Debütanten-Saison‹ noch eine stattliche Anzahl Kleider kaufen, doch das Ganze wurde trotzdem nicht gerade ein rauschender Erfolg. Ich glaube, Miss Rose verliebte sich in einen jungen Mann, der keineswegs entsprechend reagierte, und war hinfort nicht mehr die alte Rose. Ein Schatten war über sie gefallen, der in den folgenden vier oder fünf Jahren zunehmend dunkler werden sollte.

Als Rose aus Knoxville zurückkehrte, fragte ich sie: »Na, wie war's denn, Rose?«

Sie sagte: »Tante Ella und Tante Belle lieben nur charmante Menschen, und ich bin nicht charmant.«

Längere Zeit davor, im Sommer 1926, fuhren wir alle nach einem Verwandtenbesuch in Knoxville weiter zum *Appalachian Club*, in dem Tante Belle und Onkel Will Mitglieder waren. In jenem Sommer lernte ich in einem klaren Bergstrom schwimmen. Tante

Belle brachte es mir bei, in einer von einem Damm gestauten tiefen, unbewegten Stelle des Flusses mit wunderbar kühlem, durchsichtigem Wasser. Außerdem erzeugte dieser Damm einen glitzernden Wasserfall, der sich über leuchtendweiße Felsen ergoß. Tante Belle legte mir als Stütze eine Hand unter den Bauch, und als ich zu ihr sagte: »Tante Belle, ich würde mich lieber auf mich selbst verlassen«, gab sie folgendes Bonmot zum besten: »O Tom, lieber Tom, wenn du dich auf dich selbst verläßt, verläßt du dich auf ein schwankendes Rohr.«

Im Grunde sprach sie von sich selbst und ihrem unerschütterlichen Gottvertrauen. Infolge eines Kropfes, an dem sie litt, neigte sie zu Exaltationen, drückte sich oft übersteigert aus und wies Gott eine allzu beherrschende Rolle in ihrem Leben zu.

Ich bin, wenn man so will, genauso exaltiert wie Tante Belle und auch wie Blanche. In einem Nachtrag zu meinem Testament verfüge ich über meinen Körper wie folgt: »Ich wünsche, daß man meinen Leichnam in einen sauberen weißen Sack einnäht und 12° nördlich von Havanna ins Meer wirft, auf daß meine Gebeine nicht allzuweit von denen Hart Cranes Ruhe finden . . .«

Im *Appalachian Club* gab es in jenem Sommer eine Menge junger Männer. Tagsüber sonnten sie sich auf den großen flachen Steinen, und ich konnte den Blick kaum von ihnen wenden. Tante Belle kaufte mir meine ersten langen Flanellhosen und schenkte Rose weitere entzückende Kleider.

Wir wohnten in einem kleinen Cottage. Mein Bruder hatte sich unterwegs eine schwere Magenverstimmung zugezogen, wahrscheinlich von verdorbenem Trinkwasser, und Grand, die mitgekommen war, bereitete ihm in einer altmodischen Zentrifuge Buttermilch, da das das einzige war, was ›Dinkys‹ Magen vertrug.

Rose hatte einen Verehrer; sie sah in ihren farbenfrohen Sommerkleidern entzückend aus, und jeden Abend wurde getanzt. Es war die Charleston-Ära. Unter den anderen Gästen befanden sich zwei Schwestern, von denen die eine sich im folgenden Jahr aus unglücklicher Liebe umbrachte.

Ich erinnere mich, daß Rose, die beiden Schwestern und ich einen schmalen Bergpfad entlangwanderten und ein paar vorübergehende junge Burschen uns laut ›FICKEN‹ zuriefen.

Keiner verlor ein Wort darüber. Wir setzten unseren Weg fort, als hätten wir den obszönen Ausdruck nicht gehört.

Und ich erinnere mich an den Nachmittag, als wir, in Gesellschaft zweier heranwachsender, einander ergebener junger Männer, die uns gegenüber von großer Aufmerksamkeit waren, vom *Appalachian Club* zu Fuß nach Gatlinburg gingen – heute der alljährliche Treffpunkt der Seviers. Unterwegs wurden wir von einem heftigen Gewitterregen überrascht und bis auf die Haut durchnäßt.

Die jungen Mädchen verschwanden, um sich umzuziehen, und ich schloß mich den beiden Jungen an. Sie zogen sich nackt vor mir aus, und ich stand in meinen nassen Kleidern da, bis sie auch mich auszogen. Nichts Anstößiges geschah, doch die Schönheit der beiden Jünglinge ist unauslöschlich in meine Sinne gegraben, wie ich auch ihre sanfte Freundlichkeit mir gegenüber nicht vergessen kann.

Eine letzte Erinnerung. Eines Abends in jenem Sommer, jenem wilden Jazz-Sommer, traf die Jugend sich im Cottage einer Dame mittleren Alters, die an einer tödlichen Krankheit litt. Sie hatte sich zeitig zurückgezogen, schlief jedoch noch nicht. Wir jungen Leute fingen an, über Sex zu diskutieren, das große Mysterium, welches wir gerade zu erforschen begannen.

Unsere Gastgeberin rief uns aus ihrem Schlafzimmer zu: »Ihr seid ja alle noch Kinder . . .«

Sie sagte es so reizend und liebevoll, daß wir schwiegen und bald auseinandergingen, und das große, für uns neue Mysterium der Liebe, ich meine in diesem Fall des reifenden Geschlechts, ging mit uns. Es begleitete uns auf unserem Weg, der uns von der todkranken Frau fort führte.

In der High-school war Rose beliebt, doch nur kurze Zeit. Ihre Schönheit lag zum größten Teil in ihren ausdrucksvollen grüngrauen Augen und ihrem kastanienbraunen, lockigen Haar. Sie war zu schmalschultrig, und der Zustand der ängstlichen Beklemmung der sie in männlicher Gesellschaft überkam, hatte zur Folge, daß sie einen krummen Rücken machte, wodurch ihre Schultern noch schmaler wirkten, und das wiederum ließ ihren Williamsschen Kopf mit den ausgeprägten Zügen zu groß für ihren mageren Körper mit den unentwickelten Brüsten erscheinen. Auch redete sie, wenn sie ein Rendezvous hatte, mit einer fast hysterischen

Animiertheit, mit der die meisten jungen Männer nichts Rechtes anzufangen wußten.

Ihr erster wirklicher Zusammenbruch erfolgte kurz nach meinem Herzanfall, der meiner Karriere als besserer Laufbursche und Bürokraft bei der *International Shoe Company* ein Ende setzte.

Am ersten Abend, nachdem ich aus dem St. Vincents-Krankenhaus entlassen worden war, kam Rose, wie bereits erwähnt, gleich einer Schlafwandlerin in mein winziges Zimmer und sagte: »Wir wollen alle zusammen sterben.«

Ich darf Sie versichern, daß ich dieser Vorstellung keinen besonderen Reiz abgewinnen konnte. Endlich erlöst von den drei Jahren Fron als Büroangestellter, hatte ich absolut keine Lust dazu, gemeinsam mit meiner Familie Selbstmord zu begehen, selbst auf Roses Anregung hin nicht – wie angemessen dieser Vorschlag auch gewesen sein mag.

Mehrere Tage lang war Rose nicht zurechnungsfähig. Eines Nachmittags ließ sie ein Küchenmesser in ihrer Handtasche verschwinden, bevor sie das Haus verließ, um zu ihrem Psychiater zu gehen – sie plante ganz offensichtlich einen Mord.

Mutter hatte Rose dabei beobachtet und nahm ihr das Messer weg.

Etwa einen Tag später war dieser erste Anfall von *Dementia praecox* überstanden, und Rose war, wenn auch sehr still, zumindest äußerlich betrachtet wieder ihr früheres Selbst.

Einige Tage darauf fuhr ich nach Memphis, um bei meinen Großeltern in deren kleinem Haus, auf der Snowden Avenue nahe der *Southwestern University,* wieder auf die Beine zu kommen.

Es war wohl etwa um diese Zeit, daß unser weiser alter Hausarzt zu Mutter sagte, daß Roses körperliche und geistige Gesundheit von etwas abhinge, das Miss Edwina ungeheuerlich erscheinen mußte, nämlich von einer ›therapeutischen‹ Ehe. Offenbar hatte der alte Doc Alexander, was den wahren Grund von Roses Zuständen anging, den Nagel auf den Kopf getroffen. Sie war ein sehr normales – wenn auch äußerst sinnliches – junges Mädchen, fast schon eine junge Frau, die sich, infolge des immerwährenden Zwanges, den Miss Edwinas starrer Puritanismus ihr auferlegte, sowohl seelisch wie körperlich aufrieb.

Wahrscheinlich habe ich, ohne es zu wollen, eine Menge Einzelheiten weggelassen, die dem Leser die ungewöhnlich nahe Beziehung zwischen Rose und mir verdeutlichen würden. Ein scharfsinniger Theaterkritiker hat festgestellt, daß das eigentliche Thema meines Werkes der Inzest sei. Meine Schwester und ich standen uns sehr, sehr nahe, ohne daß auch nur das leiseste sinnliche Begehren unser Verhältnis getrübt hätte. Wir hatten, rein körperlich, sogar Hemmungen vor einander; es gab zwischen uns keinerlei taktile Zärtlichkeiten, wie man sie bei den mediterranen Völkern unter Familienangehörigen beobachten kann. Und doch war (und ist) unsere Liebe für einander das tiefste Gefühl in unser beider Leben, und vielleicht mit ein Grund für unsere Zurückhaltung, was außerfamiliäre Bindungen anging.

Es gab Zeiten – die Jahre, die ich in der *International Shoe Company* arbeitete, und die Sommer, als ich an der *State University* von Missouri studierte –, da meine Schwester und ich fast alle Abende miteinander verbrachten, abgesehen von den Abenden, an denen ich mit Hazel zusammen war.

Was taten wir abends, Rose und ich? Nun, meistens schlenderten wir durch die Geschäftsstraßen von University City. Es war eine Art rituelle Handlung, verbunden mit einem Überschwang der Empfindungen, den ich, glauben Sie mir, weder in der *Glasmenagerie* noch in der Erzählung *Portrait of a Girl in Glass,* auf der das Theaterstück basiert, einfangen konnte.

Es war wohl die Delmar Street – jene endlos lange Straße, die am Fluß, dem Mississippi, in der City von St. Louis ihren Anfang nahm, sich dann durch den Vorort University City dahinzog und weiter, bis das flache Land begann –, die Rose und ich abends entlangschlenderten. An einem *root-beer*-Stand machten wir immer halt. Rose war ganz wild auf *root-beer* – ein aus den Wurzeln verschiedener Kräuter bereitetes Getränk –, besonders an warmen Sommerabenden. Und vor und nach dieser Rast am Getränkestand machten wir einen Schaufensterbummel. Roses Leidenschaft – wie die von Blanche – waren Kleider. In dem Teil der Delmar Street, der sich durch University City zog, gab es unzählige kleine Läden mit erleuchteten Schaufenstern, in denen Kleider und die verschiedensten weiblichen Accessoires ausgestellt waren. Was Rose an ›Garderobe‹ besaß war kaum der Rede wert, und so glich sie beim Schaufensterbummel einem hungrigen Kind, das sehnsüchtig durch die Spiegelglasscheibe eines Restaurants blickt. Ihr Geschmack in Kleiderfragen war hervorragend.

»Wie wär's mit *dem* Kleid, Rose?«

»O nein, das ist ordinär. Aber das da, das ist sehr hübsch.«

Diese abendlichen Exkursionen dauerten etwa anderthalb Stunden, und obwohl wir, wie ich schon sagte, körperlich Hemmungen voreinander hatten und sogar unsere Hände sich nie berührten, außer, wenn wir miteinander tanzten, folgte ich ihr, wenn wir nach Hause zurückgekehrt waren, gewöhnlich in ihr Schlafzimmer, um unser freundschaftliches Geplauder über Gott und die Welt fortzusetzen. Ich fühlte mich in diesem Raum äußerst heimisch, der mit der elfenbeinfarbenen Schlafzimmergarnitur ausgestattet war, die wir übernommen hatten, als wir die möblierte Wohnung am Westminster Place bezogen – damals, im Jahre 1918, nach unserer Übersiedlung nach St. Louis.

Es war das einzige gemütliche Zimmer der Wohnung – oder schien es mir nur so, weil es das Zimmer meiner Schwester war?

Ich sprach schon davon, daß wir manchmal miteinander tanzten.

Rose hatte mir das Tanzen beigebracht, nach den Klängen eines uralten ›Victrola‹-Grammophons (allerdings bereits ohne Trichter), das, seinerzeit in Mississippi erstanden, im Zuge der verhängnisvollen Übersiedlung der Familie mit nach St. Louis gegangen war.

Unsere erste, von Dad gemietete Wohnung in St. Louis – in der Pershing Street im Vorort Clayton, nur einen oder zwei Blocks von der Washington University entfernt – war ein reizendes zweistöckiges Haus im Georgianischen Stil. Auf der anderen Straßenseite, uns gegenüber, lebte Virginia Moore, eine auffallend schöne Frau und bekannte Dichterin ihrer Zeit. Sie hatte einen Bruder, der sich für Miss Rose interessierte und sie einige Male einlud, mit ihm auszugehen. Ich weiß noch, wie ich, anläßlich seiner so unglücklich verlaufenden Wahlkampagne, durch unseren Vorort trabte und politische Flugblätter verteilte. Er verlor die Wahl, erlitt einen Nervenzusammenbruch und wurde in ein Sanatorium eingeliefert. Nach seiner Entlassung brachte der arme Mann sich um, und Miss Rose verlor einen Verehrer.

In jenem Sommer zeigte ich Virginia Moore meine ersten poetischen Versuche, und in ihrer Liebenswürdigkeit lobte sie eines dieser Gedichte auf sehr taktvolle Weise.

In dem gemieteten Haus in der Pershing Street begann Miss Roses Gemütszustand sich erneut zu verschlimmern, zunächst fast unmerklich, doch dann unübersehbar.

Ich erinnere mich an eine Fahrt über Land mit einigen jungen

Freunden. Diese und ich kamen auf das unbeschreibliche Benehmen eines gemeinsamen Bekannten zu sprechen, der auf dem besten Wege war, den Verstand zu verlieren, und brachen in stürmisches Gelächter aus. Miss Rose, im Fond des Wagens, erstarrte und sagte tadelnd: »Ihr dürft euch nie über einen Geisteskranken lustig machen. Es ist schlimmer als der Tod.«

Genau das gleiche sagte Mutter, als ihr mitgeteilt wurde, daß Miss Rose an *Dementia praecox* litte. Rose war zu der Zeit, nicht weit von St. Louis, in einer katholischen Heilanstalt und wurde kurz danach, 1937, an die Staatliche Irrenanstalt überwiesen. Es ist nicht sehr erfreulich, an diese Zeit zurückzudenken. Nicht nur, daß Rose wußte, daß sie den Verstand zu verlieren drohte – erschwerend hinzu kommt, daß ich es gerade damals an Güte und Freundlichkeit meiner Schwester gegenüber fehlen ließ. Man muß wissen, daß ich zum erstenmal in meinem Leben von einer Gruppe von jungen Leuten ›angenommen‹, als gleichberechtigt akzeptiert worden war, und mein intensiver Umgang mit meinen neuen Freunden nahm mich in einem Maße in Anspruch, daß ich es versäumte, dem Schatten, der sich über Rose senkte, die nötige Beachtung zu schenken. In ihrem Benehmen begannen sich nun kleine Wunderlichkeiten bemerkbar zu machen. Sie war sehr still geworden; ich glaube, sie litt an Schlaflosigkeit und hatte die sonderbare Gewohnheit angenommen, jeden Abend, bevor sie zu Bett ging, einen Krug mit Eiswasser vor ihre Tür zu stellen.

In dem Maße, wie ich mich damals meiner Schwester entfremdete, schloß sie sich an unseren kleinen Bullterrier Jiggs an. Ständig hielt sie ihn im Arm und liebkoste und streichelte ihn. Hin und wieder sagte Miss Edwina: »Rose, tu Jiggs runter, er möchte herumlaufen.«

Dann kam das turbulente Wochenende, an dem Mutter und Dad in die Ozark-Berge gefahren waren, wenn ich mich recht erinnere, und Rose und ich allein im Haus blieben. Ich benutzte die Gelegenheit, meine neuen jungen Freunde einzuladen. Einer von ihnen betrank sich heftig – vielleicht taten die anderen das auch, aber dieser war zum Schluß betrunkener als wir alle zusammen, und er ging zum Treppenabsatz hinauf, wo das Telefon stand, und begann, irgendwelche Unbekannte mit obszönen Anrufen zu belästigen.

Als unsere Eltern von ihrem Trip wiederkamen, erzählte Miss Rose ihnen von der besoffenen Party und den Anrufen.

Miss Edwina ließ mich wissen, daß keiner der Partyteilnehmer je wieder das Haus betreten dürfe.

Das war für mich ein vernichtender Schlag, da sich unter den erwähnten jungen Leuten auch der erste wirkliche Freund, den ich in St. Louis gefunden hatte, befand, der hochbegabte und gutaussehende Dichter Clark Mills (McBurney).

Nachdem Rose mich bei unseren Eltern angeschwärzt hatte, mit dem Ergebnis, daß ich meine Freunde nicht mehr zu mir einladen durfte, ging ich eines Tages die Treppe hinunter, als Rose gerade heraufkam. Wir begegneten uns auf dem Treppenabsatz, und ich zischte ihr, außer mir vor Wut, zu: »Wenn ich deine häßliche Fratze bloß nie wieder zu sehen brauchte!«

Tödlich getroffen, drückte sie sich stumm und geduckt in eine Ecke des Treppenabsatzes, als ich aus dem Haus stürmte.

Das ist wohl das Grausamste, was ich je im Leben getan habe, und dazu etwas, das ich nie wieder wirklich gutmachen kann.

(Wie die Zeit sich doch gleich einem Faden, einem endlosen Faden, durch diese ›Sache‹ zieht . . .)

Die Zeit ist der Fluß, der ewige Reigen –
Wir trotten dahin, die Tage sich neigen . . .

Dem Obenstehenden können Sie unschwer entnehmen, warum ich mich als Dichter nie für etwas Besonderes gehalten habe.

Habe ich ihnen schon erzählt, daß wir uns in der Washington University zu einem kleinen Poesie-Club zusammengetan hatten? Er hatte nur drei männliche Mitglieder, die anderen waren hübsche junge Mädchen, deren Familien vornehme Landhäuser besaßen. Die drei Dichter waren in der Reihenfolge ihres Talents, Clark Mills, William Jay Smith und der Autor dieser Erinnerungen.

Von den hübschen jungen Mädchen, die für wunderbare Erfrischungen sorgten und mehr oder weniger lediglich die dekorative Staffage bildeten, weiß ich nur noch, daß eine von ihnen Betty Chapin hieß und eine andere, die wohlhabendste von allen, den Vornamen Louise trug. Letztere lud den ganzen Club einmal zu einer Ballettvorstellung ein und fuhr uns in der großen elterlichen Limousine zum Theater.

Bill Smith war derjenige von uns dreien, der am besten aussah; er hat sich zu einem ›bekannten Lyriker‹ entwickelt, der heute an der Columbia-Universität diese unlehrbare Kunst lehrt.

Clarks Talent leuchtete in jenen frühen Jahren wie eine Fackel. Ein Gedichtband von ihm mit dem Titel *January Crossing* erschien als Taschenbuch. Es war eine Auswahl von hohem Rang mit funkelnden Metaphern in kultiviertem Geschmack. Er studierte Romanistik und gelangte später in den Genuß eines Stipendiums für die Sorbonne in Paris, wo er dann eine Studie über den französischen Romancier Jules Romains verfaßte, dessen Werk mir leider verschlossen ist, ob nun im Original oder in Übersetzungen. Ich wünschte, Clark hätte sich ausschließlich auf sein eigenes Werk konzentriert. Künstler müssen, was ihre schöpferische Arbeit angeht, egozentrisch sein. Allerdings ist ihm die (meiner unmaßgeblichen Meinung nach) beste Übertragung von Rimbauds *Bateau Ivre* gelungen – das mag immerhin als Entschuldigung gelten. Die letzten Zeilen dieser schönsten Verse von Rimbaud lauten in seiner Übersetzung etwa wie folgt:

Of Europe's waters I want now only
the chill, muddy ditch,
where a child full of sorrow crouches at dusk
to release from his fingers a paper boat
as frail as a butterfly's wing.

Clark war der einzige, der sich für meine Bemühungen als Lyriker ernsthaft interessierte. Sein literarischer Geschmack war unfehlbar, und er bemühte sich sehr behutsam, mich in diesem Sinne zu beeinflussen. Wenn ich es mir beim Schreiben versagte, in jugendlichem Überschwang zu schwelgen, meinte er: »Das hier gefällt mir, Tom«, doch wenn ich mich effektvoll und bombastisch ausdrückte, sagte er: »Tom, du hast es dir zu leicht gemacht.«

Anfang der sechziger Jahre – eines Spätnachmittags, es wurde schon dämmerig, als ich gerade im Begriff war, das Haus, in dem ich in Manhattan in der East Sixty-fifth Street lebte, zu betreten, kam mir plötzlich auf dem Bürgersteig wie eine Erscheinung Clark Mills entgegen, blieb stehen und begrüßte mich. Es war Winter, und er wirkte in seinem dunklen Überzieher ernst, gesetzt und würdig. Entweder lag Frankie im Sterben, oder er war bereits tot, und es war mir unmöglich, Clarks Gruß unbefangen und selbstverständlich zu erwidern. Das einzige, was mir durch den Kopf ging, war: »Er muß wissen, daß ich schwul geworden bin.« Unser Gespräch war beklagenswert kurz und gezwungen.

»Hallo, Tom.«

». . . bist du es, Clark?«

»Ja.«

»Was machst du denn zur Zeit so?«

Er erzählte mir, daß er inzwischen am Hunter College sei. So stand er noch kurze Zeit, im winterlichen Dämmerlicht, vor mir, geduldig und freundlich, doch ich brachte es nicht über die Lippen zu sagen: »Komm doch mit rauf, Clark.« Und dann, ein Geist aus unserer gemeinsamen Jugend, nickte er und setzte seinen Weg fort.

Ich bin sicher, daß er verstanden hat.

Wahrscheinlich wird er eines Tages, wie aus einem langen Winterschlaf, als Lyriker wiederauferstehen.

Bill Smith' Begabung hat sich mehr oder weniger folgerichtig entwickelt. Ich schätze das, was er schreibt, weil ich Bill schätze, doch – leider –: es fasziniert mich nicht.

Zurück zu St. Louis und den dreißiger Jahren.

Rose hatte einen Verehrer mit ›ernsthaften Absichten‹. Er war einer der jüngeren leitenden Angestellten bei der *International Shoe Company* – ich werde in der Folge die Abkürzung I.S.C. benutzen –, ein jugendlicher Mann von sehr angenehmem Äußeren und mit liebenswürdigen Umgangsformen, offenbar höchst ehrgeizig und, was seine Karriere anging, nicht mit allzu vielen Skrupeln belastet. Mehrere Monate lang ließ er es Rose gegenüber an Aufmerksamkeit nicht fehlen. Sie gingen wohl eine paar Male die Woche zusammen aus, ja, man konnte schon fast sagen, daß sie fest miteinander ›gingen‹; Rose begann zu zittern, wenn das Telefon klingelte, und hoffte inständig, der Anruf sei für sie und käme von ihm.

Das war zu einer Zeit, als Dads Stellung als Verkaufsleiter bei der Friedman-Shelby-Filiale der *I.S.C.* vielversprechend und gesichert schien, wenn auch ein ›Aufstieg‹ sich im Augenblick nicht abzeichnete.

Doch Dad setzte seine Stellung immer wieder aufs Spiel, indem er seine Vorgesetzten und damit die *I.S.C.* durch seine Wochenend-Exzesse in Aufregung versetzte. Es war bezeichnend, daß er – der erfolgreichste und beliebteste Verkaufsleiter der *I.S.C.* und der einzige, der eine Rede halten konnte – nicht in den Betriebsrat der leitenden Angestellten gewählt worden war. Seine Ansprachen waren von großer Eloquenz – und sarkastisch-witzig dazu. Er redete nicht viel über seinen Erfolg auf diesem Gebiet, doch ich glaube, daß er die Selbstbestätigung in hohem Maße genoß. Er bestieg vor den versammelten Verkaufsleitern die Rednertribüne etwa im Stil seiner Vorfahren, die dereinst in East Tennessee für hohe politische Ämter kandidiert hatten.

»Ihr Jungs da unten und ich, wir erinnern uns alle noch daran, wie wir morgens um die Ecke gehen mußten, um uns eine Zigarette für nach dem Frühstück zu holen ...«

Einfach so, wie ihm der Schnabel gewachsen war, und sie fanden das hinreißend.

Doch dann war der Skandal da, die Sache mit der Poker-Partie im Hotel ›Jefferson‹, bei der Dad ein Ohr einbüßte, das mittels kosmetischer Chirurgie wiederhergestellt werden mußte. Das war der Anfang vom Ende für Dads eventuelle Aufstiegschance in den Betriebsrat bei der *I.S.C.*

Es war auch das Ende von Roses Verabredungen mit ihrem gutaussehenden, ehrgeizigen und recht opportunistischen Verehrer, der damit als potentieller Ehemann ausschied.

Damals brach ihr das Herz, wie man so sagt, und kurz danach begannen ihre unerklärlichen gastrischen Beschwerden.

Doch Sie kennen Miss Rose nicht und werden sie nie kennen, es sei denn, Sie lernten sie durch diese ›Sache‹ kennen, denn Laura in *Glasmenagerie* glich Miss Rose lediglich in ihrem unentrinnbaren ›Anders-Sein‹, an das jene alte Wildkatze Amanda durchaus nicht glauben wollte. Und, wie ich schon sagte, Sie können sie ein wenig mehr durch *Portrait of a Girl in Glass* über sie erfahren.

Das Heute ist von Blitzen durchzuckt, die Nachtschwärmer sind verdorben und gestorben, und Blanche ist beiseite gelegt worden ...

Eines Abends rief Dad – er saß bedrückt und umdüstert in der Glasveranda unserer Wohnung in der Enright Street – Rose zu sich. »Sister, komm her, ich muß was mit dir besprechen.«

Er teilte ihr mit, daß er Gefahr liefe, seinen Job bei der *I.S.C.* zu verlieren – es war nach dem Vorfall mit seinem Ohr –, und daß sie sich mit dem Gedanken vertraut machen müsse, ihr Brot selbst zu verdienen.

Auf irgendeine Weise – ich weiß es im einzelnen nicht mehr – bekam sie eine Stellung als Sprechstundenhilfe in der Praxis eines jungen Zahnarztes. Diesen Job hatte sie nur einen Tag, und er endete auf höchst dramatische Weise. Es war ihr nicht möglich gewesen, Briefumschläge ordnungsgemäß zu adressieren, der junge Zahnarzt hatte sie entlassen, und sie war schluchzend in die Toilette gestürzt und hatte sich dort eingeschlossen.

Wir wurden zu Hause angerufen und mußten zu dem Zahnarzt in die Praxis gehen und Rose dazu bewegen, ihren Fluchtort zu verlassen.

Im Jahre 1937 wurde Rose ins Staatliche Irrenhaus in Farmington, Missouri, eingeliefert. Wir fuhren sie besuchen.

»Tom, ich zeig dir jetzt meine Station.«

Sie führte mich durch die Gänge. Es war so schrecklich, daß man es kaum glauben konnte: all die schmalen pritschenartigen Betten und die harten Holzbänke. Unter einer dieser Bänke lag zusammengekrümmt ein junges Mädchen in katatonischer Starre.

»Rose! Was fehlt ihr?!«

(Mein Gott, welche Frage!)

Anscheinend völlig gelassen, erwiderte Rose lächelnd: »Sie ist heute unartig, sonst nichts.«

Jahre später, etwa 1949 oder 1950, lebte Rose – nachdem sie auf so tragische Weise durch eine Leukotomie, die Ende der dreißiger Jahre öfters durchgeführt wurde, ruhiggestellt worden war, wie die Ärzte das nennen – bei einem älteren Ehepaar auf einer in der Nähe der Anstalt gelegenen Farm.

Ich wollte gern, daß sie mich, in Begleitung ihrer Betreuerin, der Frau des Farmers, in Key West, wo ich mich mit Großvater aufhielt, besuchte, und leitete das Nötige in die Wege.

Als der Wagen vorfuhr, kam Großvater unsicheren Schrittes eilig aus dem Haus.

»Rose, hier ist Großvater!«

»Nein, nein, nein!« schrie sie. »Das ist ein alter Schwindler!«

Ihr so unglücklich verlaufender Besuch dauerte nur vier Tage, während derer sie in meinem Haus nichts zu sich nehmen wollte, außer einer Dose Campbell-Suppe und Chili, und auch das nur, wenn *ich* die Dosen geöffnet hatte.

Zu dieser Zeit wurde Miss Rose von einer Art imaginärem Ungeziefer gepeinigt, das sie ›Mörder-Käfer‹ nannte. Sobald sie einen Gegenstand berührte, den man schütteln konnte, schüttelte sie ihn, um die ›Mörder-Käfer‹ zu entfernen. Trotz strahlendsten Vorfrühlingswetters lag ein dunkler, lastender Schatten über dem Haus. Das Unternehmen wurde abgebrochen – Rose und ihre kuhähnliche Begleiterin kehrten auf die Farm in Missouri zurück ...

Damals schrieb Miss Rose mir fast täglich.

Ich weiß noch, daß einer dieser Briefe mit dem Satz begann: »Heute ging die Sonne auf wie ein goldenes 5-Dollar-Stück!«

Sie hing an den kleinen Kindern auf der Farm und ganz besonders an dem Kanarienvogel, und in jedem ihrer kindlichen kurzen Briefe berichtete sie, wie es ihnen allen ginge, wie zum Beispiel: »Chee-chee [der Kanarienvogel] scheint sich heute sehr wohl zu fühlen.«

»Heute fuhren wir in die Stadt, und ich kaufte Palmolive-Shampoo für die Zierde meines Hauptes.«

Bald danach brachte ich Rose in einer sehr exklusiven und entsprechend teuren Heilanstalt in Hartford, Connecticut, unter, die sich ›Lebensinstitut‹ nannte. Als ich sie, einige Monate später, dort besuchte, erfuhr ich zu meiner Bestürzung und Wut, daß Miss Rose in die Station für ›unruhige‹ Patienten verlegt worden sei. Man sagte mir, sie habe eine alte Dame niedergeschlagen. Ich verlangte, Rose sofort zu sehen.

»Ich habe sie nicht niedergeschlagen«, sagte Miss Rose – die nie lügt –, »ich habe ihr nur einen kleinen Stoß gegeben, und sie ist hingefallen. Sie kam immer wieder nachts in mein Zimmer, und ich konnte nicht schlafen.«

Ich teilte dem Leiter der Anstalt umgehend mit, daß Miss Roses Aufenthalt in seinem ›Lebensinstitut‹ hiermit beendet sei.

Wir fuhren – viele Stunden lang – nach Stoney Lodge in Ossining, wo Rose heute noch lebt. Diese auf einem Steilufer mit Blick über den Oberlauf des Hudson erbaute Anstalt ist wunderschön gelegen, das dazugehörige Gelände gartenarchitektonisch höchst reizvoll gestaltet, und Rose hat ein hübsches Zimmer für sich allein, mit Blumentapete.

Unter allem, was ich aus meinem Leben gemacht habe, dürfte Roses Unterbringung in Stoney Lodge an erster Stelle stehen – neben einigen wenigen gelungenen Arbeiten.

Da ich wußte, wie sehr Rose an dem Kanarienvogel im Farmhaus gehangen hatte, schenkte ich ihr einen Wellensittich, der zu ihrem erklärten Liebling wurde. Immer wenn ich sie nach einer Ausfahrt mit dem Wagen in die Anstalt zurückbrachte, sagte sie dann beim Aussteigen: »Tom, willst du nicht mit rauf kommen und meinem Wellensittich guten Tag sagen?«

Einige Jahre lang lebte und gedieh der Vogel.

Doch dann einmal, während eines unserer Kurzausflüge, schien mir Miss Rose ungewöhnlich bedrückt, und als wir nach der Rückkehr ausstiegen, forderte sie mich nicht auf, dem kleinen Vogel einen Besuch abzustatten.

»Soll ich deinem Wellensittich heute nicht guten Tag sagen, Rose?«

»Nein, heute nicht«, sagte sie. »Es geht ihm nicht sehr gut.«

Ich bestand darauf, mit ihr hinauf in ihr Zimmer zu gehen, und der Wellensittich lag tot auf dem Boden des Käfigs. Roses Tagesschwester sagte mir, der Vogel sei schon längere Zeit tot, doch Miss Rose würde es nicht zulassen, daß man ihn entferne.

Nach diesem traurigen Ereignis versuchte ich mehrmals, Rose dazu zu überreden, sich einen neuen Wellensittich von mir schenken zu lassen, doch sie lehnte jedesmal ab.

Rose hat nie zugegeben, und wird es wohl auch nie tun, daß es den Tod gibt. Und doch sagte sie einmal: »In der vergangenen Nacht hat es geregnet. Und mit dem Regen kamen die Toten.«

»Du meinst, ihre Stimmen?«

»Ja, natürlich . . . ihre Stimmen.«

Wann immer meine Freundin Maria in ihren Briefen Miss Rose erwähnt, spricht sie von deren so herzergreifend schönen Augen.

Und doch weigert sich Maria heute, meine Anrufe entgegenzunehmen. Die Widersprüchlichkeiten in unseren liebsten Freunden scheinen grenzenlos . . .

Oder doch fast.

Marias Ärger mag daher rühren, daß mein Agent, Bill Barnes, zu Recht fand, daß wir eine Aufführung von *Out Cry* nicht so lange hinausschieben könnten, bis Paul Scofield sich endlich entschließen würde, die Rechte an dem Stück zu erwerben und sich auf ein Datum für die Aufführung in England festzulegen. Ich mußte ihm, wenn auch mit Bedauern, beipflichten, und nach kurzer Zeit übergaben wir die Rechte David Merrick. Regie führen sollte Peter Glenville.

Maria, Lady St. Just, ist ein äußerst loyaler Mensch. Sie hatte das Gefühl, daß unser Freund ›Chuck‹ Bowden hintergangen worden sei, und konnte, als Romantikerin, die sie ist, nicht begreifen, wie lebenswichtig rechtsgültige Theaterverträge sind.

Niemand hat meinen Wankelmut, meine Schüchternheit und

Schwäche je härter verurteilt als ich selbst – mit Ausnahme von Maria. Sie war immer der Meinung, daß ich mich damit selbst verrate, mich also auch als Künstler verrate.

Plötzlich beantwortete sie meine Briefe nicht mehr. Dann ließ sie sich nicht sprechen, wenn ich sie, von New York aus, in der Gerald Road in London und in Wilbury anrief.

Ich brauche Ihnen wohl nicht zu sagen, wie sehr mich das betrübt, da Maria und meine Schwester Rose und Billy inzwischen die einzigen Menschen sind, die meinem Herzen nahestehen.

Jetzt bleibe ich noch zwei oder drei Tage in New York und fahre dann, wenn ich die Premiere von *Sturmwarnung* gesehen habe, nach New Orleans, in meine neu möblierte Wohnung. Das heißt, wenn Mutters Arzt mir nicht sagt, daß ihr Zustand hoffnungslos oder doch so besorgniserregend sei, daß ich tatsächlich nach St. Louis muß, in jene gefürchtete Stadt.

Ob ich Bill Barnes Ende August zu den Filmfestspielen nach Venedig begleite, hängt davon ab, ob Maria, als mein Gast, ebenfalls an den Lido kommt.

Wenn nicht, bleibe ich in New Orleans, um mich endlich einmal wieder richtig auszuruhen, was ich dringend brauche, bevor die Proben zu der nächsten Inszenierung von *Out Cry* beginnen. Wie ich höre, soll das Ende des kommenden Monats der Fall sein.

Am Abend der Premiere werde ich nach Italien fliegen, um bis auf weiteres unter den schönen Menschen dort zu leben, mit der Hoffnung, den kleinen Bauernhof zu finden, von dem ich schon immer geträumt habe, und ihn zu erwerben. Dort werde ich Gänse und Ziegen züchten, einen reizvollen jungen Mann als Gärtner und Fahrer engagieren und schwimmen, viel schwimmen.

Gestern, im *New Theatre,* erlitt ich eine Art Bewußtseinstrübung, die mich nachhaltig verstörte. Ganz ehrlich, ich konnte die erste Pause der zweiten Vorstellung nicht vom Ende der ersten Vorstellung unterscheiden. Ich kam aus der Herrengarderobe, als ich den Applaus nach dem ersten Akt hörte. Auch meine ›Schmisse‹ waren erschreckend. Wären die hinteren Reihen besetzt gewesen – sie waren es bei beiden Vorstellungen nicht –, so bezweifle ich, daß man mich dort verstanden hätte, zumindest über längere Strecken meines Textes hinweg nicht.

Das Problem scheint der Atem zu sein. Ich lasse das Ende eines Satzes fallen, weil mir der Atem ausgeht.

Und doch erhielt ich großen Beifall. Ich nehme an, daß ich etwas an mir habe, das als typisch für *Doc* erkennbar ist – gleichgültig, ob man alles versteht, was ich sage.

Es ist äußerst wichtig, daß *Sturmwarnung* den ganzen Sommer über läuft. Es muß. Es wird. Für die geplante Produktion von *Out Cry* würde das bedeuten, daß ich als Autor wieder ›ziehe‹ und imstande bin, Stücke zu schreiben, die sich trotz ›gemischter Presse‹ fünf Monate auf dem Spielplan halten. Das wäre, im Hinblick auf meine weitere Arbeit, ein höchst förderliches Ereignis, und eine große Hilfe.

8

Gegen Ende des Frühjahrs 1947, nachdem ich Großvater ins Hotel ›Gayoso‹ in Memphis – seine ständige Adresse – zurückgebracht hatte, fuhr ich mit dem Wagen weiter nach New York, wo eine Aufführung von *Endstation Sehnsucht* geplant war.

Ich hielt mich dieses Mal – wiederum mit Santo – nur kurze Zeit in New York auf. Ich sah Elia Kazans Inszenierung von Arthur Millers Schauspiel *Alle meine Söhne* und war so nachhaltig von seiner Arbeit und dem *élan vital,* den das Stück durch ihn gewonnen hatte, beeindruckt, daß ich Audrey Wood und Irene Selznick beschwor, alles nur Mögliche zu tun, um Kazan als Regisseur für *Endstation Sehnsucht* zu gewinnen. Zunächst las seine Frau, meine alte Freundin Molly Day Thacher Kazan, das Stück. Er zeigte anfänglich wenig Neigung, die Inszenierung zu übernehmen, doch es gelang ihr, ihn zu überreden, und ein entsprechender Vertrag kam zustande.

Nachdem dieser für mich so bedeutsame Abschluß getätigt war, fuhren Santo und ich nordwärts nach Cape Cod. Wir mieteten einen Bungalow mit Schindeldach direkt am Wasser, irgendwo zwischen North Truro und Provincetown. (Wir tauften den Bungalow ›Rancho Santo‹ und malten den Namen auf ein Brett, das wir über der Eingangstür anbrachten.) Bald hatten wir Gäste: Margo Jones und ihr zweites Ich, Joanna Albus, kamen, um den ländlichen Bungalow mit uns zu teilen. Zu beiden Seiten des großen Wohnraums befand sich je ein doppelstöckiges Bett; die Damen und Santo und ich teilten uns in die Betten, und es wurden erhebliche Mengen Feuerwasser konsumiert. Ich selbst trank damals nicht allzuviel, doch Margo (der ›texanische Tornado‹) war dem Alkohol ebenso zugetan wie Santo. Es war eiskalt; an Baden im Meer war noch nicht zu denken. Ich arbeitete weiter an *Endstation Sehnsucht,* und dort, in jenem Bungalow, fiel mir der Satz ein, den Blanche vor ihrem letzten Abgang sagt und der später sozusagen historisch geworden ist: »Ich habe mich immer auf die Güte von Fremden verlassen.«

Das traf durchaus auch auf mich zu, und in der Beziehung bin ich nur selten enttäuscht worden. Ich möchte sogar behaupten, daß flüchtige Bekannte oder gar Fremde mir mehr Freundlichkeit und Hilfe erwiesen haben als meine Freunde – was nicht unbedingt für mich spricht. Mich kennen heißt nicht mich lieben, bestenfalls mich tolerieren, und von Theaterkritikern würde ich sagen, daß ihre Toleranz mittlerweile erschöpft zu sein scheint.

Aus irgendeinem Grund fielen bei uns plötzlich Strom und Wasser aus. Unsere Abende wurden von Kerzenschein erhellt, und was die natürlichen Bedürfnisse anging, so mußten wir uns in die Büsche schlagen.

Etwa um diese Zeit erhielt ich ein Telegramm von Kazan, in dem er mir mitteilte, daß er einen jungen Schauspieler, den er für begabt hielte, nach Cape Cod schicken würde, damit er mir die Rolle des Stanley vorlesen sollte. Wir warteten zwei oder drei Tage, doch der junge Schauspieler – er hieß Marlon Brando – erschien nicht. Ich rechnete bereits nicht mehr mit ihm, als er eines Abends in Begleitung eines attraktiven jungen Mädchens – heute würde man sagen ›ein steiler Zahn‹ – aufkreuzte.

Er fragte, warum das Licht nicht brenne, und wir erzählten ihm, daß irgendwas mit der Leitung nicht in Ordnung sei. Er behob den Schaden in kürzester Zeit – ich glaube, er steckte bloß ein Cent-Stück in die Sicherung.

Dann stellte er fest, daß wir ohne Wasser waren, und befreite uns auch von dieser Kalamität.

Er war, mit ein oder zwei Ausnahmen, wohl der bestaussehende junge Mann, der mir je begegnet ist, doch ich habe nie mit Schauspielern ›rumgemacht‹ – das ist so eine Art moralischer Grundsatz von mir, außerdem war Brando nicht der Typ, der sich auf die Weise eine Rolle zu verschaffen suchte.

Nachdem er unseren Bungalow mit seiner handwerklichen Geschicklichkeit wieder bewohnbar gemacht hatte, setzte er sich in eine Ecke und begann, die Rolle des Stanley zu lesen. Ich gab ihm die Stichworte. Nach weniger als zehn Minuten sprang Margo Jones auf und stieß einen ›Texas-Tornado‹-Schrei aus.

»Ruf sofort Kazan an! Das ist das Beste, was ich je gehört habe – ob in Texas oder sonstwo!«

Brando lächelte vielleicht ein wenig, zeigte jedoch im übrigen keinerlei Anzeichen der freudigen Erregung, die wir anderen empfanden.

Der *Stanley Kowalski* war die erste bedeutende Rolle, die Marlon auf der Bühne gespielt hat, alles andere waren Filmrollen gewesen. Ich fand das bedauerlich, da Brando auf der Bühne ein Charisma entfaltete, das in seiner Leuchtkraft dem von Laurette Taylor ebenbürtig war.

An diesem Abend saßen wir zu Hause und lasen Gedichte, das heißt, ich las meinen Gästen einige Gedichte vor. Dann gingen wir schlafen. Für Brando war kein Bett da, und er legte sich, in eine Decke gewickelt, auf den Fußboden.

Aus irgendeinem Grund war Brando mir gegenüber immer gehemmt. Am nächsten Morgen wollte er am Strand mit mir spazierengehen, was wir taten – schweigend. Und dann gingen wir wieder zurück – ebenfalls schweigend ...

Den Kowalski hatten wir nun. Jetzt galt es, eine Blanche zu finden. Ich wurde nach New York zitiert, um mir Margaret Sullavan in der Rolle anzuhören. Sie schien mir nicht die Richtige zu sein, ich sah sie im Geist andauernd mit einem Tennisschläger in der Hand und zweifelte daran, daß Blanche je Tennis gespielt hätte. Sie las die Rolle noch einmal. Margaret Sullavan war eine schöne Frau und als Schauspielerin ohne Egozentrik. Als wir ihr sagten, daß die erste Lesung uns nicht zufriedengestellt hätte, bat sie darum, es noch einmal versuchen zu dürfen. Wir hörten ihr noch einmal zu, und merkwürdigerweise war der Tennisschläger, wenn auch unsichtbar, immer noch deutlich vorhanden. Irene wurde abgesandt, um ihr mitzuteilen, daß wir ihr herzlich dankten, sie aber leider für diese Rolle nicht geeignet fänden.

Dann hörten wir, daß eine Schauspielerin, deren Name – Jessica Tandy – mir gänzlich unbekannt war, an der Westküste in meinem Einakter *Porträt einer Madonna* Furore mache. Wir (Irene, Audrey, Santo und ich) beschlossen, mit dem Expreßzug hinzufahren, um sie uns anzusehen.

Es wurde mir sofort klar, daß Jessica *die* ideale Blanche war.

Da wir nun die Darsteller für die beiden wichtigsten Rollen gefunden hatten, sagte ich Kazan, er sollte die übrigen Rollen besetzen, wie er es für richtig hielte, und kehrte zu unserem Bungalow ›Rancho Santo‹ auf Cape Cod zurück. Es war nun warm genug zum Schwimmen und Cape Cod in jenen Tagen ein überaus angenehmer Sommeraufenthalt. Mein Freund benahm sich, gelinde ausgedrückt, nach wie vor recht exzentrisch und unberechenbar. Margo und Joanna waren noch da, und es bedurfte unserer vereinten Kräfte, ihn halbwegs unter Kontrolle zu halten. Ich hatte mich an sein hitziges Temperament gewöhnt und verbrachte die Vormittage an der Schreibmaschine und die Nachmittage in den sonnigen Dünen.

In Provincetown tauchten nun einige interessante Leute auf, darunter der Textdichter John LaTouche, der ›Cabin in the Sky‹ und andere Songs geschrieben hatte, in Begleitung eines jungen Mannes sizilianischer Abstammung namens Frank Merlo. Frank sollte eines Tages derjenige meiner Gefährten werden, der mir am allernächsten stand und mit dem ich am längsten von allen zusammen war.

Er war einige Zentimeter kleiner als ich, aber von griechisch-klassischem Wuchs, mit sehr großen braunen Augen und einem Gesicht wie ein Rennpferd, das ihm einige Jahre später den Spitznamen ›Das kleine Pferd‹ eintrug.

LaTouche machte gerade so etwas wie eine Nervenkrise durch, die, wenn ich nicht irre, wohl etwas mit seiner Mutter zu tun hatte. Er reiste plötzlich ab und ließ Frank Merlo auf Cape Cod zurück.

Die Umstände, unter denen unsere erste Begegnung stattfand, waren recht dramatisch.

Santo und ich waren nach Provincetown in ein Nachtlokal gegangen, ins ›Atlantic House‹, wo Stella Brooks auftrat, eine der frühen, großen Jazzsängerinnen. Ich mochte sie besonders gern, was Santo mitnichten behagte. Er brüllte ihr während ihres Auftritts irgendwelche Obszönitäten zu und rannte aus dem Lokal. Allein geblieben, schlenderte ich nach Stellas Auftritt auf die hölzerne Veranda des ›Atlantic House‹. Nach kurzer Zeit kam Frank Merlo ebenfalls auf die Veranda, allein, trat an die Brüstung und steckte sich eine Zigarette an. Er trug enge Jeans, und ich konnte den Blick nicht von ihm wenden. Er muß die Intensität meines forschenden Blickes wie Hitze im Rücken gespürt haben, denn nach einer Weile drehte er sich um und lächelte.

Ich weiß nicht mehr, was ich sagte, doch in wenigen Minuten saßen wir in meinem Pontiac-Kabriolett und fuhren zu den Dünen hinaus.

Ich möchte diese ›Sache‹ nicht mit allzu vielen homoerotischen Erlebnissen belasten, nur so viel, daß diese Stunde in den Dünen für mich unvergeßlich schön war, obwohl ich Sand nie als eine ideale oder auch nur wünschenswerte Unterlage für die Huldigung an den kleinen Gott betrachtet habe. Doch es wurde ihm an jenem

Abend eine so inbrünstige Anbetung zuteil, daß er wohl immer noch lächelt –

Nachdem ich Frankie vor seinem Hotel abgesetzt hatte, parkte ich den Wagen und wanderte träumerisch durch die von dichtem Nebel erfüllten Straßen von Provincetown. Währenddessen setzte Santo sich in mein Auto und fuhr zunächst zu Stellas Wohnung, da er annahm, sie habe mich umgarnt, das Lager mit ihr zu teilen. Arme Stella, dafür kannte sie mich zu gut. Santo schlug ihr ein blaues Auge und hinterließ ihre Wohnung als Trümmerhaufen.

Als ich zum ›Atlantic House‹ zurückkehrte und meinen Pontiac nicht mehr vorfand, machte ich mich zu Fuß auf den Heimweg. Ich schleppte mich, sehr erschöpft, gerade einen steilen Hügel in Richtung North Truro hinauf, als die Scheinwerfer eines wild schlingernden Wagens auf dem Kamm des Hügels erschienen und auf mich zu rasten. Mein ausgeprägter Selbsterhaltungstrieb sagte mir, daß es sich bei dem Fahrer des Wagens nur um Santo handeln könne. Da er es auf mich abgesehen zu haben schien, sprang ich von der Straße. Santo lenkte den Wagen ins hohe Strandgras, offenbar mit der Absicht, mich zu überfahren. Ich blieb nicht stehen, um wie hypnotisiert darauf zu warten, sondern nahm die Beine in die Hand und sauste über das Marschland davon. Hinter mir her rannte, englische und spanische Schimpfworte brüllend, Santo.

Ich erreichte den Strand, ohne daß er mich eingeholt hätte – es war eine mondlose Nacht –, sah vor mir einen hölzernen Bootssteg, lief auf ihn hinaus, kroch darunter und hielt mich mit beiden Händen an einer Stützstrebe fest. So baumelte ich nun knapp über dem Wasserspiegel. Dort blieb ich, bis Santo, nicht mit der Spürnase eines Bluthundes begabt, meine Spur verloren hatte und laut brüllend in einer anderen Richtung verschwunden war. Dann kletterte ich, frierend und naß, auf den Steg, überquerte erneut das Marschland – ohne daß mich das auch nur im geringsten an das Poem meines Vorfahren ›Die Marschen von Glynn‹ erinnert hätte.

Schließlich landete ich wieder im ›Atlantic House‹. Da es über dem Lokal auch Zimmer zu mieten gab, nahm ich mir eines, verriegelte die Tür und verbarrikadierte sie mit allen vorhandenen Möbeln, außer dem Bett.

Dann schlief ich.

Als ich erwachte, rief ich im Bungalow an. Margo und Joanna sagten, auch sie hätten eine Schreckensnacht hinter sich. Wir waren uns einig, daß Santo dazu überredet werden mußte abzureisen.

Diese Aufgabe übernahm Margo.

Joanna brachte ihn an den Bus.

Ich kehrte in den Bungalow zurück, an dem immer noch der Name ›Rancho Santo‹ zu lesen stand. Ein recht prophetischer Hinweis ...

Die beiden texanischen Damen und ich befanden uns am gleichen Abend, erleichtert und vergnügt, auf dem Weg in ein Restaurant, als Santo auf uns zu gelaufen kam. Offenbar war er per Anhalter nach Provincetown zurückgekommen.

Er war bester Stimmung und die Liebenswürdigkeit selbst – als wäre nichts gewesen.

Wie bereitwillig man doch das Unvermeidliche hinnimmt, wie es scheint.

Wir aßen alle Hummer und nahmen unser übliches Leben im Bungalow wieder auf, bis es Zeit für mich wurde, zu den im Frühherbst beginnenden Proben für *Endstation Sehnsucht* nach New York zurückzukehren.

Es bedurfte einiger Anstrengung, Santo von mir loszueisen. Wahrscheinlich war es Irene Selznick, die diese phänomenale Leistung vollbrachte. Sie hat sich kaum jemals einer Situation gegenüber gesehen, mit der sie nicht fertig geworden wäre, und so schaffte sie selbst das, mich von Santo zu befreien. Dann war ich, recht dankbar dafür, allein in New York und mietete im Stadtteil Chelsea im Erdgeschoß eines braunen Sandsteinhauses ein 1-Zimmer-Apartment mit Kochnische und Fenster zur Straße.

Die Proben im obersten Stockwerk des Hotels ›Amsterdam‹ nahmen ihren Fortgang. Ich hatte das Gefühl, mein Stück hätte überhaupt keine Chancen, und war wieder mal fest davon überzeugt, daß ich ein sterbender Künstler sei, ja, ich war nicht einmal sicher, ein Künstler zu *sein.*

Für einen Mann mit einem dem meinigen so entgegengesetzten Wesen war es ganz erstaunlich, wie gut Kazan mich verstand. Er war einer von jenen seltenen Regisseuren, die den Autor bei allen Proben dabeihaben wollen, selbst bei den sogenannten Stellproben. Hin und wieder rief er mich auf die Bühne, damit ich ihm vormachte, wie meiner Meinung nach eine bestimmte kleine Szene gespielt werden sollte. Ich nehme an, daß er das nur tat, um mir zu schmeicheln, denn er verriet, sobald er erst einmal mit einer Arbeit begonnen hatte, nie auch nur die leiseste Unsicherheit.

Einmal bat er mich, ihm die alte Mexikanerin vorzuspielen, die durch die Straßen geht und in ihrem Singsang blinkende Grabblumen aus Blech anpreist: *»Flores para los muertos, corones para los muertos!«* – so wie ich sie mir dächte.

Ich kletterte auf die Probebühne und näherte mich, die Blechblumen im Arm, der Kowalskischen Wohnung ... Jessica öffnete die Tür und schrie bei meinem Anblick auf.

»Nicht jetzt! Nicht jetzt!«

»Genau, mach es genauso«, sagte Kazan.

Ich lebte immer noch allein in meinem Apartment in Chelsea und wartete auf den Tod und auf einen Mißerfolg. Dann, eines Mittags – ich saß gerade bei der Arbeit –, wurde heftig an die Tür gebummert, die zum Glück verschlossen war.

Mein Gott, Santo war wieder da!

Da es ihm nicht gelang, die Tür aufzubrechen, sprang er auf das Fenstersims. Ich schaffte es gerade noch, das Fenster zu schließen. Inzwischen hatte sich draußen eine große Menschenmenge angesammelt. Santo kniete auf dem Vorsprung und schlug mit den Fäusten gegen die Scheiben, bis sie zersplitterten. Dann griff ein Polizist ein. Er nahm Santo nicht fest, sondern schickte ihn bloß fort. Santo drehte sich noch einmal um und sah mich an. Sein Gesicht war tränenüberströmt. Auch ich begann zu weinen, etwas, das ich sehr selten tue.

Es war ein sehr trauriger Vorfall, und ich hoffe, daß Sie mein Verhalten verstehen.

Auf den Rat von Irene und Audrey verließ ich vorübergehend mein Apartment und zog in ein altes Hotel, in dem ich vor Jahren schon einmal gewohnt hatte, ein ziemlich heruntergekommener Laden auf der West Side, der sich Hotel ›Windsor‹ nannte. Dort blieb ich, bis Santo beigebracht worden war, daß ich nicht dazu zu bewegen sei, wieder mit ihm zusammenzuwohnen oder ihn freiwillig auch nur wiederzusehen.

Nach der Premiere von *Endstation Sehnsucht* in New Haven, Anfang November 1947, schien niemand genau zu wissen oder sich auch nur darum zu kümmern, was die Kritik nun eigentlich dazu meinte. Nach der Premiere hatte Mr. Thornton Wilder, der in New Haven ansässig war, uns alle in seine Wohnung eingeladen. Es war wie eine Audienz beim Papst. Wir saßen um den konventionellen, würdigen Herrn herum, während er das Stück heruntermachte, als erließe er eine päpstliche Bulle. Er sagte, das Opus beruhe auf einem unglücklichen Mißverständnis. Eine Frau, die einmal eine ›Dame‹ gewesen sei (womit er Stella meinte), könne niemals einen solchen Proleten wie Stanley heiraten.

Wir saßen da und hörten ihm höflich zu. Ich dachte mir im stillen: dieser Typ ist nie zu einem guten Fick gekommen. Jahre später, in der Kennedy-Ära, begegnete ich ihm wieder, als eine Gruppe von Theaterleuten zu einem Bankett ins Weiße Haus eingeladen war. Wir vom Theater wurden gebeten, uns in einem großen Saal, dessen Wände mit schimmernden Spiegeln verkleidet waren, in alphabetischer Ordnung in einer Reihe aufzustellen. Der Präsident und Jackie und beider Ehrengast André Malraux – wir standen bereits mehr oder weniger aufgereiht da – sollten gleich erscheinen, als Thornton Wilder, wichtigtuerisch wie ein selbsternannter Feldmarschall, auf mich zugestürzt kam. Ich war in einer Unterhaltung mit Miss Shelley Winters begriffen (wir rangierten beide unter ›W‹).

Mit dem strahlenden Lächeln eines Leichenbestatters schrie Mr. Wilder: »Mr. Williams, Sie haben sich nicht ganz richtig placiert, Sie kommen hinter mir.«

Ich war angetrunken genug, ihm zu antworten: »Wenn ich hinter Ihnen komme, so ist es das erste und letzte Mal in meinem Leben.«

Als der lange, alphabetisch geordnete Zug von Menschen bereits fast am Präsidenten und der First Lady vorbei defiliert und Malraux vorgestellt worden war, kam die Reihe an mich, ihn zu begrüßen. Ich hatte noch nie von ihm gehört und sagte: *»Enchanté, Monsieur Maurois«* – was Jackie ein Lächeln abnötigte, Malraux jedoch keineswegs zu belustigen schien.

Eines Abends spät – das Ensemble spielte *Endstation Sehnsucht* inzwischen in Boston – überraschte der liebe Santo mich noch einmal mit seinem Besuch. Ich verschloß meine Tür im ›Ritz-Carlton‹ niemals – wer tat das schon? –, und ins Zimmer stürzt plötzlich mein nicht zu entmutigender Exgefährte. Es fielen Worte der Zerknirschung, der Reue und Zuneigung, Worte, die bei mir auf kein geneigtes Ohr stießen. Dann setzte es einige Scherben – eine oder zwei Vasen, die auf dem Kaminsims gestanden hatten.

Mein Zimmer lag dem von Mrs. Selznick gegenüber. Sie hörte den Lärm und öffnete unklugerweise – man stelle sich vor, daß Irene etwas Unkluges tat! – ihre Tür. Santo, unter Alkohol, wie gewöhnlich, ergriff sofort die Gelegenheit, seine Wut an jener gänzlich schuldlosen Dame auszulassen. Doch griff er sie nur mit Worten an, und ich glaube, sie meisterte die Situation mit ihrer gewohnten Geistesgegenwart und Gewandtheit.

Es dauerte Jahre, bis ich Santo wiedersah – er hatte sich inzwischen den *Anonymen Alkoholikern* angeschlossen und sich der Religion zugewandt – und unsere Begegnungen waren hinfort friedlich und erfreulich . . .

Nach der Aufführung von *Endstation Sehnsucht* in Boston wurden die Kritiken immer besser – bis auf eine schlechte, die dem Erfolg jedoch keinen Abbruch tat. Doch erst in Philadelphia stellte es sich endgültig heraus, daß das Stück seinen Weg machen würde.

Kazan und ich standen in Philadelphia kurz vor Beginn der Vorstellung im Foyer des Theaters, und die Menge drängte in den Zuschauerraum wie die *aficionados* des Stierkampfes, die den großen Ordóñez sehen wollen. Kazan grinste mir zu und sagte: »Das hier riecht nach einem Hit.«

Ich weiß noch, daß ich mir in Philadelphia, im Hinblick auf die positiven Kritiken, einen sehr teuren Tweedmantel leistete. Brando lud mich zum Essen ein und ging mit mir in ein obskures griechisches Restaurant. Es war unmöglich, ihn in ein Gespräch zu ziehen, und fast unmöglich, die öltriefenden Gerichte zu essen.

Die New Yorker Premiere war ein Bombenerfolg. Ich wurde nach der Vorstellung wie bei *Glasmenagerie* auf die Bühne geholt, um mich zu verbeugen, und stand genauso linkisch und verlegen herum wie damals. Ich fürchte, ich habe mich dann vor den Schauspielern verbeugt statt vor dem Publikum.

Ich lebte immer noch allein in dem 1-Zimmer-Apartment in Chelsea. Es war Ende Dezember, und ein Blizzard tobte über der Stadt. Es schneite so heftig und anhaltend, daß der Verkehr mehrere Tage lang fast lahmgelegt war. In meinem Haus war das Heizöl ausgegangen, und der Kamin – es war mir gelungen, an der Ecke einige Holzscheite zu ergattern – war meine einzige Wärmequelle. Und dann fuhr ich während dieses nicht enden wollenden Blizzards eines Abends mit dem Taxi am Times Square vorbei und bemerkte, zusammengekauert in einem Torweg, einen jungen

Mann. Daß der blonde Junge für dieses Wetter viel zu leicht gekleidet war, griff mir so sehr ans Herz, daß ich dem Fahrer zurief: »Bitte halten Sie!«, aus dem Taxi sprang und auf den Burschen im Torweg zulief. »Hallo, steigen Sie ein, Sie frieren.«

Wie sich herausstellte, handelte es sich um einen jungen Hilfsarbeiter beim Zirkus. Ich nahm ihn mit in mein Apartment, und wir waren gerade dabei, ein Feuer im Kamin in Gang zu bringen – zur allgemeinen ›Erwärmung‹ der Lage –, als es an die Tür klopfte.

Begreiflicherweise zögerte ich ein wenig, ehe ich öffnete. Vor mir stand ein Bekannter vom Theater und eine zu ihm gehörende Dame, die ich zwar wiedererkannte, deren Namen ich aber hier nicht nennen will – nur so viel, daß sie nicht mit ihm verheiratet war.

»Mein Gott, hier ist es aber kalt«, bemerkte er, und die beiden legten sich sofort ins Bett – lediglich um sich zu erwärmen, wie ich annahm. Das Zirkuskind und ich saßen, quasi meditierend, vor dem Kamin, und es dauerte nicht lange, bis das Zimmer von Lustschreien der jungen Dame, deren Namen ich verschwiegen habe, widerhallte. Anschließend saßen wir alle ohne das leiseste Peinlichkeitsgefühl am Feuer und tranken.

Nachdem das Liebespaar gegangen war, nahmen wir seinen Platz im Bett ein, und ich muß sagen, daß wir viel weniger Lärm machten, obwohl ich glaube, daß meine Sensationen ebenso ekstatisch waren wie die der jungen Frau. Der Blonde blieb einige Tage und Nächte bei mir, dann verließ sein Zirkus die Stadt, und ich war wieder allein.

Nachdem der Blizzard überstanden war, buchte ich auf der *America* eine Überfahrt nach Europa. Es war um die Weihnachtszeit.

Ich hatte einen großen Baum gekauft, ihn schön geschmückt und gab eine Party in meinem Apartment. Der eine Raum faßte die Gäste kaum. Die ›Stars‹ des Abends waren wohl Greta Garbo und Helen Hayes.

Die Garbo machte auf alle einen ungeheuren Eindruck; sie war unglaubhaft schön. Erst vor einigen Wochen ging ich auf der Straße an ihr vorbei, ohne sie zu sehen. Mein Begleiter sagte: »Die Dame eben war die Garbo.« Ich fuhr herum und lief ihr nach. Zugegeben, ihr schönes Gesicht war gealtert, doch sie war immer noch schön. Ihre fast krankhafte Schüchternheit und Menschenscheu war allerdings nach wie vor zu spüren. Sie gab sich liebenswürdig, schien sich jedoch zu fürchten. Ich sagte ihr, daß ich an diesem Abend in meinem Stück *Sturmwarnung* selbst aufträte, und lud sie ein, als mein Gast zur Vorstellung zu kommen. Es war töricht von mir, eine solche Einladung an die Garbo zu richten, doch ihre Ablehnung erfolgte in höflicher, gewinnender Form. »Wie schön. Ich danke Ihnen, aber ich gehe nicht mehr aus.«

Dann hastete sie weiter.

Ich glaube, ich bin der Garbo fünfmal begegnet. Eine dieser Begegnungen fand im Dezember 1947 statt, kurz nach der Premiere von *Endstation Sehnsucht* in New York. Ich hatte George Cukor beiläufig erzählt, daß ich ein Drehbuch mit dem Titel *The Pink Bedroom* geschrieben hätte. Cukor war ein intimer Freund der Garbo und sagte: »Ich möchte, daß Sie das Manuskript der Garbo zeigen. Ich werde das für Sie arrangieren.«

Zu meiner Überraschung empfing mich die legendäre Dame allein in ihrem Apartment im Ritz Tower.

Wir saßen im Wohnzimmer und tranken Schnaps. Ich hatte bald einen gewaltigen Rausch und begann, ihr die Story von *The Pink Bedroom* zu erzählen. Etwas an ihrer seltsamen, androgynen Schönheit ließ mich meine sonstige Schüchternheit vergessen. Während ich sprach, flüsterte sie immer wieder »wunderbar« und beugte sich mit verzücktem Blick zu mir hinüber. Ich dachte, ›sie macht es, sie wird zum Film zurückkehren!‹ Nach etwa einer Stunde, als ich ihr das Drehbuch erzählt hatte, sagte sie immer noch »wunderbar«. Doch dann seufzte sie und lehnte sich auf dem Sofa zurück. »Ja, es ist wunderbar, aber nicht für mich. Geben Sie es Joan Crawford.«

Das zweite Mal sah ich die Garbo fünf Jahre später, glaube ich, auf einer kleinen Party bei der phantastischen alten Charakterschauspielerin Constance Collier. Unter den Gästen war auch die Garbo. Ich näherte mich ihr und sagte: »Sie sind die größte Tragödin der Leinwand, die es je gegeben hat. Sie müssen unbedingt wieder filmen!«

Die Garbo sprang auf und rief aus: »Es ist unerträglich heiß hier!«, stürzte zu einem Fenster und riß es weit auf, als wolle sie hinausspringen. Den Rücken uns zugewandt, blieb sie einige Minuten dort stehen.

Die alte Schauspielerin, unsere Gastgeberin, beugte sich mit ernstem Gesicht zu mir und flüsterte: »Sprechen Sie nie mit ihr darüber, daß sie wieder filmen soll. Sie kriegt dann jedesmal so einen Anfall.«

Wie traurig es doch ist, wenn ein Künstler seine Kunst aufgibt. Ich finde das noch viel trauriger als den Tod ...

Es muß etwas in ihrer Karriere gegeben haben, das sie von Grund auf verstört hat – in Hollywood meine ich. Und so ist sie zu einer unvergänglichen Legende geworden, und uns ist lediglich ihre *Kameliendame*, ihre *Anna Karenina* und das Timbre ihrer herrlichen Stimme geblieben, die sicherlich der Stimme der Duse ebenbürtig ist.

Ende Dezember jenes Jahres, als ich meiner zunehmenden Publicity in New York nicht mehr gewachsen war, reiste ich auf dem Seeweg nach Europa.

Ich war während der ganzen Überfahrt nicht seekrank, fühlte mich jedoch seltsam unwohl und konnte nicht schreiben.

Nicht schreiben können hat mich immer in einer Weise verstört, als sei der Himmel über mir eingestürzt.

Ich landete in Cherbourg und kam nach Paris.

Ich hatte die Garbo gefragt, wo ich in Paris absteigen sollte, und die Gute hatte gesagt: »Versuchen Sie es mit dem ›George V.‹.« Ich konnte mir nicht vorstellen, daß die Garbo sich irrt, also fuhr ich in jenes Hotel. In meinem Leben, in dem gemietete Zimmer eine entscheidende Rolle spielen, habe ich noch nie ein Hotel so sehr verabscheut wie das ›George V.‹.

So zog ich also am nächsten Tag um, ins ›Lutetia‹ an der *rive gauche*. Dieses Hotel, obwohl kaum geheizt, war schon mehr nach meinem Geschmack. Ich wurde immer noch von der Presse verfolgt. Und ich fühlte mich körperlich immer weniger wohl, was mit dem schlechten Essen in Europa während der Nachkriegsjahre zusammenhing. Das Nachtleben, das ich rasch entdeckte, sagte mir allerdings sehr zu. Ich ging immer wieder ins ›Bœuf sur le Toit‹ und zu ›Madame Arthur‹, wo es eine höchst erfolgreiche Transvestiten-Show zu sehen gab.

Die Tage verbrachte ich zumeist in meiner riesigen Badewanne im ›Lutetia‹. Die Heizkörper waren zwar kalt, doch aus irgendeinem Grund gab es jede Menge heißes Wasser. Auch die Presse empfing ich in der Badewanne. Ich glaube, ein Teil von mir hat die Presse immer und unter allen Umständen empfangen wollen. Das Telefon stand nicht still; immer wieder wollte ein Reporter ein

Interview. Ich sprang jedesmal aus der Wanne und hüllte mich fröstelnd in eines der großen Badetücher.

»Montez, s'il vous plaît, Chambre numéro –«

Dann öffnete ich die Tür einen Spalt und ließ mich wieder in die riesige, dampfende Badewanne fallen.

Ich nehme an, daß ich in Paris eine grauenvolle Presse hatte, doch ich habe sie nie gelesen. Die nächtlichen Vergnügungen, die *la ville lumière* zu bieten hatte, nahmen mich zu sehr in Anspruch.

Dessen ungeachtet fühlte ich mich jeden Morgen kränker. Es gab damals in Paris keine Frischmilch, nur Milchpulver, und das Essen war unter jeder Kritik. Ich trank eine Menge Cognac.

Plötzlich fühlte ich mich sterbenskrank und ging ins *American Hospital* in Neuilly.

Die Ärzte eröffneten mir, daß ›Verdacht auf Hepatitis und Mononukleose‹ bestehe. Ich hatte von keinem dieser beiden Leiden je etwas gehört, und die Ärzte fanden sich zu keinerlei Erklärung bereit. In mein Tagebuch schrieb ich: »Das Spiel ist aus.«

Auf dem Schiff hatte ich eine reizende junge Dame kennengelernt, deren Eltern beide sehr bekannte französische Journalisten waren. Ihrem Vater, M. Lazareff, gehörten die Zeitungen *Paris Jour* und *Paris Soir,* und ihre Mutter war die Herausgeberin der Modezeitschrift *Elle.*

Mme. Lazareff besuchte mich im *American Hospital,* wo ich lag und auf den Sensenmann wartete. »Sie stehen sofort auf«, ordnete sie an. »Ich nehme Sie mit zu mir nach Hause, setze Ihnen eine gute Mahlzeit vor und bringe Sie an den Zug nach Südfrankreich.«

Sie expedierte mich nach Vence (wo D. H. Lawrence gestorben ist), ins ›La Colombe d'Or‹, ein kleines Hotel, in dem ihre Tochter sich aufhielt. Es wurde hauptsächlich von Künstlern und Schriftstellern frequentiert. Allüberall flatterten und gurrten schneeweiße Tauben – die mich deprimierten. Ich blieb nur einige Tage dort und fuhr dann weiter nach Italien. Sobald ich die italienische Grenze überschritten hatte, schien sowohl meine Gesundheit als auch meine Lebenskraft wie durch Zauber wiederhergestellt. Die Sonne lachte, und die Italiener lächelten.

In Rom nahm ich mir ein möbliertes 2-Zimmer-Apartment in der Via Aurora, unweit der Via Veneto. Die Wohnung mit ihrer hohen Decke, obwohl nicht in dem entsprechenden Stadtteil gelegen, befand sich in einem jener alten vielstöckigen, ockerfarbenen Häuser, die so charakteristisch für *Vecchia Roma* sind. Es war nur einen Block weit zum Eingang des großen Parks, genannt Villa Borghese. Sowohl der Park wie der Boulevard, Via Veneto, waren, wie ich bald entdeckte, ein bevorzugtes Terrain für Zufallsbekanntschaften, die ein einsamer Fremder zu suchen geneigt ist. Der Zweite Weltkrieg war noch nicht allzulange vorbei, und der Dollar stand hoch im Kurs.

Ein zynischer alter Journalist, den ich bald nach meiner Ankunft kennenlernte, sagte zu mir: »Rom ist eine Stadt der Diebe, Bettler und Prostituierten beiderlei Geschlechts.« Die weite Verbreitung der Prostitution war nicht zu leugnen, was dem erwähnten Zyniker nur zugute kam, da er meine sexuellen Interessen zwar teilte, jedoch in dieser Beziehung entschieden abgebrühter war als ich.

Es *gab* Bettler in Rom, wie es überall Bettler gibt, wo viel Elend herrscht. In bestimmten Stadtteilen New Yorks gibt es jedoch noch viel mehr Bettler als vor fünfundzwanzig Jahren in Rom, und ganz gewiß gibt es in den Städten Amerikas mehr Diebe. Es ist mir damals in Rom nie ein Dieb über den Weg gelaufen, noch ist mir Gewalttätigkeit begegnet oder auch nur angedroht worden. Italiener neigen weder zu Diebstahl noch zu Gewalttätigkeit; mir scheint, daß beides nicht eigentlich in ihrer Natur liegt.

Was die Prostitution angeht, so ist sie in der Tat in allen mediterranen Ländern der älteste Beruf, vielleicht mit Ausnahme von Spanien. Das hat mit der physischen Schönheit der Menschen zu tun, mit ihrem heißen Blut und ihrer natürlichen Einstellung zur Erotik. In Rom sieht man selten einen jungen Mann auf der Straße, der nicht eine leichte Erektion hätte. Oft sieht man sie, die Hände in den Hosentaschen, über die Via Veneto schlendern und, wie unbewußt, an ihren Genitalien herumspielen, unabhängig davon, ob sie auf den Strich gehen oder sich selbst auf der Jagd befinden. Sie wurden ohne unsere puritanischen sexuellen Vorbehalte erzogen. Junge Amerikaner, selbst wenn sie gut aussehen, halten sich nicht für sexuell begehrenswert. Gutaussehende Italiener haben nie eine andere Vorstellung von sich selbst und irren sich selten. Damit habe ich mich in meiner längsten Prosaarbeit, *Mrs. Stone und ihr römischer Frühling*, recht eingehend befaßt.

Ich machte in Rom rasch viele Bekanntschaften – die Kontakte des erwähnten amerikanischen Journalisten mit allen römischen Gesellschaftsschichten, höchsten und niedersten, waren nahezu unbegrenzt. Durch ihn lernte ich die meisten Filmleute aus den Staaten kennen, die damals zum erstenmal auch im Ausland drehten, sowie Luchino Visconti, der bereits *Zoo de Vetro* inszeniert hatte und bald auch *Un Tramway che se chiamo Desiderio* herausbringen wollte. Er war einer der genialsten Bühnen- und Filmregisseure der Welt, und sein intimster Freund und früherer Assistent Franco Zeffirelli kommt ihm inzwischen an Format fast gleich, besonders in seinem berückenden Film *Romeo und Julia.*

In jenem Winter drehte Visconti in Sizilien *Die Erde bebt,* den Film, den ich, obwohl er am wenigsten bekannt ist, nach wie vor für eine seiner besten Arbeiten halte. Der amerikanische Journalist und ich flogen nach Catania. Die Außenaufnahmen für den erwähnten Film gingen in der Nähe der Stadt, in dem Vorort Acitrezza, vor sich. Dort lernte ich sowohl Visconti wie Zeffirelli kennen, der damals ein sehr gutaussehender blonder florentinischer Jüngling war.

Obwohl Aristokrat mit großem ererbten Vermögen war Visconti zu der Zeit überzeugter Kommunist. Ich glaube, es trifft nur auf den Fall Brecht zu, daß die politischen Ansichten eines Menschen, wenn dieser Mensch ein Künstler ist, von Bedeutung für sein Werk sind. Was zählt, ist das Ausmaß seiner Begabung und Humanität. Ich glaube außerdem, daß die sexuellen Neigungen eines Künstlers oder seine diesbezüglichen Abweichungen von der Norm, obwohl von Interesse, im allgemeinen nur wenig mit dem Wert seines Werks zu tun haben. Nur ein Homosexueller konnte *À la recherche du temps perdu* schreiben.

Meine Wohnung bestand aus zwei Räumen. Der Reiz des anheimelnd eingerichteten Wohnzimmers lag hauptsächlich in den riesigen Fenstern. Sie gingen auf die sonnenüberflutete Straße und die alte Stadtmauer hinaus, die den Park Villa Borghese umgibt. (In jenem Winter sorgte ich dafür, daß der Raum immer voller Mimosen war.) Die Einrichtung des anderen Raumes, des Schlafzimmers, bestand fast ausschließlich aus einem riesigen *letto matrimoniale.* Auch dieser Raum hatte große, hohe, mit Jalousien versehene Fenster, durch die am Tage der sonnige blaue Himmel zu sehen war. Es war ein goldener Winter, der wärmste, den ich je in Rom erlebt habe.

Einem einigermaßen ›flüssigen‹ Reisenden mangelte es zu der Zeit an nichts. Selbst in der einfachsten *trattoria* aß man hervorragend, und der Wein von Rom, der Frascati, war von unvergleichlich würziger Milde. Nach einem *mezzo-litro* war mir, als rolle frisches Blut durch meine Adern, Blut, das alle Ängste hinwegschwemmte und alle Verkrampfungen löste, zumindest für eine Weile, und ›für eine Weile‹ ist der Stoff, aus dem die Träume sind.

Die Italiener machen drei oder vier Stunden Mittagspause, wie ich annehme wegen des genossenen Weines und wegen des Klimas, und nach dem Essen legen sie sich für eine Siesta ins Bett. Wenn man jung war, verbrachte man die Siesta zumeist nicht allein, besonders dann nicht, wenn einem ein *letto matrimoniale* zur Verfügung stand, die Fenster der Wohnung auf die Straße gingen und man einige wenige kurze Sätze beherrschte, wie *»Dove vai?«* (»Wo gehst du hin?«). Mein zynischer amerikanischer Journalist sagte mir, ich müsse, um mich in Rom zu amüsieren, nur zwei Dinge auf italienisch sagen können: *»Dove vai?«* und *»Quanto costa?«* (»Wieviel?«)

Doch es dauerte nicht lange, bis ich mir die Sprache angeeignet hatte. Ich spreche fließend italienisch – na sagen wir: ziemlich fließend –, wenn ich in Italien bin, wo ich gern immer wäre, selbst jetzt, wo alles sich dort so drastisch verändert hat.

An meinem zweiten Abend in Rom schlenderte ich durch die Via Veneto, vorbei an den Spiegelscheiben von *Doney's,* der bekannten Konditorei im Erdgeschoß des Hotels ›Excelsior‹. Ich blieb abrupt stehen, da mein Blick dem eines jungen Mannes begegnet war – offenbar ein junger Faun in einem schäbigen, abgetragenen Mantel, der allein an einem Tischchen saß, von wo aus er den Fremden auf der Straße zulächeln konnte.

Wir lächelten beide, und ich winkte ihn heraus. Er folgte der stummen Aufforderung sofort. Es war nicht angebracht, *»dove vai?«* zu fragen und für *»quanto costa?«* war es noch zu früh – doch ich zweifelte nicht daran, daß es bald soweit sein würde ...

Ich hatte die Etage in der Via Aurora noch nicht bezogen, sondern wohnte im Hotel ›Ambasciatore‹ auf der anderen Straßenseite. Das ›Ambasciatore‹, eines der führenden Hotels von Rom, war nach wie vor bemüht, sein respektables Image aufrechtzuerhalten. Als ich mit meinem jugendlichen Begleiter in seinem abgeschabten Mantel und den Schuhen, die er sich an die Füße gebunden hatte, die Halle betrat, waren die Angestellten wie vom Donner gerührt. Ich ging mit dem jungen Mann, den ich Rafaello nennen will, geradewegs auf den Lift zu und war gespannt, ob man dem Fahrstuhlführer gestatten würde, uns hinaufzufahren. Tatsächlich gab es einiges Zögern. Rafaello war bleich und zitterte; er hatte mit seinen siebzehn Jahren noch nie ein Grand-Hotel betreten.

Ich habe dem Fahrstuhlführer dann wohl einige hundert Lire in die Hand gedrückt, woraufhin seine alte Kiste sich unverzüglich ächzend in Bewegung setzte und uns ins oberste Stockwerk beförderte. Ich weiß noch, daß die Nachttischlampe in meinem hübschen Zimmer einen rosafarbenen Schirm hatte. Ich hatte mir ein englisch-italienisches Taschenwörterbuch gekauft, in dem ich nun wie wild herumblätterte. Der junge Mann saß auf dem einen Einzelbett und ich auf dem anderen, und wir lächelten uns immer wieder an, doch als ich ihm mit Hilfe des Wörterbuches vorschlug, die Nacht mit mir hier im Hotel zu verbringen, schüttelte er den Kopf. Er deutete wiederholt auf das Wort für ›Vater‹. Offenbar war sein Erzeuger ein *carabiniere,* der seinen Sohn, wenn er die Nacht über fort blieb, am folgenden Tag damit strafte, daß er ihn im Keller an einen Stuhl fesselte und ihm zwölf Stunden lang nichts zu essen und zu trinken gab. Dann deutete Rafaello mit den entschuldigend-zierlichen Gesten einer Geisha auf das Wort *domani,* was ›morgen‹ heißt. Ich war grenzenlos enttäuscht. Die Wartezeit erschien mir unendlich lang, denn ich war, außer Kip, noch nie einem Jungen begegnet, den ich so sehr begehrt hätte. Oder sollte ich sagen, der eine solche Anziehungskraft auf mich ausübte.?

Gut, meine italienische Lektion hatte begonnen. Und ich verbrachte eine schlaflose, oder doch nahezu schlaflose Nacht.

Wir verabredeten uns für den nächsten Abend am selben Ort, bei *Doney's,* denn ich hatte die Wohnung in der Via Aurora bereits gemietet und bezog sie am folgenden Tag.

Kann man Mitte Dreißig ein alter Lüstling sein? Ich erwecke wohl diesen Eindruck. Dieses Buch ist eine Art Katharsis puritanischer Schuldgefühle, nehme ich an. »Alle große Kunst ist Indiskretion.« Nun, ich kann Ihnen nicht versprechen, daß dieses Buch ›Kunst‹ wird – daß es indiskret ist, läßt sich nicht vermeiden, da es sich mit meinem Leben als Erwachsener beschäftigt.

Ich könnte mich hier natürlich ausschließlich über die Kunst des Stückeschreibens verbreiten, aber wäre das nicht langweilig?

Mich würde es zu Tode langweilen, fürchte ich, und es würde ein sehr schmaler Band werden, etwa drei Sätze auf jeder Seite mit einem ungewöhnlich breiten Rand. Die Theaterstücke sprechen für sich selbst.

Mein Leben in jenem Winter in Rom: ein goldener Traum, und

ich meine damit nicht nur Rafaello und die Mimosen und die gänzliche Ungebundenheit. Halt: was ich meine, ist die gänzliche Ungebundenheit und Rafaello und die Mimosen und dazu das *letto matrimoniale* und der Frascati nach der Arbeit des Vormittags.

Ich hatte mir alles sehr praktisch eingerichtet. Neben meinem Bett befand sich eine kleine Klingel, und sobald ich aufwachte (und Rafaello noch neben mir schlief), drückte ich auf den Knopf. Die *padrona* war eine reizende Frau namens Mariella. Sie klopfte an die Tür, und ich bestellte das Frühstück. Eier mit Schinken und Toast für Rafaello – für mich nur *caffè latte.*

Rafaello war nun mit einem neuen Anzug ausgestattet, einem neuen Mantel und neuen Schuhen, und er lebte nicht mehr zu Hause, unter der Fuchtel seines bösartigen Vaters. Jede zweite Nacht verbrachte er bei mir, die übrigen Nächte schlief er in einer kleinen *pensione.*

Meine Freunde fragten mich öfters: »Ist heute Rafaello-Abend?« – oder ob ich mit ihnen ›auf Jagd‹ ginge . . .

Ich weiß noch, daß sich eines Morgens eine Journalistin angesagt hatte. Rafaello und ich waren gerade aufgestanden, und ich empfing die Dame im Morgenmantel und führte sie ins Wohnzimmer, wo Rafaello friedlich in einer Ecke saß und seine Eier mit Schinken und Toast verzehrte.

Einen oder zwei Tage später erschien in einer römischen Zeitung folgende Schlagzeile: *»La Primavera Romana di Tennessee Williams«*, und dann war unter anderm die Rede von dem *›giovane‹*, der in der Ecke saß und frühstückte – und mein schlechter Ruf in Rom war damit für lange Zeit besiegelt, und ist es zweifellos heute noch.

Meine Wirtin Mariella hielt mich sicher für einen Irren, da ich damals die Dialoge meiner Stücke laut vor mich hinsprach und dabei, die Kaffeetasse in der Hand, im Zimmer auf und ab ging.

Ich tue das immer noch, wenn ich Dialoge schreibe; es hilft mir, zu beurteilen, wie sie über die Rampe kommen.

Einen Satz aus *Camino Real,* vielmehr zwei:

> Casanova zu Marguerite Gautier: »Sie müssen lernen, das Banner der Boheme auch ins feindliche Lager zu tragen«
> Marguerite Gautier zu Casanova: »Die Boheme hat kein Banner. Sie lebt fort durch Diskretion.«

Es ist jetzt zwanzig Minuten nach drei, doch ich werde weiterschreiben, bis die Kühe gemolken werden – falls es in New Orleans Kühe geben sollte.

In dieser Woche wurde ich bereits zweimal um finanzielle Hilfe angegangen: von einem höchst attraktiven Stricher aus Manhattan, der zweihundert Dollar von mir wollte, um wegzureisen, und von einem Bekannten, der mich bat, ihm sechzig Dollar zu schicken, da er ein Foto von mir und Dave Dellinger vergrößern lassen wolle.

Im Augenblick bin ich weder geldlich noch seelisch in der Lage, den Forderungen derer nachzukommen, die mich lediglich als eine Quelle zusätzlichen Einkommens betrachten.

Ich habe es nie bis zu irgendeiner Art Krankenversicherung gebracht, ich muß alle meine Medikamente und Arztrechnungen aus eigener Tasche bezahlen, und es ist jetzt drei Monate her, daß ich das letztemal den Mut hatte, die monatlich eintreffenden Briefe meines Steuerberaters zu öffnen.

Ich habe Freunde sehr nötig, doch selbst mit einundsechzig will ich sie mir nicht kaufen. Zumindest hin und wieder komme ich mir vor wie die alte Flora Goforth: »Der Milchzug hält hier nicht mehr.«

Im Winter 1948 gab es auf den Straßen Roms nur wenige Privatfahrzeuge, und bald nachdem ich mich in der Via Aurora häuslich niedergelassen hatte, kaufte ich von einem GI, der in die Staaten zurück mußte, einen gebrauchten Jeep. Von anderen Unzulänglichkeiten abgesehen, war auch sein Auspuff nicht in Ordnung, und wenn ich die Via Veneto hinaufsauste, klang es wie der Start eines Düsenflugzeugs. Alle Passanten starrten mir wütend nach, wenn ich an ihnen vorbeiröhrte. In den Nächten, in denen Rafaello keinen ›Dienst‹ hatte, kutschierte ich meistens bis zum Morgengrauen in meinem Jeep durch die Gegend – was ich dabei im Schilde führte, kann man sich denken. Sobald es langsam hell wurde, fuhr ich *›molto ubriaco‹*, was ›sturzbetrunken‹ heißt, zur Peterskirche und durch den vom Wind zur Seite getriebenen Sprühregen der Fontänen, um meinen Kopf zu kühlen, und raste wie ein Verrückter unermüdlich im Kreise, bis ich mich zum Schluß, völlig durchnäßt, auf den Heimweg machte.

Bei dem heutigen römischen Straßenverkehr würde die Rückfahrt von diesem höchst anregenden Ausflug bei Tagesanbruch wohl eine gute Stunde dauern. Sehr oft saß ich nicht allein in meinem Jeep, und mein jeweiliger Begleiter fand diese kalten Duschen meistens nicht so anregend wie ich. Doch damals, in jenen Tagen, konnte ein *Americano* sich eine ganze Menge Extravaganzen leisten ...

Im Vorfrühling 1948 tauchten in Rom einige berühmte oder berüchtigte Amerikaner auf.

Eines Abends bei einem Essen in einem Barocksaal der ›American Academy‹ – der Gastgeber war entweder Henry McIlhenny, der bekannte Kunstmäzen aus Philadelphia, oder der gefeierte Komponist Samuel Barber – lernte ich den jungen Gore Vidal kennen. Er hatte gerade einen Bestseller veröffentlicht, *The City and the Pillar,* einen der ersten homosexuellen Romane von Bedeutung. Ich hatte das Buch noch nicht gelesen, doch ich wußte, daß es auf der Bestsellerliste stand und sich mit einem ›verbotenen‹ Thema befaßte.

Gore war ein gutaussehender Bursche von etwa vierundzwanzig, und ich war recht beeindruckt, sowohl von seinem Esprit als auch von seiner äußeren Erscheinung. Wir stellten fest, daß wir gemeinsame Interessen hatten, und verbrachten viel Zeit miteinander. Bitte glauben Sie nicht, daß ich damit andeuten wollte, es hätte zwischen uns eine Romanze gegeben. Wir unterhielten uns bloß gern und lachten viel zusammen und machten gemeinsam im Jeep einige Ausflüge an die ›Divina Costiera‹, wie zum Beispiel nach Sorrent oder Amalfi.

Ich glaube, wir fuhren in jenem Frühjahr auch nach Florenz, wo wir unter anderem bei dem wunderbaren alten Schöngeist Berenson zu Gast waren.

Und dann nahm Gore mich eines Nachmittags mit zum Kloster der Blauen Nonnen, um den großen, damals bereits fünfundachtzig Jahre zählenden, halbinvaliden Philosophen und Essayisten Santayana kennenzulernen. Er erschien mir wie ein heiligmäßiger alter Herr. Seine warmen braunen Augen drückten unendliches Verstehen aus und einen feinen Humor, und er schien seine körperliche Verfassung ohne das leiseste Selbstmitleid und ohne jeden Kummer zu akzeptieren. Diese Begegnung versöhnte mich ein wenig mit der Menschheit und nahm mir etwas von der Angst vor der bangen Frage, auf welche Weise ein schöpferisches Leben wohl zu Ende ginge. Seine liebenswürdige Präsenz und die ihm eigene Herzenswärme erinnerten mich in hohem Maße an meinen Großvater.

»Zuweilen habe ich in einem alten Gesicht Gott erblickt«, sagte Hannah Jelkes. Ich denke an Großvaters und Santayanas Gesicht – und an das von Grand, meiner Großmutter ...

In jenem Frühjahr traf ein alter Freund mit einem Gefährten in Rom ein, und wir drei, begleitet von einem draufgängerischen Australier, rissen uns ein paar römische Jungs auf, die auf dem schwarzen Markt Zigaretten verhökerten, und fuhren mit ihnen in meinem Jeep in die Wildnis der Villa Borghese. Dort parkten wir den Wagen, und jeder von uns verschwand mit einem der Zigarettenjungs in den Büschen.

Es war eher ein Jux als eine wirklich verworfene Unternehmung, allerdings ein Jux, der zu meiner dritten Nacht im Gefängnis führte.

Gestern abend betrat ich, in *Sturmwarnung*, wieder einmal ›die Bretter‹ und habe soeben Maureen Stapleton einen kleinen Brief geschrieben und werde ihr auch Rosen schicken, zum Dank für die Förderung meiner Karriere als Menschendarsteller. Ich bat sie auf die Bühne, da ich mich einer weiteren ›Diskussion‹, die ich nach den Vorstellungen zu veranstalten pflegte, einfach nicht gewachsen fühlte, und die Gute folgte meiner Aufforderung und las aus dem komischen Sketch *A Perfect Analysis Given by a Parrot* die Rolle der Bessie vom Blatt, mit mir als *Flora*.

Der Versuch, den Kartenverkauf für diese Off-Broadway-Aufführung anzukurbeln, ist, bei meinem Gesundheitszustand, auf die Dauer ein wenig ermüdend. Doch ich muß der Tatsache ins Auge sehen, daß die Chancen für eine erstklassige Produktion von *Out Cry* sich weiter verschlechtern, falls *Sturmwarnung* sich nicht den Sommer über, oder doch den größten Teil des Sommers, auf dem Spielplan hält. Peter Glenville und ich haben in den vergangenen zwei Tagen an der endgültigen Fassung von *Out Cry* gearbeitet.

Rom 1948. Mein erstes Jahr in dieser herrlichen Stadt. Der Sommer stand vor der Tür, und ich hatte beruflich in London zu tun. Es ging um nicht mehr und nicht weniger als um das erste Auftreten von Helen Hayes auf einer Londoner Bühne, und zwar in *Glasmenagerie*.

Also fand ich mich zu den Proben, unter der Regie von John Gielgud, ein. Zunächst ließ sich alles recht vielversprechend an. Helen Hayes ist, meiner unmaßgeblichen Meinung nach, nicht eine der begabtesten Schauspielerinnen der Welt. In ihrer Jugend muß sie wohl sehr attraktiv gewesen sein und sogar ziemlich perfekt. Doch bereits im Jahre 1940, als ich mich wegen *Battle of Angels* in New York aufhielt und sie für die *Theatre Guild* Shakespeares Rosalinde spielte, hörte ich zufällig einen Beleuchter sagen: »Man kann sie einfach nicht beleuchten, sie *ist* nicht zu beleuchten.« Doch schätze ich die Dame als Dame und bewundere ihren Stil im Privatleben.

Um 1948 war sie so vernünftig gewesen, das Fach der Naiven aufzugeben, und hatte in Rollen, die ihrem Alter entsprachen, großen Erfolg. Ihr Mann hatte sie nach England begleitet. Ich glaube, die beiden liebten sich. Vielleicht sollte ich ›glaube‹ unterstreichen, um zu betonen, daß es sich nur um eine Annahme handelt. Es ist immerhin verdächtig, daß Charlies Trunksucht zeitlich mit dem unaufhaltsamen Aufstieg seiner Frau zur ›First Lady des amerikanischen Theaters‹ zusammenfiel. Aber wie dem auch sei – der große John Gielgud war nie ein hervorragender Regisseur, würde ich sagen, doch Miss Hayes hatte er denn doch nicht verdient. Während der ersten Probenwochen arbeitete sie seriös und ohne jene äffischen Grimassen, die sie sich in letzter Zeit angewöhnt hat, ja, ich muß sogar sagen, daß ihre Darstellung der Amanda Wingfield, der Mutter in *Glasmenagerie*, mich während der Proben bewegte und anrührte.

Wir fuhren nach Brighton, wo die Premiere stattfinden sollte. Während einer der letzten Proben beschied Miss Hayes Gielgud und mich und die übrigen Schauspieler in ihre Garderobe, und nach unheilverkündend langem Schweigen gab sie kund: »Wenn eine Einstudierung so weit gediehen ist wie diese, weiß ich, ob das Stück ein Erfolg wird oder nicht.«

Erneutes allgemeines Schweigen.

Dann schüttelte Miss Hayes langsam und sorgenvoll ihren kleinen Kopf, womit sie sagen wollte, daß sie letzteres befürchtete.

Auch ich zweifelte nicht daran, blieb aber bis zur Premiere in Brighton. Es wurde ein rauschender Reinfall; auch ihr ganzer Sack voller Mätzchen half der ›First Lady‹ nichts.

Nach einer der Vorstellungen in Brighton lernte ich E. M. Forster kennen. Er suchte Miss Hayes in ihrer Garderobe auf, und sie rief: »Oh, *Passage to India!*«

Wie gesagt, privat war Miss Hayes (und ist es sicherlich noch) eine geistesgegenwärtige Dame von huldvollem Charme.

Nachdem ich festgestellt hatte, daß das Stück keinerlei Chancen hatte, flog ich nach Paris zurück, wo Gore an der *rive gauche* im ›Hôtel de l'Université‹ wohnte. Ich nahm mir dort eine hübsche Suite. Das Hotel war ziemlich heruntergekommen, doch für Gore und mich genau das richtige, da die Geschäftsleitung nichts gegen junge Besucher hatte.

Zu der Zeit war unser Lieblingsaufenthalt das ›Bœuf sur le Toit‹ und gewisse Boheme-Bars an der *rive gauche.* Ich begegnete Cocteau und Bésé Bérard und Jean Marais und noch einer ganzen Reihe anderer Künstler, doch am meisten interessierte es mich, Jean-Paul Sartre kennenzulernen, dessen existentialistische Philosophie mich zutiefst ansprach, wie auch sein Stück *Geschlossene Gesellschaft.*

Ich beschloß in meinen Räumen im ›Hôtel de l'Université‹ eine große Party zu geben. Die meisten meiner berühmten neuen Pariser Bekannten erschienen, doch ich wartete auf Jean-Paul Sartre, den ich telegrafisch eingeladen hatte. Immer wieder im Laufe des Abends erhielt ich ihn betreffende Bulletins. Er sitze, gleich um die Ecke, in der Bar des ›Hôtel Rond-Point‹, und meine Gäste versicherten mir, daß er bestimmt noch komme. Er kam nicht.

Wahrscheinlich fand er mich zu *bourgeois* oder zu amerikanisch oder zu Gott weiß was – jedenfalls ignorierte er meine Einladung.

Die Londoner Premiere von *Glasmenagerie* stand kurz bevor, und die große Gastgeberin Lady Sibyl plante, sozusagen als Premierenfeier, eine große Party. Alle berühmten englischen Schauspieler waren eingeladen, dazu meine Mutter und mein Bruder Dakin.

Ich ließ ein Telegramm nach dem anderen los, in denen ich versicherte, daß ich kommen würde. Doch irgend etwas hinderte mich daran. Ich blieb in Paris – im Rückblick ist mir das sogar peinlich. Im letzten Augenblick telegrafierte ich an Mutter und Gielgud und Miss Hayes, daß ich erkrankt sei, obwohl ich mich ganz besonders wohl fühlte.

Ich glaube, daß ich mich, wie üblich, mal wieder einer kleinen *affaire de cœur* hingab.

Als ich mich in Rom von Rafaello verabschiedete, hatten wir ausgemacht, daß ich im Herbst wiederkommen und ihm bis dahin monatlich einen Scheck über hundert Dollar senden würde.

Die Londoner Kritik von *Glasmenagerie* bekam ich von einer sehr reizenden jungen Dame namens Maria Britneva, heute Lady

St. Just, mit der ich während der Proben in London Freundschaft geschlossen hatte. Ich lernte sie bei John Gielgud kennen, und wir verstanden uns sofort ausgezeichnet. Sie war zu der Zeit ein höchst attraktives junges Mädchen, zu drei Vierteln weißrussisch und zu einem Viertel englisch. Ihre verarmte Mutter und sie lebten von Mme. Britnevas schmalen Einkünften als Übersetzerin russischer Literatur und Marias ebenfalls kärglichem Verdienst als Gelegenheitsschauspielerin. Wir wurden dicke Freunde und sind es immer noch – sie war so offen und ehrlich und schön und ist es auch geblieben. Als sie Lord St. Just heiratete, verließ sie die Bühne.

(Über Maria später mehr.)

Maria schickte mir also alle Londoner Kritiken. Miss Hayes wurde darin über den grünen Klee gelobt, das Stück hingegen verrissen. Eine der Überschriften lautete: »Schlechtes Stück gut gespielt.«

Da ich die Proben und die Voraufführungen in Brighton miterlebt hatte, war ich nicht sonderlich überrascht.

Etwa eine Woche nach der Premiere – ich mußte in Kürze in die Staaten zurück, da *Sommer und Rauch* am Broadway herauskommen sollte – hielt ich mich vorübergehend in London auf. Gore war mitgekommen. Wir hatten trotz der gedrückten Stimmung im Theater viel Spaß. Ich sah mir eine Vorstellung von *Glasmenagerie* an, und sie war genauso schlecht, wie ich es erwartet hatte. Dieses Stück ist nicht zu überlisten. Es muß von Grund auf ›ehrlich‹ und überdurchschnittlich gut inszeniert und gespielt werden.

Truman Capote befand sich gleichfalls in England. Auch er kehrte in die Staaten zurück, und zwar wie ich mit der *Queen Mary*, und es wurde eine ausgelassen-lustige Überfahrt. In den Tagen war Truman der beste Kumpan, den man sich wünschen konnte. Er war noch nicht bissig geworden oder doch jedenfalls nicht bösartig bissig. Und er steckte voller Einfälle und Mutwillen. Manchmal gingen wir durch die Gänge der ersten Klasse des Schiffes und vertauschten alle Schuhe, die die Herren zum Putzen vor die Tür ihrer Kabine gestellt hatten.

Und dann war da noch der dem Trunk ergebene Bischof der Episkopalkirche.

Ich fühle mich heute morgen nicht gerade in sehr gehobener Stimmung, da ich gestern abend die ›Diskussionen‹ nach der Vorstellung von *Sturmwarnung* wieder aufgenommen habe. Ich machte den mißglückten Versuch, das Publikum mit der Lesung eines meiner besten Einakter, *The Frosted Glass Coffin,* zu fesseln, einem Stück, das Paul Bowles bewundert hat. Ich hatte die Leute schonend darauf vorbereitet, daß das, was nun folge, keineswegs lustig sei, da das Stück sich mit dem Schicksal sehr alter pensionierter Menschen befasse, die in Miami in einem Hotel namens Ponce de Leon lebten. Ich sagte meinen Zuhörern ferner, daß sie, falls das Stück sie nicht interessiere, keine Hemmungen haben sollten, fortzugehen. Zu meinem Kummer machten die meisten von dieser Möglichkeit Gebrauch.

Immerhin befanden sich unter denen, die blieben, mein alter Freund, der Regisseur José Quintero, und sein treuer Freund Nicky. Wir speisten anschließend im ›P. J. Clarke's‹.

Zurück zu der möglicherweise bekannten Geschichte von Truman Capote und dem trinkfreudigen Bischof. Schauplatz: die *Queen Mary.* Zeit: Spätsommer 1948.

Wir hatten Southampton kaum verlassen, als es Truman auffiel, daß ein würdiger, wohlbeleibter Bischof mit Alkoholfahne überall dort gänzlich unerwartet auftauchte, wo er, Truman, sich nun gerade befand. Auch mir fiel das allmählich auf. Wir hatten uns kaum an einer der vielen Bartheken des Schiffes niedergelassen, als auch schon der Bischof erschien, weniger fest auf den Beinen, als das ruhige Meer und das seetüchtige Schiff hätten erwarten lassen. Mit verglastem, ängstlichem Blick suchte er die Bar ab, und seine Augen leuchteten auf, sobald er den kleinen Truman entdeckt hatte, der zusammengeduckt auf seinem Barhocker saß und hoffte, auf diese Weise der Aufmerksamkeit des großen Kirchenmannes zu entgehen. Doch das glückte ihm nicht, niemals. Unweigerlich erspähte uns der Bischof, sein rundes Gesicht hellte sich auf, und er ließ sich, wenn irgend möglich, in unserer nächsten Nähe auf einen Barhocker plumpsen. Wenn wir an einem Tisch saßen oder im Schiffskino, ließ er sich (unaufgefordert, wie sich am Rande versteht) an unserem Tisch nieder, oder er sank – im Kino – in den Sitz neben uns. So ging es während der halben Überfahrt weiter.

Ein schrecklicher Zusammenstoß zwischen dem Bischof und Truman stand offensichtlich bevor, und dann war es auch bereits soweit.

Truman und ich saßen einander im Speisesaal gegenüber, an einem kleinen Tisch für zwei Personen. Mit spukhafter Behendig-

24 *Die Glasmenagerie*, Broadway 1945, Laurette Taylor und Eddie Dowling als Tom

25 *Die Glasmenagerie*, Thalia-Theater Hamburg 1964, Grete Mosheim und Gerd Baltus als Tom

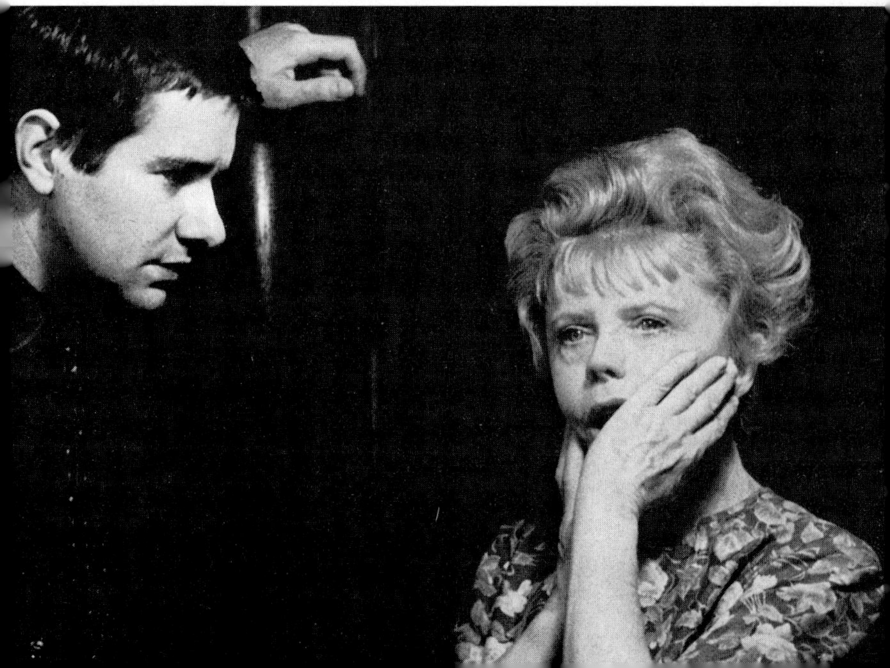

26 *Endstation Sehnsucht*, Verfilmung mit Vivien Leigh als Blanche und Marlon Brando als Stanley Kowalski

27 *Endstation Sehnsucht*, Deutsches Schauspielhaus Hamburg 1966, Joana Maria Gorvin als Blanche und Rolf Boysen als Stanley Kowalski

28 *Sommer und Rauch*, Uraufführung in New York 1947, mit Margaret Phillips

29 *Sommer und Rauch*, Schloßpark-Theater Berlin 1951, mit Gisela Mattishent

30 Mit meinem Freund und Agenten Bill Barnes

31 *Die tätowierte Rose*, Uraufführung am Broadway 1950, Maureen Stapleton und Eli Wallach

32 *Die tätowierte Rose*, Thalia-Theater Hamburg 1954, Inge Meysel und Wolfgang Wahl

33 *Die tätowierte Rose*, Thalia-Theater Hamburg 1954, Ingrid Andree und Wolfgang Wahl

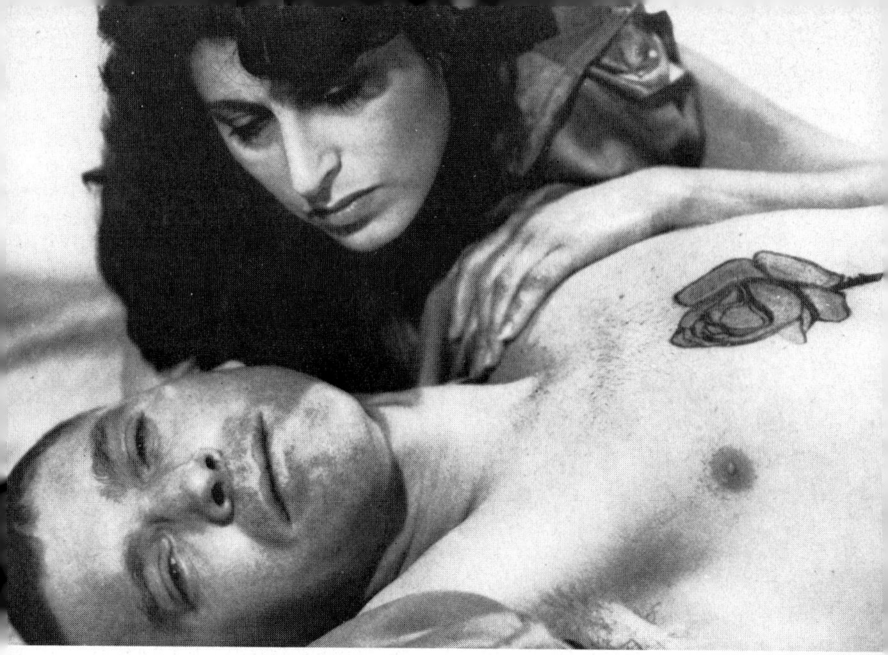

34 *Die tätowierte Rose*, Anna Magnani mit Burt Lancaster in der Filmrolle, für den sie den Oscar bekam

35 *Die tätowierte Rose*, Thalia-Theater Hamburg 1954, Inge Meysel und Wolfgang Wahl

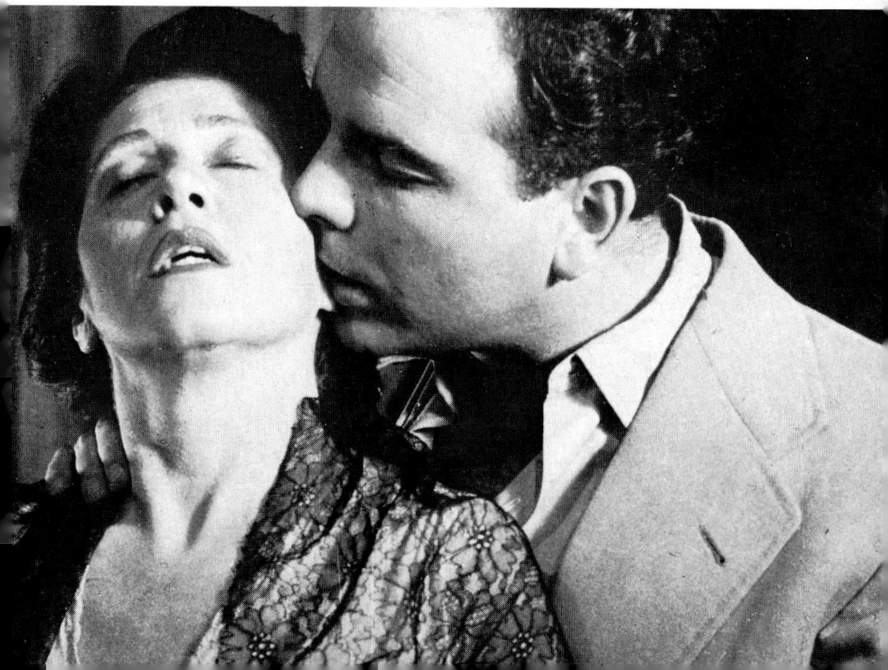

36 *Camino Real*, Uraufführung am Broadway 1953, Inszenierung Elia Kazan, Auftritt der Kameliendame

37 *Camino Real*, Deutsches Schauspielhaus Hamburg 1954, Lil Dagover als Kameliendame

keit hatte der Bischof einen dritten Stuhl herangezogen, sich zwischen uns gesetzt und uns in eine Unterhaltung verwickelt. Sein Motiv war nicht missionarischer Natur, jedenfalls nicht im üblichen Sinne. Truman hatte ihm sein Desinteresse an welcher Kirche und welchem Glauben auch immer deutlich zu verstehen gegeben.

An diesem Abend starrte Truman immer wieder auf den schweren Ring des Bischofs.

»Wissen Sie«, lispelte er honigsüß, »ich wollte schon immer einen Bischofsring haben.«

Der Bischof lachte stillvergnügt und nachsichtig in sich hinein.

»Einen Bischofsring darf nur ein Bischof tragen«, lautete, soweit ich mich erinnere, seine Antwort.

»Ach, ich weiß nicht recht«, sagte Truman, »ich hab' mir gedacht, ich könnte so einen Ring vielleicht in einem Leihhaus finden. Wissen Sie, einen, den ein seines Amtes enthobener Bischof versetzt hat.«

Die Worte ›seines Amtes enthobener‹ brachte er auf eine Weise heraus, die keinen Zweifel daran zuließ, was er damit sagen wollte. Der Bischof wurde noch röter im Gesicht, als er es ohnehin schon war, stand auf, sagte: »Sie entschuldigen mich«, und verschwand. Für den Rest der Überfahrt blieben wir von seinen hartnäckigen Annäherungsversuchen verschont.

Die Reise endete, natürlich, im Hafen von New York. Margo Jones war am Kai, um mich abzuholen. Sie hatte bereits eine Wohnung für mich gefunden, und ich glaube, es war die schönste der drei oder vier Behausungen, die ich im Lauf der Jahre in New York bewohnt habe. Der inzwischen berühmte Bildhauer Tony Smith, mit dem ich schon seit 1941 befreundet war, hatte sie entworfen und ausgestattet. 1943 war ich Trauzeuge bei seiner Hochzeit mit der Sängerin Jane Lawrence gewesen. Das war zu der Zeit, als ich für Metro-Goldwyn-Mayer ›arbeitete‹, wo Jane einen recht mißglückten Film drehte, in dem sie leider völlig falsch besetzt war. Ihr Familienname lautete eigentlich Lanier-Lawrence; wir waren entfernt verwandt, wie es schien. Jedenfalls wurden wir gute Freunde und sind es noch.

Die Wohnung befand sich in der East Fifty-eighth Street, zwischen Lexington und Third Avenue. Die Fassade des dreistöckigen Hauses war frisch gemalt, weiß und grau. Die Ausstattung der im

Erdgeschoß gelegenen Wohnung war Tonys Werk; er hatte sie für einen anderen alten Freund, den Maler Buffie Johnson, entworfen. Hinter dem riesigen zweistöckigen Arbeitsraum in der Mitte der Wohnung befand sich ein nicht sehr großer Patio voller exotischer Gewächse, die von einer kleinen Fontäne bewässert wurden. Die Temperatur in diesem Patio wurde verhältnismäßig niedrig gehalten, so daß die ihn umgebenden Glaswände immer beschlagen waren; sowohl vom Studio wie vom gegenüberliegenden Schlafraum aus betrachtet, wirkte dieser Patio wie ein kleiner Unterwassergarten. Was das Schlafzimmer anging, so hatte es einen besonderen Zauber. Buffies Tierkreiszeichen war der Wassermann, und fast alles, was sich in dem Raum befand, hatte mit Wasser zu tun: ein beleuchtetes Aquarium, Muscheln aller Arten, Treibholz und alte Fischernetze. Das riesige Bett war herrlich bequem – genau das richtige Lager für die Aktivitäten, denen es sehr bald standzuhalten hatte . . .

Margo Jones war mir damals eine sehr liebe Freundin, und daß sie mir diese Traumwohnung verschafft hatte, war so ziemlich das Schönste, was sie, in ihrem so beklagenswert kurzen Leben, für mich hatte tun können.

Die Proben zu *Sommer und Rauch,* dem Stück, das Margo in ihrem ›Arena-Theatre‹ in Dallas inszeniert hatte, sollten bald beginnen. Ich hatte die der Aufführung in Dallas so gänzlich abgehende künstlerische Wirkung der Tatsache zugeschrieben, daß *Sommer und Rauch,* wie ich es zu der Zeit empfand, kein gutes Stück sei und daß die Hauptrollen fehlbesetzt waren. So wurde Miss Alma Winemiller von einem sehr großen hageren Mädchen gespielt, mit einem Bronx-Akzent und ungewöhnlich großen Vorderzähnen.

Jedoch Mr. Brooks Atkinson sah die Aufführung in Dallas und fand aus irgendeinem Grunde, der mir heute noch unerklärlich ist, das Stück bezaubernd. Er schrieb einen entsprechenden Artikel darüber in der New Yorker *Times.* Margo war wild begeistert über diese ›Voranzeige‹. Allerdings war Margo fast immer über irgend etwas wild begeistert, und das wiederum hatte des öfteren mit ihrem Hang zum Whisky zu tun.

Für die New Yorker Aufführung engagierten wir Margaret Phillips und Todd Andrews für die Rollen der Miss Alma und des jungen Arztes. Miss Phillips, die junge Naive walisischer Herkunft, hatte ein frisches, feingeschnittenes Gesicht mit einer Stupsnase;

Mr. Andrews sah zwar außergewöhnlich gut aus, sein Talent jedoch hielt sich leider in Grenzen.

Nun werden Sie mich möglicherweise zu Recht für gänzlich undankbar halten, wenn ich sage, daß, meiner Meinung nach, Margo Jones sich mit einem sogenannten Provinztheater hätte begnügen sollen, um sich dort, vornehmlich in der Verwaltung und bei der Geldbeschaffung, nützlich zu machen. Ich glaube wirklich, daß darin ihre eigentliche Begabung lag und nicht in der Führung von Schauspielern oder in der Inszenierung diffiziler Theaterstücke.

Die erste Probenwoche war kaum verstrichen, als mich bereits böse Vorahnungen zu plagen begannen. Einer der Schauspieler fragte die ekstatische Margo etwa: »Miss Jones, wie wollen Sie, daß ich diese Szene spiele?«

»Spielen? Liebling, spiel es nicht, *fühle* es.«

Natürlich trottete der betreffende Schauspieler genauso unbefriedigt wieder davon, wie er gekommen war.

Erst ein oder zwei Jahre später erfuhr ich, daß Margo dem Ensemble in salbungsvollem Ton mitgeteilt hatte, dieses Stück sei das letzte Werk eines dem Tod geweihten Autors. Es scheint, daß die junge, zum Ensemble gehörende Anne Jackson diese Geschichte Truman Capote erzählt hat. Ich selbst hörte erst im folgenden Sommer in Italien davon, und ich muß sagen, daß es mein seelisches Gleichgewicht empfindlich störte. Ich wollte nicht daran erinnert werden, daß mein anscheinend so guter Gesundheitszustand in so hohem Maße gefährdet sei.

Nun, die Premiere ging vonstatten, wie Premieren damals vonstatten zu gehen pflegten. Atkinson schrieb eine weitere begeisterte Kritik, das war aber auch die einzige gute unter allen Besprechungen. Das Stück hatte offenbar keine Chance. Weder ›erfühlten‹ die Schauspieler es, noch spielten sie es besonders gut. Miss Phillips war immerhin so gut, wie sie es unter dieser Art Regie sein konnte. Mr. Andrews war schön anzusehen.

Endstation Sehnsucht lief immer noch vor ausverkauftem Haus und auch *Sommer und Rauch* war die ersten Wochen ausverkauft. Aber es sprach sich wohl herum, daß die Aufführung doch nicht so gut sei, und schon bald ließ der Besuch nach. Ich sehe mich noch in der Bühnengasse stehen und zuhören, ohne es länger als zehn oder fünfzehn Minuten auszuhalten.

Vor der Verzweiflung rettete mich vorübergehend nur meine

schöne Wohnung. Und natürlich auch meine Arbeit, von der nichts mich abhalten konnte, an irgendeinem neuen Projekt – Story, Gedicht oder Theaterstück.

Warum widerstrebt es mir, über meine Stücke zu schreiben? Dabei sind sie schon Gott weiß wie lange der allerwesentlichste Bestandteil meines Lebens. Doch ich habe das Gefühl, daß die Stücke für sich selbst sprechen, was mein Leben nicht tut, und daß letzteres in seiner ständigen Konfrontation mit dem Irrsinn merkwürdig genug war, um es zu Papier zu bringen. Und alles, was mit meiner Arbeit zu tun hat, ist soviel privater als meine tägliche – und nächtliche – Existenz.

Eines Abends, als ich durch die Lexington Avenue ging, fiel mein Auge auf einen sehr jungen Mann, der sich, in der Nähe einer Straßenecke, an eine Hausmauer lehnte. Er hatte karottenrotes Haar und eine Figur, wie jeder Stricher sie haben sollte, jedoch selten hat, ob damals oder heute. Ich blieb abrupt stehen und sagte: »Hallo.« Er grinste freundlich, löste sich von der Mauer und streckte mir seine Hand entgegen.

»Ich heiße Tommy Williams«, sagte er.

Da auch ich so heiße, betrachtete ich das als ein so überwältigend gutes Omen, daß ich ihn ohne weiteres mit in meine schöne Wohnung nahm, und es war mal wieder eine Nacht mit Nachtigallenschlag. Rotköpfe haben eine wundervolle Haut, fast durchsichtig und schimmernd wie Perlen.

Doch genug davon.

Tommy war als Stricher unerfahren und wollte sich nicht ›bumsen lassen‹, wie wir sagen. Als ich diese Beziehung bereits mehr oder weniger hatte einschlafen lassen, sah ich ihn an derselben Ecke stehen, wo wir uns zum erstenmal begegnet waren, und er lächelte ein wenig verlegen und sagte: »Mr. Williams, wenn Sie wollen, können Sie mich heute abend bumsen.«

Bemitleidenswert? Vielleicht. Doch es rührte mich sehr.

9

Im Frühherbst 1948 traf ich, gänzlich unerwartet, Frank Phillip Merlo wieder.

Das geschah auf folgende Weise. Ich schlenderte, um Luft zu schnappen, gegen Mitternacht mal wieder die Lexington Avenue entlang, als ich an einem noch offenen Delikatessengeschäft vorbeikam. Drinnen stand ›das kleine Pferd‹ mit einem Kriegskameraden, wie sich später herausstellte, und kaufte irgend etwas Eßbares.

»Mein Gott, Frankie, warum hast du dich denn nie blicken lassen?«

»Ich werf' nicht gern mit der Wurst nach der Speckseite«, lautete die für ihn so charakteristische offene und ehrliche Antwort. »Als du voriges Jahr mit *Glasmenagerie* diesen Riesenerfolg hattest, dachte ich, du würdest annehmen, ich wollte eine flüchtige Begegnung ausnutzen, die wir einmal an einem Strand hatten. Deshalb habe ich mich nie gemeldet. Aber ich hab' das Stück gesehen, und es hat mir großartig gefallen.«

»Geh'n wir doch in meine Wohnung, eine Kleinigkeit essen«, schlug ich vor. Frankie warf seinem Kumpel (der ›normal‹ war) einen fragenden Blick zu, und dieser nickte.

Wir gingen in die Wassermann-Wohnung und aßen Roastbeef mit Roggenbrot, Mixed Pickles und Kartoffelsalat. Frankie und ich sahen einander immer wieder an.

Frankie ahnte nicht, daß sein Kamerad Bescheid wußte. Doch das tat er, und es hätte ihm nicht gleichgültiger sein können. Niemand, der Frankie kannte, hätte seine Freundschaft mit dem ›kleinen Pferd‹ durch die Tatsache beeinträchtigen lassen, daß Frankie sich für Männer statt für Frauen interessierte.

Bald darauf sagte der Navy-Mann: »Frankie, warum bleibst du nicht hier bei Tennessee und ich fahr' nach Hause, nach Jersey?«

So fing die Sache also an. Frankie blieb die Nacht über bei Tennessee, auf dem fliegenden Teppich von einem Bett hinter dem Unterwassergarten. Einige Jahre später beschrieb ich dieses Ereignis in einem Gedicht mit dem Titel *A Separate Poem.*

Ich habe mich nicht sofort in Frankie verliebt, ja, ich schreckte sogar zunächst vor einer dauerhaften Bindung zurück. Ich war zu sehr an meine Freiheit gewöhnt. Und so sagte ich ihm eines Abends so taktvoll wie möglich, daß er, statt jede Nacht bei mir zu verbringen, es lieber nur jede zweite Nacht tun sollte – das alte Rafaello-Arrangement.

Frankie deutete das höchstwahrscheinlich falsch; ich glaube, er war verletzt. Aber wie dem auch sei – unser zunächst unverbindliches Verhältnis wurde bald zu einer festen Bindung.

Ich fuhr nach St. Louis, um Mutter zu besuchen. Und dort, unter dem mütterlichen Dach, wurde mir unmißverständlich klar, daß mein Herz, schon allzulange der Flüchtigkeit preisgegeben, bei dem jungen Sizilianer endlich eine Heimstatt gefunden hatte.

Ich schickte ihm aus St. Louis ein Telegramm: »Ankomme morgen New York. Bitte warte in Wohnung auf mich.«

Als ich nach Mitternacht meine Wohnung betrat, schien niemand da zu sein – von Frankie keine Spur, und ich kam mir völlig verlassen vor. Doch dieses Gefühl hielt nur so lange an, bis ich die Tür des Wassermann-Schlafzimmers öffnete. Dort auf dem riesigen Bett lag der kleine Frankie; er schlief.

So begann also eine Beziehung, die vierzehn Jahre andauern sollte.

Nun will ich über die irren Ereignisse des gestrigen Abends berichten. Ich sollte im *New Theatre* zweimal auf der Bühne erscheinen anläßlich meiner wiederaufgenommenen ›Symposien‹ nach den Vorstellungen, das erste Mal um 9 Uhr 10 nach der ersten Sonnabend-Vorstellung, und das zweite Mal um 24 Uhr 10 nach der zweiten. Ich hatte vor, aus schierer Verrücktheit, wie ich annehme, meine neue Story, *The Inventory at Fontana Belle,* vorzulesen.

Nun, dem bei der ersten Vorstellung anwesenden Publikum blieb dieses Ereignis durch eine auch der Komik nicht entbehrende Verkettung von mißlichen Umständen erspart.

Ich war um 7 Uhr 30 zum Essen mit Ruth Ford und Dotson Rader verabredet. Zur gleichen Zeit erwartete ich meinen neuen Freund, der mich begleiten sollte. Dotson hatte bei mir eine Nachricht hinterlassen, ich solle Ruth anrufen. Dieses tat ich, und sie hatte ganz offensichtlich wenig Lust, unsere Verabredung einzuhalten. Sie sagte, Dotson sei im Augenblick nicht zu sprechen, er habe sich in der kleinen Mansarde, genannt der ›Adlerhorst‹, eingeschlossen, in der sie ihn in letzter Zeit versteckt hält. Ich sagte ihr, daß mein Freund und ich zu Billy Barnes gehen würden, um auf seiner Terrasse ein improvisiertes Abendessen einzunehmen, und daß sie und Dotson, falls sie Lust hätten, ebenfalls willkommen seien. Sie kamen nicht. Ich fühlte mich vor den Kopf gestoßen. Auf Billys Penthouse-Terrasse herrschte dicke Luft. Es waren verschiedene männliche Schönheiten anwesend, und sie begannen, paarweise zu verschwinden, wie es bei den schönen jungen Leuten in den Staaten der Brauch ist. Billy machte einen immer verärgerteren Eindruck. Mr. Robert Fryer vom Ahmanson-Theater in Los Angeles, das im kommenden Winter, zur Feier des fünfundzwanzigsten Geburtstages des Stückes, eine Wiederaufführung von *Endstation Sehnsucht* plant, tat nichts, um die Situation aufzulokkern. Er gab sich äußerst distanziert, entwickelte keinerlei gesellschaftlichen Charme und schien meine Bemühungen, amüsant zu sein, keinen Augenblick amüsant zu finden. Ich fühlte mich allmählich etwas sonderbar, was zum Teil wohl an einem Wodka-Martini und zwei oder drei Gläsern Rotwein lag.

Es scheint, daß ich keinen Alkohol mehr vertrage; befragen Sie dieserhalb meine Leber oder vielleicht auch mein Gehirn.

Als es Zeit für das sogenannte Symposion wurde und wir aufbrachen, stolperte ich über einen Gartenschlauch, stürzte der Länge nach auf den Fliesenboden und zog mir eine ganze Menge blutender Schürfwunden zu. Mein junger Freund war aufrichtig besorgt um mich, und Billy sah ein wenig hysterisch drein, als mein Freund meine Wunden mit Jod einpinselte.

Wir kamen nur zwei bis drei Minuten zu spät ins Theater, doch das Publikum strömte bereits hinaus. Man hatte die Leute, wie sich herausstellte, nicht über mein Erscheinen informiert, ich hingegen nahm an, daß sie keinerlei Interesse daran hätten. Ich weiß nicht, warum diese Geringfügigkeit mich so erregte. Candy Darlings Freund hatte seinen Wagen, ein weißes Kabriolett, vor dem Theater stehen und lud uns zu sich ein. Ich sagte: »Ich hab' die Nase voll. Bitte setzen Sie mich an meinem Hotel ab.« Unterwegs machte Mr. Fryer den Vorschlag, ich sollte ins Theater zurückkehren und meine Kurzgeschichte dem zu der zweiten Vorstellung erschienenen Publikum *vor* Beginn der Aufführung vorlesen. Das erschien mir, ob nun zu Recht oder nicht, als ein Zweifel an meinem Geisteszustand, und ich geriet in sinnlose Wut. Ich schrie ihn an, er könne sich sein Theater und die geplante Wiederaufführung von *Endstation Sehnsucht* sonstwo 'reinschieben, sprudelte noch viele andere Dinge hervor, die nicht weniger unhöflich waren, und schloß damit, daß ich auf der Stelle aussteigen wolle, an einer von meinem Hotel noch mehrere Blocks entfernten Ecke. Er ließ es nicht zu und fuhr mich bis vor mein Hotel. Billy und Fryer blieben sprachlos im Wagen zurück, während die drei jungen Leute mit mir zu meiner ›Victorian Suite‹ im ›Elysée‹ hinauffuhren, wahrscheinlich um mich gegebenenfalls daran zu hindern, aus dem Fenster zu springen. Ich hatte mich bald wieder in der Gewalt, Drinks wurden bestellt, mein Freund massierte meinen Rücken und sprach liebevoll-besänftigend auf mich ein, bis das Telefon klingelte und einer der Produzenten mir sagte, sie hätten es irrtümlicherweise leider verabsäumt, mein Erscheinen auf der Bühne anzukündigen, und würden mich zur Nachtvorstellung im Hotel abholen.

Mir scheint, daß ich im Augenblick so ziemlich zu allem bereit bin, damit die Aufführung weiterläuft, außer, vielleicht, Tango mit einem Känguruh zu tanzen. Also fuhr ich ins Theater. Der Vorhang öffnete sich. Für die späte Stunde war das Haus recht gut besucht. Ich trank einen Schluck Wein und informierte das Publikum dahingehend, daß ich nun, hauptsächlich zu meinem eigenen Vergnügen, beabsichtige, eine Geschichte vorzulesen.

Die exzentrischen Aspekte der Story – und ›exzentrisch‹ ist in diesem Falle ein milder Ausdruck – kamen mir erst später zum Bewußtsein. Das Publikum reagierte mehr oder weniger desinteressiert und lustlos. In letzter Zeit scheint niemand über meine zu Papier gebrachten Scherze zu lachen, vielleicht ist ihr Humor zu schwarz, ich weiß es nicht. . . .

Anschließend ging ich mit den drei jungen Leuten ins *P. J. Clarke's;* wir aßen und tranken, und dann begann ich, immer intensiver über die beängstigend-zwanghafte Neigung zur Selbstzerstörung nachzugrübeln, der ich in letzter Zeit über Gebühr nachgegeben hatte.

Mein Freund brachte einen der beiden anderen Jungen nach Hause, der dritte setzte meinen Hut auf – einen Dobbs Western, den ich ihm eben geschenkt hatte – und ging allein fort, und ein anderer Freund fuhr *mich* heim. Er ist ein lieber Bursche und schläft im Augenblick noch in meinem Doppelbett, während ich die absurden Vorgänge der vergangenen Nacht hier in die Schreibmaschine tippe . . .

Machen Sie daraus, was Sie wollen. Ich selbst höre nichts anderes als das Flügelrauschen des nahenden Verhängnisses ...

Um zu dem Jahr 1948 zurückzukehren ... da gibt es noch einiges zu erzählen.

Frankie und ich waren eines Abends ausgegangen, und als wir recht spät nach Hause kamen, stand das Querfenster über der Wohnungstür offen, und hinaus drang die vor Erregung schrille Stimme von Truman Capote.

Wir betraten die Wohnung und fanden Truman, Gore Vidal und eine Polizistin vor, die man in jenen Tagen *›the Bo-peep squad‹* nannte. Es schien, daß Truman und Gore, die sich zu der Zeit noch gut vertrugen, einen über den Durst getrunken hatten und dann durch das Fenster in meine Wohnung geklettert waren, um auf Frankie und mich zu warten.

Die Polizeidame war gerade mit dem Streifenwagen vorbeigefahren, als die beiden einstiegen. Sie verschaffte sich Eintritt und war nun im Begriff, die Wohnung nach Rauschgift zu durchsuchen. Gore und Truman wurden von ihr des Einbruchs bezichtigt.

Sie hatte im Schlafzimmer einige Seconal-Tabletten entdeckt und machte eine große Sache daraus. (Zu der Zeit nahm ich nur wenig Schlafmittel, und wenn, dann nur zum Schlafen.)

Es gelang Frankie und mir, sie so weit zu beruhigen, daß sie davon absah, Truman und Gore festzunehmen. Da sie, was Rauschgift anging, nur diese wenigen Seconal-Tabletten aufgestöbert hatte, verließ sie wütend das Haus.

Sommer und Rauch war in dem kleinen Theater *The Music Box* immer noch nicht abgesetzt, als Frankie, Paul Bowles und ich uns Anfang Dezember auf dem italienischen Passagierdampfer *Vulcania* einschifften. Die *Vulcania* ist das angenehmste Schiff, mit dem ich je gereist bin. Vor jeder Erster-Klasse-Kabine befand sich eine kleine Veranda, auf der ich frühstückte und den Vormittag über arbeitete, während Frankie drinnen schlief. In gesunden Tagen war er ein Langschläfer, und nur ein Kanonenschuß konnte ihn wecken.

Meine Begierde nach dem Jungen war unstillbar. Wir teilten eine Kabine, und jeden Abend ging ich zu seiner Koje hinüber. Da ich mir über meine sexuelle Ungezügeltheit und ihre möglichen Folgen im klaren war, begann ich zu argwöhnen, daß Frankie und Paul Bowles etwas miteinander hätten. Das war natürlich der reine

Unsinn – sie mochten einander gern und fanden sich möglicherweise in ihrer gemeinsamen Vorliebe für ein Hanfderivat, die viele Leute, die ›in‹ waren, damals hegten. Bowles bat mich, eine Kurzgeschichte von ihm zu lesen, die den Titel für einen ein oder zwei Jahre später veröffentlichten Sammelband abgab. Es handelte sich um die Story *The Delicate Prey,* und sie schockierte mich. Das erscheint sonderbar, ich weiß. Und ich glaube, Paul fand es völlig unverständlich, daß ich, der solche Kurzgeschichten wie *Desire and the Black Masseur* geschrieben hatte, von *The Delicate Prey* schockiert war. Ich erkannte seine Arbeit zwar als ein wunderschönes Stück Prosa, riet Paul jedoch von einer Veröffentlichung in den Staaten ab. Sie müssen wissen, daß *meine* schockierenden Geschichten als teure Spezialausgaben im New Directions-Verlag erschienen und nur unter dem Ladentisch verkauft wurden.

Ansonsten war diese Schiffsreise überaus angenehm. Es gab auf der *Vulcania* ganz wunderbar zu essen, auch eine entzückende kleine, in chinesischem Stil gehaltene Bord-Bar war vorhanden. Einmal gerieten wir in einen schweren Sturm, und Frankie wurde seekrank, doch ich fand es herrlich aufregend.

Als wir auf der Reede von Gibraltar lagen, lernte ich Pauls Frau Jane kennen, die ich für die beste Romanschriftstellerin halte, die es in den Staaten je gab. Sie werden diese meine Überzeugung als völlig abwegig betrachten, doch ich muß an ihr festhalten. Jane Bowles' Arbeiten, die mich noch mehr ansprachen als die von Carson McCullers, zeichneten sich durch eine einmalige Sensibilität aus. Und sie war eine bezaubernde junge Frau, voller Humor und menschlicher Wärme, mit sonderbar rührenden kleinen Anfällen von Panik – die ich zunächst für ›Theater‹ hielt, bis ich feststellte, daß sie durchaus echt waren. Womit ich nicht sagen will – da sei Gott vor –, daß Theater nicht zuweilen durchaus echt sein könnte.

Als Jane Bowles 1973 in einem Klosterspital in Malaga einer langwierigen Krankheit erlag, hinterließ sie eine nicht zu schließende Lücke im Leben all derer, denen das Glück widerfahren war, sie gekannt zu haben. Vor etwa sieben Jahren erschien ein Band mit ihren gesammelten Werken, der unter anderem einen Roman von unvergleichlich hohem Niveau mit dem Titel *Two Serious Ladies* enthält, dazu eine Reihe von Kurzgeschichten, deren Sensibilität von keinem anderen Autor ihrer Zeit erreicht wird, sowie das merkwürdigerweise unterschätzte Theaterstück *In the Summer House.* Ich hatte das große Glück, die Uraufführung dieses Stückes (im *University Theatre* in Ann Arbor, Michigan) zu erleben mit der verstorbenen Miriam Hopkins, die in der Hauptrolle einfach überwältigend war.

Bei der späteren Aufführung am Broadway, dieses Mal mit Dame Judith Anderson und Miss Mildred Dunnock, wurde das Stück auf eine Weise aufgenommen, die ich nur als bestürzend bezeichnen kann, obwohl Miss Dunnock eine ihrer ergreifendsten Leistungen bot.

Was andere auch davon halten mögen – es drängt mich dazu, meine Überzeugung zu äußern: es handelt sich hier um ein dramatisches Werk von so tiefem Gefühl, durchsetzt mit Janes treffsicherem, nie versiegendem Humor, daß dieses Stück sich auf einsamer Höhe unter den für das amerikanische Theater geschriebenen Stücken befindet.

Wir verbrachten eine Nacht im Rock-Hotel in Gibraltar und setzten am folgenden Tag, inklusive unseres schönen kastanienbraunen Buick Roadmaster, mit einer seetüchtigen Fähre nach Tanger über. Ich hatte mich störrisch geweigert, in die südspanischen Berge zu fahren – ein Ausflug, den Paul gern unternommen hätte –, da ich zu der Zeit fürchtete, mein Herz würde selbst einer vergleichsweise geringen Höhenlage nicht gewachsen sein. Außerdem war ich darauf aus, längere Zeit an einem Ort zu bleiben, um zur Ruhe zu kommen.

Nach einigen Tagen in Tanger machten wir uns dann in unserem Roadmaster auf den Weg nach Fes, wo Paul von seinem sehr jungen Freund Ahmed erwartet wurde. An der Grenze nach Spanisch-Marokko hatten wir die größten Schwierigkeiten. Bowles reiste immer mit mindestens einem Dutzend Gepäckstücken. Diese erweckten den Verdacht der spanischen Zollbeamten. Wir mußten alle unsere Koffer zum Zollgebäude schleppen, wo sie mit geradezu grotesker Gründlichkeit durchsucht wurden. Unterwegs waren wir in ein schweres Gewitter geraten, und es goß immer noch in Strömen. Während wir in der Zollbaracke herumstanden, bemerkte einer von uns plötzlich, daß unser Wagen – offenbar hatte die Handbremse sich gelöst – sich in Bewegung setzte und immer schneller rückwärts auf eine tiefe Schlucht zurollte.

Frankie rannte hinaus und brachte den Roadmaster kurz vor dem Absturz zum Stehen. Das war immerhin eine Mutprobe, doch an Mut hat es ihm nie gefehlt. Aber wie dem auch sei: die Beamten ließen uns nicht weiterfahren und wollten auch noch meine Schreibmaschine und mehrere Gepäckstücke von Paul konfiszieren. Wir mußten nach Tanger zurück, ins Hotel ›Rembrandt‹.

Zum Glück kannte ich in Tanger einige Presseleute, die sofort mit allen Grenzposten zwischen Tanger und Fes telefonierten und den Leuten sagten, daß eine Gruppe von Amerikanern, alle VIPs, am folgenden Tag mit dem Wagen die Grenze passieren würde. Wir fuhren erneut los und wurden an beiden Grenzübergängen ohne jede Kontrolle durchgewinkt.

Bei Einbruch der Nacht erreichten wir das Hotel ›Jamais‹ in Fes. Unter der Post, die mich dort erwartete, befand sich ein Telegramm, das mich tief deprimierte. Mir wurde mitgeteilt, daß *Sommer und Rauch* in den nächsten Tagen abgesetzt werden würde, da der Besuch stark nachgelassen habe – eine Tatsache, unter der alle Broadway-Theater schon immer in den Wochen vor Weihnachten zu leiden hatten. Ich fürchte allerdings, daß das Stück – Weihnachten oder nicht – sich auch sonst nicht viel länger auf dem Spielplan hätte halten können.

Das ›Jamais‹ war eines der schönsten Hotels der Welt – ein ehemaliger Sultanspalast, dessen Einrichtung erhalten geblieben war. Dicht daneben befand sich eine Moschee, von deren Minarett stündlich skandierte Koranverse leise durch das nächtliche Dunkel schwebten.

Doch ich konnte meine Verstimmung über das Schicksal von *Sommer und Rauch* nicht abschütteln. Ich fühlte mich in Fes ebensowenig wohl wie in Tanger und bestand darauf, daß Frankie mit mir nach Casablanca weiterfahren sollte, wo wir ein Schiff nach Marseille nehmen und von dort aus nach Rom reisen würden.

Frankie war darüber sehr mißmutig, und während der Fahrt nach Casablanca hätten wir um ein Haar Streit bekommen. Das Schiff nach Marseille war gräßlich, das Essen schlecht, und die Mitreisenden waren unangenehm und lärmend.

Ich glaube, wir waren bis Marseille etwa drei Tage unterwegs. Sobald wir uns auf italienischem Boden befanden, kehrte sowohl Frankies wie meine gute Laune wieder.

Und nun, im Januar 1949, begann der erste längere Aufenthalt von Frankie und mir in Rom, dem noch viele lange Aufenthalte folgen sollten.

Was ist mein Beruf – meine Berufung? – anderes, als zu leben und dieses Leben in Geschichten, Theaterstücken und jetzt in diesem Buch niederzulegen?

Nach dem großen Erfolg von *Endstation Sehnsucht,* ein Erfolg, den sie zweifellos verdient hatte, lehnte Irene M. Selznick *Die tätowierte Rose* ab. Sie brachte mir in recht bösartiger Form bei, daß das ein Stoff für eine Oper sei, nicht aber für ein Sprechstück. Cheryl Crawford dachte anders darüber; sie nahm sich der *Tätowierten Rose* mit großer Liebe an und brachte das Schauspiel 1950 in einer hervorragenden Aufführung heraus.

Der junge Eli Wallach war eine wunderbare Besetzung für den Mangiacavallo, ebenso wie der sehr beachtliche junge Schauspieler Don Murray für die Rolle des Matrosen, den Serafinas Tochter liebt. Die Serafina zu besetzen erwies sich als äußerst schwierig, und ich war es, der schließlich Maureen Stapleton ›entdeckte‹. Ihre Lesung überzeugte uns alle davon, daß sie, trotz ihrer Jugend, der Rolle gewachsen sei. Sie war zu der Zeit ein sehr junges Mädchen, doch ich fand ihre Charakterisierungskunst so brillant, daß ihre Jugend kein Hindernis sein durfte. So bestand ich darauf, daß sie uns die Rolle immer wieder vorlas. Schließlich half ich ihr dabei, sich für eine dieser Lesungen zurechtzumachen; ich bat sie, ihre Frisur in Unordnung zu bringen und einen schäbigen Morgenrock anzuziehen, ja, ich glaube, ich verlangte sogar, daß sie sich das Gesicht verschmiere, als sei es schmutzig. Nach dieser letzten Lesung stimmten alle darin überein, daß sie für die Rolle der Serafina die einzig Richtige sei.

Sowohl Eli als auch Maureen arbeiteten sehr eifrig im *Actors' Studio* und hatten beide viel von der ›Methode‹ profitiert, die Lee Strasberg lehrte, wie zu der Zeit auch Elia Kazan und Robert Lewis. Die Premiere fand in Chicago statt. Claudia Cassidy, die Theaterkritikerin der Chicagoer *Tribune,* schien nicht genau zu wissen, was sie mit dem Stück nach *Glasmenagerie* und *Endstation Sehnsucht* anfangen sollte, doch sie schrieb eine recht gute Besprechung, und die *Tätowierte Rose* lief etwa zwei Monate lang in der *Windy City,* wie Chicago scherzhaft genannt wird.

Die *Tätowierte Rose* war meine Liebeserklärung an die Welt. Meine junge Liebe zu Frankie war in das Stück eingegangen, und ich widmete es ihm mit den Worten: »Für Frankie, als Gegenleistung für Sizilien.«

Und das Motto, das Zitat aus dem Prosapoem *Exil* des Dichters St.-John Perse lautet etwa wie folgt:

»Das Leben ist schön wie ein rotbemalter Widderkopf über einem Hauseingang.«

Anna Magnani war in der Filmversion der *Tätowierten Rose* einfach hinreißend. Ich habe mich oft gefragt, wie sie es schaffte, in der Gesellschaft zu leben, ohne sich deren Konventionen zu beugen. Sie war die unkonventionellste Frau, die ich gekannt habe, ob nun beruflich oder privat, und wenn Sie überhaupt etwas von dem, wie ich fühle und denke, nachvollziehen können, werden Sie verstehen, daß in dieser Feststellung meine ganz persönliche Bewertung ihrer, für mein Gefühl, vollkommenen Offenheit und Aufrichtigkeit liegt.

Natürlich lebte auch ich außerhalb der gesellschaftlichen Konventionen, während ich mich auf ein wenig fragwürdige Weise darum bemühte, den Kontakt mit eben dieser Gesellschaft nicht zu verlieren. Für mich war das nicht nur fragwürdig, es hatte außerdem mit einer mir selbst nicht recht bewußten inneren Verstörung zu tun. Wie kam Anna damit zurecht? Da sie keinerlei Memoiren hinterlassen hat, wie ich sie hier schreibe, wird diese Frage für immer offenbleiben. Ich kann nur so viel sagen, daß ich an ihr niemals ein Zeichen mangelnder Selbstsicherheit festgestellt habe, noch die leiseste Unsicherheit in ihrer Beziehung zu jener Gesellschaft, über deren Konventionen sie sich ihr ganzes Leben lang und in aller Öffentlichkeit hinweggesetzt hat.

Sie sah jedem, mit dem sie zu tun hatte, gerade in die Augen, und während der goldenen Jahre, in denen uns eine herzliche Freundschaft verband, habe ich nie ein unwahres Wort aus ihrem Mund vernommen.

Ich glaube, das will einiges heißen. Und doch hätte ich noch viel mehr zu Annas Gunsten zu sagen, aber vieles davon läßt sich heute nicht mehr in Worte fassen, so vieles, daß diese Erinnerungen notgedrungen fragmentarisch bleiben müssen . . .

Da Schüchternheit schon immer mein großes Handikap im Umgang mit Menschen war (obwohl ich heute öfters eine Selbstsicherheit zur Schau trage, die zuweilen ebenso aufgesetzt wie bestürzend für die Umwelt sein mag), war ich zunächst auch Anna gegenüber sehr gehemmt. Doch mit Frankie als Vermittler zwischen meiner Reserviertheit und ihrer so befreiend-natürlichen Direktheit war diese Hemmung bald überwunden.

Merlos Eltern waren gebürtige Sizilianer, Anna Magnani war Römerin. Mit ihrem, beiden gemeinsamen, romanischen oder mediterranen Naturell wie auch ihrer entsprechenden Unmittelbarkeit brauchten sie sozusagen keine Probezeit, um einen anderen Menschen verstehen und lieben zu können.

Anna stand immer erst nachmittags auf, um den Tag zu beginnen. Um etwa 14 Uhr 30 oder 15 Uhr klingelte das Telefon.

Nach »*Ciao,* Tenn«, sagte sie dann: »Was steht heute auf dem Programm?«

Sie stellte immer diese liebenswürdige Frage, obwohl ich annehme, daß für sie das Programm bereits feststand. Ich sagte, ich hätte nie eine Unwahrheit von ihr vernommen, doch einen nahen Freund in dem Glauben zu lassen, *er* würde das Abendprogramm gestalten, ist keine Heuchelei, sondern einfach ein Akt der Höflichkeit. Auch ich tue das. Ich weiß immer ziemlich genau, wie ich mir den Ablauf eines Abends vorstelle, zumindest so weit, wie man einen solchen Ablauf vorherbestimmen kann, doch wenn ich einen Bekannten anrufe und, mehr oder weniger, genau weiß, was ich für den Abend plane, sage ich immer: »Ich weiß noch nicht, was ich heute abend tue. Was hast du vor?«

Um acht Uhr abends erschienen Merlo und ich in Annas Wohnung, ganz oben im Palazzo Altieri (nahe dem Pantheon). Ein leicht verstört wirkendes Dienstmädchen führte uns dann ins Wohnzimmer. Auf dem Tisch standen immer eine Schale mit Eiswürfeln, Schüsseln voller Salzbrezeln und Erdnüssen, zwei hohe Gläser und eine Flasche ›Johnnie Walker Red Label‹. Wir aßen und tranken und warteten. Manchmal fast eine Stunde, doch die Zeit wurde uns nicht lang. Wir hatten unsere Drinks und schlenderten hin und wieder auf die Terrasse hinaus, um einen Blick über das in tiefer Dämmerung unter uns schimmernde *Vecchia Roma* zu werfen, und aus den rückwärtigen Räumen der Wohnung hörten wir Anna ihre Anordnungen rufen, zwar laut, doch erfüllt von Annas natürlicher Herzlichkeit.

Des öfteren erschien Annas junger Liebhaber eine halbe Stunde vor ihr im Wohnzimmer. Er begrüßte uns mit einer Art argwöhnischer Höflichkeit und streckte sich dann mit einer Miene träger Gleichgültigkeit in einem Sessel oder auf einem Sofa aus.

Dann endlich stand Anna plötzlich vor uns, sprühend von Animiertheit und allumfassender Herzlichkeit, bereit, sich ins ›Abendprogramm‹ zu stürzen. Sie hatte ihren Privatfahrstuhl, mit dem wir direkt in den riesigen, verschatteten Innenhof gelangten, wo Annas zwei oder drei Luxuswagen parkten. Nur gelegentlich gestattete sie ihrem ›jungen Mann‹, sich ans Steuer zu setzen; im allgemeinen zog sie es vor, selbst zu fahren, was sie phantastisch gut konnte. Der römische Straßenverkehr schien für sie nicht zu existieren. Der junge Mann verharrte meist in mürrischem Schweigen, während sie und Frank miteinander schwatzten wie zwei Kinder auf dem Weg zum Rummelplatz. Wir fragten nie danach, wo wir essen würden – das stand für Anna längst fest, und an dem Lokal ihrer Wahl war nie etwas auszusetzen. Inhaber und Kellner empfingen sie wie eine Königin und standen dann mit strahlendem Lächeln diensteifrig um den Tisch herum, während Anna bestellte. Wein, Spaghetti, Salate, Vorspeisen – ohne auch nur einen Blick auf die Speisekarte zu werfen. Das klingt nicht nach gutem Stil und war doch durchaus stilvoll. Jede Mahlzeit wurde zu einem Fest, dem nur die Feder des Feinschmeckers Ernest Hemingway hätte gerecht werden können.

So ein Abend wurde nie langweilig. Im Mittelpunkt stand die gemeinsame Mahlzeit, doch nach dem Mokka verlangte Anna eine große Tüte mit Speiseresten aus der Küche. Und dann begannen wir unsere Mitternachtsrundfahrt durch Rom und hielten überall dort, wo ausgehungerte streunende Katzen schon auf Anna warteten: am Forum, im Colosseum, unter bestimmten Brücken, in Trastevere, an einigen Stellen der Villa Borghese.

Anschließend fuhr Anna zum Palazzo zurück, um ihren *lupo*, einen großen schwarzen deutschen Schäferhund, zu holen, den ich ihr geschenkt hatte, nachdem sein Vorgänger, ebenfalls ein Schäferhund, an Altersschwäche eingegangen war. Er belegte fast den ganzen Rücksitz mit Beschlag, und Anna fuhr wieder zurück zur Villa Borghese. Dort ließ sie ihn hinaus, und er rannte auf einem Reitweg neben dem Wagen her, bis er, vor Erschöpfung keuchend, bereit war, wieder hineinzuspringen.

Dann fuhren wir zu ›Rosati‹ in der Via Veneto, in der Hauptsache um meinen Wunsch nach einem letzten Drink vor dem Schlafengehen Genüge zu tun. Anna trank keinerlei Alkohol außer Wein. Frank Merlo nahm meistens einen *caffè espresso.* Annas junger Mann streckte seine langen eleganten Beine aus und schlürfte mit halbgeschlossenen Augen einen Likör. Anna warf hin und wieder einen schnellen Blick in seine Richtung, in dem sich entgegengesetzte Empfindungen mischten. Und immer äußerte sie sich kummervoll über mein Verlangen nach Whisky. Selbst um diese späte Stunde wimmelte die Via Veneto immer noch von Menschen, und die flanierenden Passanten verlangsamten den Schritt, um einen staunend-bewundernden Blick auf diese dunkelschimmernde Frau zu werfen. Natürlich fehlten auch die Überfälle der *paparazzi* nicht, jener Burschen, die mit ihren Blitzlichtkameras nachts durch Rom schwärmen auf der Jagd nach Prominenz. Anna ließ sich das kurze Zeit gefallen, dann schrie sie ihnen in gespieltem Zorn zu, sie sollten augenblicklich verschwinden, und sie stoben lachend davon.

Mein Wagen wartete in dem verschatteten Innenhof des Palazzo Altieri auf Frankie und mich. Wir begleiteten Anna bis zu ihrem verglasten Fahrstuhl, der an der Außenseite des Hauses angebracht war.

»Ciao, caro, ciao, bello, ciao, ciao, ciao!«

Küsse und Umarmungen. Dann betrat sie den Fahrstuhl, ihr junger Mann folgte, und sie starrte, während sie langsam unserem Blick entschwand, mit großen, leidenschaftsglühenden Augen in sein undurchdringliches Gesicht.

Sie stand so sehr außerhalb jeder Konvention wie niemand sonst, den ich in meinem Leben gekannt habe, und ich nehme an, das war es, was uns so fest verband. In dieser Unbürgerlichkeit wurzelte wohl auch ihre stolze Selbstsicherheit, bei mir hingegen ist sie die Ursache meiner Unsicherheit und des Schuldgefühls, das mein Leben für immer überschattet.

Anfang der fünfziger Jahre lud Bill Inge mich eines Tages zum Lunch ins ›Algonquin‹ ein. Er erschien mir irgendwie scheinheilig-verdrießlich, wenn Sie verstehen, was ich damit sagen will, und im Verlauf der trübseligen Mahlzeit stellte er mir nach längerem Schweigen plötzlich folgende Frage: »Tennessee, spürst du nicht, daß du als Schriftsteller völlig blockiert bist?«

Meine Antwort: »Doch, das spüre ich, ich war als Schriftsteller schon immer blockiert, doch ich schreibe so leidenschaftlich gern, daß ich diese Blockierung immer durchbreche.«

Ich glaube, Bills Hauptproblem war seine krankhafte Egozentrik; nach einer Reihe von durchschlagenden Erfolgen konnte er die anschließenden Mißerfolge einfach nicht durchstehen, und es endete damit, daß er von zwei Irrenwärtern betreut werden mußte.

Ich denke an eine Stelle aus *Königreich auf Erden:*

»Das Leben ist Stein, und auch der Mensch muß Stein sein, sonst wird eins von beiden zerbrechen, und das, was zerbricht, wird nicht das Leben sein«, oder so ähnlich ...

Wie schon erwähnt, entstand die erste Fassung von *Camino Real* in New Orleans im Jahre 1946; das war das Manuskript, das Audrey Wood mir riet wegzustecken und es ja niemandem zu zeigen. Ihre Reaktion hatte mich so tief deprimiert, daß ich das Stück nun selbst für völlig mißlungen hielt. Doch einige Jahre später befand ich mich in New York und machte einen Besuch im *Actors' Studio*. Kazan arbeitete gerade mit Eli Wallach und Barbara Baxley und einigen anderen Schauspielschülern zu meiner Überraschung an einer Szene aus *Ten Blocks on the Camino Real.* Mir ging auf, daß Audrey sich gründlich geirrt hatte und daß das Stück sich hervorragend spielen ließ, und ich sagte: »Kazan, wir müssen das aufführen. Vielleicht mit einem anderen Stück zusammen am Broadway.« In jenen Tagen gab es keine Off-Broadway-Theater. Er war einverstanden; die Idee faszinierte ihn, und wir wechselten den ganzen Sommer über Briefe in dieser Angelegenheit (ich war in Rom und er in New York). Dann, plötzlich, nahm Kazan das Angebot an, ein anderes Stück zu inszenieren, und ich zog mich höchst verärgert nach Key West zurück, gab jedoch die Hoffnung auf *Ten Blocks on the Camino Real* nicht auf und arbeitete weiter daran, bis daraus das viel längere Stück *Camino Real* wurde.

Mittlerweile war das Schauspiel, das Kazan dem meinigen vorgezogen hatte, ein Mißerfolg geworden. Das nennt man ausgleichende Gerechtigkeit. Und dann war er bereit, es mit meinem umgearbeiteten Stück zu versuchen.

Das war zu der Zeit ein schwerwiegender Entschluß, doch Kazan hat es nie an Wagemut gefehlt, und er machte sich unverzüglich an die Arbeit. Die Proben waren äußerst aufregend, und bei der Voraufführung außerhalb von New York reagierte das Publikum befremdet und verwirrt. Viele Leute verließen das Theater während der Vorstellung; die noch nie dagewesenen Neuerungen hatten sie offensichtlich schockiert.

Die Arbeit an diesem Stück war für mich eine erregende Zeit gewesen. Ich wußte, daß ich etwas Neues, etwas ganz anderes schaffte, und ich glaubte daran, daß dieses andere, Neue unter Kazans Regie zur Wirkung kommen würde. Das tat es auch, nur, daß das Publikum im großen und ganzen diese Wirkung nicht wünschte, sie sozusagen sabotierte – die Menschen waren einfach noch nicht soweit. Nun sind sie es, heute lieben sie das Stück. In *Camino Real* verließen die Schauspieler, meines Wissens, zum erstenmal die Bühne, um in den Gängen zwischem dem Publikum zu agieren. Diese Technik hatte, wie ich meine, ihre Berechtigung: niemandem wurde dabei auf die Füße getreten außer dem Autor. Doch das Ganze machte viel Spaß trotz der verstörten, entsetzten Reaktionen eines beträchtlichen Teils der Zuschauer.

Es war für mich immer anregend und vergnüglich, mit Kazan zu arbeiten.

Auch die meisten Kritiker erbosten sich über das Stück, einigen allerdings leuchteten die Neuerungen ein, und sie zollten ihnen einiges Lob.

Anläßlich der Premiere in Philadelphia waren Frankie und ich in einem Hotel abgestiegen, und unsere Suite lag direkt über der des Sängers Johnny Ray. Er hatte damals gerade seinen Durchbruch mit dem Song *The Little White Cloud That Cried.* Wir lernten ihn kennen, und er erwies sich als ein reizender Gesellschafter. Kazan, Frankie und ich besuchten ihn in seiner Theatergarderobe, und er signierte Fotos für uns. In New Orleans liegt immer noch eines davon. Er war ein reizender Bursche, geriet jedoch immer wieder in selbstverschuldete Schwierigkeiten.

Eines Abends, nach der Vorstellung – *Camino Real* lief im Shubert-Theater in Philadelphia – befand sich unter den Zuschauern auch der Produzent Saint Subber. Als der Vorhang gefallen war, stürzte er mit dem Ruf *»Maestro!«* auf mich zu und warf sich vor mir auf die Knie. Ich fand sein exaltiertes Benehmen höchst unangebracht. Er machte mir die größten Elogen, die wohl nicht sehr ernst zu nehmen waren, da ich nie wieder etwas von ihm sah oder hörte. Das ist Show Business.

Kazan hatte alle Rollen von *Camino Real* mit Schauspielschülern des *Actors' Studio* besetzt. Dieses ›Studio‹ war in den vierziger und fünfziger Jahren, der großen Zeit des Broadway – ich sollte wohl eher sagen: in den Tagen der Prosperität –, ein außerordentlich verdienstvolles Unternehmen, das in diesen zwei Jahrzehnten ebenfalls seine Blütezeit erlebte. Fast jeder vielversprechende Schauspieler arbeitete im ›Studio‹, und die Technik, die dort gelehrt wurde, entsprach in hohem Maße dem Charakter meiner dramatischen Arbeiten. Viele Schauspieler machten von der Möglichkeit Gebrauch, sich unter der Führung von Kazan, Strasberg und Bobby Lewis gegenseitig bei der Arbeit zuzusehen und daraus zu lernen. Außerdem fanden sie dort eine Art künstlerischer Heimat.

Die New Yorker Premiere von *Camino Real* fand 1953 statt. Ich saß in einer Loge mit Mutter und Dakin und weiß noch, wie ich dachte: das Stück mag seine Mängel haben, aber als Ganzes steht es über diesen Schwächen und ist mir gelungen.

Auf der anschließenden Premierenfeier liefen dann die ersten Kritiken der New Yorker Presse ein. Das Stück, das das zeitgenössische amerikanische Theater so weitgehend von den Fesseln des Realismus befreite, wurde in Grund und Boden verrissen.

In dieser Nacht litt ich die üblichen nervlichen Qualen, die die Premiere eines Stückes von mir in New York unweigerlich nach sich zog. Ich entfloh der Party und den Kritiken und fuhr mit Frankie in meine Wohnung in der East Fifty-eighth Street. Ich wollte gleich zu Bett gehen, war aber noch zu aufgeregt. Frankie erwies sich als ein wahres Wunder an Einfühlungsvermögen und taktvollem Mitgefühl.

Um etwa ein Uhr nachts standen Kazans vor der Tür, zu meiner Bestürzung in Begleitung von Mr. und Mrs. John Steinbeck.

Nun verlor ich vollends die Nerven und schrie Kazan an: »Wie können Sie es wagen, heute abend diese Leute mitzubringen?«

Dann rannte ich in mein Schlafzimmer, knallte die Tür hinter mir zu und schloß mich ein.

Ich hatte schon immer etwas dagegen, daß Leute, die ich kaum kenne, mich in einem solchen Zustand sehen.

Trotz des nichts weniger als herzlichen Empfangs blieben die Kazans und die Steinbecks noch eine Stunde da, und Frankie vollbrachte noch weitere wahre Wunder. Er sorgte für Drinks und erläuterte den Gästen mein Naturell, das er, wie ich fürchte, bereits sehr gut kannte, in kritischen Situationen jedoch immer zu verteidigen bereit war . . .

Kazan und ich trafen uns am nächsten Tag zum Lunch in einem Fischrestaurant, und die Dinge wurden wieder geradegerückt.

Natürlich hatte die arme Cheryl Crawford, die Produzentin, beschlossen, das Stück abzusetzen. In der letzten Woche der laufenden Vorstellung ließ sie in der großen Karnevalsszene aus Sparsamkeit das Konfetti fort, obwohl wir, nachdem die Absetzung des Stückes angekündigt worden war, volle Häuser hatten.

Partys in den fünfziger Jahren. Ich entsinne mich, wie Irene Mayer Selznick, die Tochter jenes gräßlichen alten Louis B., mich des öfteren zu einem gesellschaftlich ambitionierten Essen ins ›Pierre‹ einlud und hinzufügte: »Sag Frankie, er soll später auch noch kommen.«

»Sag du ihr, sie kann mich gern haben«, lautete unweigerlich die einzig angemessene Antwort, wenn ich ihm eine dieser beleidigenden Einladungen überbrachte.

In diesem Zusammenhang fällt mir Jack Warner ein. Er hatte mich und Frankie zum Essen in seinen privaten Speiseraum auf dem Warner-Gelände gebeten und putzte einige Untergebene herunter, weil sie sich ein wenig verspätet hatten.

Frankie starrte ihn unentwegt mit ausdruckslosem Gesicht an, was Warner schließlich auffiel.

»Und was tun *Sie,* junger Mann?«

Ohne seinen Gesichtsausdruck zu verändern, erwiderte Frankie klar und deutlich: »Ich schlafe mit Mr. Williams.«

Wahrscheinlich fiel Jack Warner die Gabel aus der Hand, ich weiß es nicht mehr, doch Frankie verzog keine Miene, während er den alten Tyrannen weiterhin fixierte.

Und was nun die Theaterstücke angeht: die Stücke werden geschrieben und, wenn sie Glück haben, anschließend aufgeführt, und wenn ihnen das Glück treu bleibt (was nicht allzu oft der Fall ist), ist der Aufführung so viel Erfolg beschieden, daß den Zuschauern wie auch den Kritikern bei der Premiere bewußt wird, Zeugen einer künstlerischen Hervorbringung zu sein, die sowohl seriös wie unterhaltend ist und die darüber hinaus ihr ästhetisches Empfinden anspricht.

Ich habe nie gern über die berufliche Seite meines Lebens gesprochen. Fürchte ich vielleicht, daß es damit ist wie mit einem Singvogel, der sich durch Erörterungen verscheuchen läßt wie vom Schatten eines Habichts? So etwas Ähnliches wird es wohl sein.

Anläßlich jener ›Symposien‹ oder Diskussionen, zu denen ich mich in den letzten Jahren gedrängt fühle, fragen die Leute mich immer wieder, welches meiner Stücke (deren genaue Anzahl mir entfallen ist) mir selbst am liebsten sei. Entweder antworte ich: »Immer das letzte«, oder ich gebe meiner Wahrheitsliebe nach und sage: »Ich glaube, die veröffentlichte Fassung von *Die Katze auf dem heißen Blechdach.*«

Dieses Werk kommt einer Synthese aus Kunst und Kunstfertigkeit am nächsten. Es ist, meiner Meinung nach, wirklich sehr gut gebaut, und alle Personen sind amüsant, glaubhaft und anrührend. Dazu entspricht es der nicht hoch genug zu schätzenden Forderung des Aristoteles nach der Einheit der Zeit und des Ortes in der Tragödie und nach der angemessenen Größe des Vorwurfs.

In diesem Stück ändert sich der Schauplatz nicht, und seine Laufzeit entspricht der Laufzeit der Handlung, so daß, zeitlich gesehen, sich ein Akt an den anderen anschließt. Ich weiß von keinem anderen modernen amerikanischen Theaterstück, in dem das ebenso konsequent durchgeführt wäre.

Doch meine Vorliebe für *Die Katze auf dem heißen Blechdach* hat tiefere Gründe. Ich glaube, daß ich, im zweiten Akt dieses Stückes, mit der kruden Beredtheit des *Big Daddy,* die ich keinem anderen Produkt meiner Phantasie zu geben vermochte, über mich selbst hinausgewachsen bin.

Es ist nun an der Zeit, über die Produktion der *Katze* im Jahre 1965 zu berichten, und über die Katastrophe, die nach dem Riesenerfolg eintrat.

Kazan war sofort ebenso begeistert von dem Stück wie Audrey, meinte jedoch, einer der drei Akte sei mir nicht so gut gelungen. Ich nahm an, er spreche vom ersten Akt, doch nein, es handelte sich um den dritten. Er wünschte sich eine bewunderungswürdigere Heroine als die *Maggie* des Manuskripts.

Im stillen war ich anderer Meinung. Ich glaubte, in Maggie ein sehr wahres und anrührendes Bild einer jungen Frau gezeichnet zu haben, deren Frustration in der Liebe sowie ihr praktischer Sinn sie zu der sehr handfesten Verführung eines widerstrebenden jungen Mannes trieb. ›Verführung‹ ist ein zu mildes Wort ... Maggie *zwang* Brick in ihr Bett zurück, nachdem sie ihm die Schnapsflasche endgültig weggenommen hatte ...

Ebenso mußte ich meiner eigenen Eingebung Gewalt antun, indem ich Big Daddy im dritten Akt noch einmal auftreten ließ. Ich wußte in diesem dritten und letzten Akt eigentlich nichts mehr mit ihm anzufangen und hielt das Ganze für dramaturgisch falsch. Schließlich ließ ich ihn die ›Elefanten-Geschichte‹ erzählen, die von der Zensur verboten wurde und gestrichen werden mußte. Das, was ich dann statt dessen einflickte, hat mich immer gestört.

Ich würde Ihnen das alles gar nicht erzählen, wenn nicht die Folgen gewesen wären, die das für mich als Schriftsteller hatte, nachdem der *Katze* der Kritiker- und Pulitzer-Preis zuteil geworden waren.

Obwohl ich bei Premieren immer völlig durchdrehe, war *diese* New Yorker Premiere ganz besonders schrecklich für mich. Ich glaubte, das Stück sei mir mißlungen und eine Verzerrung von dem, was ich ursprünglich beabsichtigt hatte. Nach Schluß der Vorstellung war mir, als hätte ich die Leute während der ganzen Aufführung husten hören, obwohl höchstwahrscheinlich nicht mehr und nicht weniger gehustet wurde als gewöhnlich. Und die *Katze* wurde mein größter Erfolg und hielt sich von allen meinen Stücken am längsten auf dem Spielplan. Nach der Premiere sagte Kazan: »Wir wollen zu mir nach Hause gehen, bis die Kritiken raus sind.« Er war fest von der Begeisterung der Presse überzeugt. Draußen stieß ich auf Audrey Wood, und da ich zu der Zeit, was den Glauben an mein schöpferisches Talent anging, von ihr völlig abhängig war, sagte ich: »Audrey, wir gehen jetzt alle zu Kazans und warten dort auf die Kritiken.« Sie erwiderte: »Ach nein, ich hab' etwas anderes vor.« Das verletzte mich, und ich sagte irgend etwas Ausfallendes.

Dann fuhr ich mit Frankie nach Italien und war zum ersten-, nein zum zweitenmal für längere Zeit unfähig zu schreiben.

Starker Kaffee genügte nun nicht mehr, um meine schöpferische Ader zu aktivieren.

Mehrere Wochen lang ertrug ich diese kreative Sterilität, dann begann ich, ein Seconal mit einem Martini hinunterzuspülen, und war dieser Praktik sehr bald verfallen. In jenem Sommer 1955 in Rom entstand trotz der erwähnten Phase schöpferischer Sterilität das Drehbuch zu dem Film *Baby Doll,* das für mein Gefühl eine Art zügellos-leichtfertiger Heiterkeit an sich hat, die bis dahin im Film noch nicht richtig oder doch nicht genügend eingesetzt worden war.

Es mag den Eindruck erwecken, als machte ich Kazan meine sich häufenden Mißerfolge als drogensüchtiger Schriftsteller zum Vorwurf. Ich habe noch nie einem Menschen etwas zum Vorwurf gemacht, es sei denn wohlüberlegte Grausamkeit, denn ich trage, wie Blanche, die innere Überzeugung in mir, daß ›wohlüberlegte Grausamkeit unverzeihlich ist‹.

Vielleicht mache ich Audrey zum Vorwurf, daß sie mich in den schrecklichen sechziger Jahren in dieser Weise vernachlässigte, doch selbst dieser Vorwurf wiegt nicht allzu schwer. Kazan werfe ich überhaupt nichts vor, nicht einmal seine Frage – wir fuhren im Taxi von einem trübseligen Abend bei Jane und Tony Smith nach Hause –: »Tennessee, wie lange haben Sie noch zu leben, was glauben Sie?«

Diese brutale Frage versetzte mir keinen Schlag, da ich mir schon lange der Tatsache bewußt war, daß alle Künstler notgedrungen etwas von einem Barbaren in sich haben.

»Noch ein paar Monate, Gadg«, sagte ich ruhig.

Einige Minuten lang sprach niemand ein Wort; im Mietwagen, der uns von South Orange nach Hause fuhr, herrschte Schweigen.

Ich nehme an, es war uns allen bewußt, daß sich ein Augenblick der Wahrheit ereignet hatte.

Über *Die Katze auf dem heißen Blechdach* lernte ich Faulkner kennen. Er war verliebt in Jean Stein, eine der Mitwirkenden, und kam während der Proben nach Philadelphia. Er richtete nie das Wort an mich, und ich dachte, er könne mich nicht leiden. Und dann, später in jenem Sommer, war er mit Jean Stein in Paris, und wir gingen alle zusammen essen. Ich spürte, daß dieser Mensch entsetzliche innere Qualen litt. Ich sah ihn nie anders als mit niedergeschlagenen Augen. Wir anderen versuchten, ein Gespräch in Gang zu halten, doch er nahm nie daran teil. Schließlich hob er ein einziges Mal den Blick, um mir auf eine direkte Frage zu antworten, und der Ausdruck in seinen Augen war so furchtbar, so traurig, daß ich weinen mußte.

Ich persönlich halte Jane Bowles für die größte Autorin überhaupt. Zwar bin ich kein Literaturkritiker, doch dafür Schriftsteller, und ich glaube, daß Schriftsteller gute Kritiker sind, besonders, wenn sie ihr Rivalitätsgefühl unterdrücken wie ich im Augenblick. Ich halte sie für den größten englisch schreibenden Autor unseres Jahrhunderts, worin Harold Pinter mir zustimmt.

Habe ich Ihnen schon von dem Abend erzählt, an dem mein Freund der ›Professor‹ und ich uns *The Dirtiest Show in Town* ansehen gingen?

Anschließend schlenderten wir durch East Village und befanden uns plötzlich fast in Höhe eines Passanten, der in diesem Viertel zu Hause zu sein schien und in dem ich meinen lieben Freund Kazan erkannte.

Der gute Professor unterhielt sich in diesem Augenblick mit einem schwarzen Typ, und die böse Vorahnung, daß er im Begriff sei, sich in ernstliche Schwierigkeiten zu bringen, lenkte meine Aufmerksamkeit ab.

Was der folgenden Bemerkung von Kazan eigentlich voranging, weiß ich nicht mehr, doch er sagte: »Tenn, jeder von uns muß sterben, und jeder stirbt allein.«

Ich erwiderte: »Gadg, ich weiß sehr wohl, daß wir alle sterben müssen, aber ich glaube nicht, daß *jeder* allein stirbt.«

Ein ferner, verlorener, in sich gekehrter Blick war seine Antwort. In diesem Augenblick wandte ich meine Aufmerksamkeit dem Professor zu, und auf irgendeine für mich gänzlich untypische Weise, gelang es mir, ihn von seinem höchst gefährlichen Flirt mit dem riesigen Schwarzen auf diesem Bürgersteig in der Bowery loszueisen.

Seit jenem Sommer 1955 habe ich meist unter künstlichen Stimulantia geschrieben, abgesehen von dem natürlichen Stimulans meines tiefeingewurzelten Dranges, im Schreiben fortzufahren.

Ich könnte jetzt, hier in meinem Zimmer, zu dem großen Koffer hinübergehen, der meine gesammelten Werke enthält – die der Verlag *New Directions* in diesem Jahr herausgebracht hat –, und Ihnen die Liste der Stücke vorlesen, die ich seit jenem Sommer geschrieben habe, und ich glaube, Sie würden über meine Fähigkeit, die Arbeit unter diesen mehr als mißlichen Umständen fortzusetzen, doch ein wenig ins Staunen geraten.

Und ich könnte nun natürlich eine Reihe von bekannten Künstlern anführen, ich meine Künstler der Feder, die ebenfalls künstlichen Stimulantia verfallen waren. Ich könnte Faulkner erwähnen, der, sobald er vorhatte zu schreiben (und das war wohl jeden Vormittag der Fall), mit einer Flasche Whisky auf den Heuboden einer Scheune auf seiner Farm in Mississippi kletterte. Und ich könnte Coleridge anführen sowie Cocteau, der seine besten Sachen unter Opiaten geschrieben hat, wie ich aus zuverlässiger Quelle weiß.

Ich könnte viele bedeutende, produktive, seriöse Schriftsteller anführen, die sich, besonders im mittleren Alter, dem Alkohol ergaben.

Doch ich würde natürlich keinem jungen Schriftsteller raten, diesen Weg zu gehen, bevor er ihm aufgezwungen wird – bis er seine Arbeit nicht fortführen kann, ohne zu Stimulantia zu greifen.

Vor kurzem – es ist erst einige Tage her – gestand mir ein begabter und gutaussehender Drehbuchautor, der mir Gesellschaft leistete, während ich zu Bett ging und mein allabendliches Nembutal einnahm, daß er mittlerweile nur noch unter Alkoholeinfluß schreiben könne. Ich kam mir vor wie ein älterer Bruder und sagte: »Dafür bist du noch zu jung, fang nicht so früh damit an.«

Er schien nicht mehr daran zu glauben, daß ihm ein anderer Weg offenstünde.

Der im Übermaß genossene Alkohol hatte bereits begonnen, in seinem schönen Gesicht seine ersten vergröbernden Spuren zu hinterlassen.

Ist es etwa gerecht, Schriftstellern, deren Talent sich erschöpft hat, nicht die gleichen Steuererleichterungen zu gewähren, die, zum Beispiel, Ölmillionären und Stahlkonzernen und anderen korporativen Unternehmen gewährt werden, die praktisch unser Land besitzen und beherrschen?

Damit wären wir jedoch unversehens bei Protest und Politik.

Meine Stücke sind in der Mehrzahl an schönen, leuchtenden Vormittagen in meinem Studio in Key West entstanden, doch auch an allen anderen Morgen und Vormittagen, wo immer ich mich aufhielt, selbst in meiner New Yorker Bleibe, der ›Victorian Suite‹, die mir recht gut gedient hat (wie auch meine Räume im Hotel ›Colón‹ in Barcelona), und obwohl ich in meinen verschiedenen römischen Wohnungen nie das Gefühl hatte, gut schreiben zu können, gibt es Beweise dafür, daß ich dort zuweilen doch recht gut geschrieben habe, um nur *Die tätowierte Rose* und *Mrs. Stone und ihr römischer Frühling* zu nennen.

Doch zweifellos ging es mir am besten in meinem Studio in Key West, und ich hoffe, in diesem Spätherbst oder zu Beginn des Winters für einige Wochen dorthin zurückkehren zu können, um an der zweiten Fassung eines neuen Stückes zu arbeiten.

Im Jahre 1959 versetzte mir der Mißerfolg von *Orpheus steigt herab* – ein legitimer Abkömmling von *Battle of Angels,* des ersten Stückes von mir, das in New York herausgebracht wurde – einen wahrhaft niederschmetternden Rückschlag.

An *Orpheus* hatte ich, Gott sei's geklagt, nicht nur zuviel herumgeschrieben, sondern das Stück war dazu unter der unzulänglichen Regie jenes sympathischen Mannes und hervorragenden Kritikers, Harold Clurman, in Szene gesetzt worden.

Die Rolle des *Val* war auf verhängnisvolle Weise fehlbesetzt, mit einem jungen Mann, der drauflosspielte wie ein Mafia-Killer, was für den *Val* gänzlich unangebracht ist. Ich weigerte mich in Philadelphia, ihm zu kündigen, und sagte Clurman, das müsse er schon tun, was er dann auch tat. Der arme Junge suchte mich weinend in meiner Suite im ›Warwick‹ auf. Er war mir nicht etwa böse, sondern beteuerte, wie sehr gerade dieses Stück ihm am Herzen läge und ... na ja, ich war ihm ein mitfühlender und sogar tiefgerührter Zuhörer, blieb jedoch hart. »Du bist einfach nicht richtig dafür, Baby. Du hast eine große Zukunft, aber in dieser Rolle bist du leider falsch besetzt.«

Er wurde selbst dann nicht böse, als er begriff, daß in dieser Sache von mir nichts zu erwarten sei, die männliche Hauptrolle in *Orpheus* schon gar nicht.

Dann wurde Cliff Robertson engagiert, und ich entsinne mich seiner ersten Matinee, der besten Vorstellung von *Orpheus,* und wie jener Gentleman des Theaters, Robert Whitehead, während dieser Matinee in Philadelphia zu mir kam, sich neben meinen Eckplatz am Gang hockte und mit tiefer Empfindung sagte: »Oh, das ist er, das ist er, Gott sei Dank, das *ist* er!«

Nun, leider irrte Bob Whitehead sich gründlich. Cliff Robertson ›war‹ es nicht, bis auf diese eine Matinee.

Ich hatte zuviel in das Stück hineingepackt; es war völlig überladen, und die Anforderungen, die an Maureen und Clurman gestellt wurden, waren enorm.

Doch die Kritiker hätten die Passagen poetischer Beredsamkeit erkennen und sich zumindest dazu überwinden können, dem Stück eine Chance zu geben. Sie zogen es vor, das nicht zu tun. Gemessen an den Besprechungen, ist es immerhin bemerkenswert, daß *Orpheus* zwei oder drei Monate überlebte. In Rußland hielt das Stück sich in einem Repertoiretheater sieben Jahre auf dem Spielplan, wenn das etwas zu bedeuten hat, was ich doch annehme.

In New York wurde *Orpheus* in Grund und Boden verrissen – mit einer Bösartigkeit, die mich derart verstörte, daß ich bei Dr. Lawrence Kubie – ebenfalls eine Fehlbesetzung – landete, um mich einer rigorosen Freudschen Psychoanalyse zu unterziehen, was sich als Mißgriff erwies. Kubie klärte mich zwar weitgehend über meine wahre Natur auf, bot mir jedoch keine Lösung, außer der, mit Merlo zu brechen, was sich schon als Erwägung ausschloß, da ich mein Leben gänzlich auf ihn eingestellt hatte.

Und warum fielen die Kritiker in den späten fünfziger und frühen sechziger Jahren so wütend über mich her? Ich vermute, es handelte sich um eine Art Verschwörung mit dem Ziel, mich auf das Format zurechtzustutzen, das mir, ihrer Meinung nach, zukam.

Und welches ist mein Format? Ich denke doch, das eines Künstlers, der ohne Einschränkung alles, was er zu geben hat, in sein Werk investiert, und zwar auf höchst ungewöhnlich passionierte Weise.

Stören Sie sich nicht an dem bißchen Egozentrik, die hier ihr häßliches Haupt erhebt. Auch darin liegt Wahrheit . . . ist Egozentrik nicht fast eine Voraussetzung jeglichen schöpferischen Tuns? Es gibt nur wenig, das mich in dieser Meinung hätte schwankend machen können . . .

Und doch hat der Künstler in all seiner Egozentrik das heftige Verlangen, ›die Arme weit aufzutun und die ganze Welt an sein Herz zu ziehen‹. Natürlich verrät auch das Egozentrik.

Die Wahrheit ist der Vogel, den ich in dieser ›Sache‹ zu fangen hoffe, und dazu eignet sich die Geschichte meines Lebens besser als ein Bericht über meine Karriere. Mein Gott, Karriere! *Das* war es für mich nie. Ich habe immer nur das getan, was ich von innen her tun mußte, mit dem Furor, es so gut zu tun, wie es mir irgend möglich war.

Es ist der Abend der ersten Lesung von *Süßer Vogel Jugend*. Kazan führt Regie, und alle Anzeichen sprechen für eine hervorragende Inszenierung: Cheryl Crawford als Produzentin, Paul Newman und Geraldine Page als Hauptdarsteller, so glänzende Schauspieler wie Madeleine Sherwood, Rip Torn und der verstorbene Sidney Blackmer in den Nebenrollen. Gespielt werden soll in jener Riesenscheune, dem Martin Beck-Theater. Die Filmrechte waren bereits vor der Uraufführung abgesichert.

Die Lesung beginnt.

Etwa nach der Hälfte springe ich von meinem Stuhl auf und rufe: »Aufhören! Aufhören! So geht es nicht, es ist zu entsetzlich!«

Im Probenraum ist es totenstill geworden, während ich wie von Sinnen auf den Times Square hinausrenne. Ich gehe nach Hause, besaufe mich und schlucke eine Pille. Wenn das Telefon klingelt, hebe ich nicht ab. Das ›Pferd‹ hat die Wohnung verlassen und grast wohl friedlich am Times Square oder sonstwo, wie Pferde das so zu tun pflegen, die in ihrem jungen Leben bereits so manchen Sturm heil überstanden haben ...

Der Abend kommt heran. Dann plötzlich lautes Klopfen an der Tür, ein Klopfen, das besagt: ›Im Namen des Gesetzes, öffnen Sie!‹

Ich öffne, und vor mir stehen, jovial und freundlich lächelnd, Molly und Gadg Kazan, als sei nichts Ungewöhnliches geschehen.

Ich glaube, es ist um die Weihnachtszeit; in einer Ecke steht ein erleuchteter Christbaum, und die beiden lassen sich gemütlich in seiner Nähe nieder.

Ich schäme mich nun sehr über mein Betragen vor dem ganzen Ensemble, bin aber immer noch der Meinung, daß die Proben abgebrochen werden sollten.

Gadg und Molly reden mit mir, wie man mit einem verwundeten Tier oder einem kranken Kind spricht. Ganz allmählich kommt mein verzweifelter Entschluß ins Wanken. Die beiden sind mir nahe, ich liebe sie. Ich beschließe, ihnen zu vertrauen.

Doch am nächsten Tag will Kazan zum erstenmal nicht, daß ich während der Probe neben ihm sitze. Und zwar sitzt dort ein junger Schriftsteller, und ich hege den wahnhaften Argwohn, daß man ihn hinzugezogen hat, um mein Stück umzuschreiben. Ich hocke finster und verdrießlich ganz hinten an der Wand; die Lesung ist ermüdend und ohne Leben, und das Manuskript für meine Ohren kaum besser, als bei der gestrigen Lesung. Doch ich bewahre Ruhe. In der Frühstückspause werde ich mit dem jungen Schriftsteller bekannt gemacht. Es scheint, daß er vom *Actors' Studio* als ›Zuhörer‹ abgesandt worden ist, und ich bin nun insoweit beruhigt, daß er nichts an meinem Manuskript ändern wird, so mißlungen es auch sein mag, bin jedoch immer noch eifersüchtig auf seine Nähe zu Kazan.

Während die Proben fortschreiten, verblaßt in meiner Erinnerung das Bild des jungen Schriftstellers, und ich sitze wieder auf meinem rechtmäßigen Platz neben unserem Patriarchen Kazan.

Dieses Intermezzo habe ich nur deshalb eingefügt, um noch einmal auf meinen Nervenzustand hinzuweisen, auf die Panik und den langen, langen abschüssigen Weg, der sich schon damals, vor so vielen Jahren, auf furchterregende Weise vor mir erstreckte, ein Weg, an dessen Ende der Zusammenbruch wartete.

Hier fällt mir ein, daß ich es bislang versäumt habe, über eines meiner ruhmvolleren ›Theater-Abenteuer‹ zu berichten – über zwei kurze Stücke, die unter dem Titel *Garden District* aufgeführt wurden. Das erste war der tragikomische Einakter *Etwas Unausgesprochenes,* das zweite, gewichtigere Stück hieß *Plötzlich letzten Sommer.* Nach dem Desaster mit *Orpheus steigt herab* und der anschließenden Zeit meiner Freudschen Psychoanalyse war das wohl das erste, was ich wieder schrieb. Im Sommer, bevor *Garden District* dann aufgeführt wurde, war ich zufällig in Southampton gewesen, wo der begabte und amüsante Regisseur Herbert Machiz Ferien machte. Ich arbeitete, noch ein wenig tastend und unentschlossen, an *Plötzlich letzten Sommer.* Eines Abends zeigte ich Machiz das Manuskript. Er war sofort hellbegeistert und setzte umgehend alle Hebel in Bewegung, um eine Aufführung zustande zu bringen – vor allem gelang es ihm, John C. Wilson für mein Stück zu interessieren. Und genialerweise fiel ihm für die Hauptrolle der *Catharine Holly* Anne Meacham ein.

Machiz mag kein überragender Regisseur sein, doch er ist ein Energiebündel, wenn es darum geht, Dinge in Gang zu bringen; abgesehen von seinem ungewöhnlichen *élan vital* genießt er die großzügige Unterstützung des Kunsthändlers John Myers.

Alles lief nun mit Volldampf. Wir sicherten uns eines der ersten bedeutenden Off-Broadway-Theater, das ›York‹ an der oberen East Side, und nachdem uns das Allerwichtigste gelungen war, nämlich Anne Meacham für die Hauptrolle zu gewinnen, engagierten wir die überaus talentierte Hortense Alden (die mit James T. Farrell verheiratet gewesen war) als zweiten Star in beiden Stücken, deren Koppelung durch den gemeinsamen Schauplatz, den *garden district* von New Orleans, durchaus einleuchtend erschien.

Die Premiere war ein Bombenerfolg. Miss Meacham stürzte sich in ihre Rolle wie eine Tigerin, Hortense Alden war als Mrs. Venable hervorragend, und der attraktive Robert Lansing spielte den jungen Arzt mit großer Überlegenheit.

Als der Vorhang gefallen war, brach ein Sturm der Begeisterung aus. Unter Bekundungen von Bewunderung verließen die Leute den Zuschauerraum, während eine kleine Gruppe von Menschen immer noch vorne an der Bühnenrampe, unter ihnen Elia Kazan, versammelt blieb.

Zu jener Zeit hatte ich die bedauerliche Angewohnheit, vor einer

Premiere moralische Rückenstärkung bei einem Barbiturat und mehreren harten Drinks zu suchen.

Daher hatte ich auch den Mut, ohne zu zögern, auf Mr. und Mrs. Kazan zuzugehen und lauthals zu rufen: »Na, wie hat's euch gefallen?«

Die Antwort war vage und ausweichend, doch begleiteten die beiden immerhin Frankie und mich in unsere Wohnung, um uns schwitzen zu sehen, bis die Kritiken erschienen. Wie üblich wurde die Aufführung zunächst kurz im Fernsehen besprochen, und zwar, wie ebenfalls üblich, schlecht. Ich bekam, wie immer nach einer Premiere, meinen hysterischen Anfall. Ich weiß noch, daß ich ausrief: »Wenn das Theater mich nicht braucht, *ich* brauche es noch weniger!« Und noch verschiedene andere unhaltbare Behauptungen eines zutiefst verletzten Ego.

Dann war es plötzlich soweit: die *Times* und die *Tribune* lagen vor uns, und die Besprechungen überschlugen sich geradezu vor Begeisterung.

Apropos *Garden District* sollte ich vielleicht noch erwähnen, daß später Olive Deering die Rolle der Catherine übernahm. Olive ging dann mit dem Stück an die Westküste, und die Kritiken waren ausgezeichnet, besonders für die liebe kleine Olive. Und ich sollte ferner erwähnen, daß meine vom Schicksal zum Unglück bestimmte Freundin Diana Barrymore mit dieser Rolle einen großen persönlichen Erfolg in Chicago errang mit Cathleen Nesbitt als Mrs. Venable.

In *Plötzlich letzten Sommer* gibt es Stellen, die vielleicht mit das Beste sind, was ich je geschrieben habe.

Ein Weilchen später hielt ich mich in Miami auf. Ich saß vor meiner *cabaña* am Swimming-pool des Hotels ›Robert Clay‹, als der Filmproduzent Sam Spiegel mich von weit her anrief. Ich schloß zum erstenmal selbst ein Filmgeschäft ab.

Sam fragte, was ich für die Filmrechte für *Plötzlich letzten Sommer* verlangen würde. Ich sagte: »Wie wär's mit Fünfzigtausend plus zwanzig Prozent vom Gewinn?«

Sam sagte: »In Ordnung«, und dabei blieb es. Und der Gewinn war ebenso gut wie der Film schlecht. Aber immerhin.

Wie der Film sich doch gewandelt hat – zum Positiven. Er hat das Theater in Aufrichtigkeit, Abenteuerlichkeit und Technik weit hinter sich gelassen, trotz des Niedergangs der großen Studios mit ihrem Star-System. Oder vielleicht gerade deswegen?

Es besteht ein erheblicher Unterschied zwischen der klassischen und der modernen Art, Theater zu spielen, und es war *die* Gelegenheit, diesen Unterschied deutlich zu erkennen, als ich den großen Vorzug genoß, Edwige Feuillère in der Pariser Aufführung von *Süßer Vogel Jugend* zu sehen. Dieses Stück wurde erst vor wenigen Jahren zum erstenmal in Paris gespielt. Obwohl die Feuillère eine klassische Schauspielerin ist, gelingt es ihr mühelos, von ihrem klassischen, recht pathetischen Stil abrupt in einen durchaus modernen Konversationston überzugehen. Sie überzeugte mit jedem Wort, und diese Aufführung war einer der großen Theaterabende meines Lebens. Das Stück als solches erhielt in Paris eine gemischte Presse, doch die Feuillère ›trug‹ es und machte, soviel ich weiß, anschließend damit eine Tournee durch Frankreich. Françoise Sagan hatte *Süßer Vogel Jugend* übertragen und bearbeitet, und zwar ausgezeichnet. Sie war eine intime Freundin von mir; obwohl wir einander nicht oft sahen, war es doch jedesmal wieder so, als hätte keine Unterbrechung stattgefunden.

Diana Barrymore wollte in England die Prinzessin in *Süßer Vogel Jugend* spielen. Ich hielt das für keine gute Idee. Ich fand, Diana ähnele der Prinzessin zu sehr, um sie glaubwürdig spielen zu können. Sie war eine nahe Freundin von Marion Vaccaro, und wir drei hatten auf Kuba einmal zusammen im Hotel ›Nacional‹ gewohnt. Damals trank sie nicht, rauchte jedoch große Mengen Marihuana. Ich sehe sie heute noch vor mir: in einer knappsitzenden roten Damen-Reitjacke, schwarzseidenen Hosen, dazu eine jener frisch gebügelten, gestärkten weißen Hemdblusen mit schmaler schwarzer Krawatte. Mit ihrem dunklen Haar und den leuchtenden Augen sah sie darin einfach hinreißend aus. Sie war wunderschön.

Trotz meiner Bedenken arrangierten wir für Diana eine Leseprobe von *Süßer Vogel Jugend*, doch leider bewahrheiteten sich meine Befürchtungen. Es gab keinen Moment des Aufhorchens oder der Überraschung, und ich mußte ihr ohne Umschweife sagen: »Diana, das ist einfach nicht deine Rolle.« Ich habe nicht erwartet, daß sie das so schwernehmen würde. Dieses Stück ist, nebenbei bemerkt, in England nie aufgeführt worden. Zuweilen frage ich mich, ob ich Diana die Rolle nicht hätte lassen sollen, doch wenn es um meine Arbeit geht, kann ich sehr egoistisch sein, und ich wollte nicht, daß Diana eine Rolle übernahm, die ihr, meiner Meinung nach, nicht lag. Ich glaube, daß ein Autor sich auf diese Weise schützen muß. Doch daß ich ihr unumwunden erklärt hatte, die Rolle sei ungeeignet für sie, löste bei der armen Diana eine schreckliche Wirkung aus. Sie hatte ihr Herz nun einmal daran gehängt, hatte sich vielleicht schon mit der Rolle identifiziert. Hätte ich gewußt, daß ihr soviel daran lag, daß es ›die Rolle ihres Lebens‹ war, wäre ich möglicherweise anderen Sinnes geworden. So aber kümmerte ich mich nicht weiter darum und fuhr in den Süden, nach Key West, um an irgend etwas anderem zu arbeiten, und etwa eine Woche später war Diana tot. Sie starb unter recht mysteriösen Umständen. Sie hatte wieder zu trinken begonnen und rauchte starken Stoff. Innerhalb dieser einen Woche muß sie einen schweren psychischen Zusammenbruch erlitten haben, es war, als wolle sie nicht mehr leben. Ihre Agentin, die sie eines Vormittags tot auffand, erzählte mir, im Zimmer habe ein wildes Durcheinander geherrscht, ihr sei der Verdacht gekommen, daß Diana einem Verbrechen zum Opfer gefallen wäre. Sie habe, aus dem Munde blutend, nackt auf dem Gesicht gelegen, am Boden die Bruchstükke eines schweren marmornen Aschenbechers, der offenbar mit großer Heftigkeit an die Wand geworfen worden sei, dazu hätte es noch andere Anzeichen eines Kampfes gegeben. Die mysteriöse Angelegenheit kam nicht in die Presse; die Einzelheiten flüsterte mir Dianas Agentin während der Beisetzung in New York zu. Ich bin ziemlich sicher, daß Diana, ob sie die Prinzessin in *Süßer Vogel Jugend* nun gespielt hätte oder nicht, früher oder später denselben Weg gegangen wäre, da sie zwar begabt, doch nicht begabt genug war, was sie unablässig quälte und innerlich zerstörte. Es muß eine Art Fluch auf den Barrymores gelastet haben. Diana war ein großartiger Mensch und eine große Dame, und das, was geschehen war, verstörte mich zutiefst.

Soll ich nun versuchen, Sie mit meinem Leben für das Theater zu unterhalten oder mit meinem Privatleben, vorausgesetzt, daß zwischen beiden ein großer Unterschied besteht? Ich glaube, daß ich das Wichtigste über meine Stücke gesagt habe, wenn auch möglicherweise mit der Grazie und Subtilität einer Axt in den Händen eines Knochenhauers.

Doch ich bin noch kaum auf meine Prosa-Arbeiten zu sprechen gekommen, dabei habe ich doch eine recht stattliche Menge Prosa geschrieben, von der ich einiges meinen Stücken vorziehe.

Faye Dunaway ist an dem Projekt interessiert, in einem Film, der auf meiner Kurzgeschichte *Der gelbe Vogel* basiert, die Hauptrolle zu übernehmen. Sie hatte diese Short-Story zweimal für mich auf Band gesprochen, und ich habe daraus eine Schallplatte für die Firma *Caedmon* gemacht, die sich als Verkaufsschlager erweist.

Ich glaube, daß ziemlich viele meiner Storys, wie auch meiner Einakter, sowohl interessantes wie gewinnbringendes Material für den zeitgenössischen Film abgäben, wenn man es so schönen Händen wie denen von Miss Dunaway anvertrauen würde. Und wenn ein so großer Filmregisseur wie Jack Clayton sich der Sache annähme, der aus *Der große Gatsby* einen Film gemacht hat, der, meiner Meinung nach, sogar den Roman von F. Scott Fitzgerald übertrifft.

Doch die Zeit ist nicht auf seiten derer, die die Dreißig überschritten haben, und ich bin über sechzig. So ist es zweifelhaft, ob ich *diese* Verfilmungen noch erleben werde.

Es ist so wunderbar, wieder in der Wohnung in der Dumaine Street zu sein und festzustellen, daß meine Möbel, die bei Morgan in Manhattan lagerten und nach und nach hierhertransportiert wurden, tatsächlich angekommen und wirklich sehr hübsch placiert worden sind. Ich hatte – mißtrauisch, wie ich bin – eigentlich erwartet, daß alles irgendwie kunterbunt durcheinanderstehen würde.

Wie viele längst vergessene Dinge wiederaufgetaucht sind! – Relikte aus meinen verschiedenen ehemaligen New Yorker Wohnungen, und alle in erstaunlich gutem Zustand. Auf dem großen Walnußschreibtisch steht die Leselampe aus Messing mit ihren schaukelnden grünlichen Glaskugeln, deren Licht alten Augen um drei Uhr morgens so wohltut.

Ich werde mich dieses Mal nur kurz in New Orleans aufhalten, nicht länger als zwei Wochen, bevor ich mich, zu den Filmfestspielen, nach Venedig aufmache – eine beschwerliche Reise. Ich fliege mit lauter Jet-Set-Leuten wie Andy Warhol, Joe Dallesandro, Sylvia Miles und Rex Reed, nicht zu vergessen den lieben Billy Barnes, der die Sache für mich arrangiert hat. Ich freue mich darauf, wieder einmal am Lido zu sein, in dem prächtigen Hotel ›Excelsior‹, jedoch der Hauptzweck dieser ganzen Unternehmung ist, mich mit dem tobenden Berserker Maria Lady St. Just auszusöhnen. Nachdem ich mir eine Woche lang Filme angesehen und mich mit der Jet-Set-Clique abgegeben haben werde, will ich nach

Rom fliegen und von dort weiter nach Taormina – die meisten Touristen sind nun wieder fort –, um in dem noch sauberen, klaren, kühlen Meer zu schwimmen, immer wieder zu schwimmen. Doch das hängt natürlich davon ab, ob ich einen Reisegefährten finde. Allein schaffe ich das nicht. Ich brauche jemanden, der mich die sizilianische Küste entlangfährt, auf der Suche nach jenem legendären kleinen Bauernhof, auf den ich mich zurückziehen kann, um Ziegen und Gänse zu züchten, solange mein Leben noch währt.

Ich habe fest vor, Ende September in die Staaten zurückzukehren, um ein Theaterstück von mir auf die Bühne zu bringen. Glenville und ich haben uns gestern zusammengesetzt und sehr produktiv an dem Manuskript gearbeitet. Nachdem Glenville mir zu meinem Schrecken mitgeteilt hatte, daß Geneviève Bujold auf der Leseprobe völlig versagt hätte, ließ er mich wissen, er hätte für das Zwei-Personen-Stück *Out Cry* eine fabelhafte junge Schauspielerin mit Bühnenerfahrung und erwiesener Zugkraft an der Hand.

O mein Gott. Mein Leben hängt mit allen Fasern am Zustandekommen dieser Aufführung. Ich glaube, das ist das letzte, was ich noch am Theater erreichen will. Was dann von meinem Leben noch übrig ist, wird – hoffentlich in Italien – in diese Erinnerungen eingehen.

10

Die längste und gräßlichste Tournee, die ich je mitgemacht habe, war die nicht enden wollende Rundreise mit *Die Nacht des Leguan* im Jahre 1961; sie begann mit der mißglückten Premiere in Rochester, führte uns weiter nach Detroit und Cleveland, und dann folgte die endlose Aufführungsserie in Chicago.

Ein Lichtblick war, von mir aus gesehen, die Gesellschaft meines großen, schwarzen belgischen Schäferhundes ›Satin‹. Irgendwann unterwegs sagte ich Frankie, ich wolle den Hund bei mir haben, und er veranlaßte, daß ›Satin‹ aus Key West herbeigeschafft wurde.

Ich hatte den Eindruck, daß ›Satin‹ an mir hinge, was jedoch keineswegs der Fall war. In Detroit saß er im Hotel ›Book-Cadillac‹ meistens direkt vor mir, starrte mir mit seinen schönen gelben Augen in die meinen und leckte mir, sooft es ging, die Hand. Ich weiß noch, daß diese ständigen Aufmerksamkeiten mich ein wenig irritierten.

Na schön. Und dann war plötzlich der Teufel los, und nicht zu knapp.

Eines Vormittags ging ich nach der Arbeit ins Schlafzimmer, wo Satin wie ein Wächter vor Frankies Doppelbett lag. Als ich über ihn hinwegstieg, um mich neben Frankie zu legen, knurrte er, zwar leise, doch höchst bedrohlich. Ich ließ mich davon nicht abhalten und kroch zu Frankie ins Bett.

An diesem Abend fiel Satin mit seinem gewaltigen Gebiß über mich her.

Zufällig war ein Rindvieh von Hotel-Arzt anwesend. Ich hatte ihn wegen einer hartnäckigen Erkältung in unsere Suite hinauf gebeten, und während er und Frankie im Badezimmer meinen Zustand besprachen, sprang Satin auf mein Bett und biß mich bis auf den Knochen in beide Fußknöchel. Als er mir gerade an die Kehle wollte, kam Frankie aus dem Badezimmer gestürzt und riß ihn von mir fort.

Ich sagte: »Frankie, geh mit dem Tier in den Wald, wo es hingehört, und laß es dort laufen.«

»Nein«, sagte Frankie, »dann laß ich ihn lieber töten.« Am

nächsten Morgen fuhr er mit Satin zu einem Tierarzt und ließ ihn einschläfern.

Da Frankie sehr an dem Hund, den wir uns auf Anna Magnanis Rat in Rom zugelegt hatten, hing, warf dessen Tod einen beängstigend düsteren Schatten über ihn, der während der ganzen langen, endlos langen Tournee nicht weichen wollte ...

Etwa eine Woche, nachdem der Wolfshund mich gebissen hatte, stellte ich fest, daß meine Fußknöchel so stark angeschwollen waren wie bei einer Elefantiasis. Die verschiedenen Wechselfälle der Aufführungen hatten mich zu sehr in Atem gehalten, als daß ich meinen Schmerzen besondere Aufmerksamkeit hätte schenken können, doch als ich nicht mehr in meine Schuhe kam, rief ich das ›Rindvieh‹ an, den bewußten Arzt. Er erschien erst abends.

Immerhin war er so schlau festzustellen, daß meine beiden Knöchel stark vereitert waren. Er füllte eine riesige Injektionsspritze mit einer Mischung von Antibiotika und jagte sie mir in den Arm. Fast unmittelbar darauf geriet ich in einen höchst sonderbaren Zustand. Draußen, im nächtlichen Dunkel, tobte ein Blizzard, und es war eisig kalt. Doch ich bekam keine Luft, taumelte zum Fenster und riß es auf.

»Mein Gott, wollen Sie sich eine Lungenentzündung holen?« fragte diese Säule der medizinischen Wissenschaft.

»Das wär' mir immer noch lieber, als zu ersticken«, versetzte ich wütend.

Der Arzt ließ einen Krankenwagen kommen, und ich stand am offenen Fenster und rang nach Luft, als er vorfuhr. Dann erschienen zwei Sanitäter mit einem Rollstuhl, ich wurde in einem Lastenaufzug zu einem Hintereingang hinunterbefördert, auf eine Bahre gelegt und in ein geisterhaft weißes Gefährt mit einer grellroten Warnlampe auf dem Dach geschoben. Ab ging's mit heulenden Sirenen; Frankie saß ernst neben mir und hielt meine eiskalte Hand fest umschlossen. Das Ganze glich aufs Haar einer Szene aus einer der im Fernsehen so beliebten Familienserien über Mediziner.

Im Krankenhaus wurde ich auf schnellstem Wege in die Intensivstation gerollt, eine alpdruckhafte Arena für den Kampf auf Leben und Tod. Jeder Kämpfer liegt in einem kleinen Geviert, abgeschirmt durch weiße Leinenvorhänge, die ihn zwar den Blikken seiner Mitkämpfer entziehen, nicht jedoch den Geräuschen, die deren Kampf begleiten.

Man pumpte mir Medikamente in die Adern, um die Überdosis Antibiotika zu neutralisieren; es dauerte drei Stunden, bis ich den Schock überwunden hatte und mein keuchender Atem sich allmählich normalisierte.

(Dem Tod um Haaresbreite zu entrinnen, ist eine faszinierende Erfahrung. Ganz besonders merkwürdig daran ist, wie die Todesangst durch die Heftigkeit des Kampfes ums Überleben in den Hintergrund gedrängt wird. So etwas Ähnliches müssen im römischen Kolosseum die Gladiatoren beim mörderischen Zweikampf empfunden haben.)

Sobald es den Ärzten vertretbar erschien, wurde ich in ein Krankenzimmer gerollt. Doch dort stellte ich fest, daß ich meine ›Rosaroten‹ nicht bei mir hatte. Eine Krankenschwester gab mir widerstrebend ein halbes Seconal.

»Damit kann ich nicht schlafen«, fuhr ich sie an, »und schlafen *muß* ich.«

Sie zuckte die Achseln und segelte davon, nicht ohne mich vorher wissen zu lassen, daß bei ihnen niemand, der eben noch in der Intensivstation gelegen habe, anderthalb Seconaltabletten bekäme. Na schön. Ich hatte ein Telefon am Bett, rief das Hotel an und bekam den armen kleinen Frankie an den Apparat.

Er hatte sich schlafen gelegt, nach seiner dreistündigen Wache neben meinem Bett auf der Intensivstation, doch ich sagte: »Steh um Gottes willen auf und bring mir rasch mein Seconal-Fläschchen.«

Ich nehme an, daß er noch zu verschlafen gewesen war, um ein Medizinfläschchen vom anderen unterscheiden zu können, denn was er mir kurz darauf brachte, war ein harntreibendes Mittel, das ich zu der Zeit nehmen mußte. Er knallte mir das Fläschchen hin und stürzte wieder davon, bevor ich Zeit gefunden hatte, es mir genauer anzusehen.

Und nun darf ich Ihnen folgendes unterbreiten: als ich feststellte, daß es das falsche Mittel war, verließ ich mein Bett, zog mich an bis auf die Schuhe, in die ich mit meinen geschwollenen Knöcheln nicht hineinkam, und ging auf Socken den Gang des Krankenhauses hinunter. Auf meinem Weg begegnete ich der Schwester.

»Mr. Williams«, sagte sie, »was machen Sie hier?«

»Ich mache, daß ich hier so schnell wie möglich rauskomme.«

»Aber, Mr. Williams, ein Krankenhaus ist kein Hotel. Sie können hier nicht einfach weg, bevor wir Sie entlassen haben.«

»Da scheiß ich drauf, ich entlasse mich selbst und will bloß noch, daß Sie mir ein Taxi bestellen.«

Es wurden weitere Versuche unternommen, mich zurückzuhalten. Das Taxi mußte ich selbst bestellen. Es kam, ich stieg ein und fuhr geradewegs zum Hotel ›Book-Cadillac‹ zurück, das heute höchstwahrscheinlich ›Sheraton‹ oder sonstwie heißt.

Frankie wunderte sich schon lange nicht mehr über mein unberechenbares Verhalten. Er öffnete die Augen halb, rückte zur Seite und machte mir Platz, und um diese Episode, deren Unglaubhaftigkeit jede freie Erfindung übersteigt, zu vervollständigen, schlief ich auch noch mit dem so reizend willfährigen Sizilianer.

Meine Knöchel blieben so geschwollen, daß ich zu den Proben in Cleveland und selbst während des langen Aufenthalts in Chicago Pantoffeln tragen mußte.

In Chicago war es dann, daß Bette Davis sagte, Frank Corsaro könne ihr nun mit seiner Regie den Buckel runterrutschen, und verlangte, daß er Hausverbot bekäme. Er betrat also das Theater nicht mehr, blieb jedoch in der Stadt, und Bette behauptete, sie spüre, daß er noch in Chicago herumhängen würde, und das fiele ihr auf die Nerven; er solle machen, daß er nach New York zu seinem gottverdammten *Actors' Studio*, das ihn ausgebrütet hätte, zurückkäme.

Daraufhin übernahmen Chuck Bowden und ich die Regie. Corsaros Name blieb jedoch im Programm stehen. Und, ebenfalls noch in Chicago, gab die unberechenbare Bette, die ihre Schlacht gegen das ›moderne Theater‹ gewonnen hatte, eine große Weihnachtsparty für uns, und jeder erhielt von ihr ein Geschenk. Sie hatte ein entzückend aussehendes, hochgewachsenes blondes junges Mädchen bei sich, ihre Tochter von einem ihrer Ehemänner, und es wurde ein so schöner Weihnachtsabend, wie ich ihn seit meiner Kindheit nicht mehr erlebt hatte.

Ein Gentleman am Theater ist ein seltener Vogel. Soll ich Ihnen diese Vögel nun nennen? Ich meine, diejenigen, die ich zu meiner Zeit gekannt habe?

Also: José Quintero, Elia Kazan, Robert Whitehead, Joe Losey. Und, jawohl, David Merrick, der sich immer wieder ein Stück von mir zumuten ließ, das am Broadway von vornherein zum Untergang bestimmt war, und der im Augenblick *Red Devil Battery Sign* inszeniert, wobei sich herausstellen wird, wieweit seine Bemühungen Erfolg haben werden. Und, natürlich, die liebe dahingegangene Tallulah.

Ich setze Tallulah auf die Gentleman-Liste, nicht, um sie zu verunglimpfen, sondern weil sie eine Dame war, der die kompromißlose und stimmkräftige Präsenz eines ›Herrn‹ eignete.

Natürlich könnte diese Liste fortgesetzt werden . . .

Und nun eine Rückblende.

Ich glaube, schon 1960 begann Frankie seine Vitalität zu verlieren, und er wurde launisch. Dieses führte ich natürlich auf Drogen zurück, ohne die Möglichkeit zu erwägen, daß er krank sein könne.

Doch Frankie wußte, daß er nicht gesund war, und er fuhr von Key West nach New York, um sich einer eingehenden ärztlichen Untersuchung zu unterziehen. Etwa zur gleichen Zeit – infolge Frankies Unlust, mit mir zu schlafen – hatte ich etwas mit einer jungen *queen* aus New Orleans angefangen, bekannt als ›Dixie Doxy‹, welchem Namen sie/er alle Ehre machte. Er war ein hübscher, blonder Junge von etwa zweiundzwanzig mit samtner Haut und einer höchst verführerischen Hinterpartie, die er einem bereitwilligst zur Verfügung stellte.

Als Frankie von seiner ärztlichen Untersuchung zurückkehrte, hielten Dixie Doxy und ich uns in einer Nobelherberge in Key Biscayne auf und lebten wie Gott in Frankreich. Die erste vollständige Fassung von *Die Nacht des Leguan* entstand in dem nahe gelegenen Coconut Grove. Frankie erfuhr auf irgendeine Weise, wo wir steckten, und erschien gänzlich unerwartet auf der Bildfläche, als Dixie Doxy gerade recht selbstgefällig in einer scharlachroten Nylonbadehose rund um den Swimming-pool promenierte.

Frankie maß ihn mit verächtlichen Blicken.

Dixie Doxy fühlte sich in meiner Gunst völlig sicher, und Frankies Verhalten beunruhigte ihn in keiner Weise.

Es versteht sich am Rande, daß Frankie mich bereits am nächsten Tag nach Key West, in die heimischen Gefilde zurücklotste, und ich sah den Blonden nicht wieder. Doch an meiner sexuellen Zügellosigkeit änderte sich dadurch nichts.

Nachdem *Die Nacht des Leguan* in einer frühen Fassung zwei Wochen gelaufen war, lud ich den jungen Regisseur Frank Corsaro, der im vorhergehenden Sommer eine noch frühere Fassung des Stückes in Spoleto inszeniert hatte, nach Key West ein; er kam mit einem sehr angenehmen, liebenswürdigen Mann, der in Spoleto einen von Maxines mexikanischen Gigolos gespielt hatte. Der Junge tat, als könne er Auto fahren, doch es stellte sich sehr bald eindeutig heraus, daß er das keineswegs konnte. Der Wagen schlingerte von einer Seite der Landstraße zur anderen, und ich mußte mich ans Steuer setzen, obwohl ich keinen Führerschein besaß.

Auch Frankie gefiel der Junge offenbar sehr gut, und an unserem ersten Abend in Key West wollte er nicht heraufkommen und sich schlafen legen. Er saß unten auf der Couch und rauchte. Mein Verdacht, er warte auf eine Gelegenheit, den Jungen aus dem unteren großen Schlafzimmer herauszulocken, mag völlig unbegründet gewesen sein und eine Projektion meiner eigenen Begierde.

Ich raste innerlich vor Eifersucht, und nachdem ich zu Bett gegangen war und eine Weile, kochend vor Wut, dagelegen hatte, stürmte ich hinunter. Frankie saß immer noch wie eine männliche Lorelei auf der Couch.

»Komm ins Bett«, brüllte ich. »Ich weiß, worauf du aus bist. Du brauchst keine Angst zu haben, daß ich dir heute nacht irgendwie zu nahetrete. Nicht mit der Feuerzange würde ich dich heute anfassen!«

Frankie zuckte die Achseln, ging mit mir hinauf und schnarchte bald friedlich vor sich hin, während ich wach lag, bis es hell wurde.

Das Verhältnis zwischen dem ›Pferd‹ und mir verschlechterte sich immer mehr, von den nur kurzen Perioden der Aussöhnung abgesehen. Zwar verweigerte er sich mir nie, doch er schuf eine Atmosphäre um sich, mit der mein Stolz sich nur allzuoft nicht abfinden konnte.

Eines Tages kamen drei *queens* aus Miami nach Key West und stiegen in einem Motel in South Beach ab.

Ich kannte sie nur flüchtig, und da es mich wieder mal juckte, verbrachte ich den ganzen Nachmittag und den frühen Abend mit ihnen, und es kommt mir heute so vor, als hätte ich, in meinem Zustand angetrunkener Hemmungslosigkeit, bei der Gelegenheit mit allen dreien etwas gehabt, alles in allem war es jedoch kaum der Rede wert.

Frankie hatte das Abendessen vorbereitet, oder er war noch damit beschäftigt, als ich in die Duncan Street zurückkam. Sein Schweigen war unheilverkündend. Ich ließ mich wie ein König am Tisch in unserem Patio nieder und wartete darauf, mein Dinner serviert zu bekommen. Die Küchentür wurde aufgerissen, und eine Frikadelle flog hart an meinem Kopf vorbei. Ihr folgte eine Schüssel mit *succotash,* einem Bohnen-Mais-Gericht, die wiederum ihr Ziel verfehlte, danach der Salat und zu guter Letzt sogar die Espressomaschine.

Ich war so betrunken, daß diese Geschosse mich nicht weiter beunruhigten. Und nachdem Frankie die Küchentür zugeknallt hatte und mit dem Wagen davongebraust war, hob ich die Frikadelle vom Fliesenboden des Patio auf und verspeiste sie mit ebensoviel Genuß, als wäre sie mir auf einem goldenen Tablett serviert worden.

Frankie verlor in dieser Zeit unerklärlicherweise an Gewicht und seine Vitalität ließ nach. Er flog ein zweites Mal nach New York, um sich gründlich untersuchen zu lassen, und während seiner Abwesenheit rief mich ein sehr begabter junger Maler, den ich etwa ein Jahr zuvor in Tanger kennengelernt hatte, aus Miami an, wo er sich vorübergehend aufhielt, und ich sagte: »Ich bin im Augenblick allein, kommen Sie nach Key West, mich besuchen.«

Er kam noch am selben Abend, und wir verbrachten zusammen mehrere harmlos-idyllische Frühlingstage. Ich malte zu der Zeit ebenfalls, schlecht und recht – mehr als Erholung von meiner schriftstellerischen Tätigkeit. Mein junger Gast arbeitete auf der einen Seite des Patio und ich auf der anderen. Er malte unter anderem auch mich – dieses hervorragende, halb abstrakte Porträt von mir hängt heute noch im Wohnzimmer meines Hauses in Key West – und ich malte einen imaginären Knaben in rosafarbenem Trikot mit einer Gitarre im Arm.

Während diese Idylle noch im Gange war, kam eines Abends Frankies bester Freund unerwartet zum Essen vorbei. Nach dem Abendessen gingen der gutaussehende junge Maler und ich ins Haus, und die anderen blieben im Patio sitzen. Ich hatte bis jetzt nicht mit dem Maler geschlafen, doch an diesem Abend löschten wir das Licht im Wohnzimmer, legten uns nebeneinander auf die breite Couch, hielten uns in den Armen und tauschten lange Küsse.

Plötzlich kam Frankies Freund herein, sah, was da vor sich ging, und rief Frankie sofort in dem New Yorker Krankenhaus an, in dem er sich zur stationären Untersuchung befand.

Frankie kam umgehend ohne Vorwarnung nach Key West zurückgeflogen.

Am ersten Abend, als er wieder da war, wollte er nicht essen und sprach kaum ein Wort. Er saß in einer Ecke des Wohnzimmers, mit maskenhaftem Gesicht, wie unter Drogeneinfluß, und seine großen Augen waren mit drohendem Blick auf den Maler und mich geheftet. Mein Gast und ich machten, grimmig von Frankie beobachtet, Konversation, so gut es ging.

Dann kam es zur Explosion.

Frankie sprang wie ein Tiger durchs Zimmer und packte den Maler an der Kehle, und ich glaubte wirklich, er würde ihn erwürgen – ich wiederhole: ich war ziemlich sicher, daß Frankie sich an diesem Abend stark unter Drogeneinfluß befand.

Ich griff hastig nach dem Telefon, rief die Polizei an und sagte, bei mir zu Hause sei etwas Schreckliches im Gange.

Frankie ließ den Maler los. Die Polizisten waren in wenigen Minuten zur Stelle.

»Mr. Merlo geht es nicht gut«, sagte ich zu ihnen, »ich glaube, es wäre besser für ihn, wenn er die Nacht bei einem Bekannten verbrächte.«

Die Polizisten erfaßten die Situation mit einem Verständnis, das sich in ihrem Beruf nur selten findet.

Alle Polizisten von Key West mochten Frankie gern, wie die gesamte Bevölkerung der Insel, möchte ich fast sagen. Ich habe oft gedacht, daß Frankie, wenn er sich um den Posten des Bürgermeisters von Key West beworben hätte, ein überwältigender Wahlsieg sicher gewesen wäre.

Die Polizisten brachten Frankie zu einem Bekannten. Am nächsten Morgen kam er wieder.

An diesem Tage fand der endgültige Bruch zwischen uns beiden statt. Ohne ein Wort mit ihm zu sprechen, packte ich im Studio meinen ganzen Schreibkram zusammen und brachte ihn im Wagen unter. Dann stiegen der Maler und ich ein. Frankie saß schweigend mit Leoncia, unserer treuen Haushälterin, auf der Veranda. Auch sie schwieg. Doch als ich den Wagen startete, kam Frankie angelaufen.

»Gehst du fort, ohne mir die Hand zu geben? Nachdem wir vierzehn Jahre zusammen waren?«

Ich gab ihm die Hand, dann fuhr ich mit dem Maler davon. Ich fuhr so schlecht – der Wagen schlingerte von einer Seite der Straße zur anderen –, daß der Maler sich in stummer Panik in eine Ecke duckte. Doch wir erreichten Coconut Grove ohne Unfall und gingen für die Nacht in irgendein trübseliges Motel. Am nächsten

Tag, nachdem wir es in der vergangenen Nacht bis zur völligen Erschöpfung getrieben hatten, waren wir zum Lunch bei Marion Vaccaro, und ich erzählte ihr auch, daß ich Frankie verlassen hätte.

Der Maler ging leider über meine Kräfte – ich war seinen sexuellen Ansprüchen einfach nicht gewachsen –, und nach einigen Tagen legte ich ihm nahe, sich nicht von seiner Weiterreise nach San Francisco abhalten zu lassen, und gab ihm Geld für das in Key West zurückgelassene Porträt als Reisekostenzuschuß. Dann flog ich nach New York, wo ich einen oder zwei Monate allein in meiner Wohnung in der East Sixty-fifth Street 134 lebte.

Etwa um diese Zeit begann ich einen ernsthaften Flirt mit einem begabten, schönen jungen Dichter. Er lebte mit einem viel älteren Dichter, aber das Verhältnis stand vor seiner Auflösung, da der ältere Mann fast jeden Abend seine von der Zeit arg zerzauste Eitelkeit mit Alkohol zu betäuben suchte. Zunächst war er etwa eine Stunde lang heiter und gut zu haben, dann wurde er einsilbig und mürrisch, und es endete damit, daß er auf alles und jedes in seiner Umgebung losging – wie ein alter Löwe, der sich nicht mit seinem Käfig abfinden kann.

Der begabte junge Mann, dessen Namen ich hier verschweigen muß, verbrachte schon bald mehrere Nächte der Woche bei mir. Wie Ihnen vielleicht schon aufgefallen ist, verliebe ich mich recht leicht und noch leichter, wenn das Objekt mir menschliche Wärme, Zuneigung und ›ewige Liebe‹ entgegenbringt.

Es bereitet mir Mühe, logische Ordnung in die Dinge zu bringen. Ich weiß nur so viel, daß die Romanze mit dem jungen Dichter nach *Die Nacht des Leguan* und natürlich nach dem Bruch mit Frankie ihren Anfang nahm.

Bestimmt weiß ich, daß der junge Dichter und ich im Frühsommer 1961 oder '62 nach Tanger flogen und dort ein wunderhübsches kleines Haus am Meer mieteten.

Es wurde ein merkwürdig schwieriger Sommer, sowohl für mich wie für meinen neuen Gefährten. Obwohl der Bruch mit Frankie sich unter so unerfreulichen Begleitumständen vollzogen hatte und trotz des Charmes des kleinen weißen Hauses und des schönen jungen Dichters wurde ich von inneren Qualen zerrissen, deren erklärlichste die Unfähigkeit war, mit Menschen zu sprechen. Geselligkeit wurde in jenem Sommer in Tanger groß geschrieben, und die Schönheit meines Gefährten machte uns beide zu begehrten Gästen. Doch bei Cocktail- und Dinnerpartys saß ich schweigend da und sagte nur selten ein Wort. Selbst dem jungen Dichter konnte ich mich kaum mitteilen, außer im Bett.

Er reagierte sehr lieb und verständnisvoll. Ganz besonders ist mir eine lange Regennacht im Gedächtnis geblieben.

Er sagte: »Regen ist das allerreinste Wasser.«

Wir öffneten die Läden des Schlafzimmers, beugten uns aus dem Fenster, fingen den Regen in Sektschalen auf und entweihten ihn dann mit Whisky.

Augenblicke der heiligen Kommunion . . .

Eines Nachmittags war ich mit Jane Bowles allein und sagte zu ihr: »Janie, ich kann nicht mehr sprechen.«

Sie sah mich an; das ihr eigentümliche flüchtige Lächeln huschte über ihr Gesicht, und sie sagte: »Tennessee, du warst nie ein besonders guter Unterhalter.«

Aus irgendeinem Grund – vielleicht weil ich lachen mußte, und Lachen ist immer tröstlich, wie Jane mir immer ein Trost war – erleichterte mich diese Antwort auf mein bekümmertes Geständnis für eine Weile.

(Jener Sommer in Tanger ist in ein Gedicht mit dem Titel *The Speechless Summer* eingegangen, das in der ersten Nummer der Zeitschrift *Antaeus* erschien.)

In dieser Zeit arbeitete ich, bedrückt und in mich gekehrt, an *Der Milchzug hält hier nicht mehr*, und es wäre an sich angebracht, hier das Entstehen dieser Arbeit einzufügen, dessen Umstände dramatischer waren als die spätere Aufführung und das auf so schmerzliche Weise die sich vertiefenden Schatten wiedergibt, die mein Leben als Mensch und Künstler verdunkelten.

Die Leute haben immer und immer wieder gesagt, mein Werk sei zu persönlich, und ich bin diesem Vorwurf genauso beharrlich mit der Behauptung entgegengetreten, daß jede schöpferische Arbeit persönlich sein *muß*, ob nun direkt oder indirekt – sie muß (und wird, ob gewollt oder ungewollt) ein Spiegel der Gefühlswelt und der Seelenlage ihres Schöpfers sein.

Im Frühsommer 1962 kam Frankie nach Manhattan; ich hatte ebensoviel Angst davor, ihn wiederzusehen, wie ich damals, nach seinem gewalttätigen Benehmen, das Wiedersehen mit Santo gefürchtet hatte. Durch Mittelspersonen erfuhr ich, daß Frankie, der im Hotel ›Dover‹ wohnte, auf einem Treffen mit mir bestehe. Ich ließ ihn wissen, daß ich nur in Audrey Woods Gegenwart mit ihm sprechen würde.

Während dieser ganzen Zeit der Trennung hatte Frankie sein ›Gehalt‹ weiter bezogen. Er befand sich also keineswegs in finanzieller Bedrängnis, da er mit zehn Prozent an den Einnahmen von *Die Katze auf dem heißen Blechdach, Die tätowierte Rose* und *Camino Real* beteiligt gewesen war. Merkwürdigerweise ist mir die Höhe seines wöchentlichen Einkommens entfallen, ich würde sagen, es handelte sich um etwa 150 Dollar. Und er hatte bis jetzt noch keinerlei ›Lebenshaltungskosten‹ gehabt.

Das Treffen fand also in Gegenwart von Miss Wood in meiner Wohnung in der Sixty-fifth Street statt. Frankie legte seine besten Manieren an den Tag: gesetzt und ruhig gab er seinem Schmerz und seiner Bestürzung über unsere Entfremdung Ausdruck. Miss Wood verhielt sich kühl und diplomatisch wie immer.

Als sie ging, bestand ich darauf, daß Frankie mich ebenfalls verlasse. ›Besprochen‹ worden war lediglich, daß Frankie sein ›Gehalt‹ weiter beziehen, unsere Trennung jedoch ›endgültig‹ sein sollte.

Etwa zehn Minuten, nachdem die beiden fortgegangen waren, rief Frankie mich an und sagte, es sei ihm völlig unmöglich gewesen, in Audreys Gegenwart alles Nötige zu besprechen, und daß er gleich zurückkäme, um noch einmal unter vier Augen mit mir zu reden.

»O nein«, sagte ich. »Wenn du der Meinung bist, daß es zwischen uns noch etwas zu besprechen gibt, wollen wir uns an der Bar um die Ecke treffen.«

Bei diesem Treffen in der Bar blieb ich, zu meinem eigenen Erstaunen, standhaft. Ich weiß noch, daß ich zu ihm sagte: »Frank, ich möchte meine Unversehrtheit wiedergewinnen.«

Er sah mich in verstehendem Schweigen an.

Was genau habe ich wohl damit gemeint? Er schien es zu wissen, doch sicher bin ich mir dessen heute nicht.

Dann ging er, und ich kehrte allein in meine Wohnung zurück. Und nicht lange danach flog ich mit dem jungen Dichter, den ich Angel nennen will, nach Tanger . . .

Als wir im Frühherbst desselben Jahres nach Manhattan zurückgekehrt waren, rief Marion mich aus Coconut Grove an und sagte, sie müsse mir etwas sehr Trauriges mitteilen: Frankie hätte sie gerade angerufen, er sei unterwegs nach Manhattan, um sich einer

Operation zu unterziehen. Es bestehe Verdacht auf Lungenkrebs. Er sitze bereits im Flugzeug, ginge dann in Manhattan ins Memorial-Hospital, und die Operation würde in wenigen Tagen vorgenommen werden.

Später erfuhr ich, daß Frankie, der sich nach wie vor in Key West aufgehalten hatte, mit seinem besten Freund Dan Stirrup und noch einigen Bekannten in einem Straßencafé gesessen, sich dann plötzlich über den Tisch gebeugt und einen Blutsturz erlitten habe. Darauf sei er in Key West zu seinem Hausarzt gegangen, der ihn geröntgt und den dunklen Fleck auf der Lunge entdeckt hätte.

Ich wurde von Gewissensbissen gepeinigt.

Was ich nicht gewußt hatte, war, daß ich während dieser ganzen schwierigen frühen sechziger Jahre Frankie genauso geliebt hatte wie je zuvor. Die Liebe war zwar krank geworden, ja, hatte aber darum nicht an Tiefe verloren. Ich besuchte ihn einen Tag vor seiner Operation im Krankenhaus; er betrachtete seine Lage, die mich verrückt vor Angst gemacht hätte, völlig nüchtern und sachlich.

Das Memorial-Hospital ist das Krebskrankenhaus von New York, und sich dort zu befinden ist wohl so gut wie eine Bestätigung der Diagnose.

Habe ich bereits erwähnt, daß Frankie Kettenraucher war? Mindestens vier Päckchen pro Tag.

Die Operation wurde vorgenommen, und ich sah das ›kleine Pferd‹ auf der Aufwachstation wieder. Er war kaum bei Bewußtsein und nur imstande, einige wenige Worte zu flüstern.

Ich saß an seinem Bett und hielt seine Hand, bis ein Pfleger mich darauf aufmerksam machte, daß meine Besuchszeit vorüber sei. Danach besuchte ich ihn jeden Tag, bis er entlassen wurde.

Dann, eines Tages – kurz vor seiner Entlassung oder möglicherweise auch kurz nach der Operation – rief ich seine Ärzte an, die mir sagten, daß Frankies Lungenkrebs inoperabel sei. Die Wucherung säße dicht am Herzen und sei so vorgeschritten, daß eine erfolgreiche Operation sich ausschlösse. So hatten sie ihn also einfach wieder zugenäht.

»Wie lange?« fragte ich.

Die Antwort lautete: »Sechs Monate.«

Ich legte auf und brach in Tränen aus. Ich hatte jemand bei mir, ich nehme an, den jungen Dichter Angel, der versuchte, mich zu trösten.

Sobald Frankie entlassen war, flog er geradewegs nach Key West zurück – allein. Dort mietete er ein kleines Haus auf dem Grundstück eines seiner Schriftsteller-Freunde, den ich (wahrscheinlich fälschlich) verdächtigt hatte, hinter meinem Rücken etwas mit Frankie zu haben.

Es handelte sich um ein kleines, doch hübsches Holzhaus.

Ich verlor keine Zeit und folgte ihm in den Süden.

Frankie ahnte nicht, daß man ihn gar nicht operiert hatte, und während der ersten ein oder zwei Monate war nicht daran zu zweifeln, daß er sich völlig wiederhergestellt glaubte. Ich weiß noch, wie er in einem Nachtlokal in Key West seine wilden Jitterbug-Sprünge vollführte, erinnere mich jedoch auch daran, daß er anschließend fast zusammengebrochen wäre.

Ich schenkte ihm einen Fernseher für sein Häuschen in der Baker's Lane. Er hatte Gigi, unseren Hund, bei sich; die beiden waren unzertrennlich. Und dann vernarrte er sich in einen kleinen Affen, den ich in New York gekauft hatte – eine bösartige, nervöse Kreatur, die ich angemessenerweise ›Creature‹ nannte. Ich weiß nicht, warum dieses Tier Frankie so viel bedeutete. Mir war der Affe eher unangenehm.

Eines Tages brachte ich Creature in seinem Käfig zu Frankie und sagte: »Ich laß ihn dir für eine Weile ... du wirst sehen, er wird auch dir bald auf die Nerven fallen.«

Und doch mochte ich den Affen auch wieder ganz gern, da ich einfach jedes Tier gern haben muß ...

Spätabends rief Frankie an, und seine Stimme hatte einen hysterischen Unterton. Er hatte Creature aus dem Käfig herausgelassen, und das Tier war verschwunden.

Die halbe Nacht verging mit der fieberhaften Suche nach Creature. Dann gab ich es auf, doch das ›Pferd‹ ließ nicht locker. Irgendwann in der Nacht oder vielleicht erst am nächsten Morgen rief Frankie erneut an.

Seine Stimme hatte denselben hysterischen Klang.

»Er ist wieder da! Er ist wieder da!« rief er.

»Was!?«

»Er ist gerade unter dem Bett hervorgekrochen, die einzige Stelle, wo wir ihn nicht gesucht haben – er war also die ganze Zeit im Hause.«

Und dann begann er zu weinen ...

Nach einigen Wochen bat ich Frankie, in mein Haus in der

Duncan Street zurückzukehren. Ich fürchtete, er würde ablehnen, da Angel noch bei mir war, doch er erhob keinerlei Einwände.

Er bekam unser früheres Schlafzimmer im ersten Stock, während Angel und ich unten schliefen.

Ich sah, daß Frankie nun zunehmend verfiel, und sah ebenfalls, wie er diese Tatsache vor sich und allen anderen verzweifelt zu leugnen versuchte. Er tat, mit letzter Kraft, immer noch so, als sei alles in Ordnung.

Frankies Freund, der Schriftsteller, sagte zu mir: »Ich weiß nicht, ob er wirklich glaubt, daß sie ihn operiert haben, oder ob er bloß die größte Schau der Welt abzieht.«

Die sechs Monate, die die Ärzte Frankie noch gegeben hatten, waren nun verstrichen. Er lebte zwar noch, wurde aber täglich schwächer, ohne auch nur eine Spur an Haltung zu verlieren. Es schien ihn zu verstimmen, daß ich in jenem Frühling so lange in Key West blieb – bis Mitte Mai. Nicht etwa, weil er Angel nicht leiden konnte – der Dichter begegnete Frankie mit großer Herzlichkeit –, obwohl er Angel fast so behandelte, als sei er gar nicht vorhanden, was zu der Zeit der Wahrheit nahe kam, ich meine, in meinem Herzen.

Frankie wollte keine Zeugen seines Verfalls, keinen ihm so nahestehenden Zeugen wie mich. So flogen Angel und ich Mitte Mai nordwärts und mieteten ein Haus auf Nantucket. Sobald wir uns darin eingerichtet hatten, rief ich Frankie an und bat ihn, den Sommer mit uns dort zu verbringen. Zu meinem Erstaunen war er einverstanden.

Ich fuhr zum Festland hinüber, um ihn abzuholen; an diesem Abend herrschte abscheuliches Wetter. Ein keineswegs der Jahreszeit entsprechender kalter Wind fegte übers Wasser, und wir verpaßten die letzte Fähre nach Nantucket. Ich mietete ein kleines Motorboot, das Frankie, Gigi und mich hinüberbringen sollte. Der Wind wurde zum eiskalten Sturm. Frankie hielt Gigi dicht an sich gepreßt; er saß während der nicht enden wollenden Überfahrt kerzengerade und schweigend da.

Sehr bald schon stellte sich heraus, daß Frankies Besuch in Nantucket ein Fehlschlag war. Frankie mochte das an sich reizende kleine Cottage ebensowenig wie ich, und doch verließ er es nur, um mit uns essen zu gehen, nahm dann aber so gut wie nichts zu sich. Ich glaube, daß er uns im gegenseitigen Einvernehmen bereits nach einer Woche verließ und nach New York fuhr. Von da an pendelte er zwischen meiner Wohnung in der East Sixty-fifth Street und dem Memorial-Hospital hin und her. Der Krebs breitete sich unaufhaltsam aus und ergriff ein inneres Organ nach dem anderen. Frankie aß fast nichts und wog bald keine hundert Pfund mehr.

Einmal, als ich mit ihm zur Kobaltbestrahlung – jenes schreckliche ›Heilmittel‹, das Frankies Haut schwarz brannte – ins Krankenhaus fuhr, sagten die Ärzte zu mir: »Das einzige, was wir tun können, ist, darauf zu warten, wo es ihn als nächstes erwischt.«

Ich schickte Angel nach Key West zurück, und Frankie und ich waren nun allein in meiner Wohnung. Er schlief im Schlafzimmer und ich auf der Couch in meinem kleinen Studio.

Und jeden Abend – das ist mir ganz besonders schmerzlich in Erinnerung geblieben – hörte ich, wie er sich im Schlafzimmer einschloß. Hielt der arme Junge mich immer noch für fähig, ihm dorthin zu folgen und mich seines ausgemergelten Körpers zu meiner Lust zu bedienen? Das erscheint kaum vorstellbar. Aber warum schloß er sich dann ein?

Ich glaube, er tat es automatisch; vielleicht dachte er, daß er den Tod damit ausschließen könnte.

Die ganze Nacht hindurch weckten Frankies Hustenanfälle, die laut durch die Wand drangen, mich immer wieder aus meinem ohnehin leichten Schlaf, und ich wagte es nicht, ihm etwas zuzurufen.

Der heutige Tag wird möglicherweise von großer Bedeutung für mein Berufsleben sein – Geneviève Bujold ist gestern in New York eingetroffen und hat Bill Barnes und Peter Glenville zugesagt, die weibliche Hauptrolle in *Out Cry* zu übernehmen. Heute abend ist sie nach Montreal zurückgeflogen, und Bill wird sie dort anrufen, um die Sache festzumachen.

Als ich sie heute, in Bills Wohnung, kennenlernte, sah ich *die* ›Clare‹ vor mir. »Sie sind schön!« rief ich aus. »Und ein wenig verrückt!«

Natürlich hätte ihre nicht ausgesprochene Erwiderung lauten können: »Und Sie sind häßlich und knallverrückt.«

Aber wie dem auch sei . . .

Anschließend warf ich mich in meinen schönen, neuen Anzug, gab meine bis jetzt beste Vorstellung – kein einziger ›Schmiß‹ – und führte dann Candy Darling aus, ins *Sardi's*. Ihr Entree war natürlich eine Sensation. Wir erhielten einen der Vorzugstische, und nach einer Weile setzten sich der rührend junge Schriftsteller Nelson Lyon und eine schöne junge Frau – ihres Zeichens Verlegerin – zu uns. Ich sagte zu Lyon: »Sie stehen am Anfang einer Karriere, die ich nun beende.« Ich meinte damit, daß ich meine eigene Karriere beende, nicht die seine – um Mißverständnissen vorzubeugen. Wir brachten die Damen nach Hause – Candy lebte neben der Christian Science-Kirche und die junge Frau in einem großen Wohnblock in den East Sixties oder Seventies –, und dann nahm ich Lyon mit in die ›Victorian Suite‹ für einen letzten Drink, und er blieb bei mir, bis ich mein Nembutal geschluckt hatte. Er sieht gut aus, doch ich verhielt mich bemerkenswert zurückhaltend.

Es macht mich traurig, mir die letzten Erinnerungen an den lebenden Frankie ins Gedächtnis zurückzurufen. Und doch enthalten sie so manches, was des bewundernden Erinnerns wert ist, wie etwa seine Seelenstärke und sein bis zuletzt ungebrochener Stolz.

Stirrup kam aus Key West nach New York, und Al Sloane, auch ein intimer Freund von Frankie, verbrachte ebenfalls fast den ganzen Tag mit uns. Frankies Krankheit schlug nun mit grausamer Wildheit zu. Stirrup legte Frankie des öfteren nahe, sein Testament zu machen, doch Frankie ignorierte dieses ein wenig unsensible Ansinnen und klammerte sich hartnäckig an sein kleines Leben. Jeden Vormittag gegen zwölf kamen er und Gigi aus dem Schlafzimmer und setzten sich nebeneinander auf das kleine Sofa vor dem Fernseher, beide mit der gleichen stoischen Miene und annähernd gleichem Augenausdruck.

Dort saßen sie wohl fast den ganzen Tag. Wenn die Natur ihr Recht verlangte, trottete Gigi auf unseren kleinen Balkon hinaus.

Dann, plötzlich, ging Frankie ein letztes Mal ins Memorial-Hospital. Als er sich anzog, betrat ich das Schlafzimmer, um ihm behilflich zu sein, doch er lehnte jede Hilfe ab. Er warf seinen Morgenrock ab – sein Körper, vormals der eines kleinen Herkules, glich nun eher dem Skelett eines Sperlings.

Als wir die Halle des Krankenhauses betraten, war er zum erstenmal zu schwach, seine Station zu Fuß aufzusuchen, und ließ sich in einen Rollstuhl setzen. Sie steckten ihn – und das finde ich heute noch entsetzlich – in einen Krankensaal, in dem alle Patienten an Gehirntumor operiert waren. Ihr Anblick war der reinste

Alptraum. Ich bat ihn, nicht dort zu bleiben, sondern sich ein Einzelzimmer zu nehmen. Er erwiderte in scharfem Ton: »Das macht mir gar nichts mehr aus, ich glaube, ich bin sogar gern mit ihnen zusammen.«

Da er nun schon so oft in diesem Krankenhaus gelegen hatte, kam ich nicht auf den Gedanken, daß er nun zum letztenmal hier sei.

Zufällig fand zur gleichen Zeit im *Barter Theatre* in Abingdon, Virginia, die Premiere der zweiten Fassung von *Milchzug* statt, mit Donald Madden, einem hervorragenden *Christopher*, und Clare Luce als *Flora Goforth* – zwar schön anzusehen, doch ungeeignet für diese Rolle. Regie: Adrian Hall; Ausstattung: Bobby Soule.

Audrey Wood kam mit dem Flugzeug zur Premiere. Die Publikumsreaktion war schwer deutbar, aber als Fazit doch wohl eher gleichgültig.

Am nächsten Tag rief Al Sloane mich an und sagte, daß Frankies Zustand sich eindeutig verschlimmert habe, und er teilte mir die näheren Einzelheiten mit. Ich sagte: »Er wird am kommenden Donnerstag sterben. Ich fliege sofort nach New York zurück.« Dieses tat ich, bevor die Kritiken über die Premiere im *Barter Theatre* erschienen. Am Morgen nach meiner Rückkehr besuchte ich Frankie im Krankenhaus. Er war bereits an ein Sauerstoffgerät angeschlossen. Ich blieb den ganzen Tag bei ihm; es war schrecklich, und ich mußte meine ganze Kraft zusammennehmen. Alle paar Minuten verließ Frankie sein Bett und wankte zu einem Sessel, in dem er dann einige Minuten kauerte. Dann wankte er wieder ins Bett zurück, und kurze Zeit darauf wiederholte sich das gleiche.

»Frankie, versuch still zu liegen.«

»Ich bin heute so ruhelos. Die vielen Besuche haben mich sehr angegriffen.«

»Frankie, möchtest du, daß ich jetzt gehe?«

»Nein. An dich bin ich gewöhnt.«

Er war an diesem Tag, während ich bei ihm Wache hielt, aus dem Krankensaal in ein Einzelzimmer verlegt worden, und er wußte zweifellos auch warum: um in diesem Zimmer zu sterben.

Ein paar Dinge kann ich dem Memorial-Hospital nicht verzeihen. Nachdem Frankie bereits im Einzelzimmer lag, dauerte es etwa dreißig Minuten, bis das Sauerstoffgerät endlich herbeigeschafft war. Frankie schnappte diese endlose halbe Stunde nach Luft wie ein Fisch an der Angel.

Nachdem Frankie gesagt hatte: »An dich bin ich gewöhnt«, drehte er mir den Rücken zu. Seine Worte waren wohl kaum als Liebeserklärung zu werten, doch ›Liebe‹ war etwas, worüber Frankie nie hatte sprechen können, außer einmal bei einem Ferngespräch.

Er lag nun ruhig auf der Seite. Ich nahm an, er schliefe, und ging nach einer kleinen Weile leise fort.

Auf dem Nachhauseweg dachte ich: dies geht zu weit. Ich ging zu meinem Arzt G. von Stein und erzählte ihm wohl ziemlich hysterisch, was für ein Alpdruck diese letzten Tage für Frankie gewesen seien. Von Stein gab mir eine Beruhigungsspritze und sagte: »Ich werde Franks Arzt anrufen.«

An diesem Abend ging ich aus, und meine Hysterie nahm nun eine andere Wendung. Ich betrank mich mit einigen Bekannten in einer Schwulenbar und kam um etwa elf Uhr nachts nach Hause. Ich hatte die Wohnung kaum betreten, da klingelte das Telefon. Es war Frankies bester Freund. Er teilte mir, auf sehr menschliche Weise mit, daß Frankie gestorben sei.

»Tennessee, wir haben ihn verloren. Es dauerte nur wenige Minuten. Die Schwester gab ihm eine Spritze, er fuhr mit einem Ruck hoch, rang nach Luft, fiel in seine Kissen zurück und war gestorben, bevor der diensttuende Arzt zur Stelle war.«

Meine erste Reaktion ist heute schwer zu analysieren. Am ehesten war es wohl Erleichterung darüber, daß unser beider Qualen ein Ende gefunden hatten.

Die seinen, ja. Meine nicht.

Ich stand an der Schwelle eines schrecklichen Lebensabschnittes. Doch das stellte sich erst allmählich heraus.

Solange Frankie gesund war, war ich glücklich. Er hatte das Talent zum Leben, und als er tot war, gelang mir die Gestaltung meines eigenen Lebens nicht mehr. Und dann kam die Depression, die sieben lange Jahre anhielt.

Frankies Angehörige waren aus New Jersey gekommen und versammelten sich vollständig im Frank Campbell-Bestattungsinstitut, wo Frankie aufgebahrt lag. Seine ältere Schwester Anna – eine großartige Person – sagte zu mir: »Gehen Sie zu ihm, und berühren Sie seine Hand.«

Ich fügte mich, Furcht im Herzen, ihrem Wunsch. Er sah sehr friedvoll, ernst und edel aus. Doch die Berührung mit seiner toten, so kalten Hand, die man ihm auf die Brust gelegt hatte, war ein Schock für mich.

Es fanden zwei Totenfeiern statt: die eine in einer katholischen Kirche, wie seine Angehörigen es gewünscht hatten, die andere im Beerdigungsinstitut. Ich hatte Frankies Freunde vom Theater gebeten, zu der Feier im Beerdigungsinstitut zu kommen, und meinen Vetter, Reverend Sidney Lanier, den Trauergottesdienst abzuhalten, wie er es vor drei Jahren für Diana Barrymore getan hatte.

Doch zunächst fand, durchaus zu Recht, der Gottesdienst in der katholischen Kirche statt, und dieses Requiem war wunderschön.

Dann wurde Frankies Leichnam für den zweiten Gottesdienst in das Bestattungsinstitut zurückgebracht. Die große Kapelle war besetzt bis auf den letzten Platz. Kurz bevor der Gottesdienst begann, ließ ich Frankie in einen anderen Sarg umbetten, da mir das helle Holz und der gestickte rosafarbene Stoff, mit dem der erste Sarg gepolstert war, mißfielen. Der zweite Sarg war schlicht mit weißer Seide ausgeschlagen und machte einen viel besseren Eindruck.

Nach der Feier war es mir nicht möglich, mit auf den Friedhof zu gehen. Ich kehrte, begleitet von Kazan und seiner Frau Molly, in meine Wohnung zurück. Ich bewahrte Haltung, doch es entging mir nicht, daß die beiden hin und wieder einen Blick tauschten. Sie wußten, daß ich den Halt meines Lebens verloren hatte.

Die erste Fassung von *Der Milchzug hält hier nicht mehr* (ein Interesse erweckender, doch recht langatmiger Titel) entstand aus einer meiner, wie ich glaube, besten Kurzgeschichten: *Man Bring This Up Road.* Diese Story schrieb ich in einem goldenen Sommer im Hotel ›Miramare‹ in Positano, an der italienischen *Divina Costiera.* Dort befand ich mich mit Maria, und wir sollten beide am Drehbuch zu Luchino Viscontis Film *Senso* arbeiten.

Es ist mir schon immer schwergefallen, eine Auftragsarbeit systematisch durchzuführen, was für den Fall *Senso* ganz besonders zutraf, da ich Farley Granger nicht gerade als einen faszinierenden Darsteller betrachtete. Auch die Tatsache, daß ich ohne Honorar an dem Drehbuch arbeitete, steigerte mein Interesse an der Sache nicht. Das wenige, was ich daran tat, tat ich aus Bewunderung für Visconti und aus Dankbarkeit, weil er meiner lieben

Freundin Maria damit einen Job verschafft hatte, den sie dringend brauchte.

Nachdem ich in die Staaten zurückgekehrt war, fiel mir diese Kurzgeschichte eines Morgens in die Hände und formte sich in meinem Kopf zu einem längeren Einakter. Als solchen schrieb ich es nieder, und es wurde im folgenden Sommer in Spoleto zum ›Festival beider Welten‹ aufgeführt. Diese Uraufführung zeichnete sich vor allem durch das Spiel von Hermione Baddeley in der Rolle der *Flora Goforth* aus. Die Galapremiere fand vor ausverkauftem Hause statt. Anna Magnani war zu dem Ereignis mit ihrem Wagen aus Rom gekommen und saß mit mir in einer Loge. Sie starrte mit wachsendem Erstaunen auf die Baddeley.

»Come magnifica!« flüsterte sie immer wieder vor sich hin, und ich wußte nur zu gut, daß sie die Schauspielerin meinte und nicht das Stück.

Anna war äußerst sachkundig und streng in ihrer Beurteilung schauspielerischer Fähigkeiten, und sie erkannte in Hermione Baddeley eine Schauspielerin von einer Größe, die an ihre eigene heranreichte, reagierte aber nicht etwa mißgünstig darauf, wie eine Frau von kleinerem Format das möglicherweise getan hätte, sondern war ganz ehrlich begeistert. Die Art, in der sie Miss Baddeley nach der Vorstellung begrüßte und zu ihrem Erfolg beglückwünschte, war ganz Anna und von großer Herzlichkeit.

Das Stück als solches machte offenbar keinen besonderen Eindruck und wurde damals in Spoleto nur noch einmal aufgeführt. Allerdings bin ich, was die Seriosität der alljährlichen Festspiele von Spoleto angeht, immer ein wenig skeptisch gewesen; mir scheint, daß sie in der Hauptsache dem Geltungstrieb des Maestro Gian Carlo Menotti und seines Freundes Tommy Schippers dienen. Der Clou des ganzen Festivals ist jedesmal Menottis gewaltige Geburtstagsparty. Feuerwerk überall, im ganzen entzückenden Städtchen, und als Höhepunkt erscheinen Menotti und Schippers in Frack und Claque und lassen sich in einem neuen Riesenkabriolett, höchstwahrscheinlich einem Caddilac oder Rolls-Royce, durch die von Menschen wimmelnden engen Gassen kutschieren . . .

Aber sei's drum. Das war nun mal sein Privatvergnügen, und ich glaube, ich sollte am Privatvergnügen anderer Leute ebensowenig herummäkeln wie an den Auswüchsen ihres Geltungstriebes oder an der Phantasiewelt, in der sie leben. Es gibt schlimmere Dinge, als in einer Phantasiewelt zu leben. Ja, ich frage mich zuweilen, ob eine Phantasiewelt nicht die einzige Welt ist, in der ein Künstler leben kann.

In der darauffolgenden Spielzeit beschloß Roger Stevens, den *Milchzug* am Broadway herauszubringen. Zunächst wollte er, daß Tallulah Bankhead die Rolle der *Flora Goforth* übernimmt. Doch ich hatte Hermione Baddeley in der Rolle gesehen, behauptete mich gegen den mächtigen Stevens und bestand auf der Besetzung der Hauptrolle mit Hermione. Wie Sie sehen, hatte ich in jenen Tagen noch einiges Durchsetzungsvermögen . . .

Paul Roebling, der den *Chris Flanders* in Spoleto gespielt hatte, wurde für die Broadway-Aufführung ebenfalls beibehalten, und die Sache nahm ihren Lauf.

Die Premiere in New Haven war eine ziemliche Pleite. Hermione war so großartig wie immer, doch das Publikum sprach auf das Stück offenbar nicht an.

Im Theater – im Rauchzimmer der Schauspieler – sollte nach der Premiere eine Besprechung aller an der Aufführung Beteiligten stattfinden, doch der Raum begann sich mit Leuten zu füllen, die nichts damit zu tun hatten, und ich kriegte einen meiner berühmten Wutanfälle.

»Was zum Teufel habt ihr Miesmacher hier zu suchen? Nehmt eure Drinks und verschwindet, wir haben Schwierigkeiten mit dem Stück, die wir nur ganz unter uns besprechen können.«

Die Premiere von *Milchzug* in Boston war die gelungenste von allen, trotz einiger erheiternder Pannen, die gleich in der ersten Szene passierten. Fast sofort nach ihrem Auftritt verlor Hermione ihre rote Perücke, doch sie tat, als hätte sie es nicht bemerkt. Sie machte sich auf dem Schreibtisch, an dem sie ihre Memoiren diktiert, zu schaffen, schnappte sich bei der ersten günstigen Gelegenheit die Perücke – und stülpte sie sich verkehrt herum auf den Kopf. Das Publikum johlte vor Vergnügen. Für ›Sissy‹ Goforth schien ihr Verhalten ganz natürlich. Soweit ich mich erinnere – wie ein Watergate-Verschwörer sagen würde –, waren die Kritiken gemischt, doch auf eine nicht uninteressante Weise, und der Kritikerpapst von Boston, Elliot Norton, erkannte in *Milchzug* ein zwar Neuland betretendes, doch wichtiges Bühnenwerk und war tief beeindruckt von Miss Baddeley, wie jeder, der das Glück hatte, sie zu erleben.

Die Einnahmen am Wilbur-Theater in Boston waren gut, und es

war schön, wieder einmal in einer Suite des Hotels ›Ritz-Carlton‹ zu wohnen, mit dem anheimelnden Kamin und dem Blick über die winterlich weiße Stadt.

Doch dann kam Philadelphia, und die Sache begann schiefzulaufen. Die Kritiken waren auf weniger interessante Weise gemischt, und das Geschäft mäßig.

Aus Philadelphia ist mir bei dieser Gelegenheit am deutlichsten eine Party in Erinnerung geblieben, die Mrs. Roebling für das Ensemble gab. Die Roeblings, Miss Baddeley und natürlich der Regisseur, Herbert Machiz, saßen an einer großen, festlich dekorierten Tafel in der Mitte des Raumes, und ich – o weh – wurde an einen kleinen Extratisch abgeschoben, an einen sogenannten Katzentisch.

Als ich diese für mich beleidigende Situation richtig begriffen hatte, begann es langsam in mir zu kochen. Dann packte ich den Stier bei den Hörnern. Ich stand auf, marschierte hinüber zu der festlichen Tafel, an der man mich nicht haben wollte, ging schnurstracks auf die am Tischende präsidierende Mrs. Roebling zu und küßte ihr die Hand. Und dann sagte ich, wiederum soweit ich mich erinnere: »Ich danke Ihnen herzlich für die schöne Party, die Sie für das Ensemble arrangiert haben, aber Sie verstehen sicherlich, warum ich jetzt auf der Stelle gehe!«

Darauf machte ich auf dem Absatz kehrt und steuerte auf den Fahrstuhl zu, doch Paul Roebling, ein lieber Junge und begabter Schauspieler, kam mir nach und versuchte, mich zurückzuhalten.

Nun stach mich der Hafer, und ich ließ wohl die arroganteste Äußerung meines Lebens vom Stapel, das mich leider nur allzuoft zu Arroganz verführt hat.

Wenn mich nicht alles täuscht, sagte ich folgendes: »Paul, wenn ich an einer Party zur Feier der Aufführung eines von mir geschriebenen Stückes teilnehme, und ich werde an einen Katzentisch abgeschoben, so ist das eine Beleidigung, die ich nicht hinnehmen kann. Das ist ein übler Streich, den Herbert Machiz mir spielen wollte, und ich bin höchst erstaunt darüber, daß Ihre Mutter und Sie das zugelassen haben.«

Inzwischen war der Fahrstuhl da. Paul versuchte, mich am Einsteigen zu hindern, doch meine Wut verlieh mir ungewöhnliche Kräfte. Ich stieß ihn zurück, betrat den Fahrstuhl und drückte wie wild auf den Knopf.

Die New Yorker Premiere ging während eines Pressestreiks über die Bretter, und so gab es also keine gedruckten Kritiken, doch wir bekamen hektografierte Vervielfältigungen der verschiedenen Besprechungen, in denen die Begeisterung über Hermione hohe Wellen schlug, das Stück jedoch ein wenig kühl abgehandelt wurde.

Am nächsten Tag suchte ich Roger Stevens in seinem Büro auf und sagte: »Diese Frau hat, in einem Stück von mir, die blendendsten Kritiken seit Laurette Taylor in *Glasmenagerie* bekommen. Ich glaube, Sie könnten einen Serienerfolg mit dem Stück haben, wenn Sie diese Kritiken geschickt auswerten. Wie denken Sie darüber?«

Er lehnte ab.

Ich mag Roger sehr gern, hatte jedoch damals das Gefühl, er ließe mich im Stich, und so sagte ich, nachdem er noch einige höfliche Ausflüchte vorgebracht hatte: »Ich habe verstanden. Leben Sie wohl!«

Und verließ erhobenen Hauptes sein Büro.

Wenn man ein Stück mit einer dominierenden weiblichen Hauptrolle, wie die Flora Goforth in *Milchzug*, schreibt, so ist zu erwarten, daß das Stück immer wieder aufgeführt wird, da weibliche Bühnenstars in einem gewissen Alter es schwer haben, ein entsprechendes ›Vehikel‹ für ihr Talent, ihre persönliche Ausstrahlung und für das, was das Publikum in ihnen sieht, zu finden. Im Grunde tut man dem *Milchzug* unrecht, wenn man ihn ein Vehikel nennt. In diesem Stück – das, dank des Drehbuchs, nur als Film (mit dem Titel BOOM) Erfolg hatte – war ich besessen von dem Drang, bestimmte Dinge zu artikulieren, was mir nur zum Teil geglückt ist. Es ist sehr traurig, daß Tallulah nicht etwa fünf Jahre früher die *Flora* spielen konnte, aber damals gab es das Stück noch nicht. Als sie die Rolle schließlich bekam, war es einfach zu spät. Tallulah fehlte es inzwischen an der nötigen Vitalität, und sie war bereits so abhängig von Alkohol und Drogen, daß es ihr große Mühe bereitete, über die Rampe zu kommen.

Die Neuaufführung kam auf merkwürdige Weise zustande. Der englische Regisseur Tony Richardson hatte sich das Manuskript verschafft, rief mich eines Tages an und häufte in geradezu beängstigender Weise Lob über Lob auf die überarbeitete Fassung des Stückes.

(Ich weiß nicht, warum Regisseure und Produzenten glauben, sie müßten einem Bühnenautor zentnerweise Honig ums Maul schmieren, da sie doch nichts weiter zu sagen brauchten als: »Mir gefällt Ihr Stück, und ich möchte es machen.«)

Richardson war damals außerordentlich vital und von sich überzeugt, und es stand von vornherein fest, daß er sich in nichts hineinreden lassen würde, da Tallulah zwar ihre Aufsässigkeit beibehalten, ihre Kraft zu kämpfen jedoch verloren hatte, was, mehr oder weniger, auch auf mich zutraf. Richardson wollte Tallulah nicht haben, doch der Produzent und ich bestanden darauf. Es kam zu einem kuriosen Kompromiß, von dem weder Tallulah noch ich sehr erbaut war. Richardson sagte zu mir: »Tenn, ich will Tallulah als Flora Goforth akzeptieren, vorausgesetzt, daß Sie mit Tab Hunter als Chris Flanders einverstanden sind.« Es widerstrebte mir, auf diesen Vorschlag einzugehen, da Tab mir nicht die nötige undurchsichtige, zwielichtige Ausstrahlung zu haben schien, die die Rolle erfordert. Tony sagte zu mir: »Ich habe Tab gegenüber eine moralische Verpflichtung, die ich damit einlöse, daß ich ihn den Chris spielen lasse.« Ich kann nur vermuten, worin diese ›moralische Verpflichtung‹ bestanden haben könnte, und überlasse Sie hiermit der gleichen Ungewißheit.

(Tallulah wurde einmal gefragt, ob Tab schwul sei, und sie erwiderte schlagfertig: »Wie soll ich das wissen, Darling, ich hab' nie mit ihm gebumst.«) Gemessen an seinen früheren Rollen, muß ich sagen, daß er sich in *Milchzug* hervortat. Er bewies mehr Talent, als ich erwartet hätte, doch undurchsichtige Zwielichtigkeit, das Geheimnisvolle kam bei seiner Darstellungsweise weniger zur Geltung als seine Begabung, mit einer gewissen trägen, lässigen Anmut seine Haut und seinen Körper zur Schau zu stellen. In meiner Gegenwart gab er sich immer umgänglich und freundlich, doch Tallulah und er vertrugen sich überhaupt nicht. Das überraschte mich, da Tallulah ihre männlichen Kollegen im allgemeinen sehr gern mochte.

Die Ausstattung war dem Bühnenbildner Rouben Ter-Arutunian nicht gelungen. Es fehlte ihr an der mediterranen Atmosphäre und verriet überdeutlich seinen Hang zum Öden, Bizarren. Ich war tief deprimiert über Frankies Tod. Das Schlimmste aber war Tallulahs Alkohol- und Pillenkonsum während der Vorstellung. Die Aufführung schleppte sich durch mehrere Städte, wurde aber nur selten gut besprochen und lediglich von Tallulahs ganz persönlichen, fanatischen Fans am Leben erhalten. In Baltimore verließ uns Richardson Hals über Kopf. Er mußte nach London zurückfliegen, um den Versuch zu unternehmen, seine gefährdete Ehe mit Vanessa Redgrave zu retten.

Vieles an Richardson mochte ich, vieles nicht. In den Probenpausen lief seine Assistentin zu oft hinter die Bühne, um ihm etwas zu trinken zu holen, und zwar nicht etwa Wasser. Trotz seiner anfänglichen überschäumenden Begeisterung für das Stück ließ ihn der Zerfall seiner Inszenierung während der Tournee auf merkwürdige Weise kalt. Einmal, als ich mich über irgend etwas aufregte, sagte er zu mir: »Ich glaube nicht, daß Sie verrückt sind, aber Sie leiden an akuter (oder angeborener) Hysterie.«

(Was zu der Zeit stimmte, wenn auch nicht immer.)

Er war ein gutartiger, begabter Mensch, allerdings ohne allzuviel Verantwortungsbewußtsein.

David Merrick, der Produzent, kam nach Baltimore, der letzten Station unserer Tournee, und war so anständig, mich zu fragen, ob ich wollte, daß die Aufführung am Broadway stattfände. Ich erwiderte: »Ich glaube, es wäre Tallulahs Tod, wenn wir jetzt aufhörten.« Also spielten wir am Broadway. Bei der ersten Voraufführung füllte Tallulahs schwule Gefolgschaft das Haus und bereitete ihr eine Ovation. Merrick sagte zu mir: »Wenn wir dieses Publikum jeden Abend hätten, wär's ein Bombenerfolg.« Doch bei der eigentlichen Premiere blieb das Publikum kalt, und die Kritiker verrissen das Stück nach Strich und Faden.

Trotzdem kam ein Filmvertrag zustande. Die äußerst komplizierten Verhandlungen wurden in England geführt. Lester Persky, der sich in hohem Maße für das Projekt interessierte, hatte seine flinken Finger dazwischen. Die Rolle des *Chris* wurde Sean Connery, der ihn gut hätte spielen können, angetragen, doch er lehnte höflich ab. Joseph Losey wurde als Regisseur engagiert – eine vorzügliche Wahl. Losey ist ein Meister seines Faches. Doch dann wurde ein entscheidender Fehler gemacht. Persky bot den Film den Burtons an. Er sagte mir, wenn ich 30 000 Dollar investierte, würde er mir die beiden verschaffen, und sie würden mir eine Million einspielen. Leider lief die Sache anders. Der Film (mit dem Titel BOOM) wurde in Sardinien gedreht. Regie, Drehbuch und Ausstattung waren phantastisch, doch Richard Burton zu alt für den *Chris* und Liz zu jung als *Flora Goforth.*

Ein weiterer Nachteil für den Erfolg des Filmes war seine unmißverständliche Attacke auf die Vorrechte der Reichen und Mächtigen durch die Amerikanerin Flora Goforth (deren persönliches Emblem ein goldener Greif war), die, des Mordes für schuldig befunden, frei ausging, weil sie *›droit de domaine‹* über die Insel und alle ihre Einwohner hatte.

Ich glaube, daß BOOM trotz der Fehlbesetzung ein künstlerischer Erfolg war und daß der Film schließlich doch noch den verdienten Beifall finden wird.

Die Geschichte bewegt sich auf den Untergang von Babylon zu, wieder und immer wieder, so unaufhaltsam wie ein reißender Gebirgsstrom sich dem Meer entgegenstürzt.

Ich habe diesen Bericht über die vierte Inszenierung von *Milchzug*, diejenige mit Tallulah Bankhead (die erste fand in Spoleto statt und die dritte in *Virginia's Barter Theatre*) mit der ein wenig ausgefallenen Behauptung begonnen, daß ein Stück mit einer so hervorragenden weiblichen Hauptrolle wie die der Flora Goforth immer wieder auf dem Spielplan erscheinen müsse. Wenn ich heute darüber nachdenke, so bedarf dieser Anspruch wohl noch der Rechtfertigung. Eine Inszenierung von *Milchzug* wurde im Londoner *Royal Court Theatre* (eines meiner bevorzugten Theater im englischen Sprachraum) in Angriff genommen, unter, wie es schien, günstigen Auspizien. Ruth Gordon in der Rolle der Flora Goforth, Donald Madden als Christopher Flanders. Doch bereits in der ersten Probenwoche löste das Ganze sich in Rauch auf. Da ich nicht dabei war, kann ich Ihnen nicht genau erzählen, was alles schiefging, doch ich hörte von einem Ensemble-Mitglied, daß die brillante Miss Gordon nicht mit dem brillanten Mr. Madden einverstanden war, und umgekehrt. Sobald Mr. Madden einen seiner Sätze gesprochen hatte, soll Miss Gordon die Probe unterbrochen und ihn gefragte haben: »Haben Sie vor, das *so* zu bringen?«, was Donalds irischem Temperament natürlich heftig gegen den Strich ging.

Dem Regisseur, dem lieben George Devine, ging das Ganze offenbar mehr als nur gegen den Strich, denn er erlitt einen Herzinfarkt, und die Aufführung wurde auf unbestimmte Zeit verschoben.

Ich hoffe, das hört sich nicht so an, als wolle ich damit sagen, daß über dem Stück als solchem ein Unstern walte. Doch es ist meiner Aufmerksamkeit nicht entgangen, daß, abgesehen von einer Wiederaufführung in San Francisco unter der inspirierten Regie von John Hancock – der einzige Regisseur, der mir je Textumstellungen vorgeschlagen hat, die künstlerisch fruchtbar waren –, der

Milchzug sich auf einem Nebengleis zu befinden scheint, auf das ihn, fürchte ich, die übertrieben ›geschönte‹ Flora Goforth von Liz Taylor in BOOM abgeschoben hat. Doch ich bleibe bei meiner ursprünglichen Behauptung: das Stück ist und bleibt ein hervorragendes Ausdrucksmittel für eine ebenso hervorragende Darstellerin. Miss Hermione Baddeley steht durchaus immer noch zur Verfügung, um diese Behauptung des Autors zu unterstützen.

Wer könnte die Goforth heute spielen? Vielleicht würde Miss Baddeley es noch einmal damit versuchen. Vielleicht Angela Lansbury und vielleicht auch Sylvia Miles.

Inzwischen ist Bacchus ebenso freigiebig wie nachsichtig.

(Lassen Sie uns einmal kurz über Theaterstücke nachdenken, die sich intensiv mit der Sterblichkeit des Menschen befassen. Ich glaube, das Publikum fürchtet sich. John Hancock jagte in San Francisco selbst dem Autor einen Schrecken ein, als er, in seiner Inszenierung von *Milchzug,* hier und dort skelettartige Figuren aus weißem Gips im Theater placierte [welch hervorragend-bizarre Idee!] und als er den Autor aufforderte, auf die Bühne zu kommen und dem Ensemble die Rolle der Flora Goforth vorzulesen, was der Autor tat und frenetischen Beifall erntete.)

Das Netteste an diesem kurzen Aufenthalt in San Juan war das Wiedersehen mit José Quintero. Er und sein Freund Nicky, der Grieche, haben hier ein reizendes Haus gemietet und entsprechend ausgestattet. Es war als Fremdenpension gedacht, doch der einzige Dauergast ist bis jetzt ein entzückender junger Hund, den man von der Straße ins Haus holte, nachdem er von einem Wagen angefahren worden war – zwar nur leicht, doch der Unfall hinterließ bei ihm einen nachhaltigen Schock. Ich kenne José sehr lange, schon seit der Zeit, als er *Sommer und Rauch* wieder zum Leben erweckte, kraft des Zauberkunststücks seiner Inszenierung und der Hexerei von Geraldine Page. Später wohnten wir beide in einem Hochhaus direkt neben dem Dakota-Gebäude in der West Seventy-second Street, und mindestens einmal die Woche fand ein vergnügter Pokerabend statt.

Gestern abend spielten wir wieder Poker, hier in San Juan, und José verehrte mir das erste (gebundene) Leseexemplar seiner demnächst erscheinenden Memoiren, mit dem Titel *If You Don't Dance They Beat You.* Es ist ein bezauberndes Buch, und die Angemessenheit des Titels hat mich zu der Erwägung ermutigt, den Arbeitstitel meiner eigenen (noch unveröffentlichten) Memoiren zu ändern.

Es ist schwierig, über eine anhaltende, schwere, ja, wohl fast klinisch zu nennende Depression zu schreiben, denn wenn man sich in diesem Zustand befindet, sieht man alles wie durch eine dunkle Brille, die die Dinge nicht nur verschattet, sondern auch verzerrt. Dazu ist es gewagt, darüber zu schreiben, denn der Keim zur Depression ist nach wie vor virulent und könnte durch die Rückerinnerung aktiviert werden.

Diese Gefahr muß ich heute morgen auf mich nehmen, trotz der Tatsache, daß mich die Situation, in der sich mein ältester und bester Freund, Professor Oliver Evans, befindet, bereits deprimiert hat. Oliver ist in seine Geburtsstadt New Orleans zurückgekehrt, und zwar, wegen immer wieder auftretender Krankheitssymptome, als Patient der Ochsner-Klinik. (Vor wenigen Jahren wurde er an einem Gehirntumor operiert mit anschließender Kobaltbestrahlung. Nach einigen Monaten schien er völlig wiederhergestellt zu sein, nahm seine Lehrtätigkeit an der englischen Abteilung einer kalifornischen Universität in vollem Umfang wieder auf, seine schriftstellerische Tätigkeit erwachte auf beeindruckende Weise zu neuem Leben – die ganze Entwicklung berechtigte zu den schönsten Hoffnungen, bis vor wenigen Monaten unvermutet auftretende Schwindelanfälle zu schlimmen Stürzen führten, bei denen er sich, neben anderen ernsten Verletzungen, einen Bruch des Steißbeins zuzog. Im Augenblick ist er zur Unbeweglichkeit verurteilt und überdies in Panik, daß der ihm, seiner Ansicht nach, feindlich gesonnene Ehemann einer nahen Verwandten beabsichtige, ihn in einem staatlichen Irrenhaus verschwinden zu lassen.)

Fast unmittelbar nach Franks Tod flog ich nach Key West, wohin ich den Dichter Angel vor Monaten geschickt hatte. Doch auch Angel konnte mir nicht helfen ... allerdings wußte ich keinen Menschen, der mir in meinem damaligen Zustand hätte helfen können. Wahrscheinlich hätte ich für einige Monate in ein Krankenhaus gehört, ob nun mit oder gegen meinen Willen. Es ist sonderbar, wie allein man in Zeiten schwerer persönlicher Krisen ist. ›Sonderbar‹ ist in diesem Fall ein zu milder, beschönigender Ausdruck. Es heißt, der harten, kalten Tatsache ins Auge zu blicken, daß fast jeder, der einen kennt, sich zurückzieht, als leide man an einer schrecklichen ansteckenden Krankheit. Zumindest stellt es sich mir so dar.

Meine Zerrüttung in den sechziger Jahren, meiner Sauf- und Tabletten-Phase, läßt mich an eine Zeitlupenaufnahme der Sprengung eines Gebäudes mit Dynamit denken; der Zusammenbruch ging schrittweise vor sich, was mir die Sache jedoch nicht erleichterte.

In Key West nahm ich meine sexuelle Beziehung zu Angel wieder auf. Doch selbst Engel sind den Schwächen und Fehlern der Menschen unterworfen, die ihre Existenz erfunden haben.

Angel hatte sich gefühlsmäßig (und durchaus verständlicherweise) einem jungen Mann zugewandt, einem ehemaligen Zivilpiloten, der inzwischen drogensüchtig und selbstmordgefährdet war, allerdings großen Charme besaß und ein höchst anziehendes Äußeres.

Wenn ich im Zusammenhang mit meinem eigenen Alkohol- und Pillenkonsum Selbstmordabsichten gehabt haben sollte – etwas, das sich von meinem zunehmenden Gefühl der Entfremdung grundlegend unterschied –, so waren sie mehr oder weniger unbewußt. Das klingt töricht, ich weiß. Zweifellos bin ich, was das schwierige Thema meines Zusammenbruchs in den sechziger Jahren angeht, nicht sehr mitteilsam. Ich kann Ihnen keinen detaillierten Bericht darüber geben, ohne uns beide damit zu Tode zu langweilen. Ich kann nur versuchen, Ihnen einige der hervorstechendsten Symptome und Situationen zu schildern wie etwa –

Eines Tages machten sich alle Damen des *Garden Club* von Key West geschlossen auf den Weg, um mein Haus und das dazugehörige kleine Grundstück in der Duncan Street zu besichtigen.

Bradley und Shirley Ayres, die Witwe von Lemuel Ayres, fuhren mit mir nach South Beach, und Leoncia und Angel empfingen die Club-Damen.

Ich konnte den Strand an diesem Tag nicht ertragen, nahm ein Seconal und kehrte nach Hause zurück, wo die vielen neugierigen Damen immer noch herumwimmelten.

Plötzlich stand ich vor ihnen und brüllte: »Raus, raus, raus, raus, raus!«

Sie stoben in alle Richtungen auseinander, wie Hühner bei einem Gewitter. Ich schluckte ein zweites Seconal und legte mich ins Bett ...

(Diese Geschichte erzählt man sich in Key West heute noch.)

38 *Die Katze auf dem heißen Blechdach*, Uraufführung am Broadway 1955, Barbara Bel Geddes als Maggie und Burl Ives als Big Daddy

39 *Die Katze auf dem heißen Blechdach*, Deutsche Erstaufführung, Düsseldorfer Schauspielhaus 1955, Ida Krottendorf und Alfred Schieske

40 *Die Katze auf dem heißen Blechdach*, Filmversion mit Elizabeth Taylor als Maggie und Paul Newman als Brick

41 *Baby Doll* mit Carroll Baker und Eli Wallach.
Der Film basiert auf dem Einakter *27 Waggons Baumwolle*

42 *Plötzlich letzten Sommer*, Verfilmung mit Katherine Hepburn und Elizabeth Taylor

43 *Plötzlich letzten Sommer*, Bühne 64 1972, Marianne Hoppe und Nicole Heesters

44 Liz Taylor im Film
Plötzlich letzten Sommer

45 Montgomery Clift und Liz Taylor
im Film *Plötzlich letzten Sommer*

46 *Süßer Vogel Jugend*, Verfilmung mit Paul Newman als Chance Wayne und Geraldine Page als Prinzessin Kosmonopolis

47 *Süßer Vogel Jugend*, Deutsche Erstaufführung, Schiller-Theater Berlin 1959, Marianne Hoppe und Klaus Kammer

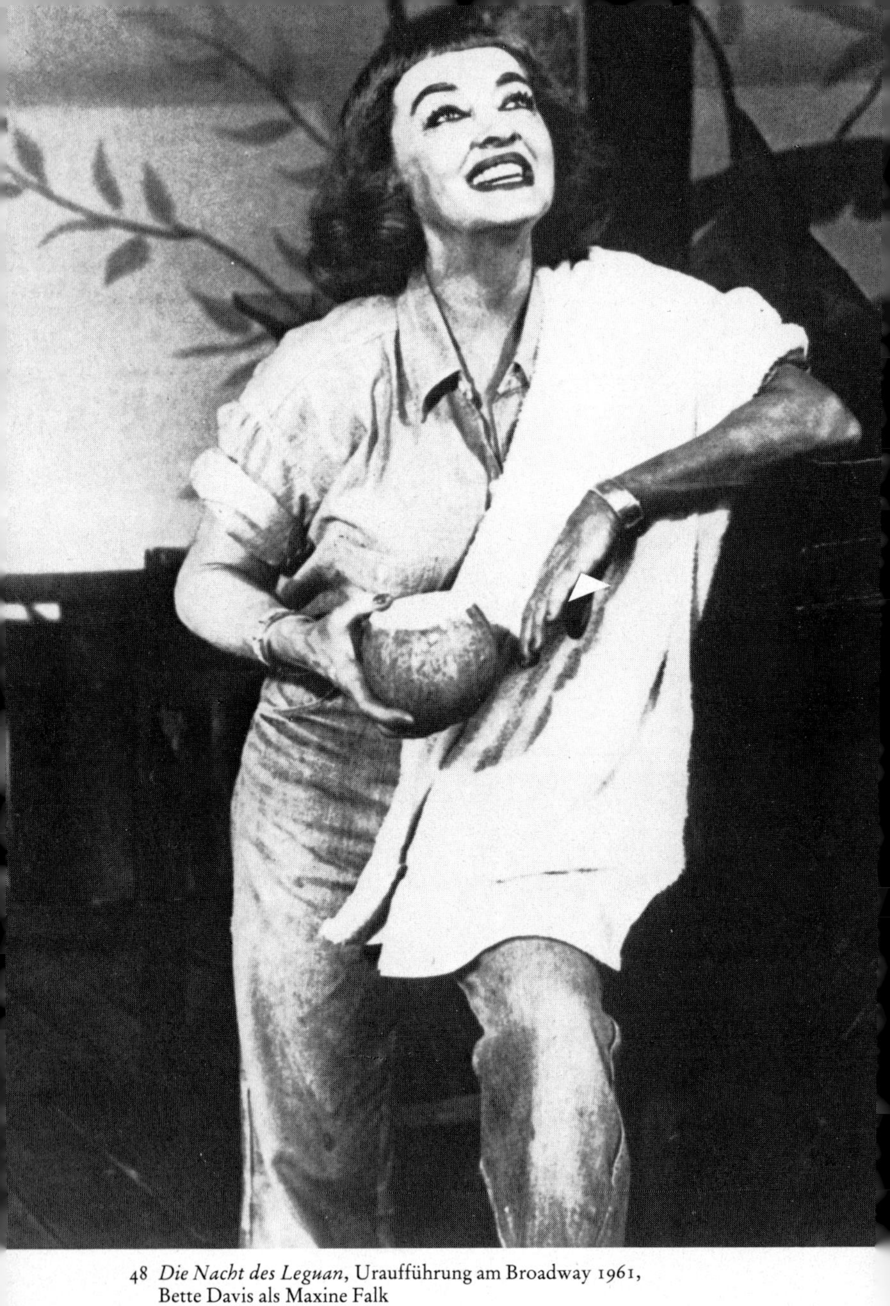

48 *Die Nacht des Leguan*, Uraufführung am Broadway 1961, Bette Davis als Maxine Falk

49 *Die Nacht des Leguan*, Deutsche Erstaufführung, Thalia-Theater Hamburg 1962, Inge Meysel und Heinz Bennent

50 *Die Nacht des Leguan*, Verfilmung mit Richard Burton und Ava Gardner

51 *Die Nacht des Leguan*, Thalia-Theater Hamburg 1962,
Gisela Mattishent und Heinz Bennent

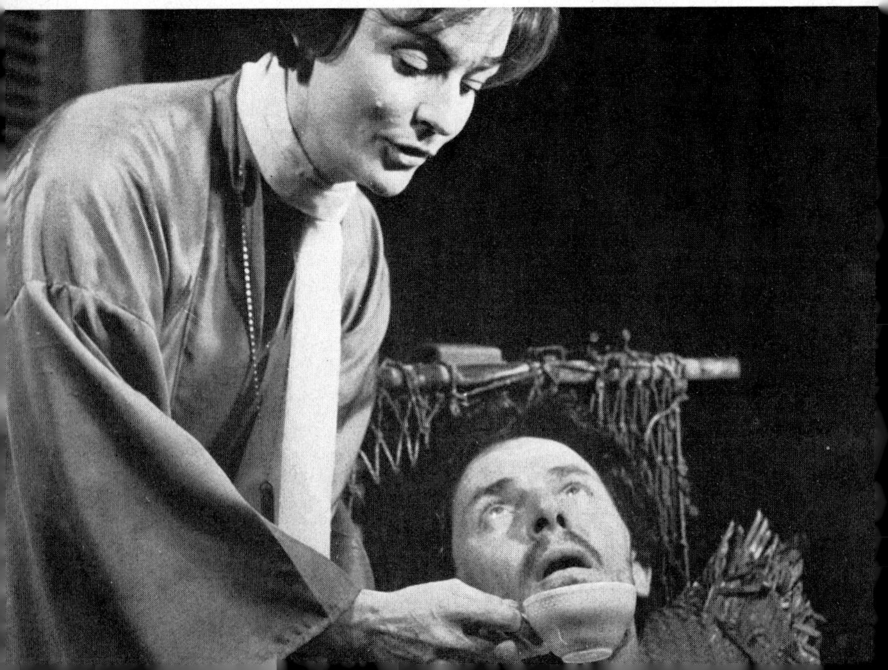

Im Frühsommer verabschiedete ich Angel. Ich weiß noch, wie er mit Tränen in den Augen zu mir sagte: »Ich dachte, ich hätte ein Zuhause gefunden.«

Verstehen Sie: Angel war wirklich ein lieber Junge, ich aber ein zerstörter Mann.

Ich glaube, das war der Beginn meines sozialen Abstiegs auf jener südlichsten Insel der Staaten. Es wären ›saure Trauben‹, wenn ich sagen würde, daß die sogenannte *society* von Key West mir nie viel bedeutet hätte. Ich hegte die weltfremde Vorstellung, ich könne mich immer so weiter wie bisher aller Arten der ›Gesellschaft‹ erfreuen, der Boheme wie der gehobenen Gesellschaft, der ›normalen‹ wie der homosexuellen. Ich kenne eine Menge Leute aus der ›schwulen Welt‹, die dieses Kunststück anscheinend mühelos fertigbringen, doch ich glaube, daß das immer noch ein gut Teil Heuchelei erfordert, selbst heute, da die Gesellschaft der westlichen Welt sich angeblich von ihren Vorurteilen befreit hat. Für mein Gefühl sind diese Vorurteile lediglich verdrängt.

Jedenfalls war mein Verhalten während dieses Jahrzehnts sogar für die konventionelleren Schwulen zu exzentrisch.

(Bitte mißverstehen Sie mich nicht – es sei denn, ich mißverstehe mich selbst.)

Mein Leben entfernte sich immer mehr sowohl von gesellschaftlichen wie sexuellen Kontakten, nicht durch freie Wahl, sondern weil ich mich immer mehr und mehr in mein zerbrochenes Innere zurückzog.

Den Tiefpunkt dieser langen, langen Depressionsphase erreichte ich, als ich begann, völlig allein zu leben. Ich weiß das Jahr und die Jahreszeit nicht mehr, doch mein Instinkt trieb mich irgendwann nach New Orleans zurück, und ich machte in meiner Einsamkeit einen letzten Versuch, mich zusammenzureißen. Zu der Zeit konnte ich einen solchen anstrengenden Versuch noch wagen, doch er war stets zum Scheitern verurteilt. Soviel ich weiß, wird eine Depression als ›klinisch‹ bezeichnet, sobald ihr Opfer aufhört, sich zu bewegen, zu essen und sich zu waschen. Soweit ist es mit mir nie gekommen, doch trotz meiner Bemühungen weiterzumachen, hatte der Tod doch wohl eine gewisse Anziehungskraft für mich gewonnen. Die quälendste Begleiterscheinung meiner Depression war immer das Unvermögen, mit Menschen zu sprechen.

Solange man sich jemandem, der einem Sympathie entgegenbringt, mitteilen kann, ist die Möglichkeit einer Rettung immer noch gegeben.

Zu der Zeit, als ich nach New Orleans zurückkehrte, war ich so gut wie zur Stummheit verurteilt. Und doch versuchte irgend etwas in mir verzweifelt, fast bar jeder Hoffnung, den Teufelskreis zu durchbrechen.

Durch einen Bekannten – oder eine Bekannte, ich weiß es nicht mehr – bot sich mir der ideale Ort, um diesen allerletzten Versuch zu unternehmen. Er oder sie vermittelte mir in der Dauphine Street im französischen Viertel ein entzückendes kleines rosafarbenes Haus mit weißen Läden für die Zeit von sechs Monaten zur Miete. Der verstorbene Clay Shaw hatte es wunderschön renovieren und ausstatten lassen; es gehörte zu einer Gruppe von kleinen Häusern an der Dauphine- und St. Louis Street, die L-förmig einen schönen Patio mit Swimming-pool umrahmte, und jedes Häuschen hatte seinen eigenen kleinen Garten. Das Wetter war heiter und mild, eine freundliche junge Schwarze kam jeden Tag zum Saubermachen, doch trotz all dieser günstigen Voraussetzungen wurde das Haus durch mich zu etwas Ähnlichem wie Kafkas ›Bau‹.

Jeden Morgen versuchte ich zu schreiben, doch das erwies sich als ebenso schwierig wie der Versuch zu sprechen.

Nachdem zwei oder drei Wochen vergangen waren, gelang es einem der wenigen Menschen, mit denen ich noch Kontakt hatte, mich dazu zu überreden, eine Party zu veranstalten.

Es wurde die absurdeste und peinlichste Party, die es je gegeben hat.

Essen und Trinken wurden von einem Delikatessengeschäft geliefert, und fast jeder, den ich in New Orleans kannte oder gekannt hatte, war eingeladen. Ich schaffte es gerade noch, meine Gäste zu begrüßen – allerdings nur wenige von ihnen mit Namen –, dann saß ich wie vereist in einer Ecke und betrachtete sie mit kaltem, teilnahmslosem Blick.

Sehen Sie nun, wie schwer es ist, über eine Depression solchen Ausmaßes zu schreiben?

Jemand hatte mir einen Psychiater empfohlen. Ich ging täglich zu ihm, doch sobald ich sein Sprechzimmer betreten hatte, rief ich aus: »Ich bin zu krank, um zu sprechen. Ich habe Angst, bitte geben Sie mir die grüne Flasche.«

Die ›grüne Flasche‹ enthielt eine Flüssigkeit, die mich für kurze

Zeit beruhigte und meine Angst dämpfte, doch sprechen konnte ich deshalb nicht.

Die chronologische Folge bestimmter Ereignisse in dieser schrecklichen Periode der Depression ist mir entfallen.

Ich weiß, daß ich von Zeit zu Zeit nach New York in die reizende kleine Wohnung in der East Sixty-fifth Street zurückkehrte. Ich verließ im Laufe von vierundzwanzig Stunden nur einmal das Haus und ging in ein kleines Lebensmittelgeschäft, gleich um die Ecke in der Lexington Avenue, um eine Packung Spaghetti zu kaufen. Das war jeden Tag meine einzige, einsame Mahlzeit, und ich wüßte nicht, daß ich diese Spaghetti mit irgendeiner Soße schmackhafter gemacht hätte. Ich ging nie ans Telefon und reagierte ebensowenig auf die untere Türglocke, die dann und wann neben der Sprechanlage in der Küche summte.

Zwei Damen schafften es, in meine völlige Abgeschiedenheit einzudringen.

Die eine war eine angeheiratete Cousine zweiten Grades, Nan Lanier. Sie drückte so lange auf alle Klingelknöpfe unten an der Haustür, bis irgend jemand sie einließ. Dann kam sie an meine Wohnungstür und klopfte und rief so lange meinen Namen, bis ich öffnete. Sie sah mich an und fragte: »Tom, hast du geschlafen?«

»Hier? Kein bißchen, soviel ich weiß.«

Sie nannte mir den Namen eines Psychiaters und schickte mich zu ihm. Er maß meinen Blutdruck und sagte, er sei so niedrig, daß er nicht verstünde, wie ich die eine Treppe zu seiner Praxis geschafft hätte, und gab mir eine Spritze. Als der Blutdruck nach der Injektion angestiegen war, stellte er mir ein Rezept für Doriden und Mellaril-Tabletten aus und sagte, ich solle jeden Abend zwei Doriden und eine 500 mg-Tablette Mellaril nehmen, und versicherte mir, daß sie mich zum Schlafen bringen würden. Das taten sie.

Die andere Dame, die mich besuchen kam, war eine Freundin aus glücklicheren Zeiten, die ich, bei einer Rückkehr aus Europa, auf dem Schiff kennengelernt hatte. Sie war hochgewachsen, eine stattliche Erscheinung mit einer außergewöhnlich melodischen Stimme. Aus irgendeinem Grunde ist mir ihr Name nicht gegenwärtig. In meinen Gedanken war sie ›Eleonore von Aquitanien‹, und ich überredete sie dazu, einen Teil der Rolle der *Marguerite Gautier* aus *Camino Real* auf Band zu sprechen. Sie war in Baltimore zu Hause, wo sie eine hohe soziale Stellung innehatte.

Eines Abends bahnte sie sich ihren Weg in meine Klause in der East Sixty-fifth Street auf die gleiche Weise wie Nan.

Ich erkannte an der Tür ihre Stimme und ließ sie ein.

»Ich kann nicht sprechen«, sagte ich.

»Nicht nötig«, sagte sie.

Dann setzte sie sich neben mich auf das kleine aprikosenfarbene Sofa im Wohnzimmer und massierte mit ihren mageren, langen Fingern meine Stirn. Wir sprachen nicht, doch ihre Hände auf meiner Stirn trösteten mich ein wenig.

Einige Zeit später rief diese große Dame mich aus Baltimore an und sagte: »Ich sterbe, Tom.«

Ich sagte: »O Gott, nein.«

»Doch«, erwiderte sie, keinen Hauch von Selbstmitleid in der Stimme.

»Es besteht nun kein Zweifel mehr«, sagte sie, »und ich bitte Sie, für mich zu beten, daß es bald geschieht, so bald wie möglich.«

Kurze Zeit darauf starb sie.

Ich habe in meinem Leben eine ganze Reihe heroischer Menschen gekannt.

Vielleicht sind es die tragischen Umstände ihres Todes – nein, das ist nicht richtig ausgedrückt. Einen alten Freund telefonisch von dem bevorstehenden eigenen Tod in Kenntnis zu setzen und sich dabei mehr um seine Reaktion zu sorgen als um die eigene tödliche Krankheit, ist eine höchst bewundernswerte und noble Art zu sterben. Es hat mich damals tief erschüttert und tut es heute noch, und vielleicht ist das die Erklärung dafür, daß diese Dame in meiner Erinnerung als Eleonore von Aquitanien fortlebt.

Während eines dieser Aufenthalte in New York kam ich irgendwie in Verbindung mit einem Großneffen meiner Großmutter Dakin, Jim Adams. Ich überredete ihn, mich nach Key West zu begleiten. Nachdem er einige Tage so seine Beobachtungen gemacht hatte, sagte er: »Tom, so geht es nicht weiter. Meine Schwester Stell und ich kennen einen großartigen Psychoanalytiker in New York, und ich glaube, der Mann wird dir helfen können.« Also flogen wir nach New York zurück.

Dort ging es mir besser. Jim fand ein zweistöckiges Penthouse für uns im Block des City Center und brachte mich zu dem Analytiker namens Ralph Harris, einer aus der Karen Horney-Schule. Ich suchte ihn täglich auf; seine Honorarforderung war bescheiden, er schien nicht nur beruflich, sondern auch menschlich an meinem Fall interessiert. Er stellte mir sogar einen Drink neben die Couch, und ganz allmählich war es mir möglich, mit ihm zu reden.

Jim bewohnte das obere Stockwerk unserer Penthouse-Wohnung und ich das untere. Meine neuen Schlafmittel hatten eine euphorische oder hypnotische Wirkung: etwa eine halbe Stunde, bevor ich einschlief, überflutete mich eine Woge inneren Friedens, die Verkrampfungen meines Hirns lösten sich, und mir war, als habe ein Engel sich neben meinem breiten Bett niedergelassen.

Das vorübergehende Nachlassen der Krankheitserscheinungen in meiner Suchtphase fiel zeitlich zumeist mit Aufführungen meiner Stücke zusammen. Diese Produktionen waren allerdings alle mehr oder weniger Katastrophen – infolge meiner Unfähigkeit, mit den Vorbereitungen dazu fertig zu werden, sowie einer Wendung, die meine schriftstellerische Arbeit genommen hatte, eine Wendung hin zu einem neuen Stil und einer neuen kreativen Vorstellungswelt, mit der Kritik und Publikum zunächst wenig anzufangen wußten.

Ich führte ein ruheloses, sprunghaftes Leben und reiste von Ort zu Ort – oft in Begleitung meiner lieben Freundin Marion Vaccaro, statt, wie früher, eines Liebhabers. Wir waren zusammen in Tanger und Rhodos, nicht zuletzt verbunden durch unsere gemeinsame Vorliebe für Alkohol.

Auf Rhodos passierte uns eine lustige Geschichte. Die amerikanische Flotte war zu Besuch, und die illuminierten Kriegsschiffe verwandelten den Hafen in ein Lichtermeer. Marion und ich saßen in einem Hafenrestaurant, an einem Tisch im Freien, und ich beklagte mich bei ihr über das Hotel, in dem wir abgestiegen waren (Marion nannte es ›Das Konzentrationslager‹).

»Schatz, wie wär's, wenn du ins Hotel ›Des Roses‹ rübergehst und versuchst, dort Zimmer für uns zu bekommen?«

Marion hat mir in den langen Jahren unserer Bekanntschaft nie eine Bitte abgeschlagen. Angetrunken torkelnd, machte sie sich auf den Weg zum nahegelegenen Hotel ›Des Roses‹.

Ich blieb schwer betrunken an unserem Tisch sitzen und ließ meinen Blick eidechsengleich hin und her schnellen, auf der Suche nach einem attraktiven und verfügbaren Matrosen der amerikanischen Navy auf Landurlaub.

So saß ich ohne jeden Erfolg lange, lange Zeit da und fragte mich, wo zum Teufel Marion bliebe.

Endlich kam sie wieder und bot einen bemerkenswerten Anblick. Ihr Kleid war vorne völlig durchnäßt, und zwar, wie mein Geruchssinn mir unmißverständlich kundtat, von Urin.

»Wieso bist du denn so naß, Schatz?« fragte ich überaus taktvoll.

»Also, Baby: etwa auf halbem Wege zum Hotel ›Des Roses‹ mußte ich pinkeln und zog meinen Rock hoch und pinkelte auf die Straße und hab' eben erst bemerkt, daß ich mir dabei den ganzen Rock vollgepinkelt habe.«

»Und was war weiter?«

»Was weiter war? Ich ging ins Hotel und fragte nach Zimmern, aber der Affe am Empfang sagte, daß sie für die nächsten drei Monate voll ausgebucht wären.«

»Oh.«

Und dann fingen wir beide an zu lachen.

Mitte der sechziger Jahre geschahen zwei Dinge, die für mein weiteres Leben von großer Tragweite waren. Das weniger gravierende Ereignis war meine Verbindung mit einem jungen Mann (Pfleger und Gefährte in einer Person) von großem Charme, mit viel Humor und einer fast verdächtig brillanten Erscheinung, den ich hier Ryan nennen will. Ich mag ihn immer noch gern, muß es aber vermeiden, ihn zu sehen, da selbst eine kurze und zufällige Begegnung mit ihm mir jenes grauenvolle Jahrzehnt, die sechziger Jahre, wieder in Erinnerung bringt. Ich fürchte, Ryan unrecht zu tun, wenn ich ihm die Mißgeschicke in jener langen Phase der tiefsten Depression und der Schizophrenie anlaste, die ich erlitt und nur mit knapper Not überlebte. Vielleicht war er es, der der Figur des *Chance Wayne* (in *Süßer Vogel Jugend*) in meinem Leben am nächsten kam, obwohl – und ich versuchte, mich so gut zu erinnern, wie ich es in diesem Buch immer getan habe –, was sich an Sex in dieser Verbindung abspielte, kaum nennenswert war und von *ihm* ausging.

Das gravierendere Ereignis Mitte der sechziger Jahre war, daß ich Patient eines Arztes wurde, der zuweilen Dr. Feel Good genannt wird. Meine Depression hatte einen solchen Tiefpunkt erreicht, daß ein Mensch, der mich gern mochte, einfach etwas zu meiner Hilfe unternehmen *mußte,* und dieser Mensch war dann schließlich ein Herr, mit dem ich beruflich zu tun hatte – ich glaube, es ist ihm lieber, wenn ich seinen Namen nicht nenne. Er war lange Patient von Dr. Feel Good gewesen, dessen Therapie ihm als Ersatz für den Alkohol, dem er eine Zeitlang verfallen gewesen war, diente. Er glaubte zuversichtlich, daß dieser Arzt mich aus meiner mehr als mißlichen Lage befreien könne. Und so geschah es, daß eines Abends, als ich, einem Zusammenbruch nahe, gerade nach New York zurückgekehrt war, der erwähnte Herr mich voller Besorgnis in die Praxis von Dr. Feel Good brachte, wo ich meine erste ›Feel Good‹-Spritze bekam. Ich muß gestehen, daß ich Angst davor hatte, doch um diesen Arzt war eine magische Aura des Verständnisses und des Mitleids. Er erließ mir die übliche körperliche Untersuchung, ich glaube, er fühlte mir nicht einmal den Puls, noch maß er meinen Blutdruck, noch mußte ich einen Fragebogen mit meiner Krankengeschichte ausfüllen. Er sah mich bloß an. Die Beiläufigkeit, mit der er das tat, war irreführend. Er sah mich nicht bloß an, sondern höchstwahrscheinlich durch mich hindurch. Dann begann er, mit einer Injektionsspritze einen Teil des Inhalts dreier verschiedener Ampullen aufzuziehen, und meine Besorgnis und Angst nahmen zu, doch er plauderte die ganze Zeit beruhigend-scherzhaft vor sich hin, bis er mir sagte, ich solle die Hose herunterlassen. Dann jagte er mir die Spritze, gefüllt mit mysteriösen Säften, in die Hüfte, und innerhalb einer Minute geschah ein Wunder. Mir war, als sei der mich umschließende steinerne Sarkophag geborsten und plötzlich frei wie ein Vogel in den Lüften.

Der Herr, der mich begleitet hatte, war nach Hause gegangen, doch ein mir bekannter junger Schauspieler war zugegen, da er, ebenfalls Patient dieses Arztes, halbtags bei ihm als Assistent arbeitete. Er fuhr mich nach Hause zu der verlassenen Wohnung in der East Sixty-fifth Street, doch mit einem großen Umweg, da ich mein Gepäck im Kennedy Airport gelassen hatte. Ich sagte immer wieder: »Mein Gott, wie wunderbar ich mich fühle.« Dann fragte ich: »Wie lange wird das anhalten?« Er lächelte ein wenig traurig und sagte: »Tennessee, machen Sie sich darüber keine Gedanken.«

Zunächst ging ich nur wegen der Spritzen zu Dr. Feel Good, doch bald gab er mir auch Ampullen mit nach Hause, von denen jede ein wenig anders aussah als die vorhergehende, und ich gab mir jeden Morgen nach dem Aufstehen selbst eine intramuskuläre Spritze.

Wenn ich den Alkohol aufgegeben hätte sowie meine allabendlichen zwei Doriden und die Mellaril-Tablette, von dem Barbitur-Präparat, das ich unmittelbar nach der intramuskulären Spritze schluckte, ganz zu schweigen, so wären mir möglicherweise keinerlei nachteilige Folgen daraus erwachsen, daß ich mich mit diesem Arzt eingelassen hatte.

Wenn ich mich auf Reisen befand, was nach wie vor häufig der Fall war, schickte Dr. Feel Good mir meine Ampullen mit der Post nach, wo immer ich mich auch aufhielt. Wenn das Päckchen einmal ein oder zwei Tage später kam als erwartet, geriet ich sofort in Panik, doch letzten Endes erreichte es mich immer. Diese Spritzen ermöglichten mir die Arbeit und hielten mich aufrecht. Bis – doch davon später.

Ich kehre nun zu dem hochgewachsenen jungen Mann zurück, den ich Ryan genannt habe.

Ich lebte fast fünf Jahre mit ihm. Kennengelernt hatte ich ihn in jenem zweistöckigen Penthouse, das ich kurze Zeit mit meinem Vetter Jim Adams teilte. Eines Tages erschienen Ryan und Mike Steen und nahmen mich in Ryans Sportwagen, einem *Triumph*, irgendwohin mit.

Ryan fragte mich, ob ich mich unserer ersten Begegnung entsinne – ich tat es nicht. Er sagte, er hätte mich in den fünfziger Jahren eines Nachts mit einigen Bekannten in meiner damaligen Wohnung besucht und ich hätte sofort eine Bemerkung über seinen schönen Arsch fallenlassen. Nun, das sähe mir allerdings sehr ähnlich . . .

Bald darauf tauchte Ryan abends immer öfter auf. Ich weiß noch, wie köstlich seine *old-fashioneds* waren – ein Whisky-Cocktail, dem er Orangensaft zusetzte – und wie wir uns die letzten Aufnahmen von Billie Holiday – *›Lady in Satin‹* – anhörten und wie begeistert ich davon war.

Viele Leute würden sagen, daß Ryan der bestaussehende meiner Gefährten war, doch ich versichere Sie, daß mein langes Zusammensein mit ihm mehr mit seinen organisatorischen Fähigkeiten – die er in der Tat besaß – als mit meinen Gefühlen für ihn zu tun hatte. Er konnte allerdings sehr fröhlich und ausgelassen sein, und wir haben viel zusammen gelacht. Doch die Art, in der er meinen jungen Vetter Jim aus der Wohnung graulte, um seinen Platz einzunehmen, war ein wenig skrupellos.

Ich mag Ryan immer noch gern. Vielleicht war er an meiner schrittweisen Zerrüttung mit schuld, wer weiß. Doch auch er muß dabei einiges durchgemacht haben. Es ist nicht einfach, mit einem Schriftsteller zu leben, der, außer am Vormittag bei der Arbeit, mehr oder weniger als lebender Leichnam dahinvegetiert. Meine

Arbeit war das einzige, was mich interessierte. Ich wußte nicht, ob ich leben wollte oder nicht. Damit hatte Ryan sich abzufinden, was natürlich für ihn eine große Belastung war.

Ryan widmete mir einen Großteil seiner Zeit; er begleitete mich zu meinem letzten Analytiker und zum Schwimmen ins YMCA. Und doch legte er es wohl hauptsächlich darauf an, mich auszunutzen, fürchte ich, und Sie dürfen mir glauben, wenn ich, ehrlich wie immer, sage, daß er mich in den annähernd fünf Jahren unseres Zusammenseins nur drei- oder viermal zum Sex aufforderte, und, soviel ich weiß, habe ich in dieser ganzen Zeit mit sonst niemandem geschlafen.

Alle nahen Beziehungen werden eines Tages zu Gedichten. *Dieses* Poem könnte Momentaufnahmen von Ryan und mir enthalten: Wir beide in Rom, Key West oder New York, Ryan auf Sardinien, wie er Elizabeth Taylor während der Dreharbeiten zu BOOM umarmt. Ryan war bisexuell veranlagt und auch für Frauen höchst begehrenswert, mit Ausnahme von Maria Lady St. Just und Miss Ellen McCool, denen seine sehr schönen, sehr blauen Augen mißfielen.

(»Gott segne deine Augen«, hatte seine Mutter zu ihm gesagt, wenn er morgens das Haus verließ, um einer geregelten Tätigkeit nachzugehen.)

Ich erinnere mich an einen Abend in den sechziger Jahren, als Ryan und ich in Central Park West in jenem gräßlichen Wolkenkratzer neben dem *Dakota* lebten (getrennte Schlafzimmer). Unser Apartment lag im 33. Stockwerk, und eines Abends, sehr, sehr spät erhielt ich einen verzweifelten Anruf von einer Freundin, die – tablettensüchtig – mehrere Jahre nichts von sich hatte hören lassen. Sie sagte, sie hätte kein Geld, um nach Hause zu fahren, zu ihren Eltern. Ich sagte, sie solle rüber kommen, und ich würde ihr das Geld fürs Taxi geben.

Schon nach einigen Minuten bat sie mich um Seconal. »Ich weiß, daß du welches hast.«

Das stimmte, doch ich befürchtete, daß sie nie zu ihren Eltern zurückfände, wenn sie jetzt auch noch ein paar von meinen kostbaren ›Rosaroten‹ schluckte, und gab ihr statt dessen einige Miltowns.

Gleich darauf kam Ryan von einem seiner nächtlichen Streifzüge nach Hause. Sie betrachtete ihn kurze Zeit schweigend und sagte dann: »Tennessee, ich möchte allein mit dir sprechen.« Wir traten auf unseren gräßlichen winzigen Zementbalkon, auf dem kaum zwei Stühle Platz hatten, und dort sagte sie zu mir: »Tennessee, woher nimmst du eigentlich den Mut, mit einem Mann mit solchen Augen im dreiunddreißigsten Stockwerk eines Hochhauses zu leben, noch dazu in einer Wohnung mit Balkon, von dem er dich ohne weiteres hinunterstürzen könnte?«

Also rief ich – da ich zu der Zeit nicht recht bei Sinnen war – am nächsten Morgen das Lagerhaus Morgan-Manhattan an und ließ umgehend sämtliche Möbel abholen.

Ich zog allein ins Hotel – ins ›Alrae‹? –, doch in ein oder zwei Tagen hatte Ryan mich aufgestöbert und blieb gleich da. Ich ließ es geschehen. Wir nahmen eine Suite mit zwei Schlafzimmern. Die vorausbezahlte Miete für die Hochhauswohnung war verloren. Wahrscheinlich begann Ryan damals, mich zu hassen. Doch wenn dem so war, so ließ er sich nichts davon anmerken. Wir schlenderten täglich, wie immer, zusammen durch Manhattan, machten Einkäufe, aßen in dem reizenden kleinen französischen Restaurant ›L'Escargot‹ zu Mittag und schwammen im YMCA.

Nun eine kleine Geschichte, die in Positano passierte. Wir verbrachten dort den Sommer, und Nan Lanier, die sich von ihrem Mann getrennt hatte, war in Neapel zu uns gestoßen, und wir waren nun also zu dritt. Ich konnte infolge meiner Aufputschmittel und der vielen Pillen schlecht gehen. Ein Taxi brachte uns irgendwohin. Wir saßen alle drei im Fond, und Ryan hatte seinen Arm zärtlich um Nans Schulter gelegt. (Nan war höchst sexy.) Bald wandte Ryan sich an mich und sagte mit der ihm eigenen unerhörten Arroganz: »Tennessee, wie wär's, wenn du dich nach vorn zum Fahrer setztest?«

Er hatte meine Reaktion auf eine solche Beleidigung wohl falsch eingeschätzt.

»Ryan, steig sofort aus!«

Und er stieg aus ...

So tief unten war ich auch in der Hölle der sechziger Jahre nie, daß ich mich hätte treten lassen. Ich stolperte viel und stürzte auch oft, das schon, aber treten konnten mich nur die Kritiker ...

Mit 400 000 Dollar Investitionsgeld von einer Filmgesellschaft in Hollywood stellte ich im Jahre 1967 eine Aufführung von *Königreich auf Erden* am Broadway auf die Beine – mit David Merrick als Produzenten und José Quintero als Regisseur –, ein Stück, das ich für Maureen Stapleton geschrieben hatte, in dem dann jedoch Estelle Parsons die Hauptrolle spielte.

Es lief keineswegs alles so, wie es sollte.

Merrick wollte Quintero rausschmeißen, doch ich bestand hartnäckig darauf, daß er bliebe, und Merrick fügte sich schließlich.

Trotz der glänzenden Leistungen von Estelle Parsons und Brian Bedford wurde die New Yorker Premiere zu einer Katastrophe.

Gewisse voreingenommene Kritiker äußerten sich ganz besonders negativ über das Stück. Sie schrieben, sie könnten die drohende Flut kaum erwarten, die das Haus demolieren und jeden darin ersäufen würde.

Sonderbarerweise war es Walter Kerr, der in seiner Sonntagsspalte schrieb, daß das Stück hervorragend treffende und auch komische Charakterrollen enthalte und daß er hoffe, ich würde es eines Tages umschreiben.

Was dem Stück not tat, waren Kürzungen, und dazu war der liebe José nicht der richtige Mann. Humor hat er, doch es ist ein höchst subtiler Humor, der in einem Herzen voller Trauer wohnt.

Vielleicht erwähnte ich bereits, daß ich, in einem kleinen entlegenen Theater an der Westküste, eine großartige Wiederaufführung von *Königreich auf Erden* gesehen habe. Das Stück war auf die richtige Länge gekürzt, hervorragend besetzt, und die Regisseurin hatte den leicht zotigen und doch anrührenden Stil sowie die zwingende Thematik gut herausgebracht.

Noch etwas über Stücke der sechziger Jahre, meiner Suchtphase.

Slapstick Tragedy, zwei Einakter, wurde 1966 uraufgeführt, und wieder feuerte die Presse ohne Rücksicht auf Verluste aus allen Rohren.

Margaret Leighton war als *Gnädiges Fräulein* hervorragend, und auch Zoe Caldwell bot eine ausgezeichnete Leistung. Doch dieser Einakter wurde von Walter Kerr in seiner Kritik mit dem vernichtenden Schlußsatz abgetan: »Schwarzer Humor ist nicht Mr. Williams' Stärke.«

Ich war es, der den schwarzen Humor am amerikanischen Theater eingeführt hatte, und Mr. Kerr war sicher gescheit genug, das zu wissen.

Auch über den anderen der beiden Einakter, *Die Verstümmelte*, schrieb er mit gönnerhaftem Mitleid. Dem Stück lagen durchaus

Möglichkeiten zugrunde, aber es hat nie eine erfolgreiche Aufführung erlebt. Auch dieses Stück war mir zu weitschweifig, zu aufgebläht geraten, und dazu, meiner Meinung nach, von Alan Schneider, dem kleinen, ewig grinsenden Regisseur mit der roten Baseballkappe, unzulänglich in Szene gesetzt, und so kam es unter der Ägide von Charles Bowden und Lester Persky nur zu vier Aufführungen.

Nach der Premiere von *Slapstick Tragedy* lud ich Maggie Leighton und Michael Wilding ins *Sardi's* ein. Es war die schiere Trotzreaktion. Auch Ryan war dabei, und als wir beide das Lokal als erste betraten, hörte ich, wie hinter mir Maggie leise zu Wilding sagte: »Der Ärmste, es ist zu traurig, er weiß gar nicht, was los ist.«

Ich wußte genau, was los war, hielt jedoch den Mund ...

Ich werde die geniale Leistung von Margaret Leighton in *Gnädiges Fräulein* nie vergessen, aber das wird wohl niemand, der sie in dem Stück gesehen hat.

Mein nächstes Stück in den sechziger Jahren hieß *In einer Hotelbar in Tokio*. Ich fiel damals immer noch sehr oft hin und sagte jedesmal, bevor es geschah:

»Gleich fall ich hin«, aber niemand, niemand hat mich je aufgefangen ...

In diese Zeit gehört auch jener gräßliche Morgen, als ich in Shorts aus meinem Schlafzimmer ins Wohnzimmer gestolpert kam und dort Mike Wallace mit einem Fernseh-Team vorfand und Mike schließlich zu seinen Leuten sagte: »Okay, packt ein, das wird heute nichts.«

Das Ehepaar, das *In einer Hotelbar in Tokio* herausbrachte, kam zu mir nach Key West, und obwohl ich etwa eine Woche lang täglich mit den beiden zusammen war, wußte ich nachher nichts von ihrem Besuch noch von ihrem Vorhaben, dieses Stück, das Audrey ihnen überlassen hatte, zu produzieren.

Es ging dann mit Donald Madden und Anne Meacham in Szene, und beide waren hinreißend.

Mutter und Dakin kamen zur Premiere. Mutter sagte zu mir: »Tom, es wird Zeit, daß du dir eine andere Beschäftigung suchst.«

O Gott, wie einsam ich heute morgen bin. Wissen Sie, was ich damit sagen will, ich meine, *wie* einsam ich bin?

Seit Frankie eigentlich niemand mehr – außer alten Freunden.

Das klingt nach Selbstmitleid – eine sehr menschliche Gefühlsregung, die zuweilen unvermeidbar ist, auch, wenn der Stolz dabei leidet.

Doch ich habe ein wunderbares und schreckliches Leben gehabt, und ich würde mich selbst nie bejammern. Würden Sie das tun?

Es sieht so aus, als verlöre ich bald meine Mutter. Als ich sie vor zwei Tagen auf ihren sonderbaren Brief hin anrief, in dem sie mich bat, nach Hause zu kommen und sie zu mir zu nehmen, wo auch immer ich mich im Augenblick aufhielte, sagte ich ihr, daß ich im Begriff sei, nach New Orleans zu fahren, und mich freuen würde, wenn sie dorthin käme. Dakin könne sie ins Flugzeug setzen, und ich würde sie abholen.

»Ach, Tom, ich bin doch gerade erst aus New Orleans zurückgekommen. Ich war dort im Diakonissen-Hospital und habe jetzt eine ganz wunde Kehle, weil ich auf ungewaschenen Laken schlafen mußte. Komm rasch nach Hause, nach St. Louis.«

»Mutter, ich werde Dakin anrufen. Wo ist er wohl im Augenblick?«

»Ich denke, in seinem Anwaltsbüro.«

»Weißt du seine Nummer, Mutter?«

»Ach, Tom, da müßte ich erst nach oben gehen und sie suchen, und ich kann nicht nach oben gehen.«

Das alles versetzte mich in begreifliche Aufregung. Ich bekam Dakins Telefonnummer durch die Auskunft. Seine Sekretärin sagte mir kühl, Dakin sei im Augenblick nicht abkömmlich, doch könne ich ihn abends gegen sechs Uhr bei meiner Mutter erreichen.

Von dort aus rief *er* mich um sechs Uhr an. Ich sagte ihm, Mutter habe mir mitgeteilt, daß sie gerade aus dem Diakonissen-Hospital in New Orleans wiedergekehrt sei, und fragte ihn, ob diese etwas wirre Geschichte wohl stimme.

Er sagte, Mutter sei nicht in New Orleans gewesen, sondern gerade aus dem Diakonissen-Hospital in St. Louis entlassen worden.

»Wie geht es ihr?«

»Sie ist sehr schwach, das Gehen fällt ihr schwer.«

Dann kam Mutter selbst an den Apparat und sagte wieder: »Tom, komm rasch nach Hause.«

Heute werde ich ihre Ärzte anrufen, um Genaueres über ihren Zustand zu erfahren.

Gestern abend war ich so verstört, daß ich auf der Bühne im *New Theatre* kaum ein Wort herausbrachte.

Wenn, wie nicht anders zu erwarten, der Bericht der Ärzte des Diakonissen-Hospitals besorgniserregend klingt, werde ich nach St. Louis fahren müssen, in die Stadt, die ich fürchte, wenn ich selbst auf dem letzten Loch pfeife.

Ich bin nun, wie ich annehme, zum letztenmal in *Sturmwarnung* aufgetreten. Da es auch die Abschiedsvorstellung für Helena Carroll war, kaufte ich einige Flaschen Piper-Heidseck Champagner, und nachdem wir uns beim Schlußapplaus alle zusammen verbeugt hatten, richtete ich das Wort ans Publikum: »Heute abend ist Miss Carroll zum hundertundfünfzigsten und letzten Mal in diesem Stück aufgetreten. Wir alle haben das Bedürfnis, Miss Carroll unseren Dank für ihre unbeirrte und brillante Leistung auszusprechen.« Dann, wie vorher besprochen, wandten wir uns ihr zu und spendeten ihr, zusammen mit dem Publikum, Beifall. Nachdem der Vorhang endgültig gefallen war, stießen wir mit ihr und ihrer Schwester, die sich an diesem Abend die Vorstellung angesehen hatte, mit Champagner an, und auf die Weise endete ihr Engagement mit einem versöhnlichen Ausklang, der mir in diesem Fall mehr als angemessen schien, da Maggie unter recht schwierigen Umständen sehr hart gearbeitet hatte.

Man munkelt, daß die Produzenten sie los sein wollten und ihr gesagt hätten, das Stück würde abgesetzt, um zu erreichen, daß sie ihren Vertrag löste, und ich glaube, daß die zierliche kleine Frau gescheit genug ist, dieses Spiel zu durchschauen, und nun, da Peg Murray an ihre Stelle tritt, verständlicherweise verletzt ist.

Ich weiß, so sind nun einmal die unbarmherzigen Gegebenheiten am Theater. Sentiments irgendwelcher Art sind bei diesen Machenschaften kaum zu erwarten, das Theater ist ein Spiegelbild der fühllosen Natur: das Individuum wird mitleidslos dem alten, uralten Profitdenken geopfert.

Nach der Vorstellung eilte ich nach Hause. Jane und Tony Smith warteten in der Halle auf mich, und wir gingen in die ›Victorian Suite‹ hinauf, zusammen mit Billy Barnes, um den geplanten Anruf bei der ungnädigen Lady St. Just zu tätigen. Die Domestiken, die sowohl in ihrem Londoner Stadthaus wie auf ihrem Landsitz in Salisbury an den Apparat kamen, ließen uns mit eisiger Stimme wissen, daß ›Her Ladyship‹ nicht zu sprechen sei. Ich sagte zu

Tony, ich befürchte allmählich, daß ›Her Ladyship‹ an *folie de grandeur* litte – und er lächelte.

Auch Geneviève Bujold konnten Billy und ich nicht in Montreal erreichen. Ich befürchte zunehmend, daß sie vor *Out Cry* ›Manschetten‹ hat und außerdem ungern für die Dauer der Vorstellungen nach New York übersiedelt. Was wird nun mit Merrick und der geplanten Aufführung Ende September?

Wir aßen bei *Casey's* in Greenwich Village, und ich trank mir mit Margaux einen kräftigen Rausch an, stolperte auf dem Heimweg über einen Bordstein, zerriß dabei meine beste Hose und schlug mir das Knie auf. Natürlich beunruhigt mich diese zunehmende Tendenz, über alles mögliche zu stolpern und dauernd hinzufallen. Nun sind meine beiden Knie verschorft.

Ruhe wäre angezeigt, Ruhe und weniger Alkohol, insbesondere abends, wenn ich mit Trinken meine zunehmende Erschöpfung zu tarnen suche – um so mehr als diese Tarnung sich als eine weitere Bloßstellung erweist . . .

Von zu Hause rief ich Mutter an. Es dauerte sehr lange, bis sie sich meldete. Dann sagte sie, sie müsse ›bis Mitternacht aufbleiben‹, um Dakin und ›irgendeine junge Schwarze‹ einzulassen, die ›oben mit ihm lebt‹. Dieses erschien mir höchst unglaubwürdig, selbst für meinen unglaubwürdigen kleinen Bruder. Da Mutter sich nicht an den Namen ihres Arztes erinnern konnte, bat ich sie, Dakin zu sagen, er solle mich sofort anrufen, sobald er nach Hause käme.

Dakin rief mich um Mitternacht an, New Yorker Zeit. Er lachte über Mutters Anschuldigung, er lebe ›mit einer jungen Schwarzen da oben‹, und nannte mir den Namen von Mutters Arzt, den ich heute zu erreichen versuchen werde, um Genaueres über ihren Zustand zu erfahren. Dakin sagte, sie könne kaum ein paar Schritte gehen, ohne sich an irgend etwas festzuhalten, außerdem räumte er, zu meinem Befremden, ein, daß er selbst noch nicht mit dem Arzt gesprochen habe.

In einer alptraumhaften Nacht im Sommer 1967 versuchte Bill Inge mich ins Irrenhaus zu bringen. Ich lebte damals in Hermit's Glen in der Nähe von Los Angeles. In jener seltsamen Nacht hatten Ryan und ein Bursche, den ich Pat nennen will, eine Schlägerei, während ich, benommen von Alkohol und Tabletten, im rückwärtigen Schlafzimmer im Bett lag. Der Lärm weckte mich, und ich taumelte in die Wohnküche. Der Fußboden war mit Blut befleckt, und vor mir stand ein mir unbekannter Hüne, der sofort begann, eine Art Verhör mit mir anzustellen. Mein Sekretär auf Zeit, der ›Virginier‹, sagte kein Wort. Er stand am Spülbecken und säuberte das Geschirr.

Ich zeigte mich der Lage gewachsen und forderte den Fremden – Inges derzeitigen Psychiater, wie sich herausstellte, und von Inge zu mir geschickt – auf, mein Haus sofort zu verlassen, widrigenfalls ich ihn wegen Hausfriedensbruchs verklagen würde. Schließlich mußte der Psychiater einsehen, daß ich weder durch Fragen noch durch hypnotische Blicke einzuschüchtern war.

»Soll er mit William Inge telefonieren«, sagte er, »wenn er verspricht, nicht die Polizei zu rufen.«

Ich rief Inge an, sagte ihm, was bei mir los sei, und bat ihn, sofort herüberzukommen und die Sache in Ordnung zu bringen. Inge erwiderte nur kühl: »Das kann ich leider nicht, ich habe heute abend Gäste.«

Darauf wählte ich umgehend die Nummer der Vermittlung und brüllte ins Telefon: »Überfall! Sofort Polizei nach Hermit's Glen! Es ist Blut auf dem Boden!«

Der Psychiater machte, daß er rauskam, rannte die Stufen hinunter und weiter zu seinem Wagen. Pat begann, auf allen vieren, das Blut auf dem Teppich wegzuwischen.

Nachdem ich diese Schlacht gewonnen hatte, rief ich Audrey Wood an – die Pat haßte, Ryan aber gern mochte – und berichtete ihr atemlos, was geschehen war.

»Soeben ist Ryan gegen Kaution freigelassen worden«, teilte sie mir mit, »Pat hat ihn wegen Einbruchs verhaften lassen. Ich hab' ihm gesagt, er soll gleich ins Hotel ›Hollywood-Roosevelt‹ gehen und dort auf dich warten.«

Ich verließ das Haus in Hermit's Glen unter Polizeibewachung und fuhr zu dem genannten Hotel, wo kurz darauf auch Ryan eintraf. Am nächsten Tag flogen wir zusammen nach New York zurück . . .

Doch ich steuerte in der Tat langsam auf die Klapsmühle zu, und im Jahre 1969, nach dem bösartigen Verriß von *In einer Hotelbar in Tokio* und meinem Flug mit Anne Meacham nach Tokio, auf dem sie mir erzählte, daß *Life* demnächst einen Artikel darüber bringen würde, daß ich als Schriftsteller praktisch tot sei – begann ich tatsächlich durchzudrehen.

Oh, nicht, daß das nicht schon seit Jahren wie ein Gespenst vor mir gestanden hätte, doch nun glich mein Zustand jenem unterirdischen Erdbebenherd an der Westküste.

Ich mag die Leute, mit denen ich hier in Venedig bin, ich mag sie alle: Sylvia Miles, Joe Dallesandro, Paul Morrissey, den kleinen Andy Warhol, der so sehr einem verirrten Kind gleicht, verirrt in der Zeit.

Morrissey macht mir den Eindruck des Außergewöhnlichen. Ich hätte gern, daß er einen Film aus einer meiner Kurzgeschichten machte, warum nicht aus *Two on a Party,* die vielleicht die beste von allen ist? Ich werde ihn bitten, die Story zu lesen. Doch ich achte ihn zu hoch, als daß ich in ihn dringen möchte.

Ich hoffe darauf, daß bei mir bald eine wie immer geartete ›moralische Besserung‹ eintritt und daß ich auch von meiner Einsamkeit erlöst werde, und ich hoffe ferner, daß diese beiden Wünsche sich nicht ausschließen ...

Ich glaube, ich mag auch Rex Reed. Wir hatten, kaum daß wir uns kennengelernt hatten, Kontakt miteinander, und ich konnte mit ihm *sprechen,* wahrscheinlich habe ich, als er mich für *Esquire* interviewte, zuviel gesprochen. Nein, das nehme ich zurück. Es stimmt *nicht,* daß ich bei *Brennan's* einen farbigen Kellner in den Hintern gekniffen habe, obwohl er mir ausnehmend gut gefiel.

Der Abend war sehr schön. Nachdem ich, in meiner Suite hier im vertrauten, alten ›Excelsior‹ – das stetige leise Plätschern der Adria unter meinem Balkon – den ganzen Nachmittag geschlafen hatte, ging ich ein wenig schwimmen. Man muß hier am Lido zu weit hinaus waten, und das Wasser ist nicht so klar und durchsichtig, wie das Mittelmeer bei Taormina es zumindest war. Dann wurde es Zeit für Drinks mit Pat und Michael York. Billy Barnes hatte sich mit den beiden verabredet, während ich schlief, und sie wollten sich bei mir treffen. Und dann, o ja, ein Anruf aus London: Maria trifft morgen ein – ihre Stimme klang warm und freudig erregt.

Natürlich gab es auch hier den üblichen unvermeidlichen Ärger, wenn ich allein reise. Selbst auf einer ›Gesellschaftsreise‹ wie dieser habe ich das Gefühl, allein zu reisen, wenn niemand meine Räume mit mir teilt. Ich komme mit den Dingen nicht zurecht. Es dauerte vierzig Minuten, bis ich meinen Smoking und was so dazu gehört beisammen hatte. Die Hosen hatten sich am Boden des Schrankkoffers verkrochen, und ich, fest davon überzeugt, daß nur die

Jacke eingepackt worden wäre, fing natürlich sofort an zu fluchen. Doch als es endlich soweit war und ich meinen ganzen Staat anhatte – das Rüschenhemd mit den sich leicht bauschenden Spitzenmanschetten und der schwarzen Schleife, die schließlich locker befestigt war – kann etwas locker befestigt sein? –, war es immer noch nicht sechs, und meine Gäste waren demzufolge noch nicht da.

Voller Ungeduld rief ich Billy an und sagte, ich fände es viel lustiger, wenn wir uns in der Hotelbar treffen würden statt bei mir im Salon, und natürlich war das wieder völlig verkehrt, wie meistens – es war keineswegs ›lustiger‹, im Gegenteil. Ich saß mit Billy an einem Tisch für vier Personen, und eine trübe Tunte begann unmittelbar hinter uns, den Flügel zu bedienen.

»Irgend so 'n Scheißkind klimpert da auf 'm Klavier rum«, sagte ich laut zu Billy.

»Ich fürchte, das ist der Hotelpianist«, sagte Billy, »wir sollten vielleicht woanders hingehen, damit wir uns unterhalten können.«

Nachdem die Yorks erschienen waren, wurde es ein gelungener Abend. Pat kam gerade vom Friseur, und so blieb sie mit Billy in dem überdachten Teil der großen Gondel sitzen, während Michael und ich auf der Bootsbank im Freien Platz nahmen, und die Lagune war so bezaubernd wie eh und je.

»Ah, Venedig, Stadt der Perlen«, zitierte ich aus *Camino Real.*

Wir aßen rasch eine Kleinigkeit auf der Terrasse des ›Gritti‹ *(spaghetti alla vongole),* während ein Dreiviertel-Mond langsam hinter einem weißen Kirchturm jenseits des Kanals hervorschwebte, und ich trank zunächst reichlich Frascati – mit entsprechender Wirkung – und dann noch einen besseren Wein venezianischer Provenienz.

Wir mußten nämlich rasch zurück an den Lido, da Michaels Film *Cabaret* als Eröffnungs-*spettacolo* des Festivals vorgesehen war.

Wieder in der Bar des ›Excelsior‹, saß ich auf der Lehne von Pats Sessel, schöne Frauen mir gegenüber am Tisch wie zum Beispiel Marisa Berenson, während Michael direkt hinter uns interviewt wurde. Ständig zuckten Blitzlichter auf.

Ich fragte den Produzenten an unserem Tisch, ob er Geld habe. Er sagte nein. Darauf ich: »Dann spreche ich nicht mit Ihnen.«

Im Spätsommer 1969 kehrten Anne Meacham, Gigi und ich von unserem trübseligen Flug nach Tokio zurück, und ich flog sofort weiter zu meinem kleinen Besitz auf Key West. Es ging mir nicht gut, nein, es ging mir sogar hundsmiserabel. Der Zusammenbruch hatte eingesetzt.

Der Einbau der großen, neuen Küche hatte gerade begonnen, einer Küche, die dann das Doppelte von dem kostete, was mich 1949 der ganze Besitz gekostet hatte. Dieser Bau zog sich über fast vier Monate hin.

Der Herd war in den Patio gestellt worden, damit ich mir dort meinen Morgenkaffee bereiten konnte. Und eines Morgens, sehr früh (einige Tage nach meiner Rückkehr nach Key West), hätte ich mir lieber keinen Kaffee kochen sollen. Ich fiel zu der Zeit immerzu hin, wie Sie sich vielleicht erinnern, und als ich den kochend heißen Kaffee vom Herd nahm, schlug ich der Länge nach auf den Fliesenboden des Patio, und der glühendheiße Kaffee ergoß sich über meine nackte Schulter.

Ich war so weggetreten, daß ich keinen Schmerz verspürte und meinen morgendlichen Verrichtungen nachging wie immer.

Ab hier verwirrt sich alles. Ich weiß, daß ich einen Arzt aufsuchte, der meine krebsrote Schulter verband, und ich weiß, daß Dakin in Key West war. Als nächstes weiß ich, daß wir im Flughafenrestaurant von Key West saßen und die arme Edie Kidd an unseren Tisch kam und ich zu ihr sagte: »Ich mag Ihre Bilder, Edie, doch Sie selbst interessieren mich nicht die Bohne.«

Und dann war ich in dem Haus auf dem Wydown Boulevard in Clayton, in Mutters altem, im spanischen Kolonialstil erbauten Wohnsitz, und es war Morgen, und ich hatte fest beschlossen, nicht in ein Krankenhaus zu gehen.

»Mutter, hast du je etwas von Geschwisterneid gehört?«

»O ja, ich glaube schon«, sagte Miss Edwina kühl.

Ein wenig später sagte ich, ich würde doch ins Krankenhaus gehen, vorausgesetzt, ein Krankenwagen käme, mich abzuholen. Dakin redete mir das aus. Er erreichte, daß ich mich in seinen Wagen setzte, und fuhr mich ins Barnacle-Hospital. Zunächst steckten sie mich in die *Queen's*-Abteilung – ich habe mir diesen Namen nicht ausgedacht, sie heißt tatsächlich so. Es handelt sich um die recht noble Abteilung für die ›Leichtgestörten‹. Ich wurde der ›Betreuung‹ von drei Neurologen und einem Internisten unterstellt.

Von meinem ersten Tag in der *Queen's*-Abteilung weiß ich nur noch, daß ich im Bett lag und fernsah. Jedes Programm schien sich auf nicht recht greifbare Weise feindselig gegen mich zu richten, selbst die Fortsetzungen von Shirley Booth' kommerziellen Rührstücken erschienen mir als persönliche Bedrohung.

Etwa um sechs Uhr abends kreuzte ein grinsender Dakin auf mit einem Strauß gelber Blumen und einigen bemerkenswert untalentierten Zeichnungen, die seine beiden Adoptivtöchter zu meiner Erbauung angefertigt hatten.

Dann kam Mutter hereinmarschiert – ein kleiner preußischer Offizier im Fummel.

Es lag ganz offenkundig etwas Bedrohliches in der Luft. Dieses spürend, kletterte ich mit erstaunlicher Behendigkeit aus dem Bett, sagte: »Ich geh jetzt sofort nach Hause«, und rannte zum Wandschrank, um mich anzuziehen.

»O nein, mein Sohn.«

»Dakin, du bringst mich sofort nach Hause, oder ich geh zu Fuß.«

Ich fuhr in Windeseile in meine Kleider, wobei ich Dakin unausgesetzt beschimpfte.

»Geht zum Teufel, du und deine adoptierten Kinder. Wie wagst du es, denen *unseren* Namen zu geben!«

Dakin: »Wie komme ich dazu, mir diese Unverschämtheiten anzuhören!?«

Völlig angezogen und gänzlich von Sinnen, rannte ich in den Gang hinaus und weiter zu den Fahrstühlen. Ich war gerade dabei einzusteigen, als ein hünenhafter junger Mann in einem Pflegerkittel diesen Fluchtversuch vereitelte. Ich weiß noch, daß er blond war mit einem grob-fleischigen, hämisch grinsenden Gesicht. Irgendwie gelang es mir, mich an ihm vorbeizuschlängeln und in den Fahrstuhl zu schlüpfen, doch er verhinderte es, daß die Tür sich schloß.

Schnaubend vor Wut und Schmähungen ausstoßend, stürmte ich zurück in mein Zimmer, wo Mutter gerade eine Schwester um Riechsalz bat. Großer Gott!

Nun wandte sich mein besinnungsloser Zorn gegen meine Mutter.

»Warum setzen Frauen Kinder in die Welt, wenn sie deren Leben dann doch nur zerstören?«

(Ich halte das nach wie vor für eine durchaus berechtigte Frage.)

Darauf Miss Edwina – ernst gemeint? –: »Ich weiß auch nicht genau, ob wir da das Richtige tun.«

Ich wollte wieder auf den Gang hinaus, doch nun blockierte ein Rollstuhl (mit Gurten zum Anschnallen) und ein ganzer Trupp von Ärzten und Wärtern die Tür.

Jetzt erkannte ich plötzlich meine Unterlegenheit und gab auf.

Während ich meine Flugtasche mit meinem Schnaps, meinen Pillen und meinen Ampullen fest, verzweifelt fest an mich drückte, wurde ich im Rollstuhl angeschnallt und im Laufschritt in die *Friggins*-Abteilung für unruhige Patienten expediert – wo man mir die Flugtasche entriß und ich das Bewußtsein verlor ...

Nun bin ich in der *Friggins*-Abteilung des Barnacle-Krankenhauses. Ich sagte, daß ich das Bewußtsein verlor, als sie mir die Flugtasche entrissen, nicht wahr? Und nun werde ich Ihnen, so gut ich kann, von meiner unmittelbarsten Berührung mit dem Tod berichten. Ich weiß nicht, ob ich nach meiner Ohnmacht wieder zu mir kam oder nicht. Und ich weiß ebenfalls nicht, wie lange die Gehirnkrämpfe anhielten. Dafür weiß ich aber, daß ich an *einem* Vormittag drei Anfälle hatte und dazu eine ›stumme Insuffizienz der Koronargefäße‹, das einzige, was mir während dieser Apokalypse wirklich zum Bewußtsein kam, da ich, trotz der Spasmen, den stechenden Schmerz verspürte.

Lange Zeit phantasierte ich.

Ich erinnere mich, daß ich auf einen Tisch geschnallt und umhergerollt, doch nie medizinisch behandelt wurde.

Ich weigere mich, meine feste Überzeugung, daß der Stationsarzt beabsichtigte, mich auf legale Weise umzubringen (was ihm auch um ein Haar gelungen wäre) auf Irrsinn zurückzuführen.

Am Abend nach den Gehirnkrämpfen hatte ich ein höchst außergewöhnliches Erlebnis, ob nun realer oder irrealer Art.

Ich gehe langsam, sehr langsam einen Gang hinunter, auf einen erleuchteten Raum zu und spreche dabei psalmodierend ein Gedicht vor mich hin.

Die immer wiederkehrende Endzeile eines jeden Verses lautet ›Erlösung, Erlösung‹. Und während ich mich langsam den Korridor hinunter bewege, ahme ich auf übertriebene Weise den gezierten Gang eines Transvestiten nach. Worüber psalmodierte ich? Über die Geburt meines Bruders Dakin, als ich acht Jahre alt war und ihn das erste Mal sah, wie er im St. Louis-Krankenhaus an der entblößten Brust meiner Mutter saugte.

Erlösung wovon? Von einem noch nie vorher ausgesprochenen Geschwisterneid, nehme ich an. Und dazu Erlösung von der ›Schuld‹ meines Liebeslebens mit Knaben und jungen Männern ...

Die Wahrheit ist, daß ich mir die Zeit in der geschlossenen Abteilung des Barnacle-Krankenhauses in der City St. Smog nicht allzu genau in Erinnerung rufen möchte. Das alles ist, sozusagen dokumentarisch, in ›Was steht als nächstes auf der Tagesordnung, Mr. Williams?‹ recht gut aufgehoben.

Ich will hier nur ein paar Einzelheiten wiedergeben, die das ›Gedicht‹ verschweigt.

Nach den Gehirnkrämpfen und dem Delirium von unbestimmter Dauer erwachte ich in einem engen Geviert, in einem Bett mit Gitterstäben – als sei ich ein überdimensionales Baby. Und wenn ich sage, ich erwachte, so meine ich damit, daß meine Augen geöffnet waren und ich auch das Gefühl hatte, bis zu einem gewissen Grade zu denken. Doch eine oder zwei Stunden war ich nicht wirklich wach, da ich mich an nichts erinnerte und nicht wußte, wo ich mich befand.

Als ich es wußte, war mir, als blicke ich dem Tod ins Auge.

Seltsame Gestalten gingen durch einen engen Gang an meiner offenen Tür vorbei; ich konnte es nicht glauben, daß sie wirklich waren. Ich war fest davon überzeugt, ich träumte.

Ich wüßte nicht, daß ein Arzt oder sonst jemand zu mir gekommen wäre; bevor es Abend wurde, brachte man mir wohl auch nichts zu essen, zumindest habe ich keine Erinnerung daran.

Doch am Abend befand ich mich nicht mehr in meinem engen Geviert, und Dakin war im ›Tagesraum‹. Er schmunzelte irgend wie triumphierend und hatte ein Exemplar des *Esquire* bei sich, die Ausgabe mit der Horrorgeschichte *Ein Traum von Tennessee Williams*, und seine ersten an mich gerichteten Worte – neben seinem Grinsen und einem herzhaften Händedruck – waren: »Weißt du, daß du eine Koronarinsuffizienz und mehrere Gehirnkrämpfe gehabt hast?«

Dann überreichte er mir den *Esquire* als Liebesgabe und verzog sich grinsend. Und ich begann mit meinen verzweifelten Bemühungen, mich selbst nicht aufzugeben, hier in der geschlossenen Abteilung für ›Unruhige‹, sprich gewalttätige Patienten.

Inwiefern war ich eigentlich gewalttätig?

Gehorsam stellte ich mich zu den schauderhaften Mahlzeiten ein, und die übrige Zeit kauerte ich wie ein wehrloses Tier in einer Ecke, während der gespenstische Reigen der Tage und Nächte vor meinem geistigen und leiblichen Auge vorüberzog – eine Nonstop-Horror-Show.

Ich beschloß zu überleben.

Kleine Erinnerungsfetzen:

Eine riesige Krankenschwester mit einem großen, germanisch-blonden Kopf und einer starren Grimasse triumphierender Autorität, die Arme schwingend wie ein Ringer, bevor er seinen Gegner packt, ach ja, das war die bezaubernde Miss Rothschild, und eines kann ich Ihnen sagen: dieser Dame gegenüber verhielt ich mich mucksmäuschenstill.

Ihr Gegenstück: eine geradezu unglaubliche Tunte mittleren Alters, die wie ein Pfau umherstolzierte und sich pausenlos ihr graues Haar zurechtzupfte und mit flatternden Fingern darüber hinwegstrich, während sie an einem vorbeirauschte. Und eines Tages sprang dieser finser blickende Ire, ein Fernlastfahrer-Typ, plötzlich auf und versetzte ihr/ihm den furchtbarsten Faustschlag, den ich je miterlebt habe. Die alte Trine war ihre/seine sämtlichen Vorderzähne los, als habe ein Vorschlaghammer sie getroffen. Sein Gesicht sah tagelang aus wie ein Pavianhintern, mit dick geschwollenem Mund – das Innere eine blutrote Höhle. Doch das verminderte seine/ihre Sorge um sein graues Haar nicht; seine Finger flatterten nach wie vor über die wohlfrisierten Locken.

Und dann, einige Tage später – Gott steh mir bei! – zog der Ire, sein Angreifer, einen Stuhl heran, neben den meinen, in die Ecke, in der ich kauerte, und starrte mir von Zeit zu Zeit ins Gesicht, mit dem gleichen Ausdruck, mit dem er die alte narzißtische Schwuchtel angestarrt hatte.

Und dann der Tag, an dem ein laut schreiendes junges Mädchen mit einem Wust leuchtend roter Haare in die Abteilung gezerrt und in eine Gummizelle geworfen wurde, wo sie die ganze Nacht weiterschrie, und als ich sie dann wiedersah, war ihr Kopf mit blutbefleckten Binden umwickelt.

Ich fragte nun zuweilen einen jungen Pfleger dies und jenes, der freundlicher zu mir war als die anderen, und so fragte ich auch nach dem jungen Mädchen. Er erzählte mir, daß sie sich in der

Nacht, die sie schreiend in der Gummizelle verbrachte, alle Haar ausgerissen habe, mit der Wurzel.

In meinem Spind hingen einige Anzüge, die Dakin mir gebracht hatte.

Verstohlen durchsuchte ich die Taschen und fand einen winzigen Vorrat von meinen ›Rosaroten‹, etwa fünf Stück. Beim Schlafengehen nahm ich eine Tablette zusätzlich zu den völlig wirkungslosen Schlafmitteln, die mir von meinen Ärzten, die bis jetzt noch nicht die Zeit gefunden hatten, mich in dieser Abteilung zu besuchen, verschrieben worden waren.

Als dieser kleine Vorrat verbraucht war, verbrachte ich drei oder vier Nächte (und Tage) hintereinander ohne Schlaf.

Schließlich war ich so erschöpft, daß ich in einer Nacht eine Stunde schlief.

Einmal, als ich gerade am Einschlafen war – ja, ich war gerade im Begriff ›wegzutreten‹ –, flog die Tür auf, und ein junger Nachtpfleger, der kaum freundlich genannt werden kann, kam herein.

»Mein Gott, was ist los?«

»Sie haben Ihren elektrischen Rasierapparat nicht abgeliefert.«

»Na und?«

Er schnappte sich den Rasierapparat von der kleinen Kommode und sagte: »Patienten dieser Abteilung ist es nicht gestattet, irgendwelche Dinge in ihrem Zimmer zu haben, mit denen sie sich etwas antun können.«

Ich ging hinter ihm auf den Gang hinaus und weiter zu dem Glaskasten, in dem die Nachtschwester Patienten mit Hilfe von Fernseh-Monitoren überwachte.

Ich hämmerte an die Tür. Mehrere Schwestern und Pfleger versammelten sich um mich, und ich erzählte ihnen in äußerster Erregung den eben geschilderten Vorfall.

»Ich schlief gerade ein, ich schlief wirklich gerade ein, nachdem ich vier Nächte nicht schlafen konnte, und dann kommt er wegen eines Rasierapparates in mein Zimmer gestürzt!«

Das wiederholte ich immer wieder und fing an zu schluchzen, und die Nachtschwester wandte sich an eine Frau, die sanft und freundlich zu mir sagte: »Gehen Sie in Ihr Zimmer zurück, Sie haben doch Ihr Schlafmittel bekommen und werden sicher wieder einschlafen.«

Ich schlief nicht wieder ein.

Mein winziges Zimmer lag unmittelbar neben der riesigen Müllbeseitigungsanlage, und eine Stunde vor Tagesanbruch begann sie ihre donnernde Tätigkeit. So wußte ich wenigstens, daß es nun bald Tag würde, denn auch meine Uhr war konfisziert worden, da sie natürlich auch ein Uhrglas hatte, und nichts, was mit Glas zu tun hatte, durfte im persönlichen Besitz der Patienten dieser Abteilung bleiben.

Kaum, daß es hell wurde, kam eiligen Schrittes eine energische Schwester mit ausdruckslosem Gesicht ins Zimmer, um einige Fragen zu stellen und Temperatur und Puls zu messen.

»Haben wir gestern Stuhlgang gehabt?«

Manchmal gab ich keine Antwort, und manchmal stöhnte ich und zog mir die Decke über den Kopf, und so mußte ich einen geschlagenen Monat lang in der geschlossenen Abteilung bleiben – wegen nicht-kooperativen Verhaltens, nehme ich an.

So wie ich beschaffen bin, glaube ich, daß mir immer noch ein Rest von Stolz verbleiben wird, auch wenn alles andere, bis auf die Fähigkeit zu atmen, vergangen ist ...

Der Stationsarzt war sehr liebenswürdig zu Dakin, und sooft Dakin mich besuchte – ein- oder zweimal die Woche –, plauderte der Arzt in meiner Gegenwart mit ihm. Er erzählte Dakin, daß ich an einem Vormittag drei Gehirnkrämpfe gehabt habe, und das mit einem Anflug von Stolz – als seien diese Krämpfe eine Leistung, zu der er sich selbst beglückwünsche.

Ich hatte den *Traum von Tennessee Williams* im *Esquire* längst gelesen, als eines Abends einer der Ärzte mir ein Exemplar dieser Ausgabe brachte und mit bösartigem Grinsen sagte: »Hier drin ist ein sehr guter Artikel über Sie. Wollen Sie ihn lesen?«

»Nein, ich glaube nicht. Ich habe ihn schon gelesen.«

»Stationsärzte sind eifersüchtig auf uns«, sagte Dr. Levy, »und das lassen sie an unseren Patienten aus ...«

Selbst in der geschlossenen Abteilung hatten die Patienten vormittags und nachmittags je eine Stunde Beschäftigungstherapie.

Jeden Tag bildeten diejenigen, die zur Beschäftigungstherapie zugelassen wurden, eine Schlange vor den Fahrstühlen. Es stand uns allen frei, keinen Gebrauch von dieser Therapie zu machen; wenn wir nicht wollten, blieben wir oben, statt uns in den unteren Räumen den primitiven Beschäftigungen hinzugeben, die uns dort erwarteten. Ich lehnte es meistens ab, nach unten zu gehen, doch dann stellte ich fest, daß sich das negativ auf meine ›Führungsliste‹

auswirkte. Also beschloß ich mitzumachen. Die Aquarellmalerei erschien mir als die am wenigsten stumpfsinnige Beschäftigung, und so begann ich aus irgendeinem Grunde mit einem Aquarell von meiner linken Hand.

Ich war schon fast damit fertig, als der große, dicke Dr. Levy kurzatmig an meinen Tisch kam.

»Ihr kleiner Finger ist nicht so groß, Tom.«

Wollte er damit sagen, daß ich immer noch an Größenwahn litte?

Dr. Levy war der menschlichste der drei Neurologen und derjenige aus dem Triumvirat, der mich schließlich – nachdem ich einen Monat geschlossene Abteilung überstanden hatte – in eine Station verlegen ließ, die ›offene Abteilung‹ genannt wird.

Was mich die gefängnisartige Abgeschlossenheit der geschlossenen Abteilung ertragen ließ, waren ganze Kartons voller Bücher, die Andy Brown vom ›Gotham‹-Buchversandgeschäft mir zuschickte, sowie das allabendliche Bridge-Spiel, das die vier Stunden zwischen Abendessen und Schlafengehen ausfüllte. Auf der ersten offenen Station gab es einige hervorragende Bridgespielerinnen. Eine von ihnen war eine fünfundsiebzigjährige alte Dame, die eine gnadenlose Serie von Elektroschocks über sich ergehen lassen mußte, vor denen sie sich zu Tode fürchtete. Bis zum späten Abend wußte sie nicht, ob ihr am nächsten Morgen wieder ein Elektroschock bevorstand. Wenn dem so war, fand sie beim Zubettgehen ein Schild an ihrer Tür, und dann begann sie zu zittern und brach vor Verzweiflung in Tränen aus.

Nach einer Schockbehandlung fiel es ihr schwer, Bridge zu spielen. Ich erinnere mich mit einem warmen Gefühl daran, wie wir alle über ihre Gedächtnisstörungen beim Kartenspiel hinweggingen und ihr Trost zusprachen und versuchten, sie zu beruhigen und ihr die Angst zu nehmen, wenn sie das bewußte Schild an ihrer Tür hängen sah.

Sie hatte erwachsene Söhne, die sie etwa einmal die Woche besuchen kamen; warum ließen sie es zu, daß ihre alte Mutter auf diese Weise gemartert wurde? Als alter Zyniker argwöhne ich, daß sie ihre Mutter ›aus dem Wege‹ haben wollten – dabei war einer ihrer Söhne Professor an der Universität von St. Louis, einer katholischen Institution.

Es freut mich, Ihnen mitteilen zu können, daß ich einige Monate später, auf Key West, eine Postkarte von ihr bekam, aus der hervorging, daß sie inzwischen entlassen und wieder ›zu Hause‹ sei.

Überleben! Welch heroische Fähigkeit des menschlichen Herzens, bei jung und alt!

Wie schrecklich und beängstigend gewisse Vorfälle und Typen unter meinen Mitpatienten auch gewesen sein mögen – in sicherer Entfernung entsinne ich mich ihrer mit einer Art entsetzter Belustigung. Zum Beispiel die riesige Negerin, die, unbeweglich wie ein Felsblock, in der Mitte des ›Tagesraumes‹ saß. Wann immer ich an ihr vorbeiging, lachte sie mir zu und sagte: »Du bist so süß, du bist wie ein Stück Zucker, ein süßes, süßes Stück Zucker.«

Arglos nahm ich das für bare Münze. Und dann, eines Tages, während dieser sacharinsüßen Begrüßung, sprang sie plötzlich auf und holte zu einem Schlag aus, der mir, hätte sie ihr Ziel nicht verfehlt, unweigerlich sehr übel bekommen wäre.

Ich habe sie in dem Fernsehspiel *Stopped Rocking* verewigt.

Dann waren da die beiden sehr attraktiv aussehenden jungen Frauen, die einen Horrortrip in Istanbul hinter sich hatten und nur Schlaf fanden, wenn sie als Schlafmittel die Wirkstoffe verabreicht bekamen, die in der Unterwelt ›Mickey Finn‹ genannt werden. Jeden Abend, wenn die Schlafmittel ausgegeben wurden, stellten sie sich in die Reihe, um ihren Gifttrank in Empfang zu nehmen. Kaum daß sie ihn hinuntergekippt hatten, rannten sie auch schon los in Richtung ihrer Zimmer, die sich in einer Entfernung von etwa fünfundzwanzig Metern befanden. Und jedesmal stürzten sie auf diesem Weg bewußtlos zu Boden und wurden wie leblos in ihre winzigen Zimmer geschleppt und zu Bett gebracht.

Oh, wie ich diese jungen Frauen beneidete! Ich bat Dr. Levy, mir den gleichen Schlaftrunk zu geben, doch er sagte: »Kommt nicht in Frage.«

Es wurde mir nun gestattet auszugehen, doch mindestens einen Monat lang nur zu einem Spaziergang um den Block, zur Sicherheit gefolgt von einem hauseigenen kleinen Fahrzeug, falls ich einen Fluchtversuch unternehmen sollte.

Ganz zum Schluß erhielt ich die Erlaubnis, mir ein Taxi zu nehmen und für eine Stunde in die Stadt zu fahren.

Ich ging sofort in einen Drugstore und kaufte mir eine Packung des rezeptfreien Schlafmittels ›Nytol‹.

Es stellte sich heraus, daß dieses Medikament bei mir zu Sehstörungen führte, also nahm ich es nicht mehr.

Eines Tages suchte ich in der City von Clayton einen Arzt auf und stellte mich ihm als Clemence Otte vor – der Name eines Bruders meiner deutschen Großmutter. Ich sagte, ich hielte mich anläßlich einer Tagung hier in Clayton auf und könne nicht schlafen. Ob er wohl so liebenswürdig wäre, mir Seconal zu verschreiben.

Der Arzt bestand auf einer körperlichen Untersuchung. Er stellte meinen Herzfehler fest und machte ein EKG. Anschließend verschrieb er mir ganze *drei* Seconal ...

Am Nachmittag dieses Tages wurde ich in Dr. Levys Ordinationszimmer bestellt. Er teilte mir mit, daß ich am nächsten Tag entlassen würde, nach dreimonatiger Abgeschlossenheit.

Mein erster Abend zu Hause. Weihnachten 1969.

Mutter und ich saßen unten im Wohnzimmer vor dem Fernseher, um uns eine Verfilmung meines Romanes *Mrs. Stone und ihr römischer Frühling* anzusehen. Mutter schwatzte unaufhörlich, obwohl ich sie immer wieder bat, still zu sein, da ich sonst dem Dialog nicht folgen könne. Doch vergeblich.

So mußte ich mich damit begnügen, Vivien Leighs tragische Anmut und noble Ausstrahlung auf mich wirken zu lassen. In meinen Augen ist dieser Film ein Gedicht. Sowohl für Miss Leigh wie für den Regisseur, José Quintero, die meinem Herzen beide gleich nahe sind, sollte das die letzte Arbeit von Bedeutung sein.

Einige Monate bevor Frankie starb, gab Vivien eine Party, zu der sie auch Frankie einlud.

Es war das letzte Mal, daß er eine Gesellschaft besuchte.

Vivien stellte ihn sozusagen in den Mittelpunkt des Abends, mit einem intuitiven Einfühlungsvermögen, das mir die Erinnerung an sie teuer macht. Sie tat es, ohne daß die anderen es bemerkt hätten ...

Da sie den Wahnsinn kannte, wußte sie, was die Annäherung des Todes bedeutet.

Auch ihr näherte er sich bereits, doch das wußte damals noch niemand ...

An diesem ersten Abend in Freiheit, nach dem Fernsehfilm, fragte ich Mutter, ob ich eine Tasse Kakao haben könne. Sie suchte endlos in der Küche herum und sagte dann: »Susie hat den Kakao gemopst und mit nach Hause genommen.«

Susie, eine Farbige, war ein halbes Leben lang ihr Hausmädchen gewesen, und später fand Mutter den Kakao im Küchenschrank. Arme Susie und arme Miss Edwina!

Wenn Susie abends nach Hause ging, schob Mutter die vier Riegel an der Haustür zurück, warf einen ängstlichen Blick auf die Straße, schlug die Tür wieder zu und rief: »Susie, du kannst noch nicht gehen. Da steh'n 'n paar Schwarze an der Ecke und warten auf den Bus.«

Und eines Abends lachte Susie und sagte: »Miss Williams, von denen ist keiner schwärzer als ich.«

Und nun beschuldigt Miss Edwina Dakin, ›da oben mit einer jungen schwarzen Frau‹ zu leben, so daß sie, Miss Edwina, sich auf die untere Etage des Hauses beschränken müsse . . .

Ich sitze am Schreibtisch; Frankies vergrößertes Paßfoto starrt mich an. Das beunruhigt mich und lenkt mich ab. Ich lege das Foto mit der Rückseite nach oben zwischen die Blätter mit den Entwürfen zu einem Gedicht ›Alte Männer spielen nachts verrückt‹.

Es ist äußerst unkleidsam, demütigend und schlafraubend, in meinem Alter immer noch sinnliche Begierde zu verspüren und dazu immer noch ein Romantiker zu sein . . .

Heute mittag erfuhr ich, daß Michael York die letzte Fassung von *Out Cry* gelesen und zugesagt hat, wenn auch vorerst nur mündlich, eine der Hauptrollen darin zu übernehmen. Es gibt da irgendwelche Steuerschwierigkeiten, doch mein Agent Billy Barnes glaubt, daß er und Merrick das schon schaffen werden.

Vor einiger Zeit aß ich im *Joe Allen's* mit der gescheiten und schönen Schauspielerin Ruth Ford zu Abend. Sie scheint von Geburt an mehr Weltklugheit besessen zu haben, als mir selbst in meinem Alter zur Verfügung steht. Ich begann, von meiner Einsamkeit zu sprechen und daß ich mir wohl einen Gesellschafter engagieren müßte.

»Tun Sie das«, sagte sie, »aber geh'n Sie nicht mit ihm ins Bett. Dazu können Sie sich immer jemanden auf der Straße auftun.«

»O Gott, das verstehen Sie nicht. Es gibt nichts Trostloseres, nichts Frustrierenderes als das. Meistens kriegt man Filzläuse und kann von Glück sagen, wenn man keinen Tripper erwischt, und jedesmal bröckelt ein kleines Stück meines Herzens ab und landet im Rinnstein.«

Darauf hatte sie keine Antwort; ihr schönes Gesicht war ernst und undurchdringlich.

»Also, wie lautet die Antwort?« fragte ich.

(Der Ausdruck dieses edlen Gesichts einer Frau aus den Südstaaten änderte sich nicht.)

So viele Menschen scheinen nicht zu begreifen, warum ich es für nötig hielt, im Sommer 1971 meine geschäftliche Verbindung mit Audrey Wood abzubrechen.

Dieser Bruch ist, wie ich annehme, meiner Paranoia, schreiender Undankbarkeit und einem allgemeinen moralischen Verfall zugeschrieben worden. Ich glaube, ich sollte Ihnen nun, so aufrichtig, wie meine eigene Sicht das gestattet, *meine* Version davon erzählen.

Es stimmt, daß Audrey mich von 1939 bis 1971 vertreten hat. Doch ihr Engagement hatte sich in den letzten zehn Jahren dieser außergewöhnlich langen Geschäftsverbindung irgendwie verbraucht.

Vielleicht trug die nachlassende Gesundheit ihres Mannes dazu bei sowie die befremdende Art meiner Lebensführung und meine Abhängigkeit von Drogen, Alkohol und ›feel good‹-Spritzen: jedenfalls distanzierte Audrey sich – oder es stellte sich mir zumindest so dar – immer mehr von mir und meinen zunehmend katastrophalen Lebensumständen in den sechziger Jahren.

Nach Franks Tod konnte niemand mir aus meiner fast klinisch zu nennenden Depression heraushelfen.

Der einzige Mensch, der sich wirklich bemühte, die mir damals so ungemein wichtige menschliche Anteilnahme zuzuwenden, war wohl Maria.

Zum Bruch mit Audrey kam es im Jahre 1971 infolge einer meiner üblichen hysterischen Szenen vor der Premiere eines neuen Stückes. Der Schauplatz war dieses Mal die Garderobe von Donald Madden im Chicagoer Ivanhoe-Theater, in der sich, nach der zweiten Voraufführung einer früheren Inszenierung von *Out Cry*, einige Mitglieder des Ensembles versammelt hatten – ich muß also zu meiner Schande gestehen, daß eine ganze Reihe von Menschen Zeugen meines irren Benehmens wurden.

Ich hatte lange, sehr lange an *Out Cry* gearbeitet, und dieses Stück war dem Kern meines Wesens (wo immer sich der befinden mag) besonders nahe. Die erste Voraufführung war vorwiegend von jungen Leuten besucht, die überaus positiv auf das Stück und die hervorragende Leistung von Donald Madden und Eileen Herlie reagiert hatten. Doch es schien mir, daß Audrey ihrerseits ohne nennenswerte Wärme auf die Aufführung und ihre Aufnahme durch das jugendliche Publikum reagierte. Wäre Audrey nicht nach wie vor ein so wichtiger Mensch in meinem Leben gewesen, so hätte ihr Verhalten mich wahrscheinlich weniger verletzt.

Die zweite Voraufführung war von einer Art Theatergemeinde gekauft worden, sie sich die ›Sarah Siddons Sisters‹ nannte oder so ähnlich. Es handelte sich vorwiegend um ältere Damen mit einer abweisend-veralteten Einstellung Theaterabenteuern wie *Out Cry* gegenüber, und die Reaktion dieser Damen auf das Stück war mehr als kühl. Und – aber hier mögen die mir innewohnenden Ängste mich irregeführt haben – es schien mir, daß Audrey die Reaktion der ›Sarah Siddons‹-Damen mehr zusagte als die vergleichsweise enthusiastische Aufnahme durch das junge Publikum am Abend zuvor.

Und so wurde ich also in Donald Maddens Garderobe zum Amokläufer. Ich durchbohrte Audrey mit Blicken und sagte: »Das heutige Publikum war sicher ganz nach deinem Geschmack. Du hast mir schon vor zehn Jahren den Tod gewünscht. Aber ich sterbe noch nicht.«

Ich schrie Audrey nicht etwa an, sondern sagte das mit verhaltener, kalter Wut, doch ich hätte so etwas Schreckliches nicht aussprechen dürfen, auch wenn Audrey aus langer Erfahrung meinen Nervenzustand vor der Premiere eines meiner Stücke, an denen ich gefühlsmäßig ganz besonders beteiligt bin, gekannt haben muß.

Mit der ihr eigenen Würde erwiderte Audrey kein Wort auf diesen Ausbruch von mir, nahm jedoch, ohne der Premiere beizuwohnen, das nächste Flugzeug nach New York.

Dieser Vorfall hat die wildesten Gerüchte ausgelöst. Es wurde sogar behauptet, ich hätte Audrey verprügelt. Ich protestiere! Ich habe noch nie in meinem Leben eine Frau geschlagen. (Es heißt auch, daß ich Maria in meinem Schlafzimmer im Hotel ›Ambassador East‹ in Chicago eingeschlossen und ihr gedroht hätte, aus dem Fenster zu springen, falls sie versuche, das Zimmer zu verlassen!)

In keiner dieser Geschichten – muß ich es eigens betonen? – steckt auch nur *ein* Körnchen Wahrheit, dafür jedoch zweifellos eine ganze Menge grotesker Komik. Allerdings : was ich so im Leben getan habe und die Art, in der ich es tat, hat nur sehr wenig dazu beigetragen, irgendeinen Anspruch meinerseits, in allen Situationen ein verläßlicher, vernünftiger Mensch zu sein, zu untermauern.

Ich bezweifle allen Ernstes, daß ich jemals einem Menschen vorsätzlich weh tun wollte, doch es ist nahezu unmöglich, ein langes Leben hinter sich zu bringen, ohne jemanden zu verletzen, und die Wahrscheinlichkeit, daß es sich in dem Fall um einen Menschen handelt, den man besonders gern hat, ist groß.

Ich *hatte* Audrey besonders gern, und ich glaube, ich habe sie immer noch sehr gern, auch wenn ihr Desinteresse an mir, über ein Jahrzehnt hinweg, meine Zuneigung verständlicherweise ein wenig abgekühlt hat.

Ich hoffe zuversichtlich, daß diese zehn Jahre mit der Zeit meine Erinnerungen an eine wahrhaft bemerkenswerte Frau nicht mehr trüben werden, die die Wertschätzung der Menschen, für die sie arbeitete, in hohem Maße verdiente und die einige hervorragende Schriftsteller beruflich so überaus erfolgreich vertreten hat.

Für mich war Audrey fast wie eine Familienangehörige; ich legte den größten Wert auf ihr Urteil, und sie genoß mein uneingeschränktes Vertrauen. *Ihre* Reaktion auf eine neue Arbeit von mir war mir die wichtigste von allen, das heißt die ihre und die von Kazan.

Wenn meine Bindung an Audrey rein beruflicher Natur gewesen wäre, hätte ihr Verhalten mich möglicherweise nicht in dieser Weise verstört und schließlich in solche Wut gebracht, doch als ich festzustellen glaubte, daß ihr Interesse an mir und meinem Ergehen – dereinst so tief und stark, so hatte es jedenfalls den Anschein – erlahmte, kam ich mir vor wie ein verirrtes Kind oder ein ausgesetzter alter Hund . . .

11

Was heißt es wohl, Schriftsteller zu sein? Ich würde sagen, es heißt, frei zu sein.

Ich weiß, daß viele Schriftsteller das nicht sind, da sie sich sozusagen als Facharbeiter betätigen, und das ist ganz etwas anderes.

Vielleicht sind sie damit die ›besseren‹ Schriftsteller, im konventionellen Sinne dieses Wortes – immer auf dem laufenden, was Bestseller-Trächtigkeit angeht, und eine Freude ihrer Verleger und vermutlich auch ihrer Leserschaft.

Doch sie sind nicht frei und somit nicht das, was ich, in seiner Daseinsform, als wahrhaften Schriftsteller betrachte.

Frei sein heißt, das Ziel des Lebens erreicht zu haben.

Es bedeutet zugleich eine beliebige Anzahl von Freiheiten.

Es bedeutet die Freiheit zu pausieren, falls einem danach ist, zu verreisen, wann und wohin es einem gefällt, es bedeutet, fluchtartig Hotels zu verlassen, glücklich oder traurig, hemmungslos und ohne großes Bedauern. Es bedeutet die Freiheit zu *sein*, und, wie jemand sehr klug bemerkt hat: Wenn du nicht du selbst sein kannst, was hat es dann für einen Sinn, überhaupt irgend etwas zu sein?

Ich bin kein großer Bibelleser, noch zitiere ich das ›Buch der Bücher‹ oft, und doch gibt es in ihm einen Hinweis, der mir zu Herzen geht:

»So soll euer Licht leuchten vor den Leuten, daß sie eure guten Werke sehen und euren Vater im Himmel preisen.«

Es gibt einen neuen Journalismus, einen neuen Stil sowohl beim Film wie im Theater und auch einen neuen Rezensionsstil, ja, praktisch ist alles und jedes, womit wir leben, einem neuen Stil unterworfen, doch was uns, meiner Meinung nach, am allermeisten not tut, ist eine neue Moral.

Ich glaube, wir sind an einem Punkt angelangt, an dem diese neue Moral zur zwingenden Notwendigkeit wird, um das Leben in erträglicher Form fortzusetzen . . .

Soeben, als ich erwachte, rechtfertigte ich vor meinem dunklen Schlafzimmer, das kein liebenswerter nächtlicher Fremder mit mir teilte, den Ausruf, den Blanche hätte ausstoßen können: »Oh, das bräche mir das Herz.«

Es handelte sich hierbei wohl mehr oder weniger nur um die exaltierte Ausdrucksweise eines Südstaatlers, und nicht um einen wirklichen *cri de cœur*, womit ich nicht etwa sagen will, ein Aufschrei von Blanche wäre kein *cri de cœur* oder könne es nicht zumindest doch sein. Fast alle ihre in tiefster Verzweiflung an die Welt gerichteten, flehentlichen Bitten um Hilfe haben überlebt, weil sie aus einem zerquälten, gepeinigten Herzen drangen. Das verlieh ihren Worten den Klang der Wahrheit, der diese Worte am Leben hielt und der in den Herzen so vieler bekannter und unbekannter Frauen nachschwingt. Doch nach *mir* klingt es nicht, selbst hier in der ›Victorian Suite‹ nicht. Der Humor, den Blanche hat, fehlt, und dieser Humor, im Verein mit der Wahrheit, ist es, der aus Blanche eine nahezu unsterbliche Bühnenfigur gemacht hat, die in den letzten Jahren wiederholt zu neuem Leben erweckt wurde, und zwar in wichtigen Aufführungen, wie etwa an der Westküste mit Jon Voight als *Stanley* und an der Ostküste, im Lincoln Center, in Szene gesetzt von Ellis Rabb, mit seiner früheren Frau, Rosemary Harris, als Blanche.

Der heutige Tag ist mit drei falschen Füßen aus dem Bett gestiegen und scheint sich zu der natürlichen Würde eines normalen Dreifüßers – vorausgesetzt, daß es den gibt, ich halte nichts für unmöglich – nicht aufschwingen zu können.

Gestern morgen schlief ich sehr lange und mußte dann allein unten im Restaurant essen. Ich trank eine halbe Flasche Chianti Ruffino und ging zurück ins Bett. Die Einsamkeit überfiel mich wie ein Rudel tollwütiger Wölfe, und so mußte ich – da ich mein kleines rotes Adreßbuch in Venedig vergessen habe – im Telefonbuch die Nummer einer mir vom Hörensagen bekannten ›Madame‹ heraussuchen und sie bitten, mir einen käuflichen Bettgenossen zu schicken. Dieser muß meine Kurzgeschichte *Desire and the Black Masseur* gelesen haben, da er meinen müden, alten Körper so sachkundig malträtierte, wie ich es noch nie erlebt habe.

»He, wie haben wir's denn, ich bin doch kein Masochist.«

Etwa eine Stunde lang rollte er mich im Bett umeinander, und ich muß gestehen: ich fühlte mich allmählich besser.

Von dem unvermeidlichen Gedanken an den Tod einmal abgesehen, habe ich Pläne für die nächste Zukunft. Ich will nach Süditalien oder Sizilien übersiedeln und mein Vorhaben ausführen, dort ein hübsches Stück Land zu erwerben, um Ziegen und Gänse zu züchten und ein Theaterstück zu beenden, das letzte.

Ich kann die sogenannten *borghese*-Stricher nicht leiden, die sich gegenwärtig im Norden dieser phallischen Halbinsel anbieten, doch unvergeßlich geblieben ist mir die so bezaubernd menschliche Hilfsbereitschaft der *contadini,* besonders anläßlich eines ganz bestimmten Vorfalls. Ich hatte mich, nach einem Streit mit Frankie, in meinem Jaguar auf den Weg nach Barcelona gemacht, mit einer Thermosflasche voller Martini als Wegzehrung. Und dann fuhr ich meinen eleganten Wagen höchst unelegant gegen einen Baum, als ein Laster aus einem Seitenweg herausgeschossen und mein Wagen beim Ausweichmanöver aus der Spur kam und meine Reiseschreibmaschine, die auf dem Rücksitz lag, mich wie ein Geschoß am Hinterkopf traf und ich das Bewußtsein verlor – für wie lange, weiß ich nicht. Als ich wieder zu mir kam, fand ich mich von *contadini* umringt, die mir fast alle, mitleidig und besorgt, mit zitternder Hand ihre kleinen Gläser mit *vino* oder *liquore* entgegenstreckten.

Unter ihnen möchte ich sein, wenn ich in einem *letto matrimoniale* sterbe, dazu das Idealbild eines schönen jungen Gärtners, der auch als Fahrer Dienst tut.

Warum nicht? Ein immer wiederkehrender Traum hat seine Bedeutung und geht zuweilen in Erfüllung.

Als ich, 1970, nach meiner Entlassung aus dem Barnacle-Krankenhaus, nach Hause, nach Key West, zurückkehrte, stand ich der offenkundigen, mich zutiefst verstörenden Tatsache gegenüber, daß Ryan nicht mit meinem Überleben gerechnet hatte. Nicht nur, daß er für einen geradezu astronomischen Preis eine neue Küche hatte einbauen lassen, mit einem riesigen Buntglasfenster, als handelte es sich um eine Kathedrale, auch ein völlig neuer Patio war entstanden, der besser nach Beverly Hills gepaßt hätte. Daß ich nicht gestorben und nun auch noch nach Key West zurückgekehrt war, bedeutete für ›Seine Lordschaft‹ ganz offensichtlich eine schwere Enttäuschung, um nicht zu sagen einen Affront.

Ryan hatte sich vergnügt in der Stadt herumgetrieben, in der ständigen Gesellschaft einer Dame, die seine verschwenderischen und ausschweifenden Neigungen teilte. Sie erschien eines Abends auf seine Einladung hin zum Essen. Ich ging ins Schlafzimmer und knallte die Tür hinter mir zu. Als er mir folgte, sagte ich ihm, ich würde das Schlafzimmer nicht verlassen, bevor die Frau nicht gegangen sei. Wie traurig! (Für ihn.) Er mußte sie nach Hause fahren . . .

Etwa eine Woche später wurde auch Ryan vertrieben, und zwar war es meine liebe Freundin Mary Louise Manning, die diese unumgänglich nötige Aktion managte.

Ich hatte mich geweigert, für eine große Party aufzukommen, die Ryan in einem sehr teuren Restaurant arrangiert hatte. Als ich ihm sagte, *ich* hätte keinen der Gäste eingeladen, sei also auch nicht der Gastgeber, war er aufgesprungen und wutschnaubend fortgegangen.

Um Mitternacht saß ich im Wohnzimmer mit Mary Louise Manning, dem Komponisten Alec Wilder und John Young, als Ryan erschien und mich, bösartig betrunken, mit Hohn und Spott überhäufte.

Ich ließ mir das nicht bieten, und so gab ein Wort das andere. Mary Louise griff nach meinem Handgelenk und sagte zu Ryan: »Toms Puls rast, sein Gesundheitszustand ist alldem nicht gewachsen. Packen Sie Ihre Sachen und verschwinden Sie, aber sofort.«

Sie bat John Young, die Nacht über bei mir zu bleiben, und er blieb, als mein Sekretär auf Zeit, das ganze Frühjahr 1970 im Haus, während ich mich, langsam und mühselig, von der für mich fast tödlichen Gefangenschaft in der Nervenklinik erholte.

Einengung in jeder Form ist das, was ich im Leben immer am meisten gefürchtet habe. Der beste Beweis dafür ist mein Stück *Out Cry*.

Ich betrachtete *Out Cry* als ein bedeutendes Werk, und der Mißerfolg am Broadway hatte diese meine persönliche Meinung über das Stück nicht ändern können, um so weniger, als es mir gelungen war, zwischen der Veröffentlichung in Buchform und der Aufführung das, was sich an Text dem ›Fluß‹ des Ganzen hemmend in den Weg stellte, auszumerzen und Verbesserungen am Eröffnungsmonolog vorzunehmen, der durch heftige Meinungsverschiedenheiten zwischen Autor und Regisseur bis zur Unkenntlichkeit verstümmelt worden war, sowie durch die Weigerung des letzteren, sich mit der Umarbeitung, die ich ihm in Washington vorlegte, einverstanden zu erklären. Das autoritäre Gehabe des Regisseurs erbitterte mich zutiefst. Ich war nach wie vor davon überzeugt, daß Geneviève Bujold als Partnerin von Michael York dem Stück genügend Zugkraft verliehen hätte, um sich so lange am Broadway zu halten, bis es sein Publikum gefunden hatte. Cara Duff-MacCormick ist eine begabte junge Schauspielerin, doch ihr relativ unbekannter Name und ihre mangelnde Bühnenpräsenz konnten den ganz besonderen Anforderungen von *Out Cry* nicht genügen. Bei der Premiere im *Lyceum* hörte ich jemanden, der neben mir vom Rang ins Foyer hinunterging, bemerken, daß das Stück bei der Voraufführung im vorigen Jahr in Chicago besser gewesen sei. Ich wandte mich an den Fremden und sagte: »Vielen Dank, ganz Ihrer Meinung.«

Und doch – das Premierenpublikum war gefesselt. Es wurde weder gehustet, noch knarrten die Sitze. Es herrschte eine Atmosphäre gespannter Aufmerksamkeit. Trotzdem: der Mißerfolg lag in der Luft, und ich bestellte ein Taxi, das mich eine halbe Stunde vor Schluß der Vorstellung am Theater abholte und mich (und meinen Freund) auf schnellstem Wege zum Flughafen La Guardia hinausbrachte, zu einem Nachtflug nach Miami. Man berichtete mir, daß die Schauspieler beim Verbeugen heftig beklatscht worden seien, was beide ganz gewiß verdienten. Der liebe Michael hatte sich völlig ausgegeben und die kleine Cara sich so tapfer behauptet wie eine Trojanerin. Vielleicht hat sie den tieferen Sinn des von ihr geliebten Stückes von allen Beteiligten (außer dem Autor) am besten erfaßt. Sie neigte im Privatleben dazu, sich von ihrem Gefühl hinreißen zu lassen, und während eines Lunchs in Washington wandte sie sich an mich und sagte: »Ich glaube, das ist das beste Stück, das je geschrieben wurde.«

Und sie wurde rot, als ich über diesen jugendlich-übersteigerten Gefühlsausbruch lachen mußte.

Aber, mein Gott, wie lebensnotwendig mir diese jugendliche Begeisterung als Widerhall meiner Bemühungen heute ist.

Die New Yorker Presse riß das Stück nicht herunter; es handelte sich zwar nicht eben um kassenfüllende Besprechungen, doch zeigten sie keinerlei Tendenz, das Stück abzuwürgen.

Clive Barnes äußerte sich zurückhaltend-respektvoll. Mit Ausnahme der Besprechungen von Leonard Harris lege ich auf Fernsehkritiken keinen Wert. Ich nehme an, daß sie im großen und ganzen negativ waren.

Daß ich auf Fernsehkritiken keinen Wert lege, entspricht natürlich nicht völlig der Wahrheit. Wie könnte ich es wagen, auf welche Kritik auch immer keinen Wert zu legen, die über Leben und Tod einer Aufführung entscheidet? Ich meinte damit, daß mir die Kompetenz der Fernsehkritiker zweifelhaft erscheint. Aber nicht ich war es, sondern David Merrick, der einem Fernsehkritiker den Zutritt zur New Yorker Premiere untersagte.

Ich brauchte mindestens ein Jahr, um mich von dem Schlag, den mir der fragwürdige Erfolg von *Out Cry* versetzt hatte, zu erholen, fürchte allerdings, daß ich immer noch daran kranke und daß meine Unlust, *The Red Devil Battery Sign* und das andere Stück, *This Is,* zu beenden, letzten Endes von dieser alten Wunde herrührt, aus der das Blut immer noch sickert . . .

Plötzlich reißt man sich zusammen und macht weiter: es gibt in meinem Fall keine andere Alternative als den Tod.

Ich habe es kürzlich unternommen, das zu korrigieren, was ich inzwischen als den gravierendsten Konstruktionsfehler in *Sturmwarnung* erkannt habe: den langen Monolog des Barbesitzers *Monk,* der sich an den ebenso langen Monolog von *Quentin,* dem homosexuellen Drehbuchautor, anschließt. *Quentins* Monolog ist bei weitem die wirkungsvollste Passage des ganzen Stückes, und da dessen Werte vorwiegend verbaler Art sind, ist dieser Monolog eindeutig der Höhepunkt, zumindest des ersten Aktes. Ich habe in den vergangenen wenigen Tagen drei verschiedene Fassungen des Stückes vorgeschlagen. Nachdem *Monk* sein Lokal geöffnet hat, lasse ich das Stück nun mit seinem Monolog beginnen. Das verleiht dem Ganzen eine abgerundete Form: *Monk,* allein und in Angst vor seiner Angina pectoris, schließt sein Lokal auf, und zum Schluß schließt er es zu. Um nicht allein zu sein, läßt er, *faute de mieux,* die bedauernswerte heruntergekommene *Violet* bei sich schlafen, nachdem er sie dazu überredet hat, sich im oberen Stockwerk zu duschen.

Es ist mir durchaus bewußt, wie altmodisch meine Bemühungen um die klassische Form meiner Stücke sind, doch das stört mich nicht weiter, da ich glaube, daß Formlosigkeit für das Publikum fast immer, wenn nicht immer, ebenso unbefriedigend ist wie für mich. Ich halte unbeirrt daran fest, daß *Die Katze auf dem heißen Blechdach* das beste meiner abendfüllenden Stücke ist, eben wegen seiner klassischen Einheit von Ort und Zeit – und wegen der königlichen Überlegenheit und Größe von *Big Daddy*. Und doch scheint es, als würde ich mir selbst widersprechen. Ich schreibe so oft über Menschen, denen es an Größe mangelt, zumindest oberflächlich gesehen. Ich schreibe über ›kleine Leute‹. Aber gibt es überhaupt ›kleine Leute‹? Manchmal denke ich, es gibt nur ›kleine‹ Konzeptionen von Menschen. Nichts, was lebt und tiefer Empfindung fähig ist, ist klein, und, wenn ich es genau betrachte, will mir scheinen, daß die meisten ›kleinen‹ Leute mit jener Intensität leben, die mir als Schriftsteller Material liefert.

Gehört *Blanche* zu den ›kleinen Leuten‹? Ganz gewiß nicht. Sie ist ein dämonisches Wesen; was sie empfindet, ist so groß daß sie es nicht verarbeiten kann, daher ihre Flucht in den Irrsinn. Und wie steht es mit *Miss Alma?* Ist sie ein ›kleiner‹ Mensch? Sie ist es nicht. Ihre Leidenschaft und ihr Leiden geben dem Drama sein großes Format, wie das auch in Lee Hoibys Oper der Fall ist.

Machen Sie aus dem Paradoxon meines Lebens, was Sie wollen, ich meinerseits habe mich ehrlich darum bemüht, das Beste daraus zu machen.

Es ist schon so: ich bin eine Kämpfernatur, und mein Weg aus St. Louis, der zum Aufstieg wurde, war lang und steinig. Doch Frankies Tod war der Beginn einer langen Periode des Niedergeworfenseins. Ich hatte das Gefühl, mein Leben sei zu Ende wie das seine, und ich gab den Kampf auf. Nun ist das anders. Ich verspüre den Drang weiterzumachen, und es gibt gewichtige neue Pläne.

Mein Gott, das könnte Nixon gesagt haben!

Hier möchte ich – kürzer gefaßt, als es dem dramatischen Gehalt entspricht – einen Bericht über meine Reise nach Bangkok im Jahre 1970 einfügen. Ein recht bizarres Mißverständnis gab den Anstoß zu dieser Unternehmung: ich wollte mich in Bangkok an Brustkrebs operieren lassen, und zwar von niemand geringerem als dem Leibchirurgen des Königs von Thailand.

Während einer meiner ziellosen Mittelmeer-Kreuzfahrten im selben Jahr hatte ich eine kleine Schwellung unter meiner linken Brustwarze entdeckt. Ich verspürte keinen Schmerz und achtete weiter nicht darauf. Doch als ich kurze Zeit danach wieder in New Orleans war, suchte ich einen bekannten Herzspezialisten auf, dem bei der Untersuchung die erwähnte Schwellung nicht entging.

Er sagte zu mir: »Brustkrebs ist bei Männern höchst ungewöhnlich, doch es passieren die ungewöhnlichsten Dinge.«

Ich versicherte ihm, daß ich ihm da nur beipflichten könne. Er riet mir, meine geplante Bangkok-Reise aufzugeben und mich so rasch wie möglich operieren zu lassen. Doch ich hatte mich nun einmal auf weitere Seereisen versteift und wurde in meinem Entschluß, jetzt auch den Orient kennenzulernen, durch die Versicherung eines Bekannten bestärkt, er kenne den Leibchirurgen des Königs von Thailand persönlich, und dieser würde sicher meine Behandlung übernehmen.

Der amerikanische Arzt war mit dieser Verzögerung durch eine lange Schiffsreise ganz und gar nicht einverstanden, doch es gelang ihm nicht, mich umzustimmen, und im Frühherbst begann dann die lange Fahrt über den Pazifik, deren Schönheit von der zunehmenden Schwellung und der bevorstehenden Operation im legendären Bangkok nur leicht getrübt wurde.

Die S. S. *President Cleveland* legte auf ihrem Wege in verschiedenen Häfen an, darunter in Honolulu, und dort erzählte ich wohl, beim abendlichen Landgang (und nach einigen *mai tais*) irgendwelchen schwatzhaften Leuten, daß mir am Ende meiner Reise möglicherweise eine Brustkrebs-Operation bevorstünde.

Ich war verblüfft, welche Aufregung diese beiläufige Erwähnung einer eventuellen Operation unter den Journalisten von Jokohama, unserem nächsten Anlaufhafen, ausgelöst hatte. Nach der Ausschiffung sah ich mich sofort von Fotografen, Reportern und Dolmetschern umringt.

Blitzlichter blendeten mich, und die Dolmetscher riefen immer wieder: »Ist es wahr, daß Sie Krebs haben, Mr. Williams?«

Während dieses nur einige Tage dauernden Aufenthalts in Jokohama begegnete ich Yukio Mishima zum letztenmal. Ich wohnte in einem Hotel in der Nähe des Hafens, und Yukio kam einmal herausgefahren, um mit mir zu Abend zu essen.

Ich glaube, daß er schon damals entschlossen war, Harakiri zu machen, was er dann, nur einen oder zwei Monate später – ich war zu der Zeit noch in Bangkok – auch ausführte. Als er die Hotelbar betrat, fiel mir sein angespannt-würdevoller Ernst auf, woraus ich schließe, daß sein Vorhaben bereits feste Gestalt angenommen hatte. Meiner Meinung nach hat Mishima sich nicht aus politischen Gründen umgebracht, auch wenn der Zusammenbruch der alten Traditionen in Japan ihm großen Kummer bereitete, sondern weil er das Gefühl hatte, sich mit dem Abschluß seiner Trilogie als Künstler endgültig verausgabt zu haben.

Obwohl ich zum Essen nur einen Cocktail und ein wenig Wein getrunken hatte, galt seine Hauptsorge meiner Trinkerei, was mich tief rührte. Er rief mich am nächsten Tage sogar noch einmal an, um mir zu sagen, daß ich mir in der Beziehung Zügel anlegen müsse ...

Nach Jokohama liefen wir Hongkong an, und von dort flog ich weiter nach Bangkok. Ich stieg im Hotel ›Orient‹ ab, wo ich eine gewissermaßen geheiligte Suite bezog, da vor mir bereits Noël Coward und Somerset Maugham darin gewohnt hatten.

Die Neuigkeit von meinem (angeblichen) Brustkrebs war mir dorthin gefolgt. Ich hatte mich kaum in meiner Suite installiert, als die außerordentlich liebenswürdige Hotelbesitzerin mich anrief und mir sagte, ich würde unten im Speisesaal von Presseleuten erwartet.

So war es. Um einen langen Tisch saßen aufgeregte Reporter, Dolmetscher und Pressefotografen.

Die erste an mich gerichtete Frage versetzte mir einen ziemlichen Schock:

»Stimmt es, Mr. Williams, daß Sie nach Bangkok gekommen sind, um zu sterben?«

Da ich aus ganz anderen Gründen nach Bangkok gekommen war, brach ich in Lachen aus.

»Wenn ich die Wahl hätte, so wäre die einzige Stadt, die ich aufsuchte, um dort zu sterben, Rom«, sagte ich, »nicht weil Rom den Vatikan beherbergt, sondern weil es schon immer meine Lieblingsstadt war.«

Ich habe Ihnen einen kurzen Bericht angekündigt und werde versuchen, mein Versprechen zu halten.

Ich war nicht sonderlich überrascht, als sich herausstellte, daß der erwähnte Chirurg nicht nur *nicht* der Leibchirurg des Königs war, sondern, wie er lachend einräumte, nie auch nur ein einziges Mitglied der königlichen Familie kennengelernt hatte. In den Staaten ausgebildet, war er schlicht Chirurg bei der thailändischen Armee.

Er war mir aber trotzdem sehr sympathisch.

Die Operation ging unter provisorischen, um nicht zu sagen primitiven Bedingungen vonstatten; ich machte mir mehr Sorgen um mein Herz als um diesen angeblichen Brustkrebs und hielt während des ganzen Eingriffs mein Fläschchen mit Nitroglyzerintabletten umklammert. Die Wirkung der Lokalanästhesie ließ während der Operation nach; das Ganze dauerte etwa eine Stunde, und der histologische Befund lautete auf Gynäkomastie – eine recht häufig auftretende Vergrößerung der männlichen Brustdrüse bei Leberschädigung durch vorangegangenen Alkoholmißbrauch.

In der Klinik war kein Zimmer für mich frei. Unmittelbar nach der Operation trank ich einen kräftigen Schluck Sherry und ging dann mit einer kleinen Gesellschaft von Thai-Jünglingen ins beste Restaurant der Stadt, wo wir uns zur Feier des Tages an Steak *au poivre* und einheimischem Wein gütlich taten.

Mein restlicher Aufenthalt in Bangkok war ein Traum, den ich eines Tages wieder zu träumen hoffe. Ich wünschte, es stünde mir mehr Raum zur Verfügung, um seine exotischen Wonnen eingehender zu preisen!

Dann kehrte ich über San Francisco in die Staaten zurück und las zum erstenmal im Leben meinen Namen in Schlagzeilen, die etwa wie folgt lauteten: »Tennessee Williams scherzt über Krebs und Tod.« Im weiteren Text hieß es, ich sei ›häßlich, elegant und arrogant‹.

All das ist fünf Jahre her, und nun suche ich nach einem guten Vorwand, wieder nach Bangkok zu reisen. Kann sein, daß ich bereits einen gefunden habe – jedenfalls wird es dieses Mal keine Operation sein.

Es ist nun das erste Mal seit dem Sommer 1946, daß ich versuche zu schreiben, während sich ein anderer Mensch im selben Raum befindet. 1946 war es Carson McCullers, die auf Nantucket am einen Ende des langen Tisches saß und ich am anderen. Carson arbeitete an einer Dramatisierung ihres Romans *Frankie,* und ich schlug mich mit den Qualen der Verdammten herum, will sagen mit Alma Winemiller in *Sommer und Rauch.* Doch jetzt ist der andere ein Wunderkind, ein Schützling der Musen – wenn auch noch nicht mein Schützling –, und ich vergesse seine Anwesenheit, die warm und träumerisch ist wie die von Carson, rasch. Er ist ebenso vertieft in seine Arbeit an der gemieteten Schreibmaschine, die die Hausverwaltung uns heraufgeschickt hat, wie ich in die Abfassung dieser Bagatellen.

Soeben rief mich Eric Mann an, der Revolutionär, der im vergangenen Winter eine Nacht auf dem Fußboden meines Wohnzimmers geschlafen hat. Er hatte sich daran gewöhnt, hart zu schlafen – in den Kerkern Amerikas, wie er sich ausdrücken würde. Ich weiß nicht, inwieweit ich dieser Kafkaesken Welt verhaftet bin; ich fürchte, daß das kaum meine Sache ist.

Meine Sache ist zwar auch die Revolution, aber die menschliche und künstlerische Revolution, nehme ich an, keine militante Umwälzung und keine Untergrundbewegung, und ich glaube, daß sie sich realisieren wird, vielleicht sogar noch zu meinen Lebzeiten – und gewaltlos.

Gewalt! Alle meine früheren Psychotherapeuten, ganz besonders der Franzose Dr. Lawrence Kubie, haben mir gesagt, daß ich Gewalttätigkeit in mir trüge, und damit hatten sie recht. Bloß, daß meine Gewalttätigkeit sich ausschließlich literarisch äußert.

Und doch laufe ich nicht davon, wenn mir eine körperliche Auseinandersetzung droht, und damit bin ich bei einem bestürzenden Vorfall, der sich gestern im *New Theatre* während der Pause ereignete. Ich saß in der Herrengarderobe, als plötzlich das ganze technische Personal und der wunderschöne Polizist (kleine Nebenrolle im Stück) in den Zuschauerraum stürzten, wo sich Aggressionen entluden. Ich sprang auf, rannte hinter den anderen her und drängte mich durch die Leute, um dem Rädelsführer des Tumults gegenüberzutreten. Ich weiß nicht genau, was ich sagte oder tat – der ganze Tag war ohnehin schon recht sonderbar verlaufen –, doch hörte ich mich selbst brüllen: »Wir alle hängen mit ganzem Herzen an diesem Stück. Wenn es Ihnen nicht gefällt – ich bin der Autor, reden Sie mit mir!« Ich stand vor einem jungen Mann, der etwa doppelt so groß war wie ich; geballte Wut rötete sein Gesicht. Plötzlich sah ich mich von vielen Menschen umringt, die bemüht waren, mich aus der Gefahrenzone zu bringen. Wichtig war dabei, daß ich keine Angst hatte, obwohl der baumlange Mensch Kleinholz aus mir hätte machen können, wie man so sagt. Es scheint, daß ich auf recht leichtsinnige Weise den möglichen Folgen gegenüber gleichgültig bin, wenn ich beleidigt werde und dem Angreifer gegenüberstehe.

Sehen Sie, wie ich an meinem Stück *Sturmwarnung* hänge!

Die Nachricht, daß *Sturmwarnung* zwei Monate vor Ablauf der vorgesehenen sechs Monate Laufzeit im *New Theatre* abgesetzt werden sollte, war für mich ein schwerer Schlag und mein Zustand entsprechend. So suchte ich also meinen Arzt auf, der mir eine hoch dosierte Ritallin-Spritze gab, ein Aktivierungsmittel, das mir im vergangenen Sommer ein Hotelarzt in Chicago gegeben hatte, als ich ihn rufen ließ und ihm sagte, daß ich zu schwach sei, das Bett zu verlassen, wozu ich nach der Injektion durchaus imstande war.

Nach Aktivierungsmitteln habe ich noch immer aus dem Bett gefunden, aber gestern, nach der Ritallinspritze, benahm ich mich leider auf dem dramatischen Höhepunkt des Stückes wie ein Irrer. Ich brachte meinen Text in entstellter Form und sagte dann zu Gene Fanning, der den *Monk* spielt: »Hab'ich das schon gesagt? Okay, ich sag's nochmal.« Und als der Wetterbericht in diesem verdammten Bühnenradio durchgegeben wird, sagt *Monk* zu mir: »Sturmwarnung, Doc.« Und ich wende mich an die Zuschauer und sage: »Ja, so heißt das Stück, und ich bin der Star des Abends.« Und die Leute schrien vor Vergnügen. Wie der arme Gene Fanning – der seine Rolle liebt und sie auch immer hervorragend spielt – mich daraufhin ansah, da kann man nur sagen: wenn Blicke töten könnten . . .

Leider bin ich wirklich der ›Star‹; mein Name erscheint vor dem von Peg Murray, obwohl ich Sie versichern kann, daß ich dagegen protestiert habe. Ich bin ja doch kein Schauspieler und trete nur auf, um der sommerlichen Kassenflaute entgegenzuwirken. Und doch habe ich wohl auf der Bühne so etwas Gewisses: ich kann einen verächtlichen, verkommenen Charakter glaubhaft auf die Beine stellen. Und wenn ich eine Rolle so spielen will, wie sie meiner Meinung nach gespielt werden muß, so kann ich das, glaube ich, und zwar gut. Zum Beispiel gestern abend, als ich (in der Rolle des *Doc*) in die Bar zurückkam, nachdem ich eine schwangere Frau, deren Frühgeburt tot zur Welt kam, umgebracht habe – na ja, direkt umbringen tut *Doc* sie nicht, aber, wie *Doc Monk* anvertraut, er hätte, während sie sich zu Tode blutete, einen Krankenwagen kommen lassen können. Doch *Doc* sagt, daß er an die zu erwartenden Konsequenzen für sich selbst gedacht hätte, und während er noch so hin und her überlegt habe, sei die Frau gestorben.

Aber glauben Sie mir: ich bin nicht wirklich wie *Doc*. Ich hätte keinen Augenblick gezögert, den Krankenwagen zu holen, trotz der Konsequenzen, die sich für mich, als Arzt, daraus ergeben hätten, als Arzt, der wegen Saufens seine Approbation verloren hat, jedoch heimlich noch praktiziert.

Oh, es gibt da schon Übereinstimmungen zwischen *Doc* und mir, altersmäßig und vielleicht sogar, was das Ausmaß der Selbsterniedrigung angeht. Doch, Gott sei's gedankt, ich *hätte* ungeachtet der Folgen, den Krankenwagen bestellt und mich nicht damit begnügt, dem Mann, mit dem diese Frau in dem Wohnwagen lebte, einen 50-Dollar-Schein in die Hand zu drücken, den ich am selben Tag für eine Abtreibung bekommen hatte.

Sehen Sie nun, wie dieses Stück, daß das *New Theatre* Ende dieser Woche absetzen wird, mich nach wie vor beschäftigt und verfolgt? Ich werde es nicht zulassen, daß es nicht mehr gespielt wird. In New York – meinetwegen, doch ich werde es auf irgendeine Weise erreichen, daß das Stück auf Tournee geht, wie es das verdient hat.

Nach mehreren Nächten ohne Schlafmittel gelang es mir gestern, einem Arzt zwei Dutzend Nembutal abzuschwatzen, und mit einem einzigen *›yellow jacket‹*, wie Marion die Dinger nannte, hielt ich mich für die vergangenen mehr oder weniger schlaflosen Nächte schadlos: ich schlief von Mitternacht bis neun Uhr morgens durch und stand mit der Hoffnung auf, daß die lange Nachtruhe meine Arbeitskraft wiederhergestellt haben würde. Doch bald stellte sich das Gegenteil heraus.

Als ich versuchte, an meiner Story *Sabbatha and Solitude* weiterzuarbeiten, glich meine Verfassung schon fast einem Dämmerzustand, also gab ich es auf, nachdem ich es zumindest geschafft hatte, die verschiedenen Blätter in die annähernd richtige Ordnung zu bringen.

Zu der erwähnten Story: es handelt sich da um eine Art Satire, doch ich fürchte, das wird nichts. Um es genau zu sagen, so hat die Sache stellenweise keinen rechten Zusammenhang. Es geschieht irgend etwas mit mir, das meiner Arbeit nicht förderlich ist, überdies zu einem höchst ungünstigen Zeitpunkt, da die Produktion meiner letzten größeren Arbeit für das Theater nahe bevorsteht. Vielleicht bin ich deshalb so entnervt. Aber war ich das nicht immer? Diese Entschuldigung ist also nicht sehr stichhaltig.

Aber auch diese Story wird sich eines Tages zusammenfügen und ihre Form finden. Wenn man sich nur genügend Zeit läßt, ist es mit jeder Arbeit so. Und wozu die Eile?

Ich blicke auf die Monate der Arbeit an dieser Chronik zurück, in der Vergangenes und Gegenwärtiges sich mischen, und mir wird klar, daß ich darin in nichts weniger als schmeichelhaftem Licht erscheine, doch das tut der Grundvoraussetzung keine Gewalt an – kann einer Grundvoraussetzung Gewalt angetan werden?

Ich brauche jemanden, mit dem ich lachen kann.

Seit meiner Entlassung aus dem Barnacle-Krankenhaus Weihnachten 1969 habe ich fast immer jemanden gebraucht, mit dem ich lachen konnte, was, wie ich jetzt einsehe, meiner Arbeit zuweilen zum Nachteil gereicht hat. Es war zuviel hysterisches Gelächter dabei, letzten Endes ebenso humorlos wie lautstark.

Es war nicht so einfach, als Schriftsteller mit einem Gehirn zu leben, das durch drei Hirnkrämpfe an einem Vormittag lädiert ist, dazu mit einer so gravierenden Koronarschädigung des Herzens, daß ich beim abendlichen Schlafengehen immer das unangenehme und manchmal beängstigende Gefühl habe, ich würde möglicherweise am kommenden Morgen nicht mehr aufwachen.

Wie ich den Morgen liebe! Den Morgen, der über die Nacht triumphiert! Zuweilen will es mir scheinen, als habe mein Leben lediglich aus einem Morgen nach dem anderen bestanden, da der Morgen die Tageszeit ist und immer war, zu der ich arbeite.

Eine Bekannte erzählte mir, daß sie einen Freund, der bei der New Yorker *Times* arbeitet, angerufen und ihn gebeten habe, ihr eine Kopie des Nachrufs zu schicken, den jene *éminence grise* der amerikanischen Presse zweifellos bereits im Ordner bereithalte, da sie, die Anruferin, nun schon ein gewisses Alter erreicht hätte und Nachrufe bekanntlich umgehend veröffentlicht würden, sobald eine ›Berühmtheit‹ stürbe.

Es ist etwas Makabres um diese journalistische Praxis.

Ich sage das nicht etwa, weil ich der Meinung wäre, daß der Tod eines amerikanischen Künstlers der Öffentlichkeit nicht rasch mitgeteilt werden sollte, sondern weil ich finde, daß bei einem wirklichen Künstler das Hauptgewicht auf die Aufrichtigkeit seiner Intentionen zu legen ist, die bei einer summarischen Aufzählung seiner Lebensdaten, der ihm verliehenen Auszeichnungen und seiner Hauptwerke entschieden zu kurz kommt. Der wirkliche Künstler hat nach seinem Tode ein Anrecht auf eine gründliche Studie, sowohl über sein Leben wie über sein ›Œuvre‹.

Das Wort ›Œuvre‹ klingt prätentiös. Warum nicht einfach ›Arbeit‹?

Arbeit! Das *Werk* – das schönste aller *four-letter words,* das an Bedeutsamkeit zumeist sogar das Wort *love* übertrifft.

Was mich am meisten beunruhigt, ist meine zunehmende Schlaflosigkeit. So schlimm war es noch nie.

Es ist, als würde etwas mir nicht Bewußtes mich peinigen und verfolgen und mich daran hindern, länger zu schlafen als die kurze Zeit, die das Schlafmittel mir vergönnt.

Die bevorstehende Inszenierung?

Für einen alten, desillusionierten Kater wie mich sind alle eventuellen Fehlschläge zu überstehen – er verzieht sich in eine Ecke und leckt seine Wunden –, um so mehr, als ich mich jederzeit für immer auf jenen ›kleinen Bauernhof in Sizilien‹ zurückziehen kann, um ›Ziegen und Gänse zu züchten‹.

Ich argwöhne, daß das, was mich verfolgt, etwas ist, das ich vor mir selbst verberge, zwar unbewußt, doch weise.

Vielleicht ist es der hoffnungslose Zustand meiner Mutter, dem ich kaum die nötige Aufmerksamkeit widme, der an meinem ›Gemüt‹ zehrt. Ich könnte mich unter Umständen damit rechtfertigen, meine Furcht davor, nach St. Louis zurückzukehren, sei so groß, daß ich mich rein physisch außerstande sehe, diese Reise zu unternehmen.

Die Krankheit meiner Schwester? Das scheint der Sache schon näher zu kommen. Und doch wäre, bei eingehender Betrachtung, auch das keine hinreichende Erklärung ...

Ein Interviewer fragte mich einmal, warum Schriftsteller sich so intensiv mit Krankheit und Tod beschäftigten.

»Jeder Künstler stirbt zwei Tode«, erwiderte ich, »nicht nur den Tod als lebendes Wesen – seine Schöpferkraft stirbt mit ihm.«

Ein Theaterstück wird der Beurteilung so vieler Menschen und so vielen Umständen, zu ändernden oder nicht zu ändernden, ausgesetzt, dazu so erstaunlich unterschiedlichen Interpretationen seitens der Zuschauer, daß es an ein Wunder grenzt, den Autor, von unheilbarem Schwindel gepackt, nicht für immer in der Schlangengrube des Irrsinns verschwinden zu sehen.

Und doch: heute, da ich die letzten Korrekturen an der Leseausgabe von *Out Cry* vornehme, verspüre ich keinerlei innere Gleichgewichtsstörung. Es ist schönes Wetter, ich bin von nahen Freunden umgeben und werde mir heute abend eine Voraufführung von *Endstation Sehnsucht* ansehen, in der die Hauptrollen von Schauspielern dargestellt werden, die das Stück lieben und verstehen. Diese Wiederaufführung ist von dem begabten jungen Regisseur James Bridges in Szene gesetzt worden.

Wenn in weiterer oder näherer Entfernung bereits ein Haltesignal aufleuchten sollte, so ist es für mich noch nicht sichtbar. Also gibt es noch keinen Grund, nicht weiterzumachen ...

Der Mensch muß sein Leben lang mit seinem ganz persönlichen Sortiment von Ängsten und Ärgernissen, Befürchtungen und Eitelkeiten leben, dazu mit seinen geistigen und körperlichen Begierden.

Daraus setzt sich das Leben zusammen, und dieses Leben macht den Menschen aus.

Wie an einem langen, langen blutigen Seil hat der Mensch sich an seiner Nabelschnur auf das Trapez der Unendlichkeit hinaufgeschwungen – oh, welch langer, langer Weg vom ersten lebenden Organismus, der einen anderen lebenden Organismus gebar.

Ich nenne es die Leidenschaft der schöpferischen Hervorbringung, und das ist alles, was wir von Gott wissen.

Klingt das, als sei ich ein Agnostiker? Ich glaube nicht.

Vielleicht werden Sie mir meinen Anspruch auf äußerste Aufrichtigkeit zubilligen, sowohl mir als Schriftsteller wie als Mensch. Und wenn Sie mich persönlich kennten, würden Sie in mir einen Menschen sehen, der Güte und Geduld mit seinen Mitmenschen hoch bewertet.

Die meiste Zeit meines Lebens habe ich mit Gefährten verbracht, die einen komplizierten, schwierigen Charakter hatten. Erst vor kurzem habe ich es gelernt, dem Handel auch innerlich zuzustimmen: mich an den liebenswerten Eigenschaften, die alle aufzuweisen hatten, zu erfreuen und ihre enervierenden Launen und Exzentrizitäten stoisch zu ertragen. Schließlich war es für keinen von ihnen ganz einfach, mit *mir* zu leben und zu reisen.

Zweieinhalb Jahre erfreue ich mich nun schon der Gesellschaft eines Hitzkopfs, eines jungen Mannes, der zu Verbalinjurien neigt, in einem Jargon, den er sich während seiner Militärzeit in Südostasien zugelegt hat. Er sagt, daß er mich liebt. Ich frage: »Wie wäre das möglich?«

Wenn er mich heute verließe, wäre es mir eine tiefe Befriedigung zu wissen, daß er, während er mein Leben teilte, zwei der bemerkenswertesten modernen Romane geschrieben hat, die ich kenne.

Wenn er mich heute verließe – doch ich glaube nicht, daß er das tun wird . . .

Wir stammen beide aus den Südstaaten, wir sind beide Schriftsteller, und uns beiden bedeutet Aufrichtigkeit alles – sowohl in unserer Arbeit wie in unserem Leben.

Zur Aufrichtigkeit in der Arbeit: es gibt da zwei Arten – die taktvolle Aufrichtigkeit und die taktlose.

Ich habe mit diesen Aufzeichnungen im Jahre 1972 begonnen, inzwischen schreiben wir das Jahr 1975. Folglich springen die laufenden Passagen zeitlich vor und zurück.

Das ist in einer Lebensbeschreibung nicht ohne Beispiel. Der sehr kluge und oft brillante Garson Kanin hat eine Biographie über Somerset Maugham geschrieben, mit noch größerer Freiheit der chronologischen Ordnung gegenüber, als ich sie mir genommen habe – und es hat mir gerade so gefallen. Nun laufen die Fäden der Vergangenheit und die der Gegenwart in dieser ›Sache‹ zusammen.

Heute abend kam Miss Rose aus Stoney Lodge, um mit mir zum Essen auszugehen. Die liebe Tatjana, ihre Gesellschafterin, war nicht abkömmlich, und so gingen der junge Schriftsteller und ich mit Rose ins ›St. Regis‹.

Habe ich bereits erzählt, daß wir uns das letztemal, als Rose in die Stadt kam, über Auslandsreisen unterhielten und ich sie fragte, ob sie nicht Lust hätte, einmal nach England zu fahren? Meine Freundin Maria, Lady St. Just, hat Rose eingeladen, ihr Gast zu sein, wann immer und wie lange sie will, und ich glaube, es würde Rose in Wilbury ausnehmend gut gefallen. Ich sprach mit ihr von dieser Einladung und fügte hinzu, es ließe sich wohl machen, daß sie die Königin von England kennenlerne. Ohne einen Augenblick zu zögern und ohne das geringste Anzeichen von Unsicherheit erwiderte Rose: »*Ich* bin die Königin von England.«

Ich nehme an, wenn man in einer Traumwelt lebt, so ist es sehr angenehm, als Königin in ihr zu leben.

Oft hat sie eine fürstliche Aura um sich, die völlig natürlich erscheint. Wenn sie ein Lokal betritt, hebt sie gemessen die Hand oder nickt Fremden zu.

Heute abend galt ihre Aufmerksamkeit vornehmlich Kindern, denen wir auf dem kurzen Weg zum Park begegneten. Sie winkte ihnen vergnügt zu, und alle Kinder winkten zurück.

»Wer war dieses Kind, Rose?«

»Mein Sohn«, sagte sie.

(Der englische Thronerbe?)

Die letzten beiden Male, als sie in die Stadt kam, brachte sie ihre Zahnbürste und Zahnpasta mit, offenbar in der Hoffnung, die Nacht über dazubleiben. Sie würde eine Reise bestimmt genießen – warum dann nicht nach England?

Maria hat immer noch so viel Sinn für Späße, und es wäre ein Spaß, Rose in dem wunderschönen Herrenhaus leben zu lassen, als Monarchin, vor der die Damen das Knie beugen und die Herren sich verneigen. Und nachdem sie die schwere Prüfung des Irrsinns aufrechten Hauptes und ungebrochenen Sinnes auf so heroische Weise ertragen hat, warum sollten ihr da Huldigungen dieser Art nicht erwiesen werden – ob sie nun der Königin von England gelten oder nicht?

Und habe ich schon erwähnt, daß Rose inzwischen glaubt, unsere Mutter (die Königinmutter?) lebe unter den Patienten in Stoney Lodge? Tatjana erzählte mir, daß Rose dieser Ersatzmutter auf die Schulter klopft und sagt: »Hallo, Mutter.« Da sie eine Antwort weder erwartet noch erhält, geht sie weiter. Heute abend fragte ich sie: »Wie geht es Mutter da bei euch?«

»Oh, der geht's gut.«

»Was tut sie?«

»Sie sitzt.«

Carson McCullers hatte Rose sehr gern, und wir nahmen sie oft nach Nyack mit, um Carson zu besuchen. Überströmend von *tendresse*, wie immer, sagte Carson einmal: »Ach Rose, komm her, gib mir einen Kuß.«

»Nein danke«, sagte Rose, »ich leide an üblem Mundgeruch.«

An einem anderen Abend hatte Carson uns zum Essen eingeladen, das übermäßig lange auf sich warten ließ. Miss Rose, gewohnt, früh zu essen, wurde immer unruhiger. Aus irgendeinem Grund nannte sie Carson immer ›C‹ und ließ sich schließlich nicht davon zurückhalten, in die Küche zu gehen, um zu sehen, ob es nun bald soweit wäre.

Nun, das Gegenteil war der Fall – der Braten war angebrannt.

»C«, sagte Rose, »ich fürchte, der Braten ist angebrannt.«

Carson war, nach reichlichem Whiskygenuß, zu verträumt, um sich das zu Herzen zu nehmen, ganz im Gegensatz zu Miss Rose.

»C, steh jetzt bitte auf und zieh dich an, mein Bruder kann es sich leisten, mit uns in ein Restaurant zu gehen.«

Es dauerte natürlich eine ganze Weile, ehe Carson bereit war, sich zu erheben, und dann bat sie Rose, ihr beim Ankleiden behilflich zu sein.

Miss Rose zeigte sich abgeneigt.

»Ich fürchte, du wirst allein damit zurechtkommen müssen.«

Carson und ihr Mann Reeves haben ihr altes Pfarrhaus auf dem Lande für einige Tage verlassen. Sie sind nach Paris gekommen und im selben Hotel abgestiegen, in dem Frank und ich wohnen, im ›Pont Royal‹. Es ist der Abend der Pariser Premiere eines Magnani-Films, zu der Anna mich eingeladen hat. Ich bin gerade dabei, meinen Smoking anzuziehen, als das Telefon klingelt. Es ist Carson in höchster Erregung: »O Tenn, Darling, wir mußten vom fünften Stock in den zweiten umziehen, weil Reeves damit droht, aus dem Fenster zu springen. Bitte komm sofort und versuch ihn davon abzuhalten!«

Dies war nun noch wichtiger als Annas Einladung, also hastete ich zum Zimmer der beiden.

»Was soll das mit Selbstmord und so, Reeves? Das kann doch nicht dein Ernst sein!«

»Doch, es ist mein völliger Ernst.«

»Aber warum denn bloß?«

»Ich habe entdeckt, daß ich homosexuell bin.«

Da ich nicht voraussehen konnte, daß er sich ein oder zwei Jahre später tatsächlich umbringen würde, brach ich in Lachen aus.

»Reeves, das wäre aber das letzte, was ich täte – aus dem Fenster springen, weil ich homosexuell bin, es sei denn, man würde mich dazu zwingen, normal zu werden.«

Darüber mußten sie nun beide auch lachen, und Reeves sprach eine Zeitlang nicht mehr von Selbstmord.

Zur Filmpremiere kam ich zu spät. Anna Magnani durchbohrte mich mit ihren Blicken, als ich in ihre Loge schlüpfte.

Das Ehepaar McCullers kehrte in sein altes Pfarrhaus zurück. Zu diesem gehörte ein Kirschbaum, und Reeves wollte Carson immer wieder dazu überreden, sich mit ihm an diesem Baum aufzuhängen.

Er hielt sogar zwei Stricke zu diesem Zweck bereit. Doch Carson war von diesem Vorschlag keineswegs entzückt.

Eine ihrer vielen schweren Krankheiten zwang sie, sich in Paris in ärztliche Behandlung zu geben.

Reeves fuhr sie mit dem Wagen in die Stadt, doch unterwegs holte er die beiden Stricke hervor und versuchte erneut, Carson dazu zu bewegen, sich mit ihm zusammen aufzuhängen.

Sie tat, als sei sie dazu bereit, bat ihn jedoch, erst an einem Wirtshaus zu halten und eine Flasche Wein zu kaufen – als Stärkung vor der Ausführung ihres Vorhabens.

Sobald er im Wirtshaus verschwunden war, kletterte Carson aus dem Wagen, hielt ein vorbeifahrendes Auto an und ließ sich vor dem *American Hospital* in einem Vorort von Paris absetzen.

Sie sah den armen Reeves nicht lebend wieder. Er brachte sich einige Monate später mit einer Überdosis Schlafmitteln und Alkohol um.

Wie leichthin ich über diese schrecklichen Erinnerungen schreibe!

Aber wie könnte ich sie Ihnen auf andere Weise mitteilen, da doch so wenige von Ihnen Carson und Reeves gekannt haben?

Gestern abend wurde ich zum erstenmal im Leben von einem New Yorker Theaterkritiker interviewt, und zwar von keinem Geringeren als Walter Kerr.

Ich hatte Angst. Er lehnte es ab, unten im ›La Veranda‹ mit mir zu essen, und wollte auch nicht von dem Wein trinken, den ich in meine Suite hinaufgebracht hatte – ich glaube, ich habe die Flasche ganz allein geleert, denn ich kann im Wohnzimmer keine Spur von ihr entdecken.

Doch während des Zusammenseins mit diesem so beruhigend menschlichen Mann – der sich mit seinem Bandapparat abplagte und eine der Kassetten hier liegenließ – habe ich nicht nervös und unzusammenhängend über irgendwelche Nebensächlichkeiten geredet.

Natürlich weiß man nicht, in welcher Form ein solches Interview dann erscheint, ebensowenig, wie man vorher wissen kann, wie eine Theaterkritik ausfallen wird, oder, noch gravierender, als wie bühnenwirksam eine Inszenierung sich erweist.

Mein Herzspezialist in New Orleans riet mir vor vier Jahren, nach Key West zurückzukehren und zu leben wie ein Krokodil, ein Rat, den ich in den Wind schlug, da ich von Krokodilen nicht viel mehr wußte, als daß sie träge im Sumpf herumliegen und diese Art von Leben für mich etwa so erstrebenswert ist wie der Tod.

»Treten Sie kurz, und Sie kommen weit.« Weit? Wohin? Aber ich werde mir natürlich Mühe geben, trotz dieses ständigen Dranges nach Tätigkeit und Reisen.

Apropos Reisen: dieses ist der erste Sommer seit 1947, daß ich nicht im Ausland war, zumindest in Italien. Plötzlich, beim Lunch mit meinem jungen Freund im ›Woman's Exchange‹, ließ ich den Plan mit Montreal fallen – Montreal ist nicht wirklich ›Ausland‹

– und dachte wieder daran, mich für eine Weile nach New Orleans oder Key West zurückzuziehen. Allerdings muß ich sagen, daß Key West mich in der Hurrikan-Jahreszeit wenig reizt. Und ich begann, mit Feuereifer den Plan zu besprechen, im September nach Italien zu fliegen. Ich könnte für einen Monat ein hübsches kleines Haus in Positano mieten, die meisten Sommergäste wären wieder fort, und das Wasser wäre kühl und klar. Ich könnte ein paar Bilder malen und irgendein neues schriftstellerisches Projekt in mir auftauchen lassen, wenn möglich, nicht gleich einem ertrunkenen Kadaver, sondern wie ein lebendes Wesen, dessen Elemente Wasser, Luft und Feuer sind – wie die der Kleopatra.

Auf meiner Rückreise in die Staaten könnte ich in London Station machen und einige Zeit mit Maria verbringen; der junge Schriftsteller, der Maria fast ebensosehr verabscheut wie sie ihn, würde dann von Rom aus zurückfliegen. In London könnte ich außerdem versuchen, das ›Royal Court Theatre‹ oder das ›Hampstead Club Theatre‹ an *The Latter Days of a Celebrated Soubrette* mit Anne Meacham zu interessieren, die uns heute abend zum Essen eingeladen hatte. Sie hofft immer noch auf eine Zusage von Peter Cook und Dudley Moore als Partner; ich bin da weniger hoffnungsvoll und auch weniger daran interessiert. Meiner Meinung nach ist es jetzt das wichtigste, für das Stück ein Haus zu finden, das dem Begriff ›Off-Broadway‹ entspricht, also sozusagen ein Off-West-End-Theater, und einen guten Regisseur, der die phantastische Komik des Stückes begreift, sowie seinen – Anne würde sagen ›Terror‹, doch ich glaube, daß dieses Element durch die eingebaute turbulente schwarze Komödie weitgehend gebannt ist.

Lord Byron in *Camino Real:* »Mache Reisen. Versuche es wenigstens. Es gibt nichts anderes.«

Ich glaube, es ist nun an der Zeit, mich der Frage zu stellen, ob ich verrückt bin oder ein geistig relativ gesunder Mensch. Ich fürchte, daß die diesbezügliche Meinung der meisten von Ihnen, die sich durch diese ›Sache‹ hindurchgelesen haben, bereits feststeht und höchstwahrscheinlich nicht zu meinen Gunsten ausgefallen ist. Diesen, der angenommmenen Mehrheit, rufe ich zu: *non contendere.* Sie leben in Ihrer eigenen Welt, mit Ihren eigenen Richtlinien in bezug auf geistige Gesundheit. Die meisten von Ihnen haben etwas, das das Leben stabilisiert: Familie, eine festumrissene soziale Stellung, Beschäftigung in einem organisierten Betrieb, eine mehr oder weniger ›gesicherte‹ Existenz. Ich hingegen lebe wie ein Zigeuner, ich bin ein Flüchtling, bin ausgesetzt. Für längere Dauer scheint es keinen Ort mehr für mich zu geben, nicht einmal die Existenz in meiner eigenen Haut.

›Geistig gesund‹ und ›geistig krank‹ sind in der Tat lediglich juristische Begriffe. Ich wüßte nicht, daß, zum Beispiel, der nun bereits legendäre Lieutenant Calley, ein Sinnbild stumpfer Brutalität, der junge Offizier, auf dessen Befehl jener schlammige Graben am Straßenrand sich rot färbte vom Blut wehrloser Zivilisten, darunter Greise und Säuglinge, gerichtlich für geistig krank erklärt worden wäre.

Die Frage, was auf dieser Welt noch als geistig gesund durchgeht, könnte an Hand zahlloser anderer Beispiele weiterverfolgt werden, doch es ist eine ermüdende Frage. Ich kehre zu ihrem Bezug auf meine Person zurück und gestehe, daß ich mich selbst als äußerst absonderlich empfinde.

Ich habe mich mir gegenüber verpflichtet weiterzuschreiben. Das Schreiben als Lebensform – und als eine Art Flucht – ist so unausrottbar in meinem Sein verwurzelt, daß mir keine andere Wahl bleibt, doch werde ich mich, außer als Schriftsteller und Zuschauer, in keine weiteren Theaterabenteuer einlassen. Ich werde mich nicht selbst schinden, noch mich von den Ängsten, Aufregungen und nervösen Spannungen schinden lassen, die die aktive Teilnahme an der Umwandlung eines Manuskripts in eine Broadway-Aufführung mit sich bringt.

Ist es mir ernst damit?

Für mich heißt es inzwischen immer: abwarten und Tee trinken.

Der Tod, dem wir in den meisten Fällen so lange wie möglich auszuweichen suchen, ist unabwendbar, und schließlich, wenn alle Möglichkeiten erschöpft sind, ist es an uns, ihn mit soviel Anstand, wie uns noch verblieben ist, hinzunehmen. Daran ist nichts Überraschendes, außer vielleicht für einige eingefleischte Anhänger der Christlichen Wissenschaft. Das Hübscheste, das ich in letzter Zeit über den Tod gelesen habe, war ein Satz in Stewart Alsops Buch *Stay of Execution.* Er schreibt: »Ein Sterbender braucht den Tod wie ein sehr müder Mensch den Schlaf.«

Allerdings heißt etwas brauchen nicht genau dasselbe wie etwas haben wollen.

In *Die Katze auf dem heißen Blechdach* bemerkt *Big Daddy*

irgendwann im zweiten Akt, daß ein Schwein dabei quiekt, der Mensch jedoch die Möglichkeit hat, die Schnauze zu halten. *Big Daddy* sagt, das Schwein befinde sich in diesem Fall im Vorteil, da es nichts über den Tod wisse. Tiere sterben, ohne zu wissen, daß sie sterben, wenn es jedoch soweit ist, quieken oder schreien sie. Der Mensch aber weiß es unter Umständen sehr genau und kann dabei schweigen.

Ironischerweise brüllt *Big Daddy* im dritten Akt laut vor Schmerzen, und die arme *Big Mama,* die ihn geliebt hat, stürzt ins Schlafzimmer von *Maggie* und *Brick*. Sie will Morphium holen, um ihrem Mann die letzten Qualen zu ersparen.

Als ich vor einigen Jahren im Doctors-Hospital in Manhattan operiert wurde, ließ ich nichts von meiner Angst verlauten, als ich in den Operationssaal gerollt wurde und der Anästhesist mir eine Lumbalinjektion für die Narkose gab, aus der ich, wie ich annahm, nicht mehr erwachen würde. Doch als ich dann in meinem Bett zu mir kam und sie mir den Verbandstoff abrissen, brüllte ich wie ein Tier oder wie *Big Daddy* im dritten Akt. Zum Glück gaben sie mir sofort eine starke Demerol-Tablette, worauf ich wieder in Bewußtlosigkeit versank. Doch bald war dieser gnädige Zustand erneut zu Ende, und am nächsten Tag sprach ich von der vorangegangenen Nacht als von der ›Nacht der langen Messer‹.

Ich hoffe, in meinem Bett zu sterben, wenn es soweit ist, und ich hoffe ferner, daß es in New Orleans in dem schönen Messing-Doppelbett geschieht, das mit so vielen Erinnerungen an unsere New Yorker Wohnungen in der East Fifty-eighth Street und in der East Sixty-Fifth Street, mit Liebe und Frank Merlo verknüpft ist.

Ich habe gelesen, daß ein so hervorragender Mensch und Künstler wie Yukio Mishima an die Wiedergeburt glaubte. Wenn dem so war – er hat nie mit mir darüber gesprochen.

Ich bin unfähig, daran zu glauben, daß nach dem Tod etwas anderes als das ewige Vergessen sein wird. Mit dieser Abkehr vom Glauben ein Menschenleben lang zu leben ist schrecklich. Man hat mir erzählt, daß alle Geraden sich in der Unendlichkeit krümmen. Nun, eine gekrümmte Linie kann sich schließlich bis zu ihrem Anfang zurückkrümmen, was so etwas wie Wiedergeburt bedeuten könnte. Doch welch lange, endlos lange Wartezeit, und wenn der Gedanke an diese entfernte Möglichkeit ein Trost ist, dann ist es ein kalter Trost, der einen frösteln macht, denn man würde auf einem Planeten wiedergeboren werden, der einer Schlackenhalde gleicht, wenn er überhaupt noch existiert. Mir die sonstigen Lebensbedingungen vorzustellen, macht mir Angst.

Ich bin mir nicht einmal sicher, ob es unumstößlich bewiesen ist, daß der Raum und das Universum in unserem Sinne gekrümmt sind.

So bleibt uns letzten Endes nur der schlichte Glaube unserer Kindheit oder – was sonst?

Ja, was wohl! Die trivialen Zerstreuungen unserer täglichen und nächtlichen Existenz, mit denen wir die gedämpften, doch unüberhörbaren Schritte unseres nahenden Endes zu übertönen suchen? Meditation in Einsamkeit und durch sie die wundersam-stoische Transzendenz des Leibes und seiner Bedürfnisse?

Diese fernöstliche Praktik, sich mit dem Ende des eigenen Seins auszusöhnen, hat auch für mich etwas höchst Reizvolles, doch ich bin zu sehr ein Geschöpf des Westens, um ohne Opiumpfeife Gewinn daraus zu ziehen.

Was bleibt mir anderes, als dem unaufhaltsamen, kaum hörbaren Steigen der Todesflut zu lauschen und meiner Natur soviel an Mut abzufordern, als ihr eingeboren ist – und das war einst nicht wenig.

Vor kurzem aßen wir mit einem sehr talentierten jungen Schwarzen zu Abend, der an einer Geschichte des Jazz und der volkstümlichen Musik in Harlem arbeitet. Während der Mahlzeit machte er eine so gescheite und amüsante ›schwarze‹ Bemerkung, daß ich sie auf einer Papierserviette festhielt:

»Gott kommt nicht, wann man Ihn braucht, doch Er ist immer pünktlich.«

Und während ich warte, was tun? Natürlich werde ich weiterarbeiten, doch nicht mit der Absicht, mir vorzumachen, daß das, was ich jetzt schreibe, ebenso vital wäre wie zur Zeit meiner besten Kraft, als die Einfälle mir gleich einem Gießbach im Frühjahr zuströmten.

Wie voll Gefahren diese Quellen springen
Und ich verweg'ner Wandrer fürcht' sie nicht.

(Zwei Zeilen aus einem frühen Gedicht, als ich vor Metaphern barst, die Fesseln des jambischen Pentameters jedoch noch nicht abgestreift hatte.)

Und was sonst noch?

Da ich ein Sinnengeschöpf bin – warum sage ich wohl ›Geschöpf‹ und nicht ›Mensch‹? – werde ich, während ich warte, fortfahren, das zu tun, was ich tue. Ich werde mich mit guten Weinen und gutem Essen trösten, doch nicht bis hin zu Trunksucht, Völlerei und groben Exzessen des Fleisches. Ich werde mich bemühen, mir diejenigen Freunde zu erhalten, die trotz meiner schwierigen, zornigen, nun, wie ich hoffe, vergangnen Jahre Freunde geblieben sind. Und ich werde, zumindest hoffe ich das, eine sowohl geistige wie körperliche Beziehung zu einem begehrenswerten jungen Gefährten haben; die letztere wird sich, anders als früher, in besonnenen Grenzen halten.

Ich werde mich nicht der Eitelkeit hingeben, werde jedoch am Stolz festhalten – zwei sehr verschiedene Dinge: das eine ist schwächlich und nachgiebig, das andere kraftvoll und eine Notwendigkeit, um ehrenhaft zu überleben.

Denken Sie nun, ich hätte Ihnen die Geschichte meines Lebens erzählt?

Ich habe Ihnen über die *Ereignisse* in meinem Leben berichtet, und nach bestem Vermögen und in legalem Rahmen die Menschen geschildert, die in diesem Leben eine Rolle gespielt haben.

Doch das Leben besteht aus Augenblicksbegebenheiten, nervlichen und perzeptorischen, und, wie sehr man sich auch bemüht, man kann sie nicht in die eigene Lebensgeschichte integrieren.

Das Werk eines guten Malers, das dem *Sehen* vorbehalten ist, so abstrakt und illusionär, wie er will, kann Ihnen das Ergebnis einer konzentriert-intensiven schöpferischen Stunde besser nahebringen. Jackson Pollock war fähig, Ekstase zu *malen,* wie das *Wort* sie nicht wiedergeben kann. Van Gogh war fähig, Augenblicke der Schönheit für Sie festzuhalten, so unbeschreibbar wie das Versinken im Wahnsinn.

Und jene, die das Sinnenhafte und Sinnliche nackter Körperlichkeit in den flüchtigen Augenblicken ihrer ganzen Glorie gemalt oder in Stein gehauen oder in Ton modelliert haben, haben Ihnen das so greif- und fühlbar gemacht, wie wir es mit unseren Fingerspitzen oder den erogenen Zonen unseres Körpers nie spüren könnten.

Ein Poet wie der junge Rimbaud ist der einzige, mir momentan einfallende Dichter, der das Wort so weit über sich hinaushob, daß es die erregend-sinnensprühenden Augenblicke des Daseins einfangen konnte; seine rebellische Jugend und seine absinthträchtigen Nächte verhalfen ihm dazu, sich in dieser Welt zu artikulieren. Und dann gibt es natürlich noch Hart Crane. Beide genannten Dichter berührten das Feuer, das sie bei lebendigem Leib verbrannte. Und vielleicht können wir schreibenden Menschen Ihnen die ganze Wahrheit unseres Selbst – innerhalb der einem Buch gesetzten Grenzen – nur wirklich überzeugend vermitteln, indem wir uns selbst zum Opfer bringen.

Wenn dem so ist, müßten, nein, müssen die Unzulänglichkeiten dieses Versuchs, mein Leben zu erzählen, zu meinen Gunsten sprechen und dürften Sie, meine Leser, wie ich zuversichtlich hoffe, nicht allzusehr enttäuschen.

Dieses Jahr wurde die Weihnachtsfeier für Rose auf den Neujahrstag (1975) verlegt, da ich die Weihnachtstage ›auf dem Lande‹ verbracht hatte und Rose, sozusagen im voraus, nur Perlenohrringe von mir bekam, passend zu dem Perlenhalsband, das ich bei Saks zusammen mit einem wunderschönen silbrig-pistaziengrünen Abendkleid gekauft hatte. Ich war zu Silvester erneut bei Saks gewesen, um die größeren Geschenke für Roses verspätete Weihnachtsfeier abzuholen: eine entzückende silbergraue Pelzjacke und zwei seidene Blusen mit einem Frühlingsblumen-Dessin. (Rose hat ihre frühere Leidenschaft für Kleider keineswegs verloren, derentwegen sie als junges Mädchen so viele schöne Stunden vor den Auslagen der Vorortgeschäfte in St. Louis verbrachte. Heute ist das Problem, in Stoney Lodge Platz für ihre Garderobe zu schaffen – der größere Teil ihrer Kleider ist außerhalb ihres Zimmers untergebracht.)

Ihr allergrößtes Geschenk bekam Rose von den Ärzten in Stoney Lodge, die ihr gestatteten, drei Tage mit mir und der bereits erwähnten Tatjana, einer Weißrussin aus ›St. Petersburg‹, in New York City zu verbringen. Tatjana ist eine reizende alte Dame in den Siebzigern, die in Bedarfsfällen in New York als Krankenpflegerin arbeitet. Rose braucht eine Pflegerin um sich, da sie an leichten epileptischen Anfällen leidet, eine Folge der Gewebsverwachsungen nach der Leukotomie, die im *Missouri State Sanitarium* an ihr vorgenommen wurde. Ich betrachte diesen Eingriff als tragisch verfehlt, da ich glaube, daß Rose ohne diese Operation hätte gesunden und zu dem, was man ein ›normales Leben‹ nennt, zurückkehren können, das, trotz seiner vielen Angriffe auf die verletzliche Menschennatur, dem Anstaltsleben immer noch vorzuziehen ist.

So fuhren also Tatjana und ich am Nachmittag des Neujahrstages mit einem Mietwagen nach Ossining, um die *soi-disant* Königin von England abzuholen. Es war Roses erster wirklicher ›Urlaub‹ nach ich weiß nicht wie vielen Jahren, mindestens fünfundzwanzig, würde ich sagen, und sowohl Tatjana als auch ich waren ein wenig besorgt, wie dieses Abenteuer wohl ausgehen würde.

Rose empfing uns aufs herzlichste und bat uns in ihr neues Zimmer, das zwar recht klein, aber angenehm und gemütlich ist. Ihr stand kein Koffer zur Verfügung, doch Tatjana hatte einen mitgebracht, und Rose stopfte mit erstaunlicher, eifrigster Behendigkeit soviel hinein, wie er fassen wollte. Sie wußte genau, wo jeder Gegenstand sich befand, und eröffnete uns beim Packen, daß sie vorhabe, für immer bei mir zu bleiben. Wir hielten es für besser, ihr nichts davon zu sagen, daß sie nur drei Tage von Stoney Lodge fortbleiben dürfe. Während die Schwestern Tatjana Roses verschiedene Medikamente aushändigten, warteten Rose und ich im Empfangsraum. Ein junges Mädchen lag auf dem Teppich und machte, heftig grimassierend, die sonderbarsten Verrenkungen. Miss Rose zeigte sich in keiner Weise beeindruckt. Sie stieg über den am Boden liegenden Körper hinweg, sagte höflich ›Entschuldigung‹, setzte sich auf ein Sofa und steckte sich eine Zigarette an.

In Stoney Lodge sind Rose nur drei oder vier Zigaretten täglich gestattet, doch wenn sie in die Stadt kommt, wird sie zur Kettenraucherin. Ich zeigte ihr den Hinweis des *Surgeon General* auf einem Zigarettenpäckchen, daß das Rauchen gesundheitsschädlich sei. Rose gab vor, das nicht lesen zu können, obwohl sie sich später, in einem Restaurant, auf der französischen Speisekarte mühelos zurechtfand.

Abgesehen davon, daß Rose sich bei jeder Gelegenheit eine Zigarette schnappte, war ihr Besuch ein großer Erfolg. Am zweiten Abend lud Billy Barnes uns zum Essen in sein Penthouse-Apartment ein, und sein achtundsechzigjähriger schwarzer Diener namens Ernest Williams hatte mal wieder ganz vorzüglich gekocht. Als Rose ihm vor einiger Zeit zum erstenmal begegnete und er ihr sagte, er heiße ebenfalls Williams, lächelte sie und meinte: »Sagen Sie doch einfach, daß Sie Waliser sind.«

Rose mag wie ich die Schwarzen gern, vielleicht weil wir als Kinder in Mississippi so sehr an unserem wunderschönen schwarzen Kindermädchen Ozzie gehangen haben. Am Schluß von Roses

Briefen an mich stand immer: »Grüße meine lieben Kinder, die weißen und die schwarzen.« Mir fiel auf, daß Rose in New York auf der Straße und in Geschäften immer wieder Kindern beider Rassen zuwinkte.

Ich habe Tatjana besonders gern; sie ist ein so tapferer und warmherziger Mensch. Schwer an Arthritis leidend, hat sie neuerdings besorgniserregende Schwindelanfälle, sobald sie eine plötzliche Bewegung macht. Sie nimmt das auf die leichte Schulter, doch ich mache mir Sorgen, besonders, da sie weiterhin gezwungen ist, sich ihr Brot zu verdienen.

Am Nachmittag des dritten Tages gingen wir in den Fellini-Film *Amarcord.* Rose war hingerissen. Ich hatte gedacht, daß einige grotesk-ausgefallene erotische Szenen sie schockieren würden, doch weit gefehlt! Als nach Ablauf der vorgesehenen drei Tage Rose sich widerstrebend damit abgefunden hatte, daß sie nicht für immer bei uns bleiben konnte, fragte Tatjana sie, was ihr während ihres Besuches am besten gefallen habe. »Der wunderschöne Film«, sagte Rose. Dieser Film braucht keine weiteren lobenden Worte, doch auf die der selbsternannten Herrscherin der Britischen Inseln kann Fellini stolz sein.

Dieser so gelungene kleine Urlaub hat mir wieder Hoffnung gemacht, daß man Rose unter Umständen gestatten wird, mit einer Pflegerin in dem Haus in Coconut Grove, Florida, zu leben, das Marion Vaccaro und ich vor so vielen Jahren für sie gesucht und gefunden haben. Der damalige Kaufpreis von 40 000 Dollar hat sich inzwischen auf einen Wiederverkaufswert von 150 000 Dollar erhöht, der sehr wahrscheinlich noch weiter steigen wird. Dorthin könnten Rose und Tatjana sich mit einer freundlichen, zuverlässigen Haushälterin zurückziehen, oder sie könnten sich in einer meiner Wohnungen in New Orleans häuslich niederlassen.

Die Realisation dieses Traumes hängt natürlich davon ab, ob es mit meiner eigenen, sich derzeit laufend verschlechternden Gesundheit wieder bergauf geht.

Aber wie auch immer – es ließe sich schwerlich eine liebenswertere und gütigere Monarchin finden als Rose, dazu eine, die eine größere Dame wäre, als Rose es in meinen Augen ist. Schließlich erringt man sich eine hohe Stellung im Leben nicht zuletzt durch die aufrechte Haltung, mit der man schreckliche Schicksalsschläge hinnimmt und überlebt.

Register

Verzeichnis der Uraufführungen und deutschen bzw. deutschsprachigen Erstaufführungen:

Titel:	*Uraufführung:*	*Deutsche bzw. deutschsprachige Erstaufführung:*
ENDSTATION SEHNSUCHT A Streetcar Named Desire	New York Playhouse Theatre 31. 3. 1945	Zürich 3. 11. 1949
DIE GLASMENAGERIE The Glass Menagerie	New York Playhouse Theatre 31. 3. 1945	Basel 17. 11. 1946
DER STEINERNE ENGEL SOMMER UND RAUCH Summer and Smoke	New York The Music Box 6. 10. 1948	Stuttgart Hildesheim 1. 12. 1951
DIE TÄTOWIERTE ROSE The Rose Tattoo	New York Martin Beck Theatre 3. 2. 1951	Hamburg 30. 9. 1952
CAMINO REAL Camino Real	New York National Theatre 19. 3. 1953	Darmstadt 6. 11. 1954
DIE KATZE AUF DEM HEISSEN BLECHDACH Cat on a Hot Tin Roof	New York Morosco Theatre 24. 3. 1955	Düsseldorf 26. 11. 1955

ORPHEUS STEIGT HERAB Orpheus Descending	New York Martin Beck Theatre 21. 3. 1957	Düsseldorf 8. 9. 1957
SÜSSER VOGEL JUGEND Sweet Bird of Youth	New York Martin Beck Theatre 10. 3. 1959	Berlin 6. 10. 1959
DER MILCHZUG HÄLT HIER NICHT MEHR The Milk Train Doesn't Stop Here Any More	New York Morosco Theatre	Heidelberg 24. 5. 1967
ZEIT DER ANPASSUNG Period of Adjustment	New York Helen Hayes Theatre 10. 11. 1960	Hamburg 1. 1. 1962
DIE NACHT DES LEGUAN The Night of the Iguana	New York Royale Theatre 28. 12. 1961	Hamburg Köln 21. 10. 1962
KÖNIGREICH AUF ERDEN Kingdom of Earth	New York Ethel Barrymore Theatre 27. 3. 1968	Hamburg 12. 3. 1969
IN EINER HOTELBAR IN TOKIO In the Bar of a Tokyo Hotel	New York Eastside Playhouse (Off-Broadway) 6. 1. 1969	Heidelberg 11. 11. 1971
STURMWARNUNG Small Crafts Warning	New York Truck and Warehouse Theatre 2. 4. 1972	München 1974/75
EINE SEHR UNGEWÖHN-LICHE LIEBESGESCHICHTE The Strangest Kind of Romance	Nicht aufgeführt	Bonn-Bad Godesberg 1. 3. 1968
EIN FALL ZERTRETENER PETUNIEN The Case of the Crushed Petunias	Nicht aufgeführt	Bonn-Bad Godesberg 1. 3. 1968
27 WAGGONS BAUMWOLLE 27 Waggons Full of Cotton	New York Playhouse Theatre 19. 4. 1955	Neumünster 1963/64

SPRICH ZU MIR WIE DER REGEN Talk to Me Like the Rain	Westport White Barn Theatre	Sommerhausen bei Würzburg 1956/57
PORTRÄT EINER MADONNA Portrait of a Madonna	Southern California Actor's Laboratory Theatre 1946	Tübingen 1961/62
DAS BETRETEN DES GRUNDSTÜCKS IST UNTERSAGT This Proberty is Condemned	New York Hudson Park Theatre 1946	Berlin 1956
LORD BYRONS LIEBESBRIEFE Lord Byron's Love Letters		Essen 1956/57
PLÖTZLICH LETZTEN SOMMER Suddenly Last Summer	New York York Theatre 19. 3. 1958	Essen Heidelberg 6. 10. 1959
DIE LETZTE MEINER ECHTGOLDENEN UHREN The Last of my Solid Gold Watches	Southern California Actor's Laboratory Theatre 1946	Essen 13. 11. 1953
MOONYS KINDCHEN WEINT NICHT Moony's Kid Don't Cry	Southern California Actor's Laboratory Theatre 1946	Essen 13. 11. 1953
DAS DUNKLE ZIMMER The Dark Room	Nicht aufgeführt	Bonn-Bad Godesberg 10. 2. 1966
DER LANGE ABSCHIED The Long Goodbye	Nicht aufgeführt	Bonn-Bad Godesberg 10. 2. 1966
DIE VERSTÜMMELTE The Mutilated	New York Longacre Theatre 22. 2. 1965	Bonn-Bad Godesberg 1. 3. 1968
DER ABGEBROCHENE AUFENTHALT oder DAS UNBEFRIEDIGENDE ABENDESSEN The Long Stay Curt Short or The Unsatisfactory Supper	Nicht aufgeführt	Essen 1960/61

ETWAS UNAUSGESPRO-CHENES Something Unspoken	New York New York Playhouse (Off Broadway) 7. 1. 1958	Bonn-Bad Godesberg 10. 2. 1966
DIE DAME MIT DEM OLEANDERGEIST The Lady of Larkspur Lotion	Nicht aufgeführt	Bonn-Bad Godesberg 10. 2. 1966
PHÖNIX IN FLAMMEN I Rise in Flame, Cried the Phoenix	New York Theatre de Lys (Off-Broadway) 1958/59	Nicht aufgeführt
GRUSS VON BERTHA Hello from Bertha	Nicht aufgeführt	Bonn-Bad Godesberg 10. 2. 1966
OUTCRY	New York Lyceum Theatre	
DIE EXZENTRISCHE NACHTIGALL The Eccentricities of a Nightingale	New York Nyacke 1964	
DU BERÜHRST MICH You Touched Me!	New York 25. 9. 1945	

Bildnachweis

The Humanities Research Center, University of Texas at Austin: 1, 2, 3, 5, 6, 7, 8, 9, 14, 20, 22, 24, 26, 31, 34, 36, 38, 40, 41, 44, 45, 46, 48

Privatbesitz des Autors: 4, 15, 21

Phyllis Cerf Wagner: 10

Louis Hamon: 11

Entertainment Press Service: 19

UPI: 13, 16, 18

Eileen Darby, Graphic House, Inc.: 28

Alex Gotfryd: 30

Courtesy of Penguin Photos: 42, 50

Karsh of Ottawa: 12

Rosemarie Clausen, Hamburg: 17, 25, 27, 32, 33, 35, 37

Dumont-Lindemann Archiv, Düsseldorf: 23

Ilse Buhs, Berlin: 47

Studio Pierer, Hamburg: 49, 51

Elfi Hess, Düsseldorf: 39

Bühne 64, Zürich: 43

Overseas Photos, Berlin: 29

Bitte umblättern:

Tennessee Williams

Memoiren
328 S. und 32 S. Bildteil, Ln. und
Fischer Taschenbuch Band 2185

Mrs. Stone und ihr römischer Frühling
Roman. 158 S. Geb. Fischer Bibliothek

Moise und die Welt der Vernunft
Fischer Taschenbuch Band 5079

Acht Damen, besessen und sterblich
Geschichten. 135 Seiten, Leinen und
Fischer Taschenbuch Band 9196

Endstation Sehnsucht
Fischer Taschenbuch Band 7120

Die Glasmenagerie
Fischer Taschenbuch Band 7109

Die Katze auf dem heißen Blechdach
Schauspiel in drei Akten
Fischer Taschenbuch Band 7110

Die tätowierte Rose
Fischer Taschenbuch Band 7072

Vieux Carré
Aus dem Amerikanischen
von Inge und Gottfried Greiffenhagen
Fischer Taschenbuch Band 7098

S. Fischer · Fischer Taschenbuch Verlag

fi 196/7

Fischer Cinema

Eine Auswahl

Rainer Werner Fassbinder
Filme befreien den Kopf
Band 3672
Die Anarchie der Phantasie
Band 4462

Rudolf Arnheim
Kritiken und Aufsätze zum Film
Band 3653
Film als Kunst
Band 3656

Beate Klöckner
Die wilde Ekstase des Paradieses
Der pornographische Film. *Band 4453*

Dorin Popa
Kurbel-Brevier
Handbuch für die Film- und Videoarbeit
Band 4450

Jean Luc Godard
Einführung in eine wahre Geschichte des Kinos
Band 3686

Hans G. Pflaum / Hans H. Prinzler
Film in der Bundesrepublik Deutschland
Ein Handbuch
Band 3673

Dieter Prokop
Soziologie des Films
Erweiterte Ausgabe
Band 3682

Helmut Korte (Hg.)
Film und Realität in der Weimarer Republik
Band 3661

Helmut Korte / Werner Faulstich (Hg.)
Action und Erzählkunst
Die Filme von Steven Spielberg
Band 4476

Maria Ratschewa / Christel Buschmann / Helke Sander / Margarethe von Trotta
Utopie Frauenfilm
Band 4458

Horst Schäfer
Film im Film
Band 3698

Hans C. Blumenberg
Kinozeit
Aufsätze und Kritiken zum modernen Film 1976–1980
Band 3664
Gegenschuß
Texte über Filmemacher u. Filme 1980–1983
Band 3692

Peter Buchka
Augen kann man nicht kaufen
Wim Wenders und seine Filme
Band 4457

Hans Richter
Filmgegner von heute – Filmfreunde von morgen
Band 3670
Der Kampf um den Film
Herausgegeben von Jürgen Römhild
Band 3651

H.-J. Syberberg
Syberbergs Filmbuch
Band 3650

Karsten Witte
Im Kino
Texte vom Sehen & Hören
Band 4454

Fischer Taschenbuch Verlag

fi 270/5

Biographien aus der Film- und Theaterwelt

André Bazin
Jean Renoir
Mit einem Vorwort
von François Truffaut
Band 3662

Charles Chaplin
Die Geschichte
meines Lebens
Band 4460

Joe Hyams
Humphrey Bogart
und Lauren Bacall
Band 3691

Groucho Marx
Schule des Lächelns
Band 3667

Die Groucho-Letters
Band 3693

Marilyn Monroe
Meine Story
Band 3663

Ernst Schröder
Das Leben –
verspielt
Band 5097

Band 4460

Cornelia Otis Skinner
Madame Sarah
Das Leben der Schauspielerin
Sarah Bernhardt
Band 5669

John Russell Taylor
Die Hitchcock –
Biographie
Band 3680

Paul Werner
Roman Polanski
Band 3671

Fischer Taschenbuch Verlag

fi 98 / 4